宁波市文化研究工程重大项目

“八八战略”在宁波的实践

钟春洋　等◎著

中共中央党校出版社

图书在版编目（CIP）数据

“八八战略”在宁波的实践 / 钟春洋等著 . -- 北京：中共中央党校出版社，2024. 10. -- ISBN 978-7-5035-7750-5

Ⅰ . F127.553

中国国家版本馆 CIP 数据核字第2024MY7188号

“八八战略”在宁波的实践

策划统筹 曾忆梦
责任编辑 王新焕　刘海燕
责任印制 陈梦楠
责任校对 王明明
出版发行 中共中央党校出版社
地　　址 北京市海淀区长春桥路6号
电　　话（010）68922815（总编室）（010）68922233（发行部）
传　　真（010）68922814
经　　销 全国新华书店
印　　刷 中煤（北京）印务有限公司
开　　本 710毫米 ×1000毫米 1/16
字　　数 390千字
印　　张 29.5
版　　次 2024年10月第1版　2024年10月第1次印刷
定　　价 68.00元

微 信 ID： 中共中央党校出版社　　**邮　　箱：** zydxcbs2018@163.com

序言一

“八八战略”是习近平同志在浙江担任省委书记时提出的关于浙江经济社会发展的战略。宁波是浙江省辖地级市、副省级市、计划单列市，是上海大都市圈重要城市、中国东南沿海重要港口城市、长江三角洲南翼经济中心，是中国大运河南端出海口、古代海上丝绸之路东方始发港、东亚文化之都。宁波的实践为“八八战略”的形成提供了丰富的素材，也为贯彻落实和进一步深化发展“八八战略”积累了新鲜的经验。回顾和总结“八八战略”在宁波的实践，对于推动宁波社会主义现代化建设实践不断向前发展，对于深入理解习近平新时代中国特色社会主义思想，都有重要的现实意义和理论意义。这也正是《“八八战略”在宁波的实践》一书的价值所在。

一、“八八战略”内容丰富、意义深远

2003年7月10日，在浙江省委十一届四次全体（扩大）会议上，时任浙江省委书记习近平同志在总结浙江多年发展经验的基础上，首次全面系统地阐述了浙江发展的“八个优势”，提出了指向

未来的“八项举措”，即“八八战略”。“八八战略”在其最早提出时，主要聚焦于八个方面的内容：一是进一步发挥浙江的体制机制优势，大力推动以公有制为主体的多种所有制经济共同发展，不断完善社会主义市场经济体制。二是进一步发挥浙江的区位优势，主动接轨上海、积极参与长江三角洲地区合作与交流，不断提高对内对外开放水平。三是进一步发挥浙江的块状特色产业优势，加快先进制造业基地建设，走新型工业化道路。四是进一步发挥浙江的城乡协调发展优势，加快推进城乡一体化。五是进一步发挥浙江的生态优势，创建生态省，打造“绿色浙江”。六是进一步发挥浙江的山海资源优势，大力发展海洋经济，推动欠发达地区跨越式发展，努力使海洋经济和欠发达地区的发展成为浙江经济新的增长点。七是进一步发挥浙江的环境优势，积极推进以“五大百亿”工程①为主要内容的重点建设，切实加强法治建设、信用建设和机关效能建设。八是进一步发挥浙江的人文优势，积极推进科教兴省、人才强省，加快建设文化大省。

“八八战略”不是封闭的理论体系，自启动“八八战略”以来，浙江省采取了一系列新思路、新举措、新路径将其落到实处，其理论内涵在实践中不断丰富和拓展。2022年，浙江省第十五次党代会明确提出，“八八战略”是全面系统开放的理论体系，涵盖了习近平同志在浙江工作时作出的一系列重大决策部署，与时俱进融汇集合了党的十八大以来习近平总书记重要指示、党中央重大部署在浙江贯彻落实的战略要求，是习近平新时代中国特色社会主义思想在浙江萌发与实践的集中体现。

“八八战略”的提出与实践，意义重大。

第一，“八八战略”为浙江改革发展从战略上指明了前进方向。

① “五大百亿”工程，指“百亿基础设施建设”工程、“百亿信息化建设”工程、“百亿科教文卫体建设”工程、“百亿生态环境建设”工程、“百亿帮扶致富”工程。

“八八战略”高瞻远瞩、内涵丰富，涵盖深化市场化改革、提升对内对外开放水平、开创新型工业化道路等各个方面，构成了系统性重塑浙江发展模式的整体方案，是引领浙江从粗放型增长迈向高质量发展的总方略。正是在“八八战略”引领下，浙江经济社会发展实现了全面转型跨越。

第二，“八八战略”是习近平新时代中国特色社会主义思想在浙江的孕育与实践。习近平同志在浙江工作期间的一系列探索和实践，涉及中国特色社会主义经济、政治、文化、社会、生态文明建设和党的建设各个领域，共同构成了一个完整的思想理论体系，是中国特色社会主义省域实践系统化的理论总结。

第三，“八八战略”率先在省域层面完善了“五位一体”的社会主义现代化建设布局。党的十六大之后，浙江省委相继作出深入实施“八八战略”、全面建设“平安浙江”、加快建设“文化大省”、建设“法治浙江”、加强党的执政能力建设和先进性建设等重大决策部署，它们构成了浙江经济、政治、文化和社会建设“四位一体”的总体布局。实际上在这个总体布局中，“八八战略”最初就明确提出了“进一步发挥浙江的生态优势，创建生态省，打造‘绿色浙江’”的战略举措，这是涵盖经济、政治、文化、社会和生态文明建设的“五位一体”社会主义现代化总体布局在浙江的孕育和生动实践。

第四，“八八战略”对宁波的发展具有深远的影响，显示出深远的时代价值和磅礴的实践伟力。在“八八战略”指引下，宁波结合自身实际，主动作为，科学把握历史发展规律和大势，始终牢牢把握战略主动地位，在问题导向中开创发展新局，在系统谋划中塑造未来胜势，实现了宁波经济社会的长足发展。在“八八战略”指引下，宁波在战略谋划中塑造未来胜势，清醒地认识到，自身优势不是与生俱来的，也不是一成不变的，必须随着时代和市情的变化继续扩大已有优势、创造新优势。在“八八战略”指引下，宁波在保持定力中把握主要矛盾，始终抓住经济社会发展的“牛鼻子”，无论形势如何变化，始终坚持在各种挑战中寻找最优解。

二、“八八战略”形成中的宁波元素

“八八战略”的形成凝聚着习近平同志对发展问题的深入思考，既立足于浙江全省，也汇集了丰富的宁波元素。在“八八战略”形成过程中，习近平同志曾多次到宁波进行考察调研并指导宁波发展实践。

“八八战略”中关于进一步发挥体制机制优势，大力推动以公有制为主体的多种所有制经济共同发展，不断完善社会主义市场经济体制的论断，是基于当时浙江宁波等地经济社会转型升级的现实问题提出的。改革开放后，浙江民营经济不断发展壮大，但关于经济体制的问题还存在很多不同的声音。例如，多种所有制经济共同发展，会不会动摇公有制的主体地位？非公有制经济的发展，会不会蚕食社会主义公平？……这些质疑伴随着浙江民营经济的发展，浙江民营企业家承受着巨大压力。面对这种情况，习近平同志在多个场合高度肯定浙江民营企业对浙江经济和全国经济作出的巨大贡献。不断发展壮大的宁波民营经济已经成为宁波经济社会发展的重要力量并逐步展现出自身的优势，但同时，其面临着高质量发展的瓶颈。“八八战略”中关于进一步发挥体制机制优势的论断为宁波进一步推进民营经济发展指明了道路。进入21世纪，浙江国企体制机制创新也进入关键时期。2006年9月15日，习近平同志来到宁波钢铁有限公司（简称“宁钢”）调研。宁钢重组已经完成，杭州钢铁集团是第一大股东，还有宁波建龙钢铁有限公司等两家民营股东。这是采取混合所有制模式的创新尝试。

“八八战略”中关于进一步发挥区位优势、提高开放水平的论断，既是对党中央精神的贯彻落实，也是对地方实践的高度总结，其中蕴含着丰富的宁波元素。进一步发挥区位优势、提高开放水平是基于宁波港口建设发展历程的精准判断。位于东部沿海、拥有天然良港的宁波具有对外开放得天独厚的地理区位条件。改革开放后，宁波加速港口建设和对外开放。进一步发挥区位优势、提高开放水平，是对宁波当时发展问题的精准把握。进入21世纪，宁波也存在开放型经济与经济社会发展水平同自身区位优势不相适应的问题。习近平同志在浙江各地调研时，对浙江各地的对外开放作出了明确指示。对于宁波，习近平同志叮嘱道，“要紧紧抓住开放这个最大的优势，进一步扩大开放，在利用内资和引进外资‘两条腿走路’中，加快推进经济发展”[①]。习近平同志的指示和“八八战略”为宁波发展提供了行动方向。

“八八战略”中提出，进一步发挥浙江的块状特色产业优势，加快先进制造业基地建设，走新型工业化道路。“八八战略”中关于先进制造业基地建设的内容与宁波制造业发展具有内在契合性，宁波制造业发展实践为“八八战略”提供了现实依据。宁波改革开放以来经济发展取得的重大成就，离不开自身工业产业的发展，而制造业又是宁波工业的主体部分，其在宁波经济发展中发挥了基础性和主导性作用。宁波制造业在我国国民经济和工业中所处的地位，无论是在改革开放初期，还是在21世纪初期，与同类城市相比都很突出。然而，21世纪初期的宁波制造业也面临着诸多的难题，如资源要素紧缺，环境压力加大，低成本竞争、数量型扩张的产业和企业发展越来越难以为继，等等。“八八战略”中关于发挥特色

① 本书编写组编著：《干在实处　勇立潮头——习近平浙江足迹》，人民出版社、浙江人民出版社2022年版，第161页。

产业优势、走新型工业化道路的要求，为宁波未来一段时间继续加快先进制造业基地建设、走新型工业化道路提供了理论指导。

“八八战略”中提出，进一步发挥浙江的城乡协调发展优势，加快推进城乡一体化。习近平同志关于城乡一体化发展的理念充满了宁波元素，既是对宁波当时发展问题的精准把脉，也是对宁波未来发展的科学指导。改革开放后，宁波被确定为沿海开放城市，这极大地推动了宁波经济的发展。在这一时期，乡镇企业的发展极大地推进了农村地区的工业化进程，但宁波农村发展仍面临着各种困境，如劳动力、耕地的制约，消费能力不够强，工业分散、内部矛盾多。宁波城与乡之间、农村与农村之间的发展不均衡问题日益突出，解决这一难题必然要走城乡一体化道路。宁波在农村城镇化、工业化基础上，初步探索形成了“中心城市—副中心城市—中心镇—中心村”四位一体的城乡规划网络体系和较为完备的城市发展格局，小城镇建设、农村工业化、城市化开始同步协调发展。这无疑对推进城乡一体化具有一定的启发意义。

“八八战略”中提出，进一步发挥浙江的生态优势，创建生态省，打造“绿色浙江”。这离不开习近平同志对宁波生态环境的调研和宁波生态环境事业的实际。习近平同志在宁波调研期间，多次对宁波生态文明建设作出批示，作出涉及发展与环保、长远目标与短期目标等关系的论断。刚刚迈入21世纪的宁波，由于城市人口的不断增加集聚和经济活动的广泛开展，面临严重的环境污染和生态破坏压力。① 为解决生态环境问题，宁波早就作出了积极探索。1990年，宁波制订了环境保护计划，即《宁波市环境保护“八五”计划及十年规划》。1992年，宁波首次将环保年度计划纳入国民经济和社会发展计划。1999年，《宁波市环境与生态建设规划纲要》明

① 参见姚传盈：《加强我市环境保护的对策与措施》，《宁波党政论坛》1998年第4期。

确了宁波市生态环境建设和保护的近远期目标。这些宁波元素都为“进一步发挥浙江的生态优势，创建生态省，打造‘绿色浙江’”的提出奠定了基础。

“八八战略”中提出，进一步发挥浙江的山海资源优势，大力发展海洋经济，推动欠发达地区跨越式发展，努力使海洋经济和欠发达地区的发展成为浙江经济新的增长点。“大力发展海洋经济”和“努力使海洋经济成为浙江经济新的增长点”的论断是对宁波海洋经济发展实践的高度凝练和总结，是宁波海洋经济元素的直接呈现。宁波地理位置优越，“海岸线总长1562公里，其中大陆岸线为788公里，岛屿岸线为774公里，占全省海岸线的三分之一；共有500平方米以上的岛屿531个，面积524.07平方公里”[①]。良好的地理位置为宁波带来了丰富的海洋资源：全球性的港口航道资源、丰富的渔业资源和浅海资源、丰富的滨海旅游资源等。丰富的海洋资源为宁波海洋经济的发展提供了物质基础。宁波海洋经济虽然取得了较快的发展，但同时面临着严峻的问题与挑战。宁波海域环境污染不容乐观、海洋生态系统不断退化、海洋生态灾害频发，海洋产业结构不合理、海洋经济发展速度不理想、海洋经济发展基础设施薄弱等成为制约宁波海洋经济高质量发展的影响因素。“八八战略”中“大力发展海洋经济”和“努力使海洋经济成为浙江经济新的增长点”的论断是对宁波海洋经济高质量发展的理论指导，为宁波海洋经济高质量发展提供了路径遵循。

“八八战略”中提出，进一步发挥浙江的环境优势，积极推进以“五大百亿”工程为主要内容的重点建设，切实加强法治建设、信用建设和机关效能建设。城市环境建设是城市发展的重要影响因素。一般意义上，城市发展环境可以分为城市发展硬环境和城市发

---

① 叶鸿达主编：《海洋浙江》，杭州出版社2005年版，第113页。

展软环境两个方面。基础设施建设属于城市发展硬环境，法治建设、信用建设和机关效能建设都属于城市发展软环境。宁波积极推动城市环境建设，为“八八战略”的提出提供了实践经验。例如，在提升机关效能、提升审批效率上，在“八八战略”提出之前，宁波先后进行了两轮行政审批制度改革。1999年7月至2000年1月，宁波开展了以“减少审批、规范程序、加强监管、改善服务”为主要内容的审批制度改革。从2000年下半年开始到“八八战略”提出时，宁波开展了以解决“转变政府职能，改革行政管理方式，规范审批行为，健全行政监督机制”问题为主要内容的审批制度改革。宁波以上行政审批制度改革，极大提升了政府机关效能，营造了良好的营商环境。

“八八战略”中提出，进一步发挥浙江的人文优势，积极推进科教兴省、人才强省，加快建设文化大省。习近平同志在浙江工作期间，高度重视浙江文化事业的发展，既贯彻落实党中央的战略部署，又继续扎实推进浙江文化大省各项建设工作。宁波是全国历史文化名城，其境内的“河姆渡文化”，距今已有7000多年的历史。经历几千年的传承与发展，宁波逐渐形成了以海丝文化、阳明文化、藏书文化、商帮文化等为主体，史前文化、浙东文化、宋韵文化、红色文化等多种文化有机融合的独特地方优秀文化。这些成为浙江人文优势的重要组成要素，成为宁波城市发展的基础，也成为提升宁波城市能级的重要前提。习近平同志在浙江工作期间，曾对宁波文化建设寄予厚望，多次考察调研宁波三江口、天一阁、月湖、河姆渡遗址等文化建设情况，对东钱湖、慈城等进行了专题调研，指示宁波要以三江文化长廊为重点，进一步繁荣港城文化。

三、创新落实“八八战略”，宁波打造新优势

“八八战略”是浙江省域发展的全面规划和顶层设计，是推进浙江各项工作的总纲领总方略。宁波要在贯彻“八八战略”中打头阵、做先锋、领跑示范，这是习近平同志对宁波提出的要求。自“八八战略”提出以来，宁波市委始终如一地沿着“八八战略”指引的路子，紧密结合宁波实际，充分发挥宁波优势，改革创新、攻坚克难、紧抓落实，谱写了“八八战略”的宁波篇章。

一是不断创造新的体制优势。首先，深化行政审批制度改革。2005年，宁波继续深入推进行政审批制度改革，削减行政审批事项，进一步加快政府职能转变，切实提高行政效能和服务水平。2013年8月，宁波市政府下发《宁波市人民政府关于深化行政审批制度改革的实施意见》。该文件要求，进一步减少行政审批事项、环节和前置条件；按照“重心下移、权责一致”要求下放行政审批权；继续推进项目审批“简化优化”和行政审批标准化；大力推进社会中介机构改革，建立中介服务公平竞争机制。其次，深化所有制改革。为促进民营经济发展，2004年，宁波提出，加快发展混合所有制经济，进一步改善民营经济发展环境，推动民营经济实现新飞跃，将“有为政府”和“有效市场”“两只手”相结合，为改革注入活力。再次，促进企业体制机制创新。为增强企业发展活力，宁波进一步促进企业体制机制创新。2007年10月，宁波市政府出台《关于进一步促进企业体制机制创新的若干意见》。最后，坚持全面深化改革。党的十八大以来，宁波坚持全面深化改革，再创体制机制新优势。2013年12月27日，宁波市委十二届六次全会审议通过了《中共宁波市委关于认真学习贯彻党的十八届三中全会精神全面深化改革再创体制机制新优势的决定》。该文件提出14个

方面58条深化改革创新体制机制措施，明确力争通过3年时间的努力，在重点领域和关键环节改革上取得明显成效。2022年2月23日，中国共产党宁波市第十四次代表大会上，谋划排定了一批全面推进“六大变革”[①]的重大改革项目，同时推进实施营商环境优化提升“一号改革工程”等牵一发动全身的重大改革，以改革之先创先行之势，为“争创市域样板、打造一流城市、跻身第一方阵”创造体制机制新优势。

二是把最大资源最大优势的作用发挥到极致。2002年，习近平同志曾指出，港口是宁波最大的资源，开放是宁波最大的优势，只有把最大资源和最大优势这两个作用发挥到极致，才能实现效益的最大化。宁波始终牢记习近平同志嘱托，充分发掘港口资源，坚持走开放之路。首先，强化港口龙头地位，积极推进宁波、舟山港口一体化。2006年，宁波建成北仑四期集装箱码头和大榭25万吨级原油码头，大力拓展港口腹地，加快“无水港”建设，港口发展实现新突破。2008年，宁波全面启动建设梅山保税港区，加快北仑五期集装箱码头、大榭招商国际码头、金塘港区大浦口集装箱码头、30万吨级奥里油码头建设。其次，不断提高对内对外开放水平。2005年，宁波适应对外开放新形势，加快重点领域开发开放，建立慈溪出口加工区，实施“区港联动”，推进电子口岸建设，实现空港全面对外籍飞机开放，开放环境不断优化。沿着“八八战略”提出的“主动接轨上海、积极参与长江三角洲地区合作与交流，不断提高对内对外开放水平”路径，宁波抓住国家编制长三角区域总体规划的机遇，认真研究自身在长三角地区的发展定位，主动接轨上海，积极推进区域经济交流合作，争取在区域发展中的主动权。2008年杭州湾跨海大桥建成通车，对长三角南翼中心城市宁波来说，大桥是其不断融入长

① “六大变革”指的是功能布局变革、发展动能变革、要素配置变革、城乡品质变革、治理模式变革、干部能力变革。

三角一体化进程、加快发展更高层次开放型经济的见证。党的十八大以来，宁波积极响应“一带一路”倡议，努力锻造强港硬核力量，积极引领中国—中东欧示范合作，开放型经济多项指标走在全省全国前列。在高能级开放平台的高质量发展路径上，以“八八战略”为指引，以“高水平开放”为奋斗目标，宁波提出要大力实施“地瓜经济”提能升级“一号开放工程”，打造更具韧性、活力、竞争力的“地瓜经济”，明确了“地瓜经济”提能升级的任务书、路线图，将围绕“国内国际双循环枢纽城市”这一发展定位，全面推进十大提升行动、40项重点任务。宁波的开放格局，必将再上新台阶。

三是加快先进制造业基地建设。按照“八八战略”要求，宁波市委多措并举，全面完成国有企业和城镇集体企业改革，大力发展民营经济，促进传统优势产业改造提升，努力打造先进制造业基地。首先，推动产业结构持续优化升级。针对工业经济结构性、素质性矛盾突出，高投入、高消耗、高排放的粗放型增长方式尚未得到根本转变的状况，自2004年6月起宁波市政府组织有关部门在深入调查研究和征求意见的基础上，制定推进工业结构调整的“1+7”政策文件。2004年10月10—11日，市委、市政府召开全市加快服务业发展大会，部署此后一个时期服务业发展的工作目标和主要任务，会后下发《关于加快服务业发展的若干意见》。2004年12月，宁波大力推进经济结构调整，制定出台《关于坚持走新型工业化道路加快结构调整升级的若干意见》，努力推动工业结构向高级化和适度重型化发展。其次，加快信息化和工业化融合发展。2008年4月，市政府出台《关于实施工业创业创新倍增计划的若干意见》，提出要坚定不移地走融合信息化的新型工业化道路。随后几年又相继出台《关于加快宁波市服务外包产业发展的若干意见》《关于贯彻落实浙江省人民政府加快工业转型升级实施意见的通知》《关于加快信息化与工业化融合促进工业转型升级的实施意见》等，加快工业转型升级，转变经济发展方式。党的十八大以来，宁波加快调整产业结构，实施“四换三名”（腾笼换鸟、机器换人、空间换地、电商换市，名企、名品、名家）工业产业升级工程和“810实力工程”，推进“中国制造2025”试点示范城市建设。经过长期的实践，宁波产业结构持续优化升级，工业经济规模、效益、综合竞争力始终稳居国内城市前列。

四是全面推进生态市建设。宁波市委坚决贯彻党中央、国务院关于生态环境保护的决策部署，扎实践行习近平同志在浙江提出的“绿水青山就是金山银山”理念，持之以恒推进“八八战略”，积极响应建设生态省、打造“绿色浙江”号召，全面落实“生态立市”发展战略，推进生态文明建设决策部署。2003年，宁波通过了加快生态市建设的决定，制定出台《宁波生态市建设规划纲要》，描绘了生态市建设的时间表、路线图和任务书。宁波生态市建设分为启动期（2003—2007年）、发展期（2008—2012年）和深化期（2013—2020年）。随后几年，市政府针对整治河道、改善矿山生态环境、发展循环经济、加强污染监管、推进资源节约和综合利用等都出台了政策文件。2006年，宁波认真落实全国、全省环保大会精神，以迎接国家环境保护模范城市复查为契机，深入实施“蓝天、碧水、绿色、洁静”四大工程。2007年，宁波坚持把节能减排作为转变经济发展方式的重要抓手。2009年，宁波实施循环经济“十大行动计划”。2010年，宁波打好节能减排攻坚战，落实节能减排总量控制责任制，实施“一票否决制”和“行政问责制”。党的十八大以来，宁波市持续贯彻“八八战略”提出的生态文明建设要求，践行“绿水青山就是金山银山”理念，打出了一组生态文明建设“组合拳”。2013年5月，宁波市委十二届五次全体（扩大）会议作出《中共宁波市委关于加快发展生态文明努力建设美丽宁波的决定》，提出建设“美丽宁波”的奋斗目标。2013年9月9日，宁波市政府印发《宁波市生态环境综合整治三年行动计划》。2014年，宁波在生态文明体制改革领域，创新生态环境保护管理模式，实现省、市、县（市）区、乡镇（街道）四级河道“河长制”全覆盖。2020年，《关于加快推进环境治理体系和治理能力现代化的实施意见》出台，宁波率先推进美丽中国先行示范区创建。2024年1月，宁波市政府工作报告提出了加快绿色低碳发展的一系列措施，包括开展靶向精准治气、源头系统治水、减量提标治废，推动规上工业企业绿色化改造全覆盖，加大国家级绿色工厂创建力度，实施“光伏+”城乡新能源化改造等。

五是大力发展海洋经济。宁波海洋资源丰富，积极谋划海洋经济强市建设，加快海洋经济发展，采取了搭建现代海洋产业体系，提升海洋科技创新能级，推进海洋资源集约化开发利用，推进海洋生态文明建设，实施中华海洋文明探源等一系列措施。2003年全省海洋经济工作会议后，宁波第一时间成立海洋经济工作领导小组。2005年11月2日，宁波市委、市政府召开全市海洋经济工作会议，总结分析全市海洋经济发展情况，研究部署海洋经济工作，明确“十一五”期间海洋工作的发展思路和重点工作，坚持“港桥海联动”“陆海联动”发展这条主线，加强陆域经济和海域经济的联动发展。2005年，宁波市委、市政府出台了《关于建设海洋经济强市的意见》。2011年，宁波在全国较早出台了海洋经济发展规划。此后，市政府连续编制海洋经济发展五年规划，梳理推进了一批标志性工程、创新性改革、突破性政策。2021年，市政府印发出台《宁波市海洋经济发展“十四五”规划》，为推动宁波海洋经济高质量发展，建设全球海洋中心城市作出了顶层设计。

六是加快法治宁波建设，优化提升营商环境。宁波始终坚持以“八八战略”为总纲，把营商环境优化提升作为改革创新的“一号工程”和提升城市竞争力的重要抓手，努力打造市场化、法治化、国际化一流营商环境。2003年，市政府法制办公室深入贯彻党的十六大报告中提出的“加强对执法活动的监督，推进依法行政，维护司法公正，提高执法水平，确保法律的严格实施”①的要求，积极开展工作。2006年，市委召开十届六次全体（扩大）会议，作出建设法治宁波的决定；市十二届人大常委会第三十一次会议通过《关于建设“法治宁波”的决议》。随后不断完善地方性法规体系，加强法治政府建设，加快营商环境领域立法，改革司法体系，进行普法教育，加强基层民主法治建设，宁波法治建设不断跃上新台阶。2008年，宁波着力深化依法治市各项工作，完善地方立法领导制度，坚持立法决策与市委重大决策相结合，大力推动科学立法、民主立法。2012年5月27日，市政府出台《关于加强法治政府建设的实施意见》。2021年，宁波制定《法治宁波建设规划（2021—2025年）》，谋划打造法治中国先行市。

七是繁荣港城文化，加快建设文化强市。2002年12月20日，习近平同志在宁波考察调研时指出：“要突出港口城市的特色，充分挖掘丰富的自然和人文资源，吸纳现代文明，建设港城文化。”②2004年6月25日，在浙江省委常委会听取宁波市工作汇报时，习近平同志指出，“要充分发挥宁波的人文优势，大力推进科教兴市、人才强市和文化大市”③。宁波始终坚持以“八八战略”为总纲，坚定文化自信、增强文化自觉，加快从文化大市向文化强市迈进。2004年，宁波推进文化体制改革，召开全市文化产业发展工作会议，制定《宁波市文化“四个一批”规划》和《关于加快文化产业

① 《中国共产党第十六次全国代表大会文件汇编》，人民出版社2002年版，第33页。

② 习近平：《干在实处 走在前列——推进浙江新发展的思考与实践》，中共中央党校出版社2006年版，第486—487页。

③ 习近平：《干在实处 走在前列——推进浙江新发展的思考与实践》，中共中央党校出版社2006年版，第484页。

发展的若干意见》。2008年，宁波兴起文化大市建设新高潮，市委专门召开工作会议，制定推动文化大发展大繁荣的若干意见，部署深化文化大市建设工作。2011年12月16日，市委十一届十四次全体（扩大）会议通过《中共宁波市委关于贯彻党的十七届六中全会精神加快文化强市建设的决定》。该文件要求，加快文化强市建设要在巩固文化大市建设成果的基础上，以更加自觉的态度、有效的措施、有力的保障，深入实施文化建设“六大战略”和文化发展“1235”工程，进一步深化社会主义核心价值体系建设，进一步繁荣文化事业、发展文化产业，进一步改善文化民生、提升生活品质，到2020年，在全省率先基本建成公民道德水准高、社会文明风尚好、文化生活品质优、地域文化特色明、文化综合实力强的文化强市。党的十八大以来，宁波市委深入贯彻习近平总书记对宁波提出的“进一步繁荣港城文化”的重要指示精神，持续推进文化强市建设，推动港产城文融合发展。突出特色繁荣文化事业、壮大发展文化产业，“书藏古今、港通天下”城市形象深入人心，“在宁波，看见文明中国”城市品牌不断传播，“亦文亦武之城”金名片不断擦亮。

四、全面践行“八八战略”，宁波结出新硕果

多年来，宁波在“八八战略”指引下，坚持一张蓝图绘到底、一任接着一任干，全面推进经济、政治、文化、社会、生态文明各领域建设，推动各项事业发展取得巨大成就，实现了从资源小市到经济大市、从区域开放门户到国内国际双循环枢纽城市、从总体小康到高水平全面小康的精彩蝶变，迎来了从建设港口城市到打造现代化滨海大都市的重大跨越。

一是开创高质量发展新局面。经济实力显著提高。宁波经济总量从2002年的1453.3亿元跃升至2022年的15704.3亿元，20年间

经济总量增长了约9.8倍，跃居全国[1]城市第12位。按常住人口计算，人均GDP从2002年的2.3万元提高到2022年的16.4万元，后者折合为24369美元，是世界银行2022年高收入经济体标准的1.9倍。财政总收入从2002年的258.4亿元增加到2022年的3358.6亿元，增长了约12倍，其中一般公共预算收入从111.8亿元增加到1680.2亿元，增长了约14倍，规模跃居全国城市第10位。营商环境持续优化。宁波的营商环境，有口皆碑。宁波于2022年获评“万家民营企业评营商环境”全国城市第5名，稳居全国各大城市第一方阵。民营经济充满活力。截至2022年末全市民营市场主体有126.1万户，占各类市场主体的比重高达96.7%，18家企业跻身中国民营企业500强。创新策源力持续提高。宁波坚定不移实施创新强市战略，国家创新型城市创新能力居全国第15位。全社会R&D经费（研究与试验发展经费）支出占GDP比重从2002年的0.44%提高到2021年的2.76%。宁波国家自主创新示范区、甬江科创区等高能级科创平台建设积极推进，国家重点实验室实现零的突破，甬江实验室、宁波东方理工大学（暂名）启动建设。产业结构不断优化升级。三次产业结构由2002年的7.1：54.6：38.3演变为2022年的2.4：47.2：50.4，实现了从“二三一”向“三二一”的转变。2022年宁波居“中国先进制造业百强市”第6位；累计拥有83家国家级制造业单项冠军，数量居全国城市第1位；累计拥有283家专精特新“小巨人”企业，数量居全国城市第4位。新兴产业蓬勃发展。2018—2023年宁波数字经济核心产业增加值年均增速达16.4%，超过地区生产总值年均增速7.5个百分点，数字经济增加值达到8000亿元，对高质量发展的支撑作用十分明显。“八八战略”在宁波的生动实践，从根本上重塑了宁波的发展理念、发展路径、发展机

---

① 未将港澳台相关数据统计在内，后同。

制，为宁波持续走在高质量发展前列奠定了扎实基础。

二是不断提高对外开放水平。持续扩大开放这一最大优势，推动外贸进出口跨越式发展。按美元口径计算，2002—2022年，宁波口岸进出口、自营进出口、自营出口总额分别增长了16.3倍、14.4倍和14倍。2021年宁波实现跨境电商进出口额1786.1亿元，成为全国首个跨境电商零售进口额超千亿元城市，跨境电商保税进口单量连续4年居全国第1位，海外仓数量占全国的1/6。开放合作持续深化。宁波成为中国第9个实际利用外资超500亿美元的城市，截至2022年底，累计实际利用外资679.4亿美元。深化国际友城交流合作，成功举办3届世界“宁波帮·帮宁波”发展大会，建成国际邮件互换中心。在浙江省山海协作工作考核中，宁波连续20年获评优秀，累计达成产业合作项目1754个，实到资金1125.9亿元，在结对地区打造了31个乡村振兴示范点、7个“消薄飞地”，累计带动669个困难村、逾50万人受惠。紧扣港口这一最大资源，持续锻造世界一流强港。完成宁波港、舟山港合并，持续完善港口基础设施体系、集疏运体系和智慧管理体系，港口辐射带动能力进一步增强。建成万吨级以上泊位118个，形成3个“千万级”集装箱码头泊位群。与100多个国家（地区）的600多个港口建立贸易往来关系，集装箱航线总数达到301条，其中远洋干线146条。

三是全面推进民主政治建设。积极践行全过程人民民主，奋力打造全过程人民民主市域典范，推出民生实事项目人大代表票决制、人大代表督事制、法规全生命周期管理机制等一批创新经验。充分释放人民政协制度的潜能效能。充分发挥政协专门协商机构作用，完善协商议事格局，擦亮“请你来协商”“委员会客厅（工作室）”履职品牌，举办“阿拉甬商有话讲”政企协商会，实施“甬聚”系列工程。发挥统一战线重要法宝作用，推动各项工作充分体现人民意志、保障人民权益、激发人民创造活力。牢固树立“执政重在基层”导向，整体构建市区街社四级联动、属地部门融合贯通的运行机制，实施“八提工程”和社区“五定”改革，基层公共服务、公共环境、公共安全、公共设施水平持续提升。法治政府建设成效明显，宁波成为全国首批法治政府建设示范市，连续多年获评浙江省平安市。

四是促进港城文化发展繁荣。深化党的创新理论宣传普及，大力培育和践行社会主义核心价值观，全面打造“在宁波·看见文明中国”品牌，实现全国文明城市“六连冠”。守正创新“保护和传承文化遗产”，大运河（宁波段）被列入世界文化遗产名录，它山堰入选世界灌溉工程遗产名单，余姚井头山遗址入选2020年度全国十大考古新发现，全市累计获评国家级文物保护单位33处、国家级非遗代表性项目28项。突出特色“繁荣文化事业、壮大文化产业”，每万人拥有公共文化设施面积达4200平方米，2003—2022年累计有23部作品获全国“五个一工程”奖，全民阅读蔚然成风，“奥运冠军之城”广受赞誉，文化产业增加值占地区生产总值比重从2004年的3.5%提高到2022年的9.6%。宁波在全国率先提出打造“15分钟文化圈”，首创“艺术振兴乡村”“艺术振兴社区”模式，大小博物馆遍布城乡，“一人一艺”全民艺术普及综合参与率达到83%。挖掘红色资源“富矿”，建设“红色文化高地”，传承红色基因成为全市红色文化新风尚。

五是开拓民生事业新篇章。居民“钱袋子”更加充盈。2022年宁波城镇居民可支配收入76690元，在副省级城市中居第3位，比2002年增长约4.9倍；乡村居民可支配收入45487元，在副省级城市中居第1位，比2002年增长约6.9倍。城乡收入倍差持续缩小。新型城镇化和乡村振兴协调推进，城乡品质大幅提升。城市空间布局不断优化，“拥江揽湖滨海”城市格局基本形成。城市有机更新不断推进，先后开展6轮老旧小区改造，实施项目440余个，累计改造面积约2500万平方米。“千万工程”成果丰硕，累计培育省级新时代美丽乡村示范县8个、示范乡镇78个、特色精品村231个；培育省级高标准农村生活垃圾分类处理示范村119个、历史文化村落保护利用重点村32个；把宁波建设成为全省唯一一个全国“四好农村路”示范城市。民生保障更加完善。社会保障基本养老保险参保率达到99.5%。医疗水平不断提升，2022年卫生机构数量达到4916家，比2002年增长约2.9倍。教育事业蓬勃发展。2022年在甬高校16所，全日制在校大学生19.1万人，比2002年增长约2.1倍。

六是推动绿色发展之路越走越宽广。环境质量持续改善。2023年空气质量优良率达93.7%，地表水市控及以上断面水质优良率达96.8%，县级及以上饮用水源地水质达标率常年保持100%，2017年以来宁波连年获得全省治水最高荣誉“大禹鼎”。生态修复成效显著。宁波统筹推进山水林田湖海系统治理和一体保护，推进生态公益林补偿制度建设，2022年进入中国“绿都”前10位；2018年以来共创建省级“美丽河湖”60条（个）；整治修复海岸线110.7公里，治理修复废弃矿山234处。2022年末全市共有国家级生态文明建设示范县（区）5个、省级生态文明建设示范县（区）9个、国家级“两山”实践创新基地2个。能源消费结构持续优化，低碳转型加快推进。宁波积极推进煤炭消费总量控制和煤质管控，加快燃煤锅（窑）炉淘汰、能效提升改造，提高可再生能源、天然气清洁能源消费比重，煤炭、石油等传统能源消费比重下降。相比2005年，2021年煤炭消费、石油制品消费占能源消费总量比重分别下降7.0个、8.7个百分点。清洁能源开发利用加快。2022年全市清洁能源装机885.1万千瓦，比2015年增长1.5倍。循环经济成效显著，全市16个省级及以上制造业类园区全部实施循环化改造，全市累计入选国家级绿色工厂51个、绿色园区3个，入选数量居全国同类城市前列。能源双控卓有成效，能源利用效率持续提升。2005—2022年，能源消费总量年均增长4.9%，“十三五”时期年均增速比“十一五”时期回落2.8个百分点。单位GDP能耗大幅度降低。“十一五”时期以来，在各项节能降耗政策措施的大力推动下，经过全社会的共同努力，宁波单位GDP能耗整体呈现下降态势，2006—2022年累计降低41.5%，节能降耗取得巨大成效。绿色生活理念深入人心。宁波以创新、协调、绿色、开放、共享的新发展理念为引领，通过推动形成绿色发展方式和生活方式，绿色生活理念深入人心。大力推进生活垃圾分类，整体成绩稳居全国大城市第一档。绿色建筑覆盖面大幅度增长，如今城镇绿色建筑面积占新建建筑的比重达100%。绿色出行或公交出行渐成主流，2023年1月，市民绿色出行率达76.7%。

七是协同推进“伟大工程”和“伟大事业”。党的领导全面加强。党的理论武装走深走实。党的十八大以来，宁波不断深化关于习近平总书记对宁波工作重要指示的研究、阐释和宣传，开展“学回信、悟初心、践使命”“温故知新、知行合一”和“深入学习贯彻习近平总书记考察浙江、宁波时重要讲话精神”“重温习近平同志在浙江”等特色实践活动，推动党员干部做习近平新时代中国特色社会主义思想的坚定信仰者。领导班子政治素养持续增强。2012年底以来，先后建立健全领导班子思想政治建设定期分析制度、个人事项报告抽查和核实制度，完善“四位一体”干部综合举报平台。高素质专业化干部队伍加速打造。积极探索契合宁波实际的干部工作制度体系，先后出台《关于建设有担当有作为有口碑好干部队伍的若干意见》《中共宁波市委关于认真学习贯彻党的十八届六中全会精神从严锻造“四铁”干部队伍的决定》，制定《关于贯彻〈2019—2023年全国党政领导班子建设规划纲要〉的实施意见》。清廉宁波建设纵深推进。迭代完善清廉宁波建设体系，创设

“1+1+11”专项监督机制[①]，深化“三交底”廉政谈话制度，持续加固中央八项规定精神堤坝，不断提高一体推进“三不腐”能力，风清气正、勤廉并重的良好政治生态持续巩固发展。

五、以“八八战略”为指引，宁波积累新经验

在“八八战略”指引下，宁波经济社会各方面发展取得历史性成就，创造了丰富的实践经验。这些经验是取得成就的关键所在，也是新时代新征程进一步深入实施“八八战略”的关键所在。

一是始终毫不动摇坚持党的全面领导。中国共产党是中国特色社会主义事业的领导核心，坚持党的领导是宁波取得历史性成就的根本所在。多年来，在“八八战略”的科学指引下，宁波市委始终在政治立场、政治方向、政治原则、政治道路上同党中央保持高度一致，坚定拥护“两个确立”、坚决做到“两个维护”，以“绝对忠诚”维护党中央权威和集中统一领导，以“绝对担当”推动党中央决策部署见行见效，以“绝对实绩”创造性落实党中央决策部署，始终做到“总书记有号令、中央有部署、省委有要求，宁波见行动、走在前”。宁波积极主动融入国家发展大局，时刻把宁波的发展放在国家大局中去考量，不断在全国发展大局、全省发展大盘中，找准宁波定位、明确宁波目标、扛起宁波责任、展现宁波作为，为服务“国之大者”勇当先锋。

二是始终坚持以人民为中心的发展思想。“八八战略”的顶层设计和战略谋划归根结底是一切为了人民。宁波在落实“八八战

---

① “1+1+11”专项监督机制是指宁波市纪委监委成立工作专班，组建“1+1+11”专项监督组织架构，即1个综合组、1个信访组，另有11个监督检查小组对应10个县（市）区和市直部门，构建扁平化监督检查组织体系，由市纪委监委主要领导担任组长，统筹开展全市监督检查工作。

略”的实践中，始终站稳人民立场，把人民群众放在心中最高位置，贯彻党的群众路线，发展全过程人民民主，维护社会公平正义。坚持以人的现代化为核心，注重人的全面发展。恪守为民宗旨，紧紧围绕广大群众对美好生活的新期待，切实做到民生投入优先保障，民生工程优先安排，民生需求优先满足，让全市人民幸福生活更加可见可感。聚焦急难愁盼，着力解决发展不平衡不充分问题，扎实推进社会事业发展。深刻理解实现共同富裕的总体安排，在就业增收、教育事业、健康宁波、社保体系等方面，深化细化不同阶段目标任务，因地制宜、脚踏实地、久久为功，不断探索促进共同富裕的有效路径。紧紧依靠群众，“八八战略”在宁波的生动实践，全面展现了伟大思想同群众实践相互激荡形成的凝聚力、创造力、生命力，形成了“众人划桨开大船”的生动局面。

三是始终坚持一张蓝图绘到底。“八八战略”是习近平同志留给浙江取之不尽、用之不竭的宝贵财富，既是引领航向的“指南针”，更是破解发展之困的“金钥匙”。好的战略只有持续深入落实才能推动各项事业发展。多年来，宁波牢记习近平同志的嘱托，以高度的政治自觉、思想自觉和行动自觉，坚定忠实地践行“八八战略”，始终沿着“八八战略”确定的主线和总纲，把“干在实处、走在前列、勇立潮头”的总要求一贯到底，一张蓝图绘到底，一任接着一任干，不断创造宁波高质量发展的奇迹。实践证明，“八八战略”揭示了区域发展的真谛，沿着这个战略方向走下去，宁波就能更好地续写市域样板的精彩篇章。

四是始终坚持“八八战略”蕴含的世界观和方法论。“八八战略”是运用马克思主义世界观和方法论解决浙江实际问题的典范。宁波准确把握“八八战略”蕴含的价值观，坚持以人民为中心的发展思想。把满足人民群众日益增长的美好生活需要放在工作的第一位置。宁波准确把握“八八战略”蕴含的实践观，坚持一切从实际出发。在实施过程中，习近平同志特别强调，“只有干在实处，才能走在前列”[①]，“抓而不紧，等于不抓；抓而不实，等于白抓”[②]。宁波坚持实事求是思想路线，坚持中央精神与宁波实际的统一，从宁波实际出发谋划宁波发展。宁波准确把握“八八战略”蕴含的辩证观，善于把握优势、努力补齐短板。“八八战略”一个重要的核心要义就是充分发现和把握浙江的宁波优势，强化现有优势，发掘潜在优势，努力创造条件把原有的劣势转化为新的优势。宁波始终坚持“优势论”，不断发挥自身各项优势，努力补齐短板。准确把握“八八战略”蕴含的整体观，坚持全面协调可持续发展。“八八战略”涉及经济、政治、社会、文化、生态等各个领域，对各领域进行系统的全方位的综合思考与全面部署，是全面协调可持续发展的典范。宁波坚持整体观和系统思维，实现经济、政治、文化、社会、生态文明建设等各方面整体谋划、系统推进。

牛先锋

中共中央党校（国家行政学院）马克思主义学院院长

教授、博士生导师

① 《习近平谈治国理政》第1卷，外文出版社2018年版，第436页。

② 习近平：《之江新语》，浙江人民出版社2007年版，第32页。

序言二

2023年，对浙江来讲是一个特殊年份，习近平同志当年带领浙江省委作出“八八战略”重大决策至此已有20年。20年来，“八八战略”似一把启迪智慧的金钥匙，打开了浙江高质量发展的通道，开拓了浙江改革开放新境界，推动浙江以“两个先行”打造“重要窗口”，奋力谱写中国式现代化的浙江篇章。

今天，我们追忆习近平同志在浙江工作期间的点点滴滴，重温他在浙期间的思想理论教导、发展蓝图和工作指导，并不是单纯为了搜集、规整历史资料（尽管这也是一项必要且重要的工作），也不是单纯地为了模仿、刻复当年的工作举措，而是为了从习近平同志当年的一言一行中领悟思想真谛、博大胸怀、高尚情操，更好地学习、理解、掌握蕴含在习近平同志当年一系列重要论述尤其是“八八战略”之中的世界观、方法论，进而更好地以习近平新时代中国特色社会主义思想为指导，推进浙江的中国式现代化建设。习近平同志在浙江工作期间谋划的“八八战略”以及对其作出的系列重要论述，是一座巨大的思想宝库，蕴藏着丰富的马克思主义世界观、方法论。

一、“八八战略”及其系列重要论述贯穿着马克思主体方法论的以人为本和以人民为中心的思想

其一，“八八战略”是一个以人为本的总体性的经济社会发展战略。发展是硬道理，但是以怎样的方式发展同样是一个原则性问题。在资本主义的发展方式下，生产表现为人的目的，而人不但不是生产的目的还沦为生产的工具、手段，唯利是图是资本主义生产方式、发展方式的最根本特征。社会主义与资本主义的根本区别之一就在于，前者关注人本身的发展，以人为本。“八八战略”从三个方面充分体现了马克思的主体方法论，一是始终把人放在主体地位和目的地位，是一个强调人的主体作用和为着人的发展的总体性发展战略；二是在价值取向上，强调尊重人、依靠人、解放人，是一个为着人的发展而锐意系统性改革的总体性发展战略；三是以人和人的发展为尺度来评判各项工作的成效。[①] 正是随着“八八战略”的提出、实施和深入推进，在浙江大地上“唯GDP论”逐渐消退，经济发展逐渐由粗放型方式转向可持续性的科学发展方式，社会发展方式由欠协调的不平衡方式转为协调、和谐发展方式。

其二，“八八战略”及其系列重要论述，在以人为本的基础上，突出强调以人民为中心的发展思想。[②] 如果说以人为本的思想观念更多的是针对人与自然的关系来讲的，强调的是经济发展的为人性，那么，以人民为中心的思想观念，则更多的是从社会关系上

---

① 参见习近平：《干在实处 走在前列——推进浙江新发展的思考与实践》，中共中央党校出版社2006年版，第24页。

② 参见习近平：《干在实处 走在前列——推进浙江新发展的思考与实践》，中共中央党校出版社2006年版，第15、55页；参见习近平：《之江新语》，浙江人民出版社2007年版，第1、3、245—247、257、263页。

来讲的，强调的是经济发展的人民性，以及经济发展的社会公平性。在这里，从以人为本发展到以人民为中心，构建了以马克思主体方法论指导我们工作的方法论链条，实现了从一般理论抽象到具体实践的飞跃。因为，人作为类概念，它在现实生活中是分层分类的，笼统地讲以人为本，虽然相对于“唯 GDP 论”是一个巨大的观念进步，但在具体实践中往往遭遇巨大阻力，难以贯彻到底。比如，环境污染从表面上看，对所有人都是有害的，但是，一件对所有人都有害的事情，为什么会在现实中出现而且反复多次出现呢？虽然原因众多，但其中最关键的原因在于资本及其所有者能在污染环境的过程中获益。在这里仅仅笼统地讲以人为本是不够的、不彻底的，因为有少数人在污染环境的过程中付出的成本低而收益巨大，而广大群众承受了几乎全部的污染成本而获益很小甚至毫无收益。由此可见，以人为本是以人民为中心的起点，是以人民为中心的抽象形态，而以人民为中心则是以人为本的终点，是以人为本的马克思主义的实践形态，是以人为本的真正的彻底的完成形态。表现在发展方式的理念上，只有在坚持以人为本的同时迈向以人民为中心，才能更为有效地、彻底地终结粗放型增长方式。

二、“八八战略”及其系列重要论述贯穿着理论和实际相结合的实践方法论

理论与实践相结合，一切从实际出发，实事求是，是马克思主义、毛泽东思想活的灵魂，是我们党的根本思想路线和一切工作的总的方法论原则。在社会主义建设的地方实践中，坚持这一思想路线和方法论原则，最为核心的关键在于如何科学地将中央精神贯彻于地方（和部门）的具体实践之中，如何科学地实现主客观的有机统一。按照科学发展观和中央的精神要求，结合浙江的经验、经济

社会发展的实际情况和水平，创造性地、科学地制定和实施浙江的经济社会发展战略是“八八战略”方法论的鲜明特征。

其一，“八八战略”不仅不折不扣地通篇贯穿着科学发展观的精神实质，处处体现出党中央关于经济、政治、文化、社会“四位一体”协调发展的精神要求，而且在纵横两个方面扩展着科学发展观的贯彻落实。在纵向方面，“八八战略”以率先实现基本现代化、经济社会可持续协调发展水平走在全国前列的姿态和要求谋划浙江发展；在横向方面，“八八战略”不仅在经济、政治、文化、社会四大领域作了充分、全面、深入、细微的谋划布局，而且把可持续协调发展的精神内核扩展到生态（包括自然生态和社会生态）领域，提出建设“绿色浙江”的理念和具体行动计划、行动方案，进而在实践层面丰富发展了科学发展观和中央的精神要求。

其二，坚持一切从浙江实际出发，在全面掌握浙江实际情况的基础上，以科学发展观为思想武器，分析、求证和把握浙江发展的特殊规律，谋划浙江科学发展走在前列的具体路径。不问具体实际情况，或只是停留在掌握表面的、局部的实际情况，就开始发号施令，或从抽象的概念、教条出发，形式主义、教条主义地贯彻上级指示，是大型科层制组织尤其是行政机构、行政领导极易发生的主观主义、教条主义错误。与这种主观主义、教条主义思想作风相反，“八八战略”从酝酿、制定到实施再到开花结果，始终贯穿着一切从实际出发，实事求是的思想作风和方法论原则，是习近平同志“坚持调研开局、调研开路，凡事眼睛向下，先当学生，不耻下问，问计于基层、问计于群众”，“跑透了浙江的省情市情县情”后，理论与实际、中央精神与浙江实情紧密结合所结出的智慧集成和实践利器；是习近平同志与“浙江广大干部群众的真切感情”交融、真实思想交流，充分反映并满足浙江广大人民群众利益需求、发展愿景由感性到理性的思想升华；是习近平同志“跑遍了浙江的山山水水”，渗满辛勤汗水的精神结晶。[①]

需要特别指出的是，“八八战略”在反映和实践党的实事求是思想路线和方法论原则时的高明之处在于，将实事求是的方法论与党的群众路线、群众工作方法结合起来，实现了二者的有机融合。中国共产党人讲的理论联系实际中的实际，其核心所指是广大人民群众的实际。它既包括人民群众的物质生产、物质生活状况，也包括人民群众的精神生产、精神生活状况；既包括人民群众现实的生产生活状况，也包括人民群众对未来生产生活状态的愿望；既包括人民群众对现实生产生活状况的理性认知，也包括人民群众对现实生产生活状况的感性认识。这样的实际，是坐在书斋中、办公室里所完全无法达到的实际，是只有深入人民群众之中，与人民群众打成一片，并在完成了实事求是的思想路线与群众路线、群众工作方法的统一之后才能达到的实际。

“八八战略”不论是对浙江八个方面优势的分析，还是“八项举措”的推出，都是对广大人民群众上述实际的完整反映，充分实现了党的实事求是的思想路线和方法论同党的群众路线和群众工作方法的有机统一，是将实事求是方法论和群众路线、群众工作方法有机融合的典范。

三、“八八战略”及其系列重要论述贯穿着矛盾分析法：“两点论”和“重点论”、“重点论”和“全面论”的有机统一

事物的矛盾法则是辩证法的根本法则。从矛盾法则出发，以

① 习近平：《干在实处 走在前列——推进浙江新发展的思考与实践》，中共中央党校出版社2006年版，第3页。

矛盾分析法观察、分析浙江实际情况，谋划、规划浙江经济社会发展是“八八战略”方法论的鲜明特色。“八八战略”的矛盾分析法，不仅在理论上与马克思列宁的唯物辩证法、毛泽东的矛盾论一脉相承，更是在实践中丰富和发展着马克思列宁的唯物辩证法和毛泽东的矛盾论。

其一，在充分调研、全面掌握现实材料的基础上，以矛盾分析法研判浙江经济社会发展取得的成绩、存在的问题，研判可持续发展、科学发展的优势所在、短板所在。既不因成绩巨大而盲目乐观和遮蔽存在的问题，也不因前进路上困难重重而畏难悲观。一方面，充分肯定浙江发展尤其是经济发展走在全国前列，充分肯定浙江经济、浙江社会充满活力；另一方面，毫不避讳“矛盾凸显期”存在的问题及其严重性，深刻认识和分析产生诸如经济结构欠合理、经济效率有待提高、经济发展环境代价过高、发展不平衡等问题的主客观原因、历史原因。在这里，“八八战略”的矛盾分析法将毛泽东的“两点论”和“重点论”相统一的矛盾分析法贯彻于浙江实际，在分析浙江经济社会发展的动力和困难时，一是充分肯定发展的有利因素是矛盾的主要方面，二是强调以发展带动问题的解决，强调发展是重点，并透过纷繁复杂的社会现象，梳理、归纳出浙江经济社会发展的“八大优势”，指明了浙江经济发展的凭依、方向和着力点，鼓舞起浙江广大干部群众奋勇前进的充足信心。

其二，“八八战略”的矛盾分析法，在毛泽东的“两点论”和“重点论”的基础上，进一步推导出“重点论”和“全面论”的矛盾体有机统一的思想方法，以“重点发展”和“全面发展”的有机统一原理筹划浙江发展。马克思主义的基本原理告诉我们，一方面，生产力、生产方式的进步是社会发展的最终力量，是一切社会进步和提高人民生活水平的最终、最根本的力量，发展生产力，改进生产方式，推动经济发展始终是中心任务、中心工作；另一方面，生产力和生产方式的进步、经济的发展都是在整个社会大系统的环境下取得的，经济发展必须兼顾社会其他领域的发展，只有经济、政治、社会、文化、生态各领域全面发展，“社会才能进步”，并保证经济的可持续发展。“八八战略”既突出经济要“重点发展”，又兼顾和保证社会各领域的“全面发展”，有机地实现了“重点发展”和“全面发展”的辩证统一，并在实践中扭转了发展方式上“一俊遮百丑”的偏向，保证发展的航船行驶在可持续的科学发展航道上。与此同时，坚持“重点论”和“全面论”相统一的方法论原则实施“八八战略”。在落实“八项举措”时，重点发展和全面推进相结合，以重点发展带动全面推进，以全面推进保证重点发展。比如，以“五大百亿”工程为重点、为抓手，改善浙江经济社会发展环境，改善浙江经济结构，提高经济效率，改善生态环境，推进绿色产业发展；以“千万工程”带动农村农业发展和农民增收，以山海协作工程[①]带动边远山区经济社会发展，等等。总之，每年抓几个重点，完成几项任务，步步为营，年年有成，积小胜为大胜。

四、“八八战略”及其系列重要论述贯穿着系统思维和系统分析法：事物的普遍联系与统筹系统的协调发展

将我们的对象世界理解为普遍联系、相互作用的有机系统和整体，是唯物辩证法的基本观点。以普遍联系和相互作用的系统思维、系统分析法观察、分析、把握浙江实际情况，谋划、统筹浙江的科学发展，是“八八战略”方法论的又一鲜明特色。

① 山海协作工程，是浙江省委、省政府为了推动本省以浙西南山区和舟山海岛为主的欠发达地区加快发展，实现全省区域协调发展而采取的一项重大战略举措。其中，“山”主要指以浙西南山区和舟山海岛为主的欠发达地区，“海”主要指浙江省沿海发达地区和经济发达的县（市）区。

其一，“树立全局观念”，联系国内国际“两个大局”，以全国一盘棋的大格局为系统背景，分析和确认浙江经济发展优势和短板。事物的存在是确定的，但其向人们彰显的意义却会因认识主体、认知方式、分析方法的差异而发生变化。21世纪初，经济全球化日益深化，中国经济的市场化和分工合作水平也不断提高。“八八战略”方法论的高明之处就在于跳出浙江看浙江，把浙江放置在全国大系统之中来分析和确定资源、产业的优劣势。比如21世纪之初，全国出现固定资产投资过剩的现象，钢铁、水泥、电解铝、汽车、纺织化工等行业，新开工项目过多，规模过大，经济过热但效益下降的现象已相当明显。浙江要不要上这些项目？已有的项目要不要压缩？“八八战略”以普遍联系、系统思维的视野作出科学的回答，以系统分析的方法作出统筹安排。在充分发挥政府“有形之手”和市场“无形之手”的功能作用、“两手”联合发挥作用下，一方面，坚持全国一盘棋，严格控制盲目投资和重复建设，防止投资失误造成重大损失，同时依据比较成本优势，对标中西部产业资源条件，适度控制中西部资源条件更好的产业在浙江投资增长，为中西部地区的发展腾出空间。另一方面，依据浙江经济社会发展的实际情况，着重解决经济发展中的突出矛盾和制约经济发展的瓶颈问题，针对电力、交通、土地、水资源等生产要素日趋短缺和高投入、高消耗、高排放导致环境载荷日趋严峻等问题，在推出“五大百亿”工程的同时，着力转变经济增长方式，以“凤凰涅槃”的勇气，摆脱对粗放型增长的依赖，主动淘汰产出低、消耗高、污染严重的产品和装备，大力发展技术含量高、附加值大、环境代价小的产业；依据经济市场化社会化的客观规律，“跳出浙江发展浙江”，“走出去”与“引进来”相结合，通过“腾笼换鸟”提升产业高度化集中化水平，促进产业结构调整和生产要素集约利用，进而保证了浙江经济的可持续健康发展。

其二，“八八战略”对浙江经济社会发展“八大优势”的揭示和“八项举措”的谋划，客观地、科学地呈现了浙江经济社会总体性特征，呈现了浙江经济社会各系统各领域之间及其内部之间的普遍联系，体现了浙江经济社会按系统性原则协调发展的客观要求和必然趋势。“八八战略”作为浙江发展的总战略、总抓手，是按照系统思维原则和方法编织起来的有机体系。一方面，“八项举措”依照在社会结构（生产力与生产关系，经济基础与上层建筑）中的地位依次递进，形成相互联系、相互支撑、相互作用的有机的立体结构系统。这要求我们按局部与全局的辩证关系，“牢固树立全局观念，增强在大局下行动的自觉性”①，全面、协调地推进浙江经济社会的发展。另一方面，每一举措又是一个独立的子系统，这些子系统在各自领域里形成各自的系统特征，生成子系统内部各要素相互联系、相互作用促进事物发展的独特行进路径。这要求我们在“八八战略”大系统的背景下，以专业的精神、知识统筹处理每一个子系统内各要素之间的矛盾关系，以保证子系统内部健康、有序地协调发展。

其三，采取系统思维，以系统兼顾的方法实施“八八战略”。围绕局部与全局、眼前与长远、继承与创新三大关系，统筹“八项举措”的协调推进，把城市和农村、工业和农业作为一个整体来谋划，统筹协调城乡发展；出政策、抓载体，努力培育新的经济增长点，进一步完善生产力布局，加快建设海洋经济强省，支持欠发达地区加速发展，统筹协调区域发展，高度重视社会事业发展，加快文化大省建设，统筹协调经济社会发展，布局“生态省”建设，实施循环经济“991”行动计划和“811”生态环保专项行动，着力打造绿色浙江，统筹协调人与自然的和谐发展；以“腾笼换鸟”为抓

① 习近平：《干在实处 走在前列——推进浙江新发展的思考与实践》，中共中央党校出版社2006年版，第79页。

手，“走出去”和“引进来”相结合，布局“地瓜经济”，拓展经济发展空间，“跳出浙江发展浙江”，统筹协调浙江对内对外开放发展。

五、“八八战略”及其系列重要论述贯穿着历史分析法：在继承中创新，在创新中发展

从历史的维度出发，以历史总体性的观念和方法，去理解和把握我们所面对的客观对象，是认识达到全面、系统、深刻和本质的重要法门，它不仅要求我们现实地理解和把握客观事实，还要求我们把现实的客观对象放置在历史中，历史地理解和把握客观对象，通过历史分析，厘清和明确事物的历史意义及其未来的客观走向。“八八战略”方法论娴熟地运用这一马克思主义的历史分析法，通篇充盈着马克思主义历史方法论的精髓。

其一，以历史分析法理解和把握浙江的具体实际，强调尊重历史，尊重现实，在历史发展长河中定义现实，把现实理解为历史发展的结果，理解为先前历史各种要素积淀的综合形式，理解为人们历史实践活动的产物，并充分肯定前人和先前实践活动的历史性贡献，进而用历史发展的眼光分析、理解和把握现实状况：成绩和问题，优势和短板；通过发挥优势，弥补存在的短板，解决存在的问题。

强调向历史学习，在学习历史的过程中，鼓起主体精神力量，寻找解决问题的办法。历史不仅体现在物质包括自然条件、自然环境、生产力发展水平等硬件上，更主要地体现在人的主观素质和精神气质上，体现在人们的行为方式以及由人们的行为方式所结成的社会关系形式上。总结挖掘浙江精神，将“自强不息、坚韧不拔、勇于创新、讲究实效”“求真务实、诚信和谐、开放图强”的浙江

精神有机地融合在“八八战略”和规划之中，贯穿于“八八战略”的每一个实施环节之中。[①] 在这里，“八八战略”以不着痕迹的也是最为高超的方式，将历史分析法融合于自身之中，从主体方面定义了浙江的最大现实，明确了浙江经济发展的最大优势和力量的历史源泉。[②] 由此鼓起浙江人民沿着“八八战略”所指引的方向，干在实处，走在前列的精、气、神。

其二，以历史发展的辩证法谋划和推动浙江发展。历史继承和历史创新是历史发展辩证法的核心。“没有继承，就没有发展；没有创新，就没有未来。”[③] “八八战略”通篇充盈着这一历史发展的辩证法精神。一方面，明晰和确立“八大优势”，既是对现实状况的逻辑梳理，摸清了发展的家底，摸清了发展的最为核心的有利条件，又是“对过去既定的目标任务和行之有效的决策部署”的“继续坚持”，是对前人工作和历史成就的极大尊重，清醒地认识到且为新的实践设置了历史前提：“八项举措”是“站在前人的肩膀上来进行的”[④]。另一方面，制定和实施“八项举措”，深刻地体现了“在继承中创新，在创新中发展”的历史实践辩证法。历史继承不是简单的墨守成规，而是推陈出新。“八项举措”着眼于当今时代的发展变化，运用马克思主义中国化的最新成果，从“八个方面”推进制度创新、科技创新、文化创新以及其他各方面的创新，进而

① 参见习近平：《干在实处 走在前列——推进浙江新发展的思考与实践》，中共中央党校出版社2006年版，第315—323页。

② 参见胡承槐、胡文木编著：《浙江精神与“八八战略”》，中共中央党校出版社2020年版，第2—8页。

③ 习近平：《干在实处 走在前列——推进浙江新发展的思考与实践》，中共中央党校出版社2006年版，第78页。

④ 习近平：《干在实处 走在前列——推进浙江新发展的思考与实践》，中共中央党校出版社2006年版，第78页。

“不断完善”已有的东西，不断开创新的局面。[①]

其三，“八八战略”的历史分析法，坚持当下发展与未来发展的辩证法，坚持历史发展的可持续性，立足当下，着眼未来，不仅追求当前的全面发展、协调发展，而且充分“考虑到后代的发展空间”[②]，为后代的发展打下更为坚实的物质基础，为后代的发展拓展更为广阔的空间。从“五大百亿”工程到各项体制机制改革方案，从“活力浙江”建设到“平安浙江”“绿色浙江”建设，再到“文化大省”建设，莫不为后人打开更为广阔的物理空间和社会空间。

其四，“八八战略”所蕴含的历史方法论深刻地体现了中国共产党人与时俱进的历史主动精神，体现了中国共产党人“用时代发展的要求审视自己，以改革创新的精神加强和完善自己”[③]，自觉地把思想认识从那些不合时宜的观念、做法和体制中解放出来的进取精神；体现了中国共产党人立足当前实际，着眼未来发展，不断反思和总结经验教训，大胆探索创新，勇于开创改革开放新局面的历史实践精神。

概括以上所述，主体方法论、理论与实际相结合的实践方法论以及矛盾分析法、系统分析法、历史分析法，是马克思主义方法论宝库中的五大方法，是生成马克思主义方法论体系的五大核心内容和基本支柱。“八八战略”及其系列重要论述不仅从不同侧面贯彻和体现着马克思主义的这五大方法，从不同侧面丰富和发展了五大方法论，而且在总体的高度上综合运用马克思主义的这五大方法，生成五大方法论融为一体的总体性特征。

---

① 参见习近平：《干在实处 走在前列——推进浙江新发展的思考与实践》，中共中央党校出版社2006年版，第78—79页。

② 习近平：《干在实处 走在前列——推进浙江新发展的思考与实践》，中共中央党校出版社2006年版，第19页。

③ 习近平：《干在实处 走在前列——推进浙江新发展的思考与实践》，中共中央党校出版社2006年版，第69页。

首先，“八八战略”及其系列重要论述综合运用马克思主义方法论，将马克思主义方法论的五大方法融为相互依存的有机体系。一方面，主体方法论、理论与实际相结合的实践方法论以及矛盾分析法、系统分析法和历史分析法，它们都是可以独立存在的方法论，都是在各自维度或领域里唯一正确和科学的方法。另一方面，这五大方法又是相互联系、相互支撑、相辅相成的，构成一个有机的方法论体系，其中任何一个方法，都是这个方法论体系不可或缺的组成部分。由这一马克思主义方法论的体系性、总体性特征所决定，我们在理解、运用马克思主义的上述五大方法论时，不仅要领会这些方法论各自的具体内容、具体要求，科学地把握这些方法论运用的特殊场景，而且要领会它们的体系性、总体性的含义，一是要学会综合地、总体性地运用马克思主义方法论，二是要牢记在运用马克思主义五大方法中的任何一个方法时，都是要有另外四大方法做铺垫或做补充的，唯有如此，方能称得上全面、系统、完整、科学、准确地掌握马克思主义方法论。诚如前文所述，我们已分别从五个方面介绍了“八八战略”具体运用马克思主义五大方法的实际情况，然而，必须指出的是，如果我们仅仅停留于、满足于上述理解，那是远远不够的，因为，这样的理解仍带有简单枚举的机械性，仍没有达到“八八战略”方法论所达到的运用马克思主义方法论的境界。“八八战略”方法论最根本的特征在于：并非逐一单个地运用马克思主义五大方法论，而是综合地运用马克思主义五大方法论，把这五大方法论融合为一个体系，融合为一个总体性的方法论整体；“八八战略”在运用这五大方法论中的任何一个方法时，都隐含着另外四个方法。比如，阐述和运用历史分析法，强调“在继承中创新，在创新中发展”时，其中的继承和创新，是以主体方法论，“以人民为中心”为前提的，是包含“以人民为中心”这一前提于自身的；同时，这个继承和创新是基于理论与实践相结合的实践方法论，在系统方法论约束下，通过矛盾分析法而获得的继承，通过主体实践活动而实现的创新。也正是由于这一综合运用马克思主义方法论的根本特征，“八八战略”方法论在实践上把马克思主义方法论推进到了一个新的境界、新的高度。

其次，“八八战略”方法论体系向我们呈现的是一个按逻辑递进关系从主体到客体、主客体矛盾统一体、立体结构系统历史性运动的总体方法论图景。其一，“八八战略”的主体方法论，从主体的维度出发，确立了以人民为中心的世界观、历史观、价值观，人民是实践的主体，是我们思考全部问题和一切工作的出发点。其二，“八八战略”的理论与实际相结合的实践方法论，确立了主体走向客体的实践原则，它要求我们以科学的理论为指导能动地改造客体世界，进而划清了与主观主义、教条主义以及客观主义的界限。其三，“八八战略”关于“重点论”与“全面论”相统一的矛盾分析法则告诉我们，主体在展开自己的实践活动时，应善于把握问题的轻重缓急，把握工作中的主要矛盾和次要矛盾，把握什么是重点工作，并通过着重做好重点工作带动全面工作的推进。其四，“八八战略”的系统思维和系统分析法则进一步告诉我们，我们所面对的由主体构建起来的主客体统一体是一个立体的，由多领域多（子）系统相互联系、相互作用着的巨系统，它要求我们始终坚持统筹协调社会各领域的实践活动，进而推动各领域的协调发展。其五，“八八战略”的历史分析法在前四大方法论的基础上进一步指明我们一切实践活动、一切工作的历史原则：在历史继承的过程中创新发展。由此可见，“八八战略”方法论体系是有内在逻辑的，其内含的五大方法论不是简单的并列关系，更不是机械的堆结，而是由以人民为中心的主体原则为原点、核心构建起来的有机体系。

宁波是浙江的经济文化重镇，也是习近平总书记心心挂念的地方。习近平同志主政浙江期间曾先后34次到宁波调研、视察和指导工作，发表一系列重要论述。这34次活动和系列重要论述，是习近平同志酝酿、制定和指导实施“八八战略”的重要组成部分。沿着当年习近平同志在宁波走过的足迹，再次学习习近平同志当年的系列重要论述，领悟其中的世界观，掌握其中的方法论精髓，将对宁波的广大干部、党员、群众全面、系统、准确地学习和掌握习近平新时代中国特色社会主义思想起到举一反三、事半功倍的作用。中共宁波市委党校（宁波行政学院　宁波市社会主义学院　浙江四明山干部学院　宁波中华文化学院）主持编写的《“八八战略”在宁波的实践》一书，详细记述了习近平同志在浙期间和其后来甬时的足迹与系列重要论述，客观地再现了习近平同志的博大胸怀、高尚情操，客观地再现了习近平同志系列重要论述所蕴含的马克思主义世界观、方法论及其发展，客观地再现了习近平同志对宁波的关心关怀。

《“八八战略”在宁波的实践》再现了习近平同志运用马克思主义世界观、方法论制定实施“八八战略”，指导浙江地方工作，推动宁波经济社会发展，并在将马克思主义基本原理与中国特别是浙江实践相结合的过程中，推动马克思主义方法论向前发展，生成一个个新观点、新理念、新思想，把马克思主义中国化时代化推向新的历史高度的宁波经历。《“八八战略”在宁波的实践》一书为浙江尤其是宁波的广大干部、党员、群众更好地学习、掌握和运用习近平新时代中国特色社会主义思想提供了鲜活的精神大餐。

胡承槐

中共浙江省委党校（浙江行政学院）马克思主义研究院名誉院长　教授

目 录

第一篇 理论篇

第二篇 综合篇

第三篇 专业篇

八八战略

第一篇
理论篇

习近平同志于2003年7月10日，第一次明确提出了进一步发挥“八个方面的优势”、推进“八个方面的举措”的“八八战略”，形成了浙江新发展的顶层设计和系统谋划。基于浙江省党校系统 2004—2014 年的文献计量分析，“八八战略”研究主题集中在六个方面：一是关于“八八战略”与科学方法观的联系；二是关于浙江模式与浙江现象的案例分析；三是关于政府治理和体制改革的实证研究；四是关于文化大省建设的研究；五是关于社会管理和保障的研究；六是关于美丽浙江和生态建设的研究。有学者从中得出“自‘八八战略’提出以来，浙江模式得以进一步深化，浙江经济开启转型创新之路，打出转型升级组合拳”[①]的结论。随着浙江经济社会发展以及一系列新情况的出现，有必要再对“八八战略”进行理论上的研究和梳理。本篇内容主要围绕以下四个方面展开：“八八战略”的理论定位与实践价值，在当今的中国我们应该如何重新理解？“八八战略”如何体现马克思主义的世界观与方法论，以及其同习近平新时代中国特色社会主义思想的世界观与方法论之间的内在联系？“八八战略”与习近平总书记对宁波的重要指示批示精神有何内在的逻辑关联？“八八战略”包含了哪些宁波元素，宁波是如何践行“八八战略”的？对这些问题作出正确的回答，有利于我们在更深层次理解“八八战略”。

① 肖云忠：《八八战略”与浙江模式的转型发展》，《观察与思考》2018年第8期。

第一章
“八八战略”的理论定位与实践价值

2003年7月10日，习近平在浙江省委十一届四次全体（扩大）会议的报告中，科学分析了进入21世纪以来浙江面临的世情、国情和省情的深刻变化，总结了改革开放以来浙江形成的优势和不足，科学判断了浙江未来发展面临的机遇和挑战，第一次明确提出了进一步发挥“八个方面的优势”、推进“八个方面的举措”的“八八战略”，形成了浙江新发展的顶层设计和系统谋划。由此，浙江开启了以“八八战略”为指导思想的生动实践。以“八八战略”作为总纲领、总抓手，历届省委“一张蓝图绘到底，一任接着一任干”，实现了经济社会的长足发展。2022年，浙江省 GDP 达77715亿元，同比增长3.1%，规模以上工业中，民营企业增加值15385亿元，比2021年增长5.2%，增速高于规模以上工业1.0个百分点，占规模以上工业的70.3%，比重比2021年提高0.8个百分点，拉动规模以上工业增加值增长3.5个百分点，贡献率达83.2%。2022年，浙江全体居民人均可支配收入迈进“6”时代，为60302元，居全国第三位；城镇和农村居民收入水平分别连续第22年、第38年荣膺31个省（区、市）第一位。2022年，农村居民人均可支配收入37565元，比2021年增加2318元，增长6.6%，比全国平均水平（20133元）高17432元，居31个省（区、市）第二位，仅次于上海，农村居民收入增长快于城镇，共同富裕持续推进。其中，一个关键指标是，浙江城乡居民收入比约为1.9，约比2021年缩小0.04，连续10年呈缩小态势，收入分配格局不断优化，经济社会发展水平继续走在全国前列。从总体上看，浙江经济运行总体保持恢复态势，新动能持续成长，市场价格平稳，民生保障有力，高质量发展特征进一步显现，共同富裕示范区建设扎实开局。取得如此成就的浙江，需要在回顾“八八战略”的缘起和发展历程中寻求继续前行的力量。

第一节 “八八战略”的缘起历程和深刻内涵

一、“八八战略”的缘起历程

实践需要催生了理论。改革开放之后不久，浙江凭借“四千精神”[①]实现了经济的快速发展，创造了著名的“浙江现象”。自中国在2001年加入世界贸易组织之后，伴随发展新机遇而来的，是以“高投资、高能耗、低效率、低技术进步”为特征的粗放型经济增长方式的弊端日益显现。据浙江省统计局测算，从1980年到2000年，浙江省投资翻了6番多，能源消耗翻了2.5番，人均生产总值翻了3.3番。但这种高资金高能源投入的发展模式在浙江已经难以为继，资源瓶颈、环境污染等类似问题也在浙江出现。正如习近平所言，我们面临着“成长的烦恼”。习近平基于对人类社会发展规律的深刻认识，明确指出：浙江“‘十一五’时期将进入人均GDP 3000～5000美元发展阶段”[②]。国际经验表明，这一阶段是发展过程中的一个重要分水岭，将带来经济社会结构的剧烈变动。产业结构趋向高级化，大量劳动力从农村转移出来，城市化进程不断加快；外贸出口和引进外资快速增长，经济

---

① “四千精神”即“走过千山万水、想尽千方百计、说尽千言万语、吃尽千辛万苦”。

② 习近平：《干在实处 走在前列——推进浙江新发展的思考与实践》，中共中央党校出版社2006年版，第42页。

外向度不断提高；居民基本生活消费比重下降，交通通信、文化娱乐教育等其他消费比重迅速上升。[①] 浙江当时面临的各种“成长的烦恼”，具有“中等收入陷阱”的明显特征等。“八八战略”的提出即是对浙江省摆脱“成长的烦恼”，重新寻找体制机制优势的对策之道的思考。

实践中诞生了理论，但同时实践的发展离不开理论的引领。浙江经济社会的全面发展，离不开战略思想的指引。[②] 2003年7月，时任浙江省委书记习近平在浙江省委十一届四次全体（扩大）会议上，代表省委在总结浙江多年发展经验的基础上，全面系统地概括了浙江发展的“八大优势”，提出了指向未来的“八项举措”，简称“八八战略”。

二、“八八战略”的深刻内涵

“八八战略”在其最早提出时，主要聚焦于八个方面的内容。一是进一步发挥浙江的体制机制优势，大力推动以公有制为主体的多种所有制经济共同发展，不断完善社会主义市场经济体制。二是进一步发挥浙江的区位优势，主动接轨上海、积极参与长江三角洲地区合作与交流，不断提高对内对外开放水平。三是进一步发挥浙江的块状特色产业优势，加快先进制造业基地建设，走新型工业化道路。四是进一步发挥浙江的城乡协调发展优势，加快推进城乡一体化。五是进一步发挥浙江的生态优势，创建生态省，打造“绿色浙江”。六是进一步发挥浙江的山海资源优势，大力发展海洋经济，推动欠发达地区跨越式发展，努力使海洋经济和欠发达地区的发展成为浙江经济新的增长点。七是进一步发挥浙江的环境优势，积极推进以“五大百亿”工

① 参见习近平：《干在实处 走在前列——推进浙江新发展的思考与实践》，中共中央党校出版社2006年版，第42页。

② 参见李包庚：《从“八八战略”到“重要窗口”历史性飞跃的基本经验与意义》，《浙江工商大学学报》2021年第1期。

程为主要内容的重点建设，切实加强法治建设、信用建设和机关效能建设。八是进一步发挥浙江的人文优势，积极推进科教兴省、人才强省，加快建设文化大省。

自启动“八八战略”以来，浙江省采取了一系列新思路、新举措、新路径，其根本目的就在于把“八八战略”落到实处，“八八战略”的理论内涵在实践中也得以不断拓展和丰富。浙江省第十五次党代会明确提出，“八八战略”是全面系统开放的理论体系，涵盖了习近平在浙江工作时作出的一系列重大决策部署，与时俱进融汇集合了党的十八大以来习近平总书记重要指示、党中央重大部署在浙江贯彻落实的战略要求，是习近平新时代中国特色社会主义思想在浙江萌发与实践的集中体现。“八八战略”从内涵上反映了习近平新时代中国特色社会主义思想在浙江萌发和发展的清晰脉络，在外延上融汇集合了习近平在浙江工作期间作出的一系列重大决策部署和党的十八大以来习近平总书记对浙江工作的重要指示批示精神。

三、“八八战略”的形成机理

“八八战略”的形成既有理论渊源又有现实基础，既来源于对马克思主义基本理论学说的继承与发展，又有对浙江实践的历史性反思、对当时省情的深刻研究，其形成机理明显呈现出以下三个方面的特征。

（一）社会主义的本质属性与浙江的现实发展阶段相结合

区域发展要体现社会主义的本质属性，不能偏离中国特色社会主义的基本走向和道路。恩格斯在谈到社会主义时曾经说过，社会主义社会也应该和以往其他的社会一样，是一个不断发展、变化和改革着的社会。我们党对中国特色社会主义本质属性的认识，经历了最基本—中间层次—较高层次这样一个不断递进升华的过程，并从经济、政治、文化、社会等方面进行了全方位的提炼。解放和发展生产力、最终实现共同富裕，是经济方面的本质属性；人民民主是政治方面的本质属性；社会主义核心价值体系是文化方面的本质属性；公平正义、社会和谐是社会方面的本质属性。党的十八大以后，习近平新时代中国特色社会主义思想深刻阐释了中国共产党领导是中国特色社会主义最本质的特征，讲清楚了发展的领导核心问题。“八八战略”以实现共同富裕为根本导向，加强社会主义核心价值体系建设，最终为了实现社会的公平正义。

如何把社会主义的本质属性与地方实践相结合？时任浙江省委书记习近平看到了在中国加入世界贸易组织后，经济全球化要求浙江参与国际性分工的背景下浙江的发展要求和局限。“八八战略”提出的“八项举措”，是在认真总结浙江优势的基础上，针对浙江经济发展实际状况提出的一系列应对之策。例如，进一步发挥浙江的区位优势，主动接轨上海、积极参与长江三角洲地区合作与交流，不断提高对内对外开放水平，就契合了当时中国加入世贸组织后浙江发展的新要求。在21世纪初中国推进建设以大上海、大北京和大香港为中心的大都市经济圈的背景下，浙江经济发展就需要考虑与各大都市经济圈尤其是大上海经济圈建立分工协作关系。国际经验表明，大都市经济圈的发展是区域经济发展的一般规律，浙江块状经济如何同城市化建设和大都市经济圈建立互动和分工关系，是浙江经济发展的战略性问题。主动接轨上海、积极参与长江三角洲地区合作与交流，无疑是实现这一战略布局的重要路径。

由此，“八八战略”在社会主义本质的引领下，从浙江的发展环境和战略实际出发，从体制机制、对外开放、块状产业、城乡协调、生态保护、山海资源、社会建设和文化建设八个方面入手，巧妙地将发展短板转换为潜在优势，为浙江全面建成小康社会、提前基本实现现代化提供了总抓手、总纲领。

（二）在省情的“变”和“不变”中推进“八八战略”

“八八战略”不仅是发展理念，也是发展模式；不仅是指导思想，也是实际举措，涵盖经济、政治、文化、社会和生态文明各个领域。它在省情的“变”与“不变”中推进浙江发展。浙江的“不变”是什么？“不变”的是浙江八个方面的优势，继续发挥优势保持不变。“变”的是经济、政治、文化、社会和生态各领域面对的问题及推进的举措。比如，从经济领域看，“不变”的是开放的理念，“变”的是开放的广度与深度。开放从原来以商品和服务为主的跨国界流动配置，走向了商品和资本、技术、劳动力等生产要素的跨国界流动配置；开放从商品交换国际化走向了资本国际化、企业国际化和产业国际化。从文化领域看，“不变”的是浙江传统文化的深厚底蕴，上山文化遗址、良渚遗址群、宋朝兴起的浙东学派、明代的阳明心学都诠释了浙江是中华文明的一个重要发源地。“变”的是把习近平新时代中国特色社会主义思想体系融入新时代浙江文化发展工程，引领浙江文化大省建设的实践，生动诠释中国文化特色。从发展环境建设看，“不变”的是对法治建设、信用建设和机关效能建设的重视，“变”的是对发展环境，尤其是营商环境提出了更系统、更高标准的要求。正是在“变”与“不变”中，“八八战略”集聚了众多智慧，以其独有的定力及超强的生命力，深深扎根于浙江大地的土壤之中。

（三）“八八战略”蕴含着马克思主义对社会发展规律的深刻认识

马克思主义是科学，是揭示人类社会发展一般规律的历史科学。“八八战略”的提出本身就是对马克思主义的遵循和践行，“马克思把社会运动看做受一定规律支配的自然历史过程，这些规律不仅不以人的意志、意识和意图为转移，反而决定人的意志、意识和意图”[①]。正

① 《列宁专题文集　论辩证唯物主义和历史唯物主义》，人民出版社2009年版，第186页。

是在马克思主义这一观点的引导下，习近平在大量调查研究的基础上，提炼出浙江经济、政治、文化、社会和生态等各领域的客观规律。马克思主义要求，要根据革命、建设、改革不同历史时期的具体实际情况，根据人类社会发展一般规律，制定出切合实际的具体的路线、方针、政策，这就是“理论支持”。①“八八战略”作为一个引领浙江发展的总纲领，坚持了共产党的执政规律、社会主义建设规律、人类社会发展规律，在明确定位社会发展阶段的基础上，积极回应生产力发展要求，在机遇和挑战并存的今天，进一步发挥优势，有针对性地采取措施，抓住了发展的主动权。

第二节 “八八战略”的历史方位和理论定位

对于“八八战略”的历史方位和理论定位，有众多学者予以研究。有学者认为，“八八战略”是发展中国特色社会主义的战略性探索，是落实党中央对浙江“走在前列”要求的政治担当，为科学发展观的形成提供了浙江素材和浙江经验。②但“八八战略”作为一个开放的理论体系，其历史方位与理论定位在不同的阶段有其差异性，形成了清晰可见的发展轨迹。

一、“八八战略”是党中央科学发展观在浙江迅速全面落实的典型样本，是“走在前列”要求的政治担当

党的十六大确立了全面建设小康社会的奋斗目标，提出要在21世

① 参见丛松日：《从人类社会发展规律角度把握马克思主义》，《扬州大学学报（人文社会科学版）》2017年第2期。

② 参见蓝蔚青：《“八八战略”：习近平治国理政思想的先行探索》，《中共杭州市委党校学报》2017年第4期。

纪头20年，集中力量全面建设惠及十几亿人口的更高水平的小康社会，同时要求发展要有新思路，改革要有新突破，开放要有新局面，各项工作要有新举措。中央殷切期望浙江在全面建设小康社会、加快推进社会主义现代化的进程中走在前列。“八八战略”的提出过程，与科学发展观的形成过程、提出过程基本同步。之后，为了全面落实科学发展观，十一届浙江省委一次次通过省委全会的专项研究，结合浙江实际作出建设平安浙江、法治浙江、文化大省、生态省和加强党的执政能力建设等决策部署，切实推动各项工作走在全国前列。“八八战略”不仅充分体现了以人为本、统筹兼顾、全面协调可持续的发展要求，使科学发展观在浙江迅速全面落实；而且其在各领域各方面作出的一系列先行探索，为科学发展观的形成提供了浙江素材和浙江经验，使浙江成为贯彻落实科学发展观的典型样本。

习近平在回顾“八八战略”等决策部署时指出：“我们作出的这一系列决策部署，是党中央推进中国特色社会主义的总体部署在浙江的具体体现，构成了浙江经济、政治、文化和社会建设‘四位一体’的总体布局。在这个总体布局中，实施‘八八战略’是落实科学发展观的总抓手，建设‘平安浙江’是构建和谐社会的主要载体，加快建设文化大省是发展社会主义先进文化的重要举措，建设‘法治浙江’是发展社会主义民主政治的有效途径，加强党的执政能力建设和先进性建设为此提供根本保证。这‘四位一体’的总体布局，是内在统一、有机联系、相辅相成、不可分割的。”①

---

① 习近平：《干在实处 走在前列——推进浙江新发展的思考与实践》，中共中央党校出版社2006年版，第7页。

二、“八八战略”是习近平治国理政新理念新思想新战略的省域先行探索

“八八战略”在省域层面具体地回答了“怎样建设社会主义”“怎样建设党”“怎样实现发展”等基本理论和实践问题，是习近平治国理政新理念新思想新战略在浙江的先行探索。从宏观上讲，在“八八战略”指引下的浙江系列决策部署，孕育着“五位一体”总体布局和“四个全面”战略布局的思想萌芽。

正如习近平指出的，“四个全面”战略布局与“八八战略”在“精神上是契合的”。这也点明了浙江经验与当前“四个全面”战略布局之间内在的思维逻辑递进关系。两者的契合表现为内容融合性、精神契合性、方法论一致性、互动共进性。[①]“八八战略”与“四个全面”之间的关系表现为，其理论渊源一脉相承，都以马克思主义的经典理论作为出发点，蕴含着理论与实际相结合、历史与逻辑相统一的理论品格；科学内涵一致，本质相通；价值指向高度统一，真正贯彻了以人为本，以人民为中心的发展思想；思想方法一以贯之，都是运用唯物辩证法的思想典范。

比如说，“党建八八战略”是“全面从严治党”在浙江的初步探索。正如学者王侃所言，“全面从严治党”是习近平在浙江工作期间就已经想清楚并开始付诸实践的事情。“全面从严治党”就是站在“党建八八战略”总体性意蕴的基础之上，实现对“从严治党”的理论超越。[②]2004年9月，党的十六届四中全会通过了《中共中央关于加强党的执政能力建设的决定》。同年10月，习近平在中共浙江省委十一届

① 参见崔华前：《论“八八战略”与“四个全面”战略布局的契合一致性》，《中共山西省直机关党校学报》2016年第1期。

② 参见王侃：《从“党建八八战略”到全面从严治党》，《浙江社会科学》2016年第1期。

七次全体（扩大）会议上，根据党中央提出的提高“五种能力”的要求，以加快浙江省“全面建设小康社会、提前基本实现现代化”为总体目标，提出“巩固八个方面的基础，增强八个方面的本领”的总体部署（我们将其简称为“党建八八战略”）。就“全面从严治党”而言，“党建八八战略”更像是它在地方的先行示范。

回眸过往，从“八八战略”到全面建成小康社会再到全面建设社会主义现代化国家，从生态省建设到美丽中国建设，从法治浙江到法治中国，从平安浙江到平安中国，从文化大省到社会主义文化强国，从“千村示范、万村整治”工程到乡村振兴战略，从海洋强省到海洋强国，从“两只鸟”到高质量发展，从“两只手”到全面深化改革，从“三笔账”到全面从严治党，从浙江“党建八八战略”到新时代党的建设，从浙江“三不为”到中央“三不腐”，从“跳出浙江发展浙江”到“一带一路”，从浙江山海协作到国家实施区域协调发展战略……党的十八大以来习近平提出的很多治国理政新理念新思想新战略，都可以在浙江大地找到源头。可以说“八八战略”为“四个全面”战略布局提供了探索实践和鲜活经验。与此同时，“八八战略”与“四个全面”战略布局的高度契合也提升了浙江模式的影响力。

三、“八八战略”是习近平赋予浙江发展新使命新担当的重要逻辑起点

习近平赋予浙江发展的一系列新目标新定位，都是以他在浙江工作期间所作出的“八八战略”重大决策部署为逻辑起点的。2015年，习近平考察浙江时赋予浙江“干在实处永无止境，走在前列要谋新篇”[①] 的新使命，希望浙江在提高全面建成小康社会水平上更进一

① 《习近平关于协调推进“四个全面”战略布局论述摘编》，中央文献出版社2015年版，第165页。

步，在推进改革开放和社会主义现代化建设中更快一步，继续发挥先行和示范作用。2016年，习近平在G20杭州峰会闭幕后提出了“秉持浙江精神，干在实处、走在前列、勇立潮头”的新要求。2018年7月，习近平总书记在“八八战略”实施15周年之际，对浙江工作作出重要指示，“干在实处永无止境，走在前列要谋新篇，勇立潮头方显担当”[①]。习近平对浙江的新期望、新要求，与“八八战略”这一重大部署在目标上一致同向、一脉相承，要求上一以贯之、一体多面。2003—2018年，“八八战略”实施15年，浙江经济社会得到全面发展，各项指标达到全国乃至世界先进水平。对此，习近平给予高度肯定。2020年春天，习近平在浙江考察时指出，浙江要“努力成为新时代全面展示中国特色社会主义制度优越性的重要窗口”[②]（以下简称“重要窗口”）。这标志着中央在充分肯定浙江建设中国特色社会主义取得历史性成就的基础上，又赋予了浙江新目标新定位，为浙江乃至全国发展指明了方向。中共浙江省委十四届七次全体（扩大）会议上提出，努力建设好10个方面“重要窗口”，加快形成13项具有中国气派和浙江辨识度的重大标志性成果。这就意味着浙江从“八八战略”提出到“重要窗口”建设，始终注重在战略层面上谋篇布局，并以此为基础发挥地方主观能动性，因地制宜推动地方发展走向纵深。这整个过程，就是传承到创新的集成升华、过程到结果的逻辑展开、量变到质变的递进跃升，而所有这些重大政治命题演变的逻辑起点，就是习近平在浙江工作期间提出的“八八战略”，其战略定位的演变是随着实践不断发展而发展的。

---

① 转引自中共浙江省委：《推进“八八战略”再深化、改革开放再出发》，《人民日报》2018年7月20日。

② 本书编写组编著：《干在实处 勇立潮头——习近平浙江足迹》，人民出版社、浙江人民出版社2022年版，第34页。

第三节 “八八战略”的当代价值与实践意义

我们必须坚定不移沿着“八八战略”指引的路子走下去，坚持一张蓝图绘到底、一年接着一年干，始终把“八八战略”作为引领浙江发展的总纲领、推进浙江各项工作的总方略，坚持举措创新、方法创新、制度创新，持续推进“八八战略”再深化。

“八八战略”作为中国特色社会主义在浙江省域层面的探索创新和生动实践，既是引领浙江发展的总纲领，也是推进浙江各项工作的总方略。2003年12月召开的中共浙江省委十一届五次全体（扩大）会议，提出要扎实推进浙江全面、协调、可持续发展，并把贯彻落实“八八战略”作为此后一个时期工作的主线。十二届、十三届浙江省委坚持一张蓝图绘到底，一任接着一任干。十二届省委提出“创业富民、创新强省”的“两创”发展路径，十三届省委概括了“物质富裕、精神富有”的“两富”发展目标。中共浙江省委十三届五次全体（扩大）会议作出“建设美丽浙江、创造美好生活”的“两美”决策部署。中共浙江省委十四届十次全体（扩大）会议强调，2023年以“八八战略”实施20周年为契机，更加坚定忠诚拥护“两个确立”、坚决做到“两个维护”的决心和定力，坚定不移沿着“八八战略”指引的路子奋勇前进，研究构建深化“八八战略”的制度体系，自觉运用“八八战略”蕴含的立场、观点、方法来解决改革发展中的实际问题，奋力书写忠实践行“八八战略”的新篇章，用实干和实绩彰显“八八战略”真理光芒、实践伟力和时代价值。历次会议都体现了坚定不移贯彻落实“八八战略”的决心，不断凸显了“八八战略”的核心目标，深化了“八八战略”的科学内涵，丰富了“八八战略”的具体举措，凝聚了“八八战略”的社会共识，落实了“八八战略”的目标要求，推动浙江不断“走在前列、干在实处、勇立潮头”，打造了中国特色社会主义事业的绚丽“浙江样本”。

浙江省第十四次党代会宣示：“‘八八战略’是引领浙江发展的总纲领，是推进浙江各项工作的总方略，管方向、管长远、管全局。”①浙江省第十五次党代会明确提出，浙江新时代10年变革所采取的一系列新思路、新举措、新路径，其根本目的就在于把“八八战略”落到实处。浙江新10年伟大变革是打造新时代中国特色社会主义制度优越性省域范例的生动实践。习近平总书记在浙江省委关于“八八战略”实施15周年情况报告上作出重要指示：“我欣慰地看到，在‘八八战略’指引下，15年来，浙江省委坚持一张蓝图绘到底，一任接着一任干，推动经济社会发展取得了历史性成就。”②这是习近平对“八八战略”实施15年来所取得成就的高度概括和充分肯定，是对历届浙江省委和广大党员干部群众的莫大鼓舞和极大鞭策。

对于未来5年的发展，浙江省第十五次党代会明确提出了“在高质量发展中实现中国特色社会主义共同富裕先行和省域现代化先行”③的总目标。这次会议还提出了“5大战略指引”“11方面重要遵循”，纲举目张、相互贯通，深刻回答了“国之大者”与浙江使命、理论与实践、战略与策略、目标与路径等基本问题，推动了习近平新时代中国特色社会主义思想在浙江的生动实践。在“5大战略指引”中，“八八战略”是管总的。

多年来，正是在“八八战略”指引下，浙江经济社会发展取得巨大成就：浙江坚持一张蓝图绘到底、一任接着一任干，全面推进经济

① 《浙江省第十四次党代会报告（摘登）》，《浙江日报》2017年6月13日。

② 本书编写组编著：《干在实处　勇立潮头——习近平浙江足迹》，人民出版社、浙江人民出版社2022年版，第34页。

③ 袁家军：《忠实践行“八八战略”　坚决做到“两个维护”　在高质量发展中奋力推进中国特色社会主义共同富裕先行和省域现代化先行——在中国共产党浙江省第十五次代表大会上的报告》，http：//www.zjdx.gov.cn/art/2022/8/29/art_1229656561_54086.html，访问日期：2023年9月21日。

建设、政治建设、文化建设、社会建设、生态文明建设和党的建设，实现了从经济大省向经济强省、从总体小康向高水平全面小康、从开放大省向深度融入全球经济的跃升。浙江生产总值从2002年的7670亿元跃升至2022年的77715亿元，人均生产总值也从2002年的16570元跃升到2022年的118496元。

如今，进入新发展阶段的浙江必须担负起“五大历史使命”①，书写忠实践行“八八战略”的新篇章，研究构建深化“八八战略”的目标体系、工作体系、政策体系、评价体系，进一步打开科学思想转化为真理力量的通道、战略构想转化为战术方法的通道、精神旗帜转化为奋进动力的通道、实践成果转化为理论素材的通道，推动“八八战略”形成“理论付诸实践、实践上升到理论、理论再付诸实践”的迭代深化和螺旋上升。

总而言之，浙江是习近平新时代中国特色社会主义思想重要萌发地，习近平在浙江工作期间创造性作出的“八八战略”重大决策部署，是习近平新时代中国特色社会主义思想在浙江萌发与实践的集中体现。“八八战略”着眼从长远和根本上解决浙江发展中遇到的矛盾和问题，始终引领着浙江干在实处、走在前列、勇立潮头。

---

① “五大历史使命”，即书写忠实践行“八八战略”的新篇章、展示奋力打造“重要窗口”的新成果、展现探索构建新发展格局有效路径的新担当、开启争创社会主义现代化先行省的新征程、提升党员干部队伍推进现代化建设的新能力。

第二章
“八八战略”的理论品格与方法品性

“八八战略”的重大理论价值和实践意义不局限于前文所提到的八个方面的具体表述，而在于习近平认识世界、改造世界的世界观和方法论，在于其观察问题、解决问题的立场、观点和方法，在于其全面、辩证、历史、求实的科学精神和科学态度，在于其解放思想、实事求是、与时俱进、敢于担当的精神实质。

第一节　坚持发展了马克思主义的理论品格与政治品性

一、实践性

“实践性是马克思主义理论区别于其他理论的显著特征。”[①] 马克思主义理论绝不是书斋里的学问，而是人民群众改造世界的有力思想武器。其实践性不仅体现在其诞生于对现实问题的反思与批判，而且在于强调在实践中人通过自身活动既改造了外部环境，也改造了人自身。“八八战略”的提出无疑坚持和发展了马克思主义的这一理论品格。2015年重回浙江考察时，习近平再次强调，“‘八八战略’不是拍脑瓜

① 习近平：《在纪念马克思诞辰200周年大会上的讲话》，人民出版社2018年版，第9页。

的产物，而是经过大量调查研究提出来的发展战略”[①]。“八八战略”不是随意提出的口号，不是对浙江某一时期发展的导向，而是在深刻把握实践要求的基础上作出的战略决策。这里的实践，既包括对国际国内宏观背景的分析，又包括对浙江省情阶段变化的考察，还包括在已有发展经验基础上对未来发展思路的创新。实践已经证明，“八八战略”总结的优势和举措，符合浙江经济社会发展规律，这一战略是一个管大局、管长远的总战略，是实践的产物。

二、总体性

总体观是马克思主义哲学的重要组成部分。马克思曾自豪地把总体的方法称为“我的方法”。马克思笔下的“我的方法”，就是要求把研究的对象理解为总体，强调“个体”“部分”只有存在于总的社会关系、历史过程之中才能获得其本质意义。习近平提出的“八八战略”中就蕴含着马克思的总体观，这体现在对一些具体问题的论述中。习近平说过：“就全国而言，浙江是局部，浙江必须服从全国这个整体；就浙江而言，各市县、各部门又是局部，各市县、各部门必须服从全省这个整体。”[②]在讲到区域统筹和城乡发展时也是如此，发展城乡要两头抓，但只有把乡村放在城市化发展的体系中，把欠发达地区和农业农村发展放在整个区域发展中去考虑，推动城乡一体化、区域协同发展，才能找到解决“三农”问题和欠发达地区问题的有效路径。习近平对现实问题的战略思考，是以总体性思维作为其方法论的重要原则的。

---

① 转引自葛慧君：《以“八八战略”为总纲率先全面建成更高水平的小康社会》，《人民日报》2017年4月12日。

② 习近平：《干在实处 走在前列——推进浙江新发展的思考与实践》，中共中央党校出版社2006年版，第550页。

第二节　深刻蕴含着马克思主义的世界观与方法论

习近平在党的二十大报告中强调：“继续推进实践基础上的理论创新，首先要把握好新时代中国特色社会主义思想的世界观和方法论，坚持好、运用好贯穿其中的立场观点方法。”[①]该报告从六个方面对其作出详细概括和理论阐释，强调必须坚持人民至上、必须坚持自信自立、必须坚持守正创新、必须坚持问题导向、必须坚持系统观念、必须坚持胸怀天下。“八八战略”是对习近平新时代中国特色社会主义思想世界观和方法论的坚持与运用，体现了马克思主义的世界观与方法论。

一、“八八战略”的世界观

（一）“以人为本”的价值观

习近平在深入阐述“八八战略”时指出，以人为本就是要始终坚持发展为了人民、发展依靠人民、发展成果由人民共享，使经济社会发展的成果惠及全体人民，使改革兼顾到各方面利益、照顾到各方面关切。坚持以人为本，既是一种思维方式，也是一种价值取向；既是考量我们工作成效的重要标准，也是检验我们工作目的的重要标尺。[②]“八八战略”以全面建成小康社会和提前实现社会主义现代化为目标，体现的就是以人为本，以提高人民生活水平、满足人民美好生

① 习近平：《高举中国特色社会主义伟大旗帜　为全面建设社会主义现代化国家而团结奋斗——在中国共产党第二十次全国代表大会上的报告》，人民出版社2022年版，第18—19页。

② 参见习近平：《干在实处 走在前列——推进浙江新发展的思考与实践》，中共中央党校出版社2006年版，第24页。

活需要为根本目标的价值观。坚持发展为了人民、发展依靠人民、发展成果由人民共享是浙江长期以来一以贯之的根本价值追求。

（二）“以问题为导向”的实践观

“八八战略”就是通过系统梳理浙江经济社会发展中面临的各种重大问题，提出的具有针对性的政策措施，贯穿着强烈的问题意识、鲜明的问题导向。比如，针对经济发展中产业结构不合理、低端产业比重较大等问题，明确作出“腾笼换鸟、凤凰涅槃”的重大决策；针对伴随经济发展而来的生态环境面临严重挑战等问题，强调“绿水青山就是金山银山”；针对城乡发展不协调不平衡问题，提出“农民和市民”的科学论断；针对市场化进程中政府与市场关系处理不好的问题，提出了“看得见的手和看不见的手”两者关系问题，等等。这些问题从哪儿来？不是在办公室里拍脑袋想出来的，而是在大量的社会调查研究中发现的。党的十八大以来，习近平走遍了祖国大地的山山水水，边关哨卡、田间地头、工厂车间、港口码头等到处都有他调研的足迹。许多重大决策如经济新常态、精准扶贫、自主创新、“四个全面”“四个自信”等，都是在深入调查中提出、推动和完善的。他多次要求，“当县委书记一定要跑遍所有的村，当地（市）委书记一定要跑遍所有的乡镇，当省委书记一定要跑遍所有的县市区”[①]。可以说，重视调查研究、善于调查研究，擅长在生动鲜活的实践中和直截了当的民意中汲取营养，是习近平治国理政新理念新思想新战略产生的重要源泉。2003年2月25日，他在《浙江日报》头版“之江新语”专栏发表的第一篇文章就是《调研工作务求“深、实、细、准、效”》。习近平深刻指出调查研究是谋事之基、成事之道，多次强调要在全党大兴调查研究之风。2023年3月，中办印发的《关于在全党大兴调查

① 《习近平谈治国理政》，外文出版社2014年版，第440页。

研究的工作方案》中指出：“党中央决定，在全党大兴调查研究，作为在全党开展的主题教育的重要内容，推动全面建设社会主义现代化国家开好局起好步。”①

可以说，习近平在浙江工作期间所作的重大决策，都是建立在深入调查研究基础上的，以问题为导向，都是由实践到认识、再实践再认识，由实践到理论、再由理论到实践的不断升华。正是采取以问题为导向的思维方式，在“八八战略”引领下，浙江通过不断深化举措，奋力解决如何在新时期继续保持体制机制的优势，如何从典型的内源式发展转为“跳出浙江发展浙江”，如何推动块状经济、县域经济向现代产业集群转型升级，如何用好绿水青山独特的生态优势以使其变为隐性的金山银山等问题，以实践中存在的一系列现实问题作为进一步深化改革的逻辑起点。

（三）辩证唯物主义历史观

习近平具有很强的历史感，有着深远的历史眼光、深厚的历史智慧和深邃的历史思维。他善于运用历史思维分析现状、认清趋势、把握未来。“八八战略”就是源于对当时浙江所处的历史阶段的精准把握：进入21世纪世界经济发展格局的变化，尤其是中国加入世界贸易组织，既给浙江发展带来了机遇，也带来了一系列挑战。浙江的历史使命就在于加快全面建设小康社会，提前基本实现现代化目标。“八八战略”中关于每一项举措的具体表述，首先肯定过去，讲浙江过去形成或正在形成、强化的优势；然后着眼未来，讲浙江面临新形势、实现新发展的决策和部署，讲对未来浙江发展思路的创新。其中既有立足于当下的理性思维，又有顺应历史潮流的未来判断；既有总结过去的历史智慧，又有勇于开拓的前行勇气。

---

① 《中办印发〈关于在全党大兴调查研究的工作方案〉》，人民出版社2023年版，第2页。

二、“八八战略”的方法论

在马克思主义的视域下，世界观与方法论是同一的，立场、观点、方法是相互联系的有机整体，立场决定了观点，观点又决定了方法，而方法和观点又影响立场。“八八战略”所体现的马克思主义世界观又反过来影响了习近平的方法论。

（一）系统谋划顶层设计的方法论

“八八战略”体现了善于顶层设计、系统谋划、运筹帷幄的战略方法。“善弈者谋势，善治者谋全局。”[①] 党的十八大以来，“顶层设计”一词常常见诸报端。“八八战略”就是经典的顶层设计，就是谋浙江新发展的大势。把浙江发展的过去、现在、未来，经济、政治、文化、社会、生态等，都有机地联系起来，防止工作单打一，防止顾此失彼，防止“单向度”的发展。与此同时，浙江发展过程中也体现了系统推进的特点。一是内外系统推进。强调浙江省域与省外国外的关系，无论是融入长三角的举措，还是“走出去”战略都是内外一体推进的典范。二是城乡系统推进。系统破解城乡二元体制结构，是浙江建设全面小康和实现现代化过程中必须解决的问题。“八八战略”特别强调城乡两个区域、两个文明的系统推进，“全面建设惠及全省人民的小康社会”所蕴含的“一个都不能少”的思想，体现了这种思维。三是山海一体推进。“八八战略”致力于推进区域发展，必须处理沿海与山区的关系，不能将二者割裂。山海协作工程，就是浙江省委、省政府为了推动以浙西南山区和舟山海岛为主的欠发达地区加快发展，实现全省区域协调发展而采取的一项重大战略举措。

---

① 人民日报社编：《江山就是人民　人民就是江山：习近平总书记系列重要论述综述（2020—2021）》，人民日报出版社2022年版，第329页。

（二）辩证的思维方式

在浙江发展的“八大优势”的基础上，以补齐短板作为出发点谋划浙江的未来发展，这是马克思主义辩证思维运用的典范。习近平在推进落实“八八战略”的方法举措上，提出的一系列妙招，体现了唯物辩证法的方法论精髓。例如，在政府和市场的关系上，强调为了更好地发挥市场配置资源的基础性作用[①]，要用更大力度来推进政府职能的转换，把无所不包的政府职能转换到“宏观调控、市场监管、社会管理、公共服务”上来。在处理“走出去”战略与浙江企业空心化的问题上，习近平也展现了其高超的唯物辩证法的思维方式。浙江的有些同志担心，企业外撤到长三角的其他省份和城市去发展，会造成浙江的产业空心化。习近平认为：“企业是否走出去，是从经济规律、企业发展以及市场和资源等各个方面来衡量的。这是全局的意识，也是浙江的责任。”[②]浙江的“走出去”战略，其最终的目的还是加大资源互补力度，服务于浙江发展大局。

（三）坚持“重点论”与“两点论”

在认识论上，坚持和发展了马克思主义“重点论”与“两点论”。“两点论”是指认识复杂事物的发展过程时，既要看到主要矛盾，又不能忽视次要矛盾；在认识某一矛盾时，既要看矛盾的主要方面，又不能忽视次要方面。“重点论”就是认识复杂事物的发展过程时，要着重抓住它的主要矛盾；在认识某一矛盾时，要着重把握矛盾的主要方面，切忌平均使用力量，不分主次一把抓。“八八战略”一方面着眼于发挥优势，扬长避短；另一方面着眼于补齐短板，努力把劣势转化为优势。从这两个方面来说，“八八战略”是坚持马克思主义矛盾分析方

---

① 2013年11月，党的十八届三中全会提出“市场在资源配置中起决定性作用”。

② 中央党校采访实录编辑室：《习近平在浙江》（上），中共中央党校出版社2021年版，第15页。

法、坚持“重点论”与“两点论”相结合的典范，既全面把握了浙江经济社会发展的全局，从系统谋划中全面推进浙江建设；又抓住了浙江经济社会发展中的关键及重点，最终实现了优势劣势、长板短板的相互转化、有机统一。[①] 浙江在“八八战略”引领之下的经济社会发展既呈现出了系统推进的特征，又突出了主要矛盾和主要问题，诸如针对统筹城乡发展、先进制造业基地建设、山海协作工程、“811”生态环保专项行动等，均制定出台了配套政策举措，既突出重点，又兼顾全面，推动“八八战略”在浙江大地走深走实。

第三节 “八八战略”对马克思主义理论学说的继承和发展

习近平新时代中国特色社会主义思想是马克思主义中国化的最新成果。“八八战略”及习近平新时代中国特色社会主义思想，均继承了马克思主义理论及其立场、观点和方法，同时又将马克思主义同浙江和全国的实际情况结合起来，创造性地丰富发展了马克思主义。

一、继承了马克思主义的商品经济学说

习近平在“八八战略”中关于社会主义市场经济体制的主张与马克思主义的基本观点是一致的。马克思的社会历史总体观认为，社会主义经济在本质上可理解为在宏观上由无产阶级（共产党）主导的商品经济。马克思在《资本论》第一卷的开篇，将商品作为理论分析的逻辑起点，按照“商品—交换过程—货币或商品流通”的商品内部矛盾，以及“产生—外化—解决”的内在逻辑，阐述了商品经济的一般

① 参见于新东：《“八八战略”统领“补短板”》，《浙江经济》2016年第7期。

规律。社会分工的存在，生产资料、劳动产品属于不同的所有者，是商品经济能够存在的两个基本原因。社会主义初级阶段存在着社会分工，而现阶段的所有制也不是马克思主义经典理论中的纯粹公有制，由此，现阶段的中国商品经济仍然存在。习近平主政浙江期间对市场的重视，对民营经济的重视，依托于他在马克思主义的指导下对商品经济重要性的认识。

从马克思的经典论述来看，高度发达的生产力是实现共产主义的基础，也是商品经济消亡的基础。当生产力得到充分发展，社会物质生活资料极大丰富的时候，生产资料私有制就会成为阻碍生产力进一步发展的桎梏。生产力的进一步发展必然要求变生产资料私有制为社会所有制。马克思、恩格斯指出，“一旦社会占有了生产资料，商品生产就将被消除，而产品对生产者的统治也将随之消除”①。马克思主义的这一基本理论告诉我们，生产力没有高度发达之前，商品经济还是会长久存在的，试图依靠人为的办法，采取行政命令的手段来加速或延缓商品经济的消亡是办不到的。

习近平对市场经济的论述发展了马克思主义商品经济理论。一是从浙江民营经济发展的角度看待市场经济的重要性。2002年10月习近平到浙江任职时，民营经济已经占据浙江生产总值和财政收入的大部分，被称作“三分天下有其二”，而其发展离不开市场经济。“八八战略”提出要进一步发挥浙江的体制机制优势，大力推动以公有制为主体的多种所有制经济共同发展，不断完善社会主义市场经济体制。从民营经济的角度去看市场经济发展的重要性，深化了马克思主义商品经济理论对商品经济（市场经济）存在的必要性的认识。二是完善市场机制，健全市场规则、秩序，创造公平竞争的经济环境。发达商品经济（市场经济）是开放经济，也是法治经济。2003

① 《马克思恩格斯选集》第3卷，人民出版社1995年版，第633页。

年，习近平围绕进一步完善社会主义市场经济体制，开展了深化改革专题调研，不仅在宏观层面特别是政府层面进行改革，而且要求浙江在中国已加入世贸组织的环境下，秉持更加开放的态度谋划发展。三是以市场经济为基点，倒逼政府的体制机制变革。习近平在浙江推进营商环境改革，就是政府体制机制变革对市场进一步发展的有效回应。比如，针对义乌小商品市场的发展已经达到国际化水平这一情况，习近平经过调研认为，这个地方的市场规模这么大，但地方的管理水平跟不上，就如同小孩子管大市场，有点力不从心。基于此，习近平提出，“要对义乌的体制机制进行改革，让义乌有更大的能力来管理好、发展好小商品市场”①。自此以后，浙江整个政府改革就以此为逻辑起点，从强县扩权、强镇扩权到以“最多跑一次”改革为牵引的政务服务模式创新，再到营商环境建设的全面推进等，充分发挥了浙江在体制机制方面的优势。

二、继承和发展了马克思的区域协调发展理论学说

习近平在浙江期间一直强调区域协调发展，无论是其所倡导的开放型经济，还是融入长三角战略、城乡统筹的一体化推进、山海协作工程等都继承和发展了马克思的区域协调发展理论学说。

（一）城乡统筹发展是对马克思主义“以大工业的均衡布局来消灭城乡分离”思想的发展

100多年前，恩格斯在《反杜林论》中列举了城市与乡村对立所带来的种种弊端，并指出资本主义大工业过分集中于大城市是造成这种对立的根本原因，指出大工业在全国尽可能的平衡分布是消灭城市和乡村

① 中央党校采访实录编辑室：《习近平在浙江》（上），中共中央党校出版社2021年版，第59页。

分离的条件。在设想未来社会形态时，恩格斯首先提出未来的社会主义社会，地区经济要统筹规划、平衡布局。[①] 习近平把统筹城乡发展、推进城乡一体化作为“八八战略”中的重要举措，对统筹城乡规划布局，统筹城乡基础设施建设，统筹城乡产业发展，统筹城乡环境保护，构建城乡统筹的社会保障体系等方面工作作出了具体部署。其中，浙江一直在努力推进的“千村示范、万村整治”工程是加快新农村建设、促进城乡协调发展的一个重要抓手。这些都是对马克思恩格斯思想的继承与发展，既有对经典的深刻领悟，又有对当下的现实关怀。

（二）“地瓜经济思想”是对马列主义区域间要分工协作思想的继承和发展

马克思恩格斯明确指出：“一个民族的生产力发展的水平，最明显地表现于该民族分工的发展程度。任何新的生产力，只要它不是迄今已知的生产力单纯的量的扩大（例如，开垦土地），都会引起分工的进一步发展。”[②] 社会大生产必然是生产诸要素在一定空间中的联系与合理配置，因此区域经济协作是一种必然，也是突破单个区域资源与生产效率限制从而实现区域经济增长的一种有效方式。列宁在《俄国资本主义的发展》一书中，论述了社会经济发展过程中会出现劳动社会化的基本趋势，指出：一方面，商品经济的发展使独立的部门的数量增加；另一方面，各类生产通过购买原料及辅助材料同国内各个地区密切联系，会使国内生产日益社会化。[③] 正是基于生产力的发展和商品经济的发育，生产的日益社会化，区域与区域之间的相互协作分工就显得尤其重要。

习近平主政浙江期间，基于浙江的发展受到其空间、土地资源禀

① 参见《马克思恩格斯选集》第3卷，人民出版社1995年版，第647页。

② 《马克思恩格斯选集》第1卷，人民出版社1995年版，第68页。

③ 参见《列宁全集》第3卷，人民出版社1984年版，第550—552页。

赋等限制，提出了“跳出浙江发展浙江”的理念。在《之江新语》中，习近平曾有过一番精彩的比喻：“地瓜的藤蔓向四面八方延伸，为的是汲取更多的阳光、雨露和养分，但它的块茎始终是在根基部，藤蔓的延伸扩张最终为的是块茎能长得更加粗壮硕大。”[①]不仅如此，习近平在主政浙江期间还提出了更高层次的实践要求：推进长三角一体化，推动区域协调发展。浙江省原省长吕祖善在接受采访时曾说：“关于区域协调，习近平同志有一个重要的战略部署，就是接轨上海，推动长三角一体化。”[②]习近平曾经直截了当地说：“接轨上海就是接轨发展，就是接轨国际化和现代化。我们要乘上海之船发展，然后跳出浙江、发展浙江。”[③] 2003年3月21日，习近平率领浙江省党政代表团一行60余人驶向上海，开启了对上海、江苏的学习考察之旅。他提出了“接轨上海，全面融入长三角”的区域合作战略，指出要进一步明确浙江在长江三角洲经济圈中的位置，积极发挥浙江在该地区经济整合与协调发展中的作用。对于部分干部担心接轨后有可能带来的产业空心化问题，习近平解释得很精辟。他说：“企业是否走出去，是从经济规律、企业发展以及市场和资源等各个方面来衡量的。这是全局的意识，也是浙江的责任。”[④]宁波市深度参与长三角一体化，引领建设浙江大湾区，协同唱好杭甬“双城记”，加快建设宁波海洋经济示范区，深化与粤港澳、长江中游、成渝等重点区域城市合作，健全多层次合作网络等做法，同“八八战略”中有关区域协调发展的思想、“地瓜经济思想”是分不开的。

---

① 习近平：《之江新语》，浙江人民出版社2007年版，第72页。

② 《“习近平同志提出的‘八八战略’非常具有前瞻性”——习近平在浙江（一）》，《学习时报》2021年3月1日。

③ 《“习近平同志提出的‘八八战略’非常具有前瞻性”——习近平在浙江（一）》，《学习时报》2021年3月1日。

④ 中央党校采访实录编辑室：《习近平在浙江》（上），中共中央党校出版社2021年版，第15页。

（三）“八八战略”对马克思主义创新思想的继承和发展

人类社会就是在不断创新的过程中得以进步和发展的。马克思认为，人类的创新可以分为几个方面：一是在科学技术上的创新；二是在社会制度上的创新；三是在思想上的创新。科学技术的创新能够提升人类生产力，让人类更好地利用资源，为社会创造财富，提高人类的生活水平，促进经济的发展和进步。社会制度的创新能够改善不同人群之间的矛盾，促进社会的和谐，提高人们的幸福感。思想上的创新能够推动人类文明的进步。①

“八八战略”的主要内容，即进一步“发挥八个方面的优势”“推进八个方面的举措”。第一个方面就谈到了体制机制的创新；第八个方面就涉及科技创新，提出积极推进科教兴省、人才强省，加快建设文化大省。科技创新思想还渗透和体现在“八八战略”的其他几个方面，如第三个方面发展浙江块状经济等。习近平主政浙江期间就科技工作特别是科技创新作出了重大决策部署、阐发了一系列重要思想，他在许多会议和不同场合反复强调浙江经济发展必须“腾笼换鸟、凤凰涅槃”，其蕴含着如下这一点：经济结构的战略性调整和增长方式的根本转变，主要靠的就是科技创新。在习近平的推动下，浙江组织实施了“八大科技创新工程”和26个重大科技专项。在制度创新方面，不仅仅是对社会制度的创新，还有党内制度创新，制度创新的内容呈全面性、系统性。习近平担任浙江省人大常委会主任期间，常委会还大胆创新，运用“两项评议”（述职评议和执法评议）对人大任命的干部进行法律和工作监督。由此，创新作为习近平的思想特质不仅贯穿于浙江省整体战略部署中，而且体现在浙江经济、政治、文化等各领域，并且发挥了发展的引擎作用。

---

① 参见高艳菊：《马克思创新思想及其当代发展》，《现代商贸工业》2020年第28期。

第三章

“八八战略”理论体系的宁波元素

“八八战略”是中央精神与地方探索高度契合的典范，其内容体系、目标架构和政策体系是一个系统的集成，既是对丰富的地方实践经验的总结思考与提升，更是对中央精神的理解感悟与贯彻。“八八战略”作为习近平对浙江历史发展和未来形势的深刻认识与精准把握，是基于大量的调查研究所形成的科学的理论总结。在“八八战略”的提出过程中，习近平曾多次到宁波进行考察调研并指导宁波的发展实践。习近平在考察调研中指出，“要进一步明确宁波发展的战略定位和工作重点，突出港口开发和城市建设，为建设现代化大都市构筑坚实基础”①。根据浙江发展实际提出的“八八战略”也包含了丰富的宁波元素。“进一步发挥浙江的体制机制优势……不断完善社会主义市场经济体制”中包含着宁波过去几十年民营经济与公有制经济协同发展的成功实践。“进一步发挥浙江的区位优势……不断提高对内对外开放水平”中包含着宁波港口与城市双向发展的有益探索。“进一步发挥浙江的块状特色产业优势……走新型工业化道路”中包含着宁波制造业不断发展壮大的行动密码。“进一步发挥浙江的山海资源优势……努力使海洋经济和欠发达地区的发展成为浙江经济新的增长点”中包含着宁波海洋经济由弱到强的蝶变逻辑……

① 《习近平在我市考察调研时要求　认真贯彻十六大精神　为全省现代化建设起领跑和带动作用》，《宁波日报》2002年12月22日。

第一节 民营经济：“八八战略”之体制机制优势的彰显

民营经济的出现与不断发展是改革开放以来我国具有重大意义的经济现象。人们对民营经济的认识存在一个“认识—实践—再认识—再实践”的过程，长期以来，人们对民营经济的基本认识主要是从所有制的角度加以定性，并从“量”上对其进行定位。早在1978年，党的十一届三中全会提出将党和国家工作重心转移到经济建设上来，全国各地迅速掀起了经济建设的大潮，各类经济创新行为如雨后春笋般涌现出来。1981年6月，党的十一届六中全会通过的《中国共产党中央委员会关于建国以来党的若干历史问题的决议》提出，一定范围的劳动者个体经济是公有制经济的必要补充。在此基础上，党的十二大又进一步将个体经济定位为公有制经济的必要的、有益的补充，并提出“由于我国生产力发展水平总的说来还比较低，又很不平衡，在很长时期内需要多种经济形式的同时并存”①。随着改革开放的不断深化，党的十五大首次提出“非公有制经济是我国社会主义市场经济的重要组成部分”，强调“对个体、私营等非公有制经济要继续鼓励、引导，使之健康发展”。②至此，个体、私营等非公有制经济同公有制经济一样，开始被视为社会主义市场经济的重要组成部分。

2002年，在党的历史文献中，党的十六大报告首次提出，必须坚持“两个毫不动摇”，即“毫不动摇地巩固和发展公有制经济”和“毫不动摇地鼓励、支持和引导非公有制经济发展”③，个体经济等民营

---

① 《中国共产党第十二次全国代表大会文件汇编》，人民出版社1982年版，第26页。

② 江泽民：《高举邓小平理论伟大旗帜，把建设有中国特色社会主义事业全面推向二十一世纪——在中国共产党第十五次全国代表大会上的报告》，《求是》1997年第18期。

③ 江泽民：《全面建设小康社会，开创中国特色社会主义事业新局面——在中国共产党第十六次全国代表大会上的报告》，《求是》2002年第22期。

经济发展迈入了快车道。中央提出必须坚持“两个毫不动摇”，是由我国社会主义初级阶段的生产力发展水平决定的。马克思主义认为，生产力决定生产关系，生产关系对生产力具有反作用。推动经济社会有序发展，就要使生产关系逐步适应生产力的发展要求。所有制属于生产关系的范畴，因此，在经济社会发展中究竟应该实行什么样的所有制是由生产力水平决定的。同时，我们也应该认识到，作为最革命最积极的因素，生产力总是要不断向前发展的，因此所有制形式也要随着生产力的不断发展而进行升级。在半殖民地半封建社会的基础上，新中国国民经济通过没收官僚资本、改造民族资本，通过对个体工商业进行社会主义改造而形成并不断发展，中国经济的发展演进逻辑也决定了必须重视个体经济和私营经济等民营经济的发展，通过市场主体的多元化，逐步实现市场在资源配置中起决定性作用，最终不断完善社会主义市场经济体制。

浙江省贯彻落实党的十六大精神，在“八八战略”中明确提出“进一步发挥浙江的体制机制优势，大力推动以公有制为主体的多种所有制经济共同发展，不断完善社会主义市场经济体制”。这一表述也是基于包括宁波在内的浙江经济社会发展面临转型升级这一现实问题，落脚于再创浙江经济发展优势，并为全国经济社会发展大局提供地方经验。

宁波经济社会转型升级的现实问题与“八八战略”关于进一步发挥体制机制优势的论断是高度契合的。地处东部沿海的宁波，在新中国成立后一直处于海防前线，从新中国成立到改革开放前夕的29年里，GDP 增速只有8%。改革开放后，宁波以改革开放为根本动力，实现了经济社会快速发展，地区生产总值从1978年的20.17亿元增长到2002年的1500.34亿元，大约增长了73倍；人均生产总值从1978年的438元增长到2002年的27541元，大约增长了62倍。在宁波经济社会快速发展的过程中，民营经济逐步探索发展并迅速扩大，成为宁波经济社会发展的重要组成部分。随着改革开放初对个体经济等民营经济合法地位的承认及对其发展的鼓励，到1992年党的十四大召开前夕，全市工业总产值中私营经济已经占到了5.2%，外资经济占到了7.7%。后随着党的十五大提出多种所有制经济共同发展，乡镇企业转换经营机制工作迅速在宁波大地铺开。2000年，全市规模以上工业企业总产值中，私营经济占17.4%，外资经济占30.9%；规模以下工业企业绝大部分成了个体私营企业。宁波民营经济不断发展壮大并逐步展现出自身的优势，成为宁波经济社会发展的重要力量，但同时，也面临着高质量发展的瓶颈。

“八八战略”关于进一步发挥体制机制优势的论断为宁波进一步推进民营经济发展指明了道路。贯彻落实“八八战略”的部署与要求，应注重在市场化改革上下功夫，不断提升市场化程度，大力建设同社会生产力发展水平和宁波经济特点相适应的市场体系，提升宁波各类企业和特色产业在国内国际市场的竞争力和生存活力。贯彻落实“八八战略”的部署与要求，应改革与市场经济体制不相适应的政府职能，推动政府职能深入转变，为包括民营经济在内的所有市场主体提供公平公正的竞争环境，切实保护各类市场主体的合法权益。习近平曾指出，“民营经济在浙江经济社会发展中居功至伟”①，进一步发挥体制机制优势，就是要通过产权制度改革、政府引导企业制度创新、政府支持企业技术进步等来实现民营经济的跨越式发展。正是在“八八战略”指引下，宁波市出台《中共宁波市委宁波市人民政府关于促进民营经济高质量发展的实施意见》《宁波市人大常委会关于促进民营经济高质量发展的决定》等各类支持民营经济发展的政策举措，以体制机制创新推动民营经济不断发展。截至2021年底，宁波累计实有民营经济市场主体116.54万户，占实有各类市场主体总量的96.5%；民营经济实现增加值9630.4亿元，占GDP的比重为66.0%。

---

① 习近平:《干在实处 走在前列——推进浙江新发展的思考与实践》，中共中央党校出版社2006年版，第85页。

第二节　港口发展：“八八战略”之区位优势的呈现

“改革开放是党和人民大踏步赶上时代的重要法宝，是坚持和发展中国特色社会主义的必由之路，是决定当代中国命运的关键一招，也是决定实现‘两个一百年’奋斗目标、实现中华民族伟大复兴的关键一招。”[①] 改革开放与发展之间存在的深刻互动关系，决定了开放不仅构建了改革的动力，也优化了发展的结构与路径。[②] 改革开放以来，中国共产党顺应国情和时代的需要，不断推进改革开放，为中国经济发展注入了源源不断的活力。一方面，对外开放对中国经济自身发展产生了重大影响。对外开放政策的实施，极大地推动了中国从计划经济体制到社会主义市场经济体制的转变，在提升劳动生产效率和商品市场化流通基础上，推动了中国市场经济的日益繁荣。对外开放带来的市场竞争也极大地推动了中国产业技术的进步和基础设施的完善，为进一步推动中国市场经济发展提供了良好的基础条件。另一方面，对外开放为中国经济发展带来了极大的机遇。在对外开放政策支持下，越来越多的外资企业和国外商品进入中国市场，迫使中国企业不得不进行发展思路的转化和发展方式的转型，间接推动了国内产业的转型升级，也推动了中国服务业的高质量发展。同时，国际化竞争的加剧也让国内企业更加注重产品质量和科研含量，人才的竞争逐步成为国际化竞争的重点领域，促进了国内人才机制的建立和逐渐完善，越来越多的中国企业走出国门，中国企业国际化水平不断提升。

在浙江，习近平和中共浙江省委深入学习贯彻党的十六大精神，在充分调研基础上制定的“八八战略”，明确提出“进一步发挥浙江

① 习近平：《在庆祝改革开放40周年大会上的讲话》，人民出版社2018年版，第21页。

② 参见张幼文：《改革动力的构建与发展结构的优化——对外开放在中国经济发展中的战略地位》，《学术月刊》2009年第1期。

的区位优势，主动接轨上海、积极参与长江三角洲地区合作与交流，不断提高对内对外开放水平”。“八八战略”关于进一步发挥区位优势、提高开放水平的论断，既是对党中央精神的贯彻落实，也是对地方实践的高度总结，其中蕴含着丰富的宁波元素。

进一步发挥区位优势、提高开放水平是基于宁波港口建设发展历程的精准判断。地理因素对经济发展至关重要。宁波地处我国海岸线中段，长江三角洲南翼，具有对外开放得天独厚的地理区位条件。宁波港拥有天然良港，进港航道水深可支撑30万吨级船舶进出。辐射范围广，向外直接面向东亚及整个环太平洋地区；向内不仅可连接沿海各港口，而且通过海铁联运，直接覆盖整个华东地区及经济发达的长江流域。宁波的地理条件孕育了宁波开放的城市文化。1984年，宁波成为进一步开放的14个沿海港口城市之一，同年宁波市委提出建设现代化港口城市的奋斗目标。1989年，北仑港被列为国家重点开发建设的四大国际深水中转港之一，宁波港建设逐步提速。从1978年到1991年，宁波港货物吞吐量已由原来设计的110万吨增加到4431万吨。[①]1988年，宁波制定了《宁波市发展外向型经济总体规划（1988—2000）》，确立了“以港口促工业，以港口促内外贸，以港口带动全市国民经济和社会发展”的外向型经济发展战略。宁波的临港型工业、港口物流和港口贸易等港口经济成为宁波开放型经济模式的重要支撑。宁波港口建设与城市建设相互促进的道路越走越宽。在外向型经济发展战略指引下，宁波相继设立宁波经济技术开发区、宁波保税区、宁波大榭开发区、宁波梅山保税港区等一系列开放平台。1988年，宁波拥有自营进出口权，进出口总额首度突破1亿美元；1993年，进出口总额突破10亿美元；2002年，进出口总额突破100亿美元。通过对外开放和港口建设，宁波经济社会得到长足发展。

---

① 参见叶承垣主编：《中国改革开放辉煌成就十四年 宁波卷》，中国经济出版社1992年版，第24页。

进一步发挥区位优势、提高开放水平是对宁波当时发展问题的精准把握。我国加入世界贸易组织后，对外开放进入全新的阶段。进入21世纪，宁波清醒地认识到扩大开放的背景下应该更好地发挥自身区位优势。着眼于新世纪发展目标、中国加入世界贸易组织后宁波面临的机遇和挑战，宁波开始谋划通过实行大开放来促进大发展的长远战略。2001年，宁波出台了《中共宁波市委、宁波市人民政府关于进一步扩大对外开放加快开放型经济发展的决定》，为宁波进一步扩大对外开放提供了行动指南。2002年，党的十六大报告明确提出，要推动全方位、多层次、宽领域的对外开放。习近平在浙江各地调研中，对浙江各地的对外开放作出了明确指示。对于宁波，习近平叮嘱道，“要紧紧抓住开放这个最大的优势，进一步扩大开放，在利用内资和引进外资‘两条腿走路’中，加快推进经济发展”[①]。习近平总书记的重要指示和“八八战略”为宁波发展提供了行动方向。宁波进一步明确了重点开发区域在全市对外开放中的地位，提出要高标准建设国家级开发区。宁波进一步明确了港口是其对外开放的最大优势，通过采取有效政策措施，推动临港工业、科技产业和港口服务业得到大力发展。正是在“八八战略”的指引下，宁波抓住国际产业转移和长三角地区经济腾飞的历史机遇，建成杭州湾跨海大桥，积极推进宁波港口建设，“积极营造深水码头优势、服务优势、机制优势、港口物流优势、人才优势五大优势，实行港桥海联动发展，推进宁波一舟山港一体化，加快国际一流深水枢纽港和集装箱远洋干线的建设步伐，提升港口的国内国际竞争力”[②]。2002—2011年，“宁波港货物吞吐量从2002年1.54亿吨上升到2011年的4.33亿吨，是2002年的2.8倍，世界排名

---

① 本书编写组编著：《干在实处　勇立潮头——习近平浙江足迹》，人民出版社、浙江人民出版社2022年版，第161页。

② 万亚伟主编：《潮涌三江　锦绣港城——宁波改革开放40年研究》，浙江人民出版社2018年版，第13页。

跻身国际大港第五位。集装箱吞吐量从2002年的186万标准箱上升到2011年的1451万标准箱，是2002年的7.8倍，10年来年均增幅居世界前30大港口第一，集装箱吞吐量国际排名也从第30位跃升至第6位，创造了国际港行界瞩目的‘宁波港速度’”[①]。

第三节 制造业：“八八战略”之特色产业优势的展示

制造业主要是指对工农业生产的原材料进行加工，为国民经济提供生产资料和日用消费品的社会生产部门。制造业为人类社会提供了赖以生存的工业必需品。从对人类社会发展的作用来看，制造业在以下几个方面发挥了重要作用。其一，制造业对国民经济增长具有拉动作用，这不仅体现在量的增长上，更体现在其对经济增长的贡献率和对其他产业的积极影响上。一方面，制造业为维持劳动生产率水平提供了保障。历史一再证明，“任何国家和地区在工业化时期的经济高速增长，都得益于制造业部门高效的劳动生产率”[②]。制造业的这种先天优势使其成为对经济增长贡献率最高的产业，也成为一国面对经济衰退时的首选突破口。另一方面，制造业对其他产业的发展具有明显的拉动作用。根据产业经济学的一般性理论，作为中间产品的供给主体，制造业为农业、服务业等提供了丰富的生产资料。在新技术革命背景下，信息制造业更是为其他产业部门提供了技术支撑和产品支持。其二，制造业为国民经济正常运行提供产业依托。随着后工业化进程的推进，制造业转移造成的产业空心化问题不断加剧，已经成为阻碍一国产业升级和技术创新的重要因素，直接影响到经济增长速度和国际

① 吴剑：《放眼全球扬帆出海——宁波国际化之路十年综述》，《宁波通讯》2012年第Z1期。

② 郑艳、陈兆：《制造业在经济发展中的基础性作用研究》，《当代经济》2019年第11期。

竞争力。[①]在治理产业空心化的举措中，推动制造业转型升级是世界各国的共同选择。此外，制造业在应对虚拟泡沫经济、提供就业岗位以实现社会稳定方面发挥了重要作用。其三，制造业对国家整体发展具有引领作用。第一次工业革命以来的历史证明，制造业是技术革命和技术创新扩散的重点领域，每次技术革命都与制造业直接相关，生产技术的进步最先体现在制造业的转型升级上。这种新技术的发明也极易带来新生产方式的运用和竞争优势的创造，使一国保持稳定的行业竞争优势。

我们党历来非常重视制造业的发展。新中国成立初期，虽然我国的工业化水平很低，但依然集举国之力建立了以制造业为基础的基本工业体系，为改革开放后的制造业腾飞奠定了基础。1981年，党的十一届六中全会通过的《中国共产党中央委员会关于建国以来党的若干历史问题的决议》对此总结道：“在工业建设中取得重大成就，逐步建立了独立的比较完整的工业体系和国民经济体系。一九八〇年同完成经济恢复的一九五二年相比，全国工业固定资产按原价计算，增长二十六倍多，达到四千一百多亿元；棉纱产量增长三点五倍，达到二百九十三万吨；原煤产量增长八点四倍，达到六亿二千万吨；发电量增长四十倍，达到三千多亿度；原油产量达到一亿零五百多万吨；钢产量达到三千七百多万吨；机械工业产值增长五十三倍，达到一千二百七十多亿元。在辽阔的内地和少数民族地区，兴建了一批新的工业基地。国防工业从无到有地逐步建设起来。资源勘探工作成绩很大。铁路、公路、水运、空运和邮电事业，都有很大的发展。”[②]改革开放后，我国制造业得到了空前的发展，成为我国经济保持高速增

① 参见胡立君、薛福根、王宇：《后工业化阶段的产业空心化机理及治理——以日本和美国为例》，《中国工业经济》2013年第8期。

② 《中国共产党中央委员会关于建国以来党的若干历史问题的决议》，人民出版社1981年版，第8页。

长的主要驱动力。我国工业增加值分别于1992年、2007年、2012年、2018年突破1万亿元、10万亿元、20万亿元、30万亿元。[①] 2002年，党的十六大报告指出：“坚持以信息化带动工业化，以工业化促进信息化，走出一条科技含量高、经济效益好、资源消耗低、环境污染少、人力资源优势得到充分发挥的新型工业化路子。”[②] 这为我国制造业发展提供了新的方向。

在党的十六大精神指导下，习近平结合浙江各地实际情况，在“八八战略”中提出“进一步发挥浙江的块状特色产业优势，加快先进制造业基地建设，走新型工业化道路”。“八八战略”中关于先进制造业基地建设的内容与宁波制造业发展具有内在契合性，宁波制造业发展实践为“八八战略”提供了现实依据，“八八战略”则为宁波制造业发展提供了理论指导。

“八八战略”中关于发挥特色产业优势、走新型工业化道路的要求与宁波改革开放以来制造业发展的实践密切相关。宁波改革开放以来经济发展取得的重大成就，离不开其自身工业产业的发展，而制造业又是宁波工业的主体部分，在宁波经济发展中发挥了基础性和主导性作用。宁波制造业在国民经济和工业中所处的地位，无论是改革开放初期，还是21世纪初期，与同类城市相比都很突出。2002年，以制造业为主体的工业总产值排名中，宁波在15个副省级城市中居第五位，达到2000.16亿元。但与此同时，21世纪初期的宁波制造业也面临着诸多的难题。2006年3月，习近平在评价浙江工业化发展情况时指出，浙江省“20多年来的高速增长，主要是依靠劳动力、资本、资源等要素投入的不断增加实现的，总体上是一种投资驱动型的增长方

---

① 参见《工业经济跨越发展 制造大国屹立东方——新中国成立70周年经济社会发展成就系列报告之三》，https：//www.stats.gov.cn/sj/zxfb/202302/t20230203_1900358.html，访问日期：2023年9月25日。

② 江泽民：《全面建设小康社会，开创中国特色社会主义事业新局面——在中国共产党第十六次全国代表大会上的报告》，《求是》2002年第22期。

式。这种粗放型的增长方式，已经遇到了严峻的挑战。资源要素紧缺，环境压力加大，低成本竞争、数量型扩张的产业和企业发展越来越难以为继”[①]。同时，经济发展趋势也表明，未来相当长的一个时期，以制造业为主体的工业仍然是宁波经济增长的重要一极。

“八八战略”中关于发挥特色产业优势、走新型工业化道路的要求为宁波未来继续加快先进制造业基地建设、走新型工业化道路提供了理论指导。一方面，通过信息化、智能化创新驱动制造业转型升级，努力构建现代化制造业产业体系。“2019年，全市规上工业企业投入研发经费336.8亿元，占主营业务收入的比重和新产品产值率分别达2.0%和34.2%，比2015年分别提高0.652个和4.8个百分点，其中新产品产值率的年均增速达到3.9%，全市规上工业每百亿元主营业务收入有效发明专利数29.07件。”[②]另一方面，依托产业基础积极培育制造业单项冠军。宁波通过资本、人才、创新、数字化等要素赋能，培育了一大批专精特新“小巨人”企业。截至2022年8月，在工信部公布的四批次专精特新“小巨人”企业名单中，宁波国家级专精特新“小巨人”企业数量高达283家[③]，总量居全国第四位。

第四节　城乡一体化：“八八战略”之城乡协调发展优势的凸显

马克思主义认为，城市和乡村的分离不是绝对的，也不是永恒的，随着生产力的提高和生产关系的进步，城乡差别终将消失，二者终会走向融合。在马克思和恩格斯看来，乡村和城市不是从来就有的，而

① 习近平：《干在实处 走在前列——推进浙江新发展的思考与实践》，中共中央党校出版社2006年版，第131页。

② 《宁波：努力构建现代化制造业产业体系》，《信息化建设》2021年第3期。

③ 其中第一批105家，第二批50家，第三批27家，第四批101家。

是随着生产力的发展而产生的。在人类的历史上，有三次具有决定意义的社会分工。第一次社会分工产生农业，形成了乡村；随着农业的发展并从中产生手工业，实现了手工业和农业分离的第二次分工，并形成了作为固定交易场所的集市；集市的形成则促进了商业的发展，产生了一个不从事生产而专门从事商品交换的商人阶级，进而实现了第三次社会分工，最终加剧了城市的产生，城乡分离开始出现，“一切发达的、以商品交换为媒介的分工的基础，都是城乡的分离”①。马克思、恩格斯从生产力进步的角度肯定了城乡分离的进步意义，但同时提出城乡分离的根本原因在于生产力“有所发展但又发展不足”②。因为生产力发展的不足，造成城市生产力与乡村生产力发展的不均衡，城乡之间的矛盾和对抗日益尖锐。马克思在论证实现共产主义时就提出必须消灭城乡差别，因为消灭城乡差别“不是空想……消灭这种对立日益成为工业生产和农业生产的实际要求”③。因此，马克思、恩格斯非常重视城乡融合，认为只有“城乡的融合，使社会全体成员的才能能得到全面的发展”④。

在中国的现代化进程中，由于受到区位条件、资源要素等因素的影响，区域发展不平衡和城乡发展不平衡问题是经济社会发展中的普遍性问题，更是制约经济社会健康可持续发展的关键因素。为此，党的十六大报告指出：“统筹城乡经济社会发展，建设现代农业，发展农村经济，增加农民收入，是全面建设小康社会的重大任务。”⑤ 进入21世纪的浙江也面临着非常突出的城乡和区域发展不平衡问题。浙江的

---

① 《马克思恩格斯全集》第23卷，人民出版社1972年版，第390页。

② 周志山：《从分离与对立到统筹与融合——马克思的城乡观及其现实意义》，《哲学研究》2007年第10期。

③ 《马克思恩格斯全集》第18卷，人民出版社1964年版，第313页。

④ 《马克思恩格斯全集》第4卷，人民出版社1958年版，第371页。

⑤ 江泽民：《全面建设小康社会，开创中国特色社会主义事业新局面——在中国共产党第十六次全国代表大会上的报告》，《求是》2002年第22期。

地域特征比较明显，“七山一水两分田”的地域情况决定了浙江区位要素和资源要素更加复杂多样，而城市又多地理位置优越，不仅造成了区域发展的不平衡，也加剧了城乡发展的差异化，造成了浙江发展过程中的不平衡问题日益突出。习近平到浙江工作后，敏锐地发现了这一突出问题，高瞻远瞩地提出了区域、城乡协调发展理念，并在“八八战略”中提出“进一步发挥浙江的城乡协调发展优势，加快推进城乡一体化”，开创性地提出了深入实施百亿帮扶致富工程、欠发达乡镇奔小康工程和山海协作工程等三大工程。

习近平关于城乡一体化发展的理念充满了宁波元素，既是对宁波当时发展问题的精准把脉，也是对宁波未来发展的科学指导。改革开放后，宁波被确定为沿海开放城市，这极大地推动了宁波经济的发展。在这一时期，乡镇企业的发展极大地推进了农村地区的工业化进程，1985—1995年宁波各县（市）工业总产值增长17.7倍。[①] 1998年底宁波县域经济总量占全市生产总值的85.9%。但同时，宁波农村发展面临各种困境，如劳动力、耕地的制约，消费能力不够强，工业分散、内部矛盾多。在这种情况下，宁波城与乡、农村与农村之间的发展不均衡问题日益突出，解决这一难题必然要走城乡一体化道路。宁波在农村城镇化、工业化基础上，初步探索形成了“中心城市—副中心城市—中心镇—中心村”四位一体的城乡规划网络体系和较为完备的城市发展格局，小城镇建设、农村工业化、城市化开始同步协调发展。全面推进城乡协调发展成为宁波发展的必然要求。

第五节　美丽宁波：“八八战略”之生态优势的体现

建设生态文明是关系人民福祉、关系民族未来的大计。党的十一

① 参见郁军：《建设中心镇：推进农村城市化的现实选择》，《宁波经济》1999年第1期。

届三中全会以来，我们党和国家非常重视环境保护，把环境保护和生态文明建设作为一项基本国策来抓，并使之逐步上升为党和国家的战略。进入21世纪以来，我国生态文明建设环境发生重大变化，环境保护工作也进入全新的发展阶段。2002年党的十六大提出，要推动整个社会走上生产发展、生活富裕、生态良好的文明发展道路。“可持续发展能力不断增强，生态环境得到改善”成为全面建设小康社会的奋斗目标之一。在这一目标引领下，党中央在2003年确立了以生态建设为主的林业发展战略，并提出要建立以植被为主体、林草结合的国土生态安全体系，建设山川秀美的生态文明社会。

长期以来，人们将环境看作单纯的生产要素，认为保护环境并不能促进经济发展，简单地将环境保护与经济发展对立起来，并不重视环境保护。习近平在浙江工作期间，深刻总结了浙江生态建设的“现有优势”和“潜在优势”，将“进一步发挥浙江的生态优势，创建生态省，打造‘绿色浙江’”列为“八八战略”的重要组成部分。早在2002年12月，习近平在主持召开中共浙江省委十一届二次全体（扩大）会议时就提出，要以建设生态省为重要载体和突破口，加快建设“绿色浙江”，努力实现人口、资源、环境协调发展。2003年7月，习近平在浙江生态省建设动员大会上作动员讲话，提出要“以人与自然和谐为主线，以加快发展为主题，以提高人民生活质量为根本出发点，以体制创新、科技创新和管理创新为动力，在全面建设小康社会、提前基本实现现代化的进程中，坚定不移地实施可持续发展战略，使我省走上生产发展、生活富裕、生态良好的文明发展道路”①。后在浙江省湖州市安吉余村考察调研时，他又提出了“绿水青山就是金山银山”的科学论断。

“进一步发挥浙江的生态优势，创建生态省，打造‘绿色浙江’”

① 习近平：《全面启动生态省建设 努力打造“绿色浙江”——在浙江生态省建设动员大会上的讲话》，《环境污染与防治》2003年第4期。

的提出，也离不开习近平对宁波生态环境的调研。习近平在宁波调研期间，多次对宁波生态文明建设作出批示，涉及对发展与环保、长远目标与短期目标等关系的论断，始终坚持把系统观念和普遍联系观点贯穿于生态环境保护全过程，具有强烈的问题意识和问题导向，既注重解决表象问题，又强调从根本上杜绝问题产生的源头和渠道。刚刚迈入21世纪的宁波，由于城市人口的不断增加集聚和经济活动的广泛开展，面临严重的环境污染和生态破坏压力。[①] 此时的宁波，乡镇企业量大而广、发展迅速，但其生产工艺和环境治理设施比较薄弱，结构性污染广泛存在。在一些地方和领域，存在以牺牲环境和资源换取经济短期快速增长的行为。但与此同时，宁波的生态环境事业也在不断进步。早在1990年，宁波就制订了首个环境保护计划，即《宁波市环境保护“八五”计划及十年规划》。1992年，宁波首次将环保年度计划纳入国民经济和社会发展计划。1999年，《宁波市环境与生态建设规划纲要》明确了宁波生态环境建设和保护的近远期目标。这些宁波元素都为“进一步发挥浙江的生态优势，创建生态省，打造‘绿色浙江’”的提出奠定了良好基础。

第六节　海洋经济：“八八战略”之山海资源优势的印证

海洋经济是以海洋资源为利用对象或以海洋为活动场所的各种经济活动的总称，是人类为满足自身需要，利用海洋及其所蕴含的丰富资源来获取生产资料及生活用品的生产活动，其与陆域经济相对应，是陆域经济活动的衍生。与其他经济不同，海洋经济具有明确的对象指向性，即必须与海洋相联系。“海洋，是由作为主体的海水水体、生

① 参见姚传盈：《加强我市环境保护的对策与措施》，《宁波党政论坛》1998年第4期。

活于其中的海洋生物、临近海洋上空的大气和围绕海洋周缘的海岸及海底等组成的统一体。”[①]从狭义上讲，海洋经济主要是开发利用海洋资源而进行的经济活动，而广义的海洋经济还包含为海洋开发利用提供条件的各类经济活动。海洋经济依托于海洋资源，一般意义上，海洋资源具有广泛性、连续性、分布的立体性、海陆资源的交叉性等特征。海洋经济的发展对国家和区域经济发展具有比较直接的带动作用，这种带动可以直接体现为海洋经济生产总值在地区生产总值中所占的份额。根据2020年中国海洋经济统计公报显示，2020年我国海洋生产总值80010亿元，占沿海地区生产总值的比重为14.9%。此外，海洋经济对国家和区域经济发展具有间接的带动效应。

我国高度重视海洋经济发展。习近平曾指出，“建设海洋强国是实现中华民族伟大复兴的重大战略任务”[②]。建党100余年来，一代代中国共产党人带着强烈的历史使命感和责任感，基于时代特点和具体国情不断丰富与深化对海洋经济的认识。新民主主义革命时期，中国共产党人就主张废约、收回海关主权，强化海军建设、优化海防布局。社会主义革命和建设时期，面对海洋安全威胁，中国共产党人重视海洋安全权益和经济权益，发展海上力量、维护海岛安全、恢复发展海洋产业。改革开放以来，伴随我国海洋经济事业的迅速恢复和快速发展，改革开放思想成为指导海洋经济事业的重要思想。此时，国家通过放宽政策，在海洋领域实行多种形式的生产责任制，拓宽涉海企业的自主经营权。随着改革开放的不断深化，海洋作为重要的生产要素，其价值不断增加，我国海洋经济事业发展也进入从粗放发展向集约发展的转型阶段，为后来我国海洋事业长足发展和海洋高新技术产业起步

---

① 徐敬俊、韩立民:《“海洋经济”基本概念解析》,《太平洋学报》2007年第11期。

② 《习近平在海南考察：解放思想开拓创新团结奋斗攻坚克难 加快建设具有世界影响力的中国特色自由贸易港》,《中国环境监察》2022年第4期。

奠定了良好的基础。[①] 进入21世纪后，我国海洋经济在国民经济中的地位愈加重要。2002年中国国土资源公报显示，2001年我国主要海洋产业总产值达到7233.80亿元，增加值达到3297.28亿元，占国内生产总值的3.44%。但与此同时，我国海洋经济发展面临一系列的新挑战和新矛盾。“随着海洋开发范围和强度的不断扩大，在传统粗放型发展模式之下造成的海洋环境问题特别是近岸海域污染为我国海洋经济的可持续发展带来新挑战。”[②] 此外，世界各国对海洋空间、海洋资源的争夺越来越激烈。正是基于以上考虑，2002年，党的十六大报告提出“实施海洋开发”的战略部署。

浙江省贯彻落实党中央关于“实施海洋开发”的精神，结合浙江实际特别是宁波海洋经济发展实际，在“八八战略”中提出要“进一步发挥浙江的山海资源优势，大力发展海洋经济，推动欠发达地区跨越式发展，努力使海洋经济和欠发达地区的发展成为浙江经济新的增长点”。其中，“大力发展海洋经济”和“努力使海洋经济成为浙江经济新的增长点”既是对中央“实施海洋开发”战略的落实，也是对宁波海洋经济发展实践的总结，更为未来宁波海洋经济发展提供了路径遵循。

“八八战略”中“大力发展海洋经济”和“努力使海洋经济成为浙江经济新的增长点”的论断是对宁波海洋经济发展实践的高度凝练和总结，是宁波海洋经济元素的直接呈现。宁波地理位置优越，“海岸线总长1562公里，其中大陆岸线长788公里，岛屿岸线为774公里，占全省海岸线的三分之一；共有500平方米以上的岛屿531个，面积524.07平方公里”[③]。良好的地理位置为宁波带来了丰富的海洋资源：第

---

① 参见王雪慧：《百年来中国共产党海洋经济思想的嬗变及价值》，《临沂大学学报》2023年第1期。

② 王雪慧、殷昭鲁：《改革开放以来中国共产党海洋经济思想的历史演进》，《海南热带海洋学院学报》2021年第3期。

③ 叶鸿达主编：《海洋浙江》，杭州出版社2005年版，第113页。

一，宁波具有全球性的港口航道资源，位于长三角南翼，同国际航运干线和长江水道相连，海域水深浪静，是天然的深水大港；第二，宁波渔业资源和浅海资源丰富，宁波两湾一港（三门湾、杭州湾、象山港）内渔业资源种类多、数量大，鱼类繁殖和恢复情况较好，“宁波拥有潮间带滩涂面积约156万亩……拥有负10米以上的浅海面积115万亩”[①]，可用于渔业养殖的面积较大；第三，宁波滨海旅游资源丰富，各类海洋特色休闲场所和海岛众多，自然景观优势明显。丰富的海洋资源为宁波海洋经济的发展提供了物质基础。其一，加快发展港口运输业。1979年6月，国务院正式批准宁波港对外开放，宁波港口运输业进入发展新阶段；1989年，北仑港被列为国家重点开发建设的四大国际深水中转港之一；1992年，宁波保税区获批成立，成为浙江省第一个保税区。2004年《宁波统计年鉴》显示，2003年宁波港口吞吐量实现连年攀高，货物吞吐量1.85亿吨，跃居全球第5位；口岸进出口贸易总额约为340亿美元，约占全省总量的78%。其二，推进临港型工业不断发展。宁波发挥自身区位优势，着重发展了石化、能源、电子、造纸、钢铁、机械、汽车、船舶等临港型工业。到2004年，“石化产业已成为宁波市工业经济的支柱产业之一，已经形成具有25个行业、50个品种的石化工业体系”[②]。其三，积极推进海洋渔业和旅游业发展。《2003年宁波市海洋环境质量公报》显示，2003年1—6月，全市海洋捕捞产量为22.7万吨，比2022年同期增加0.7%。其中，渔获物中大黄鱼、小黄鱼、带鱼、鲳鱼等经济价值较高的几种鱼类，产量比例较2002年同期有大幅提高。2003年，“全市接待入境旅游者22.15万人次，其中外国游客13.64万人次。全市海洋旅游业总产出达到82亿元”[③]。宁波海洋经济虽然取得了较快的发展，但同时也面临着严峻的

① 叶鸿达主编:《海洋浙江》，杭州出版社2005年版，第113页。

② 马卫光主编:《宁波产业立市战略研究》，宁波出版社2004年版，第99页。

③ 叶鸿达主编:《海洋浙江》，杭州出版社2005年版，第116页。

问题与挑战。宁波海域环境污染不容乐观、海洋生态系统不断退化、海洋生态灾害频发，海洋产业结构不合理、海洋经济发展速度不理想、海洋经济发展基础设施薄弱等成为制约宁波海洋经济高质量发展的主要因素。

“八八战略”中“大力发展海洋经济”和“努力使海洋经济成为浙江经济新的增长点”的论断是对宁波海洋经济高质量发展的理论指导，为宁波海洋经济高质量发展提供了路径遵循。在“八八战略”指引下，宁波贯彻落实中央和省委部署，提出海洋经济强市的目标，不断加大海洋资源开发和保护力度，推动了宁波海洋经济的快速发展，时至今日，海洋经济已经成为宁波国民经济增长的重要一极。一是加大力度推进海洋基础设施建设。相继建成杭州湾跨海大桥、象山港大桥、疏港高速等工程，强化海洋工程和渔港的基础设施建设，形成“以城市为中心、以港口为龙头，公路、铁路、水路、航空等协调发展的综合交通网络体系和能源、水利等基础设施支撑体系”①。二是不断强化海洋生态环境保护，贯彻落实“绿水青山就是金山银山”的发展理念，实施陆海联动海洋污染防治，对杭州湾、象山港海域进行综合整治，建立国家级海洋生态特别保护区，多措并举改善海洋生物多样性、恢复海洋生态环境。三是不断健全海洋经济体制机制，制定实施《宁波市海洋功能区划（2013—2020年）》《宁波近岸海域环境功能区划》《宁波市象山港海洋环境和渔业资源保护条例》《宁波市韭山列岛海洋生态自然保护区条例》等制度条例，推动宁波海洋经济实现法治化、规范化发展。

---

① 《海洋经济：宁波经济增长的重要力量》，《宁波经济（财经视点）》2010年第8期。

第七节 发展环境建设：“八八战略”之环境优势的表现

发展环境建设是城市发展的重要影响因素。一般意义上，城市发展环境可以分为城市发展硬环境和城市发展软环境两个方面。城市发展硬环境主要是城市发展所依赖的区位条件、资源条件、生态环境等要素；城市发展软环境主要是一个城市的政务服务环境、制度环境、文化环境和诚信环境等，涉及城市发展中的政府管理体制、公共服务效率、社会治安情况、法治政府建设情况等要素。人类城市发展的实践表明，无论是软环境还是硬环境，都对城市的发展转型和经济增长具有重要影响作用。从短期看，通过城市建设改善城市环境，可以有效降低城市生产成本、提高城市生产效率。① 比如，开展对能源设施、交通运输设施、邮电通信供水设施等城市经济基础设施的建设，可以为城市经济活动提供必要的服务，同时提升人民群众的生活质量，进而提升劳动效率，推动城市发展。从长期看，通过城市建设改善城市环境能够有效提升城市能级，有利于招商引资和人才引入等工作的开展，进一步扩大城市发展规模，推动城市经济的高速增长。在城市发展进程中，自然资源、区位因素等很难改变，但生态环境和硬件设施等则可以通过各种方式加以改善和补足。随着前期硬件基础设施的累积建设，城市发展硬环境会越来越好，对经济社会发展的拉动作用也会愈来愈明显。然而，随着城市发展硬环境的日益改善和经济社会发展水平的提高，人们对城市发展软环境的依赖性会逐步加大。

与城市发展硬环境不同，城市发展软环境的建设不是一蹴而就的，是需要长期积累的。因此，经济社会的可持续发展要求一以贯之

① 参见郝寿义、倪鹏飞：《中国城市竞争力研究——以若干城市为案例》，《经济科学》1998年第3期。

地推动城市软环境建设。进入21世纪，党中央精准把握中国经济发展方位，相继作出“健全现代市场经济的社会信用体系”和“进一步转变政府职能”的决定。党的十六大报告从健全现代市场体系出发，明确提出“整顿和规范市场经济秩序，健全现代市场经济的社会信用体系”；从深化行政管理体制改革出发，明确提出“进一步转变政府职能，改进管理方式，推行电子政务，提高行政效率，降低行政成本，形成行为规范、运转协调、公正透明、廉洁高效的行政管理体制”。[①]习近平到浙江工作后，非常关注浙江经济发展的问题，尤其是如何破解浙江作为改革开放先行地而频繁遇到的“成长的烦恼”，推动其进一步加快经济发展。习近平立足长远，高瞻远瞩地作出“进一步发挥浙江的环境优势，积极推进以‘五大百亿’工程为主要内容的重点建设，切实加强法治建设、信用建设和机关效能建设”的战略决策。

宁波积极推动城市环境建设，为“八八战略”的提出提供了实践经验。在提升机关效能、提升审批效率上，在“八八战略”提出之前，宁波先后进行了两轮行政审批制度改革。1999年7月—2000年1月，宁波开展了以“减少审批、规范程序、加强监管、改善服务”为主要内容的审批制度改革。通过审批制度改革，审批事项大幅削减，市级政府部门和直属单位审批、核准事项从原来的1289项减为668项，减幅约为48.2%，其中审批事项从647项减为227项，减幅约为64.9%；建成了以投资项目办理中心和工商综合办证中心等为代表的一批专业服务中心。从2000年下半年开始到“八八战略”提出时，宁波开展了以解决“转变政府职能，改革行政管理方式，规范审批行为，健全行政监督机制”问题为主要内容的审批制度改革，使政府职能切实转到经济调节、市场监管、社会管理、公共服务上来，营造良好的发展环境，提供优质的公共服务。通过这次审批制度改革，审批、核准事项

① 江泽民：《全面建设小康社会，开创中国特色社会主义事业新局面——在中国共产党第十六次全国代表大会上的报告》，《求是》2002年第22期。

在第一轮改革基础上再削减40%，保留的审批、核准事项减少到320项左右。建成市、县（市）区、乡镇（街道）三级综合行政服务中心，关联度较高的审批事项全部进入办证大厅，让权力在阳光下运作。宁波两次行政审批制度改革，极大地提升了政府机关效能，营造了良好的营商环境。

在“八八战略”引领下，宁波市委、市政府始终围绕发展环境建设做文章，进一步发挥顶层设计的制度优势，加快推进营商环境相关制度的废改立释，扎实推进发展环境建设相关制度改革，积极推进数字技术赋能政务服务效能提升和市场主体矛盾纠纷化解机制建设，发展环境建设的自觉性和行动力都得到显著提升。全国工商联发布的2022年度万家民营企业评营商环境主要调查结论显示，宁波营商环境城市排名位列全国第五。

第八节 文化事业建设：“八八战略”之人文优势的映现

文化和经济具有共生的关系，是经济社会发展的重要影响因素。马克思曾经指出，“思想、观念和意识的生产最初是直接与人们的物质活动，与人们的物质交往，与现实生活的语言交织在一起的”[①]。在人类经济社会发展过程中，无论文化还是经济，都是人们为了维持和繁衍自身生命存在而进行创造性劳动的结果。“在人类社会发展到物质生活可以满足自身的需求时，文化开始逐渐繁荣起来，为了适应人类对文化的需求，文化和经济开始互相结合起来，并成为一种互动双方，不能离开彼此。”[②] 随着精神文化产品的生产、消费和流通，文化经济开始出现，并成为相对独立于经济之外的财富之源，文化也成为现代

① 《马克思恩格斯选集》第1卷，人民出版社1995年版，第72页。

② 王太盈：《浅论文化与经济的关系》，《经济研究导刊》2014年第30期。

经济发展的重要推动力量。

党的十一届三中全会以来，我们党始终高度重视推动文化事业建设，作出了一系列重大部署，采取了一系列战略举措。党的十六大报告明确提出，文化建设要立足改革开放和现代化建设的实践，着眼于世界文化发展的前沿，发扬民族文化的优秀传统，吸取世界各民族的长处。习近平在浙江工作期间，高度重视浙江文化事业的发展，既贯彻落实党中央的战略部署，又继续扎实推进浙江文化大省各项建设工作，将“进一步发挥浙江的人文优势，积极推进科教兴省、人才强省，加快建设文化大省”作为“八八战略”的重要内容。

浙江人文优势中包含着众多宁波元素。宁波是全国历史文化名城，境内的河姆渡文化，距今已有7000多年的历史。经历几千年的传承与发展，宁波逐渐形成了以海丝文化、阳明文化、藏书文化、商帮文化等为主体，史前文化、浙东文化、宋韵文化、红色文化等多种文化有机融合的独特地方优秀文化。这些都成为浙江人文优势的重要组成要素，成为宁波城市发展的基础，也成为提升宁波城市能级的重要前提。习近平在浙江工作期间，曾对宁波文化建设寄予厚望，多次考察调研宁波三江口、天一阁、月湖、河姆渡遗址等文化建设情况，对东钱湖、慈城等进行了专题调研，指示宁波要以三江文化长廊为重点，进一步繁荣港城文化。

「八八战略」

第二篇

综合篇

自2003年7月10日时任浙江省委书记习近平第一次全面系统阐述“八八战略”以来，宁波始终以“八八战略”为统领，不断强化已有优势，发掘潜在优势，并把原有劣势转化为发展优势，推动城市发展实现“质的跃迁”。自“八八战略”实施以来，在“奋力打造现代化港口城市”基础上，宁波城市发展战略实现了从“全面建成现代化国际港口城市”到“名城名都”再到“加快建设现代化滨海大都市”的转变。在“八八战略”引领下，宁波不断掌握战略主动、开创发展新举、再创发展优势。“八八战略”已经成为中国特色社会主义在宁波实践的总指引、解决突出矛盾和问题的总纲领、科学谋划发展道路的集中呈现和主动作为的行动指南。

第四章

“八八战略”指引下宁波城市的发展与变迁

宁波，这座取“海定则波宁”之意的港口城市，自古向海而生，因港而兴。港口是宁波城市发展的生命线，也是宁波最大的优势所在。宁波把城市的发展目标和战略同港口紧密地联系在一起，在不同的历史时期，面临着不同的发展环境和机遇挑战，也承担着不同的发展任务和使命担当。宁波因时而变、因势而动、顺势而为，提出了相应的具有时代特色的城市发展目标和战略。宁波始终坚持以“八八战略”为引领，紧紧把握发展机遇，勇于迎接挑战和困难，提出了打造现代化港口城市、社会主义现代化国际港口城市、“名城名都”和现代化滨海大都市等发展目标，并始终坚持以港城融合发展为主要思路，提出了“以港兴市、以市促港”“六大联动”“六大提升”“六个加快”“六化协同”“六大变革”等发展战略，推动宁波经济社会不断发展，取得了诸多发展成就，不断推进宁波城市发展和建设迈上新台阶。

第一节　奋力打造现代化港口城市：“八八战略”指引下宁波城市发展的历史积淀

1978年12月，党的十一届三中全会在北京召开，开启了改革开放和社会主义现代化建设的伟大征程，经济建设和对外开放成为国家发展的主基调。改革开放破除了发展的体制障碍，解放了人们的思想认识，并催生了沿海开放城市。沿海开放城市成为我国改革开放的试验区、经济发展的排头兵和推动社会主义现代化建设的先行区。宁波作为第一批开放的沿海港口城市，抓住了改革开放的发展机遇，充分利用港口这一最大的资源，获得国家层面的重点支持，充分发挥开放这一最大优势，大力发展开放型经济，主动深化体制机制改革，积极探索经济和社会发展领域的新政策，引导激发经济发展的内生动力。宁波利用自身特点，充分发挥好比较优势，牢牢抓住实体经济发展，推动城市发展目标的探索确立，初步确立了“以港兴市、以市促港”的城市发展战略，取得了辉煌的发展成就。

一、加快建设现代化港口城市

（一）现代化港口城市目标的提出

宁波作为一座古老的滨海港城，历史上一直是著名的商埠。早在唐代，宁波就是海上丝绸之路的起点之一，作为同日本、新罗[①]和东南亚一些国家进行贸易的主要港口。在近代，宁波又作为五大通商口岸之一，在对外开放和发展港口经济方面具有优越的先天条件和区位优势。新中国成立后，1974年1月，宁波开始建设镇海港区。1978年12月，宁波港务管理局成立，统一建设管理宁波、镇海、北仑三个港区。1979年1月，北仑港区被确立为国家重点开发的国际深水中转港，并于同年6月获准对外开放。在此背景下，1980年7月，宁波市第五次党代会报告《坚持党的路线，团结全市人民，为加快宁波市现代化

① 新罗是朝鲜半岛历史上的国家之一。

建设而奋斗》，首次提出了把宁波市建成现代化的港口城市的奋斗目标，即根据全省国民经济的总体规划，要逐步把宁波市建成现代化的港口城市、全省工业基地和外贸出口基地，这为宁波市的现代化建设指明了方向。根据宁波市第五次党代会的要求，宁波开工建设了浙江炼油厂、镇海发电厂、北仑发电厂、杭甬高速公路等一大批重大基础设施。

1984年7月，宁波市第六次党代会报告《进一步动员起来，为振兴宁波经济，加速现代化港口城市的建设而奋斗》，确认了宁波市第五次党代会提出的建设现代化港口城市的奋斗目标，并对现代化港口城市的内涵作了进一步阐述，即以出口加工工业、国际转口贸易为中心的综合性的现代化港口城市。从此，“城市”开始成为宁波发展目标的中心词，宁波城市的发展目标由“现代化港口”开始转变为“现代化港口城市”。宁波“现代化港口城市”的定位也得到了国务院的认可。1986年11月，国务院批复《宁波市城市总体规划（1986—2000）》，把宁波定性为我国重要港口城市、华东贸易口岸和浙江省重要工业城市，要求把宁波市建成布局合理、交通便捷、生活方便、环境优美的社会主义现代化港口城市。

（二）现代化港口城市的发展战略

党中央一直非常关心宁波的发展和建设，并为宁波建设现代化港口城市提供了很多政策支持和帮助。1984年5月，中央印发《沿海部分城市座谈会纪要》，宁波成为我国第一批14个对外开放的沿海港口城市之一。1985年2月，中央批准将长江三角洲设为沿海经济开放区。由此，宁波依托沿海港口城市和沿海经济开放区的对外开放新格局，对外开放成为宁波发展的重要推力和重点方向。

1985年1月，邓小平在与中央主要领导谈对外开放、利用外资时指出，宁波可以进25万吨的轮船，是个少有的理想港口，25万吨轮船运输成本可以降低30%。所以，“发展‘金三角’，如果把上海、宁波连起来，就可以解决上海的许多问题”①。为充分贯彻中央、浙江省对宁波开发开放的要求，1985年，宁波市委、市政府确定了“服从和服务于国家经济发展的需要，坚持开放与改革双管齐下，外引和内联同步进行，充分发挥宁波深水良港的优势，以港口促工业、促内外贸易，以港口带动全市国民经济和社会协调发展”的城市发展思路，这是后来“以港兴市”发展战略的雏形。为贯彻党的十三大提出的沿海城市发展新战略，1988年，宁波市委通过了《宁波市发展外向型经济总体规划（1988—2000）》，提出突出“港”字，坚持“以港口促工业，以港口促内外贸易，以港口带动全市国民经济和社会发展”的具有宁波特色的外向型经济发展战略，充分丰富了“以港兴市”发展战略的内涵。

（三）宁波港的启航与飞跃

围绕“以港兴市”的发展思路，宁波采取了一系列措施大力推进港口建设，为城市发展注入了强劲动力。20世纪70年代，为缓解上海港的压力和配套上海宝钢的兴建，镇海新港和北仑10万吨级矿石中转码头先后动工兴建，使宁波港在不到10年的时间里实现了从内河港到河口港、从河口港到海峡港两次历史性的飞跃。1989年，国家正式把北仑港确定为国家重点开发建设的四大国际深水中转港之一。1989年，原交通部和浙江省人民政府联合发出《关于下发宁波港北仑港区总体布局规划审查会议纪要的通知》，明确提出，宁波港的功能是为宁波经济开发和发展临海工业服务，为浙江省和浙赣铁路沿线地区外贸运输服务，为长三角和长江沿岸地区大宗散货中转运输服务，为全国发展欧美远洋集装箱中转运输服务。从1978年到1991年，宁波港的开

① 《邓小平年谱（1975—1997）》（下），中央文献出版社2004年版，第1028页。

发建设取得了显著成效：年设计货物吞吐能力由1978年的110万吨增加到1991年的4431万吨，大约增加了39.3倍。[①]港口的货物吞吐量由1978年的214万吨增加到1991年的3390万吨，大约增加了14.8倍[②]，已跃居中国沿海港口的第5位。

宁波市继续推动港口建设，宁波市委七届六次全会扩大会议对港口发展目标进行定位：20世纪90年代把宁波港建设成为国际深水中转枢纽港，到21世纪经过若干年的努力，实现把宁波港建设成为东方大港的宏伟目标。开发区的建设也成为实现宁波对外开放，推动国际化港口城市建设的重要举措。1984年10月，经国务院批准，宁波建设国家级经济技术开发区，其位于长江三角洲南翼，沿海经济带和长江经济带T形布局的中点，紧邻上海，是长江三角洲南翼的海上门户，具有得天独厚的地理区位优势。1992年11月，宁波保税区经国务院批准设立，成为国内对外开放程度最高、运作机制最活、政策最优惠的特殊经济区域之一。1993年3月，国务院批准设立宁波大榭开发区，至此，宁波初步形成了“三区一岛”的开发格局，经济建设的国际化取得了较大的发展。开放型经济迅速向各个领域纵深拓展，外贸、外资和外经“三外”格局基本形成并迅速发展，给宁波的经济建设和城市发展带来了全方位的深刻影响。

（四）加速推进适应港口发展的城市建设

随着宁波港大规模开发建设的启动和改革开放的全面发展，原有的城市规划已不适应新的发展阶段。1986年11月，国务院批复《宁波市城市总体规划（1986—2000）》。在城市框架与形态上，该规划提出

---

① 参见叶承垣主编：《中国改革开放辉煌成就十四年 宁波卷》，中国经济出版社1992年版，第24页。

② 参见中共宁波市委党史研究室编：《宁波辉煌六十年》，国家图书馆出版社2009年版，第95页。

了以老城市为中心，由宁波老市区、镇海发展区和北仑开发区三大片组成有机统一体，形成生产生活相对独立的组合型大城市的设想。宁波市地区生产总值从1978年的20.17亿元增加到1991年的169.87亿元，在全国35个超百亿元城市中居第18位，提前实现了“翻两番”的目标。人民生活水平有了很大提高，人均生产总值由1978年的437元增加到1991年的3315元，大约增加了6.6倍。

二、加快建设社会主义现代化国际港口城市

1992年，邓小平的南方谈话把改革开放和现代化建设推向了新的发展阶段。同年，党的十四大明确我国经济体制改革的目标是建立社会主义市场经济体制，并指出要吸收和利用世界各国包括资本主义发达国家所创造的一切先进文明成果来发展社会主义，进一步推动开放型经济的发展。

（一）社会主义现代化国际港口城市目标的提出

面对建立社会主义市场经济体制的新机遇，1994年6月召开的宁波市第八次党代会要求继续深化和实施“以港兴市、以市促港”发展战略，并提出新的奋斗目标：“把宁波建设成为经济实力雄厚，对外开放度高，科学文化发达，人民生活富裕，社会风气良好，城乡环境优美的社会主义现代化国际港口城市。”① 并且，提出了实现这一目标的时间表：“从现在起到本世纪末，是进一步打基础的关键阶段，通过这七年或更多一点时间的努力，争取把宁波初步建设成为华东地区的重要工业城市、对外贸易口岸，把北仑港建设成为我国四大国际中转枢纽港之一；到二十一世纪初叶，争取把我市基本建设成为社会主义现

① 《中国共产党宁波市第八次代表大会文件汇编》，中共宁波市委办公厅1994年版，第15页。

代化国际港口城市。”[①]“现代化国际港口城市”的提出丰富了宁波现代化港口城市的内涵。

（二）“以港兴市、以市促港”的发展战略

1992年5月，宁波市委召开七届六次全会扩大会议，首次正式提出“以港兴市、以市促港”的发展战略，强调实现港口与城市的有机互动发展。这既是对宁波过去改革开放经验的总结和提炼，也为宁波以后的发展指明了方向。港口对城市的发展具有非常重要的先导性和带动作用，是城市发展的推进器，城市则是港口经济活动的支撑和腹地，是港口发展的落脚点和根本目的。“以港兴城、以城促港”是港口城市发展演变的普遍规律，它既反映出港口对城市形成和发展的重要性，又揭示了城市发展对港口开发和繁荣的决定性意义。围绕这一发展战略，宁波着力进行了港口建设和以港口为中心的集疏运网络建设，大力发展以石化、能源、造纸、钢铁、修造船、汽配为代表的临港工业群，与港口发展相关的仓储、运输、物流、加工、贸易、金融、代理、信息、口岸服务等产业迅速崛起，推动城市工业化、城市现代化、城乡一体化和港口国际化发展。

为提前基本实现现代化，建成现代化国际港口城市，1999年召开的中共宁波市第九次代表大会提出了“四个突破”的发展战略：一是港口建设取得新突破，充分发挥港口对全市经济社会发展的带动作用；二是科教发展取得新突破，使宁波的科技教育水平逐步与时代要求相适应，与城市地位相匹配；三是对外开放取得新突破，使宁波成为国际化程度比较高的城市；四是城市化取得新突破，力争到2003年城市化水平达到50%。通过整合各种发展要素，实现从单纯依赖港口的发展到以港口为主导、多种动力推动发展的转变，以提升宁波的城市综合竞争力和城市层级。

---

① 《中国共产党宁波市第八次代表大会文件汇编》，中共宁波市委办公厅1994年版，第15页。

（三）港口的定位与开发

宁波市委七届六次全会扩大会议对港口发展目标进行定位，即20世纪90年代把宁波港建设成为国际深水中转枢纽港，到21世纪经过若干年的努力，把宁波港建设成为东方大港。在党的十四大提出建设上海航运中心的目标后，宁波市委、市政府按照“统筹规划、合理布局、优势互补、联合开发、共同发展”的原则，积极主动参与上海航运中心建设，充分发挥宁波北仑深水港的优势，加快北仑集装箱码头建设和集疏运网络建设。1996年1月，国务院召开上海国际航运中心建设专题会议，决定加快推进以上海为中心、以江浙为两翼的上海国际航运中心建设。根据会议精神，《宁波市国民经济和社会发展第九个五年计划及2010年远景目标纲要》中明确提出港口国际化的目标，即把宁波港建设成为中国大陆沿海重要的国际深水中转枢纽港和大型远洋集装箱转运基地。到2001年，宁波港的开发建设实现历史性突破：货物吞吐量达1.27亿吨，首次突破亿吨大关，居中国大陆沿海港口吞吐量第2位，世界排名第9位；完成集装箱吞吐量121.27万标箱，首次突破百万标箱大关，增幅连续3年居中国大陆沿海主要港口首位。

（四）城市的建设和发展

在1992年国务院召开的长江三角洲及长江沿江地区经济规划座谈会确立了宁波作为区域性中心城市的战略地位后，对宁波原有的城市总体规划加以修改与调整势在必行。1999年7月，国务院批复的《宁波市城市总体规划（1995—2010）》，把宁波定性为“现代化国际港口城市、国家历史文化名城、长江三角洲南翼经济中心”，为宁波在更高起点上的发展指明了方向。同年召开的宁波市第九次党代会把城市化作为推动现代化国际港口城市建设的突破口，成为宁波从县域主导发展向中心城市主导发展的重要转折点。按照建设现代化国际港口城市目标的要求，宁波从两方面入手推动城市化进程。一是大规模开展城市基础设施建设，完善城市功能。二是大力推动农村城镇化建设。经过10年的建设，宁波“中心城市—副中心城市—中心镇—建制镇”四级城镇体系网络的现代化港口城市框架基本搭建完成，初步形成拥有较为先进的基础设施、富有历史文化内涵、环境优美的港口城市。

宁波确立和实施“以港兴市、以市促港”战略，依托“三区一岛”和国家综合配套改革试点城市这一优势，不断深化改革开放，通过国际深水大港的建设，带动港口工业的发展、传统工业的改造和第三产业的发展，推进区域工业化、城市化和国际化进程，同时又以工业化、城市化和国际化的规模发展，促进现代化国际港口的建成和繁荣。2001年，宁波市地区生产总值为1278.75亿元，为1991年的6倍，居浙江省第2位；人民生活水平有了很大提高，人均产值由1992年的4516元增加到23587元，增加4.2倍。[①] 经过改革开放20余年的努力，宁波基本实现了由农业经济为主向工业化的跨越、由贫穷到小康的跨越、由计划经济向社会主义市场经济的跨越，已发展成为初具规模的现代化国际港口城市。

第二节 全面建成现代化国际港口城市：“八八战略”指引下宁波城市发展的创新转变

进入21世纪，经济全球化进一步加深，全球开放格局错综复杂，国际产业分工布局发生深刻变化。2001年12月11日，在经历漫长谈判之后，我国正式成为世界贸易组织第143个成员。入世以后，我国面临机遇与挑战并存的局面，既有发展和获益的机遇，也要学习和面对新的规则，同时还面临更多外来企业的冲击和包围，要探索面对新

① 参见中共宁波市委党史研究室编：《宁波辉煌六十年》，国家图书馆出版社2009年版，第78页。

的发展环境和平台如何利用好并进一步扩大自身的发展优势，以及如何有效地应对发展挑战以实现更好的开放发展。宁波作为浙江省对外开放的前沿阵地，不断扩大城市开放格局，需要重新学习规则、应用规则以至通过开放突出重围。2003年7月，“八八战略”的提出，为宁波应对新的挑战、实现更高质量的发展提供了战略指引。

一、习近平总书记对宁波城市发展的重要指示

（一）关于港口发展的重要指示

习近平指出，港口是宁波最大的优势。宁波的港口建设不仅直接影响宁波的现代化建设进程，而且事关全省发展的大局，是全省的战略重点。要紧紧围绕建设上海国际航运中心重要组成部分的目标，深入实施“以港兴市、以市促港”的发展战略，以集装箱为重点发展方向，加大工作力度，加快现代化大港口建设。要进一步加快宁波—舟山港口一体化进程，本着“优势互补、互惠互利、联合开发、共同发展”的宗旨，统一规划布局，加强两市之间的合作，积极探索市场化的运作方式，加快推进金塘岛、六横岛的联合开发和象山港的建设，建设国际性大型组合港。要进一步加快港口基础设施建设，切实抓好集装箱码头、深水泊位等一批重点工程，开通宁波港至有关省市的集装箱海铁联运，积极培育航运市场，发展现代物流，建设大通关，延伸“无水港”，努力完善港口服务功能和揽货体系。要进一步加快集疏运网络建设，抓好杭州湾跨海大桥、甬金铁路和沿海高速公路等一批重点工程建设，努力形成以港口为中心，铁、公、空、水四路并进的现代化大交通格局，进一步拓展港口腹地。①

---

① 参见习近平：《干在实处 走在前列——推进浙江新发展的思考与实践》，中共中央党校出版社2006年版，第482页。

（二）关于城市建设的重要指示

习近平刚到浙江任职，在宁波调研期间，就提出宁波作为全省经济发展的龙头之一，必须起好领跑作用和带动作用，进一步强化基础，再创优势，建设大港口，发展大产业，繁荣大文化，努力建设现代化大都市，在全面建设小康社会的基础上，在全省率先基本实现现代化。要不断提高城市建设水平，加快推进城市化。宁波濒海临江依湖，城市建设有着得天独厚的条件。要以更高的标准、更大的气魄、更宽的视野、更高的品位，建设现代化大都市。要进一步繁荣港城文化，加强精神文明建设。要突出港口城市的特色，充分挖掘丰富的自然和人文资源，吸纳现代文明，建设港城文化。要以“三江文化长廊”为重点，加快文化设施建设。[①] 关于宁波的港口城市建设，习近平指出，从宁波的实际情况看，首先要继续加快推进城市化，建设现代化大都市。要以“长三角南翼经济中心”和“现代化国际港口城市”为发展目标，着重在优化城市形态、完善功能布局上下功夫，加快城市产业功能、创新功能和服务功能的培育，进一步增强中心城市的龙头作用。要按照高起点规划、高标准建设的要求，加快东部新城区、镇海新城区等重点区块的开发建设，形成一批特色鲜明、品位较高的现代化新城区。要注重从整体上加强规划与建设，进一步明确各县市区的功能定位，加快中心镇开发建设，逐步形成一批各具特色的卫星城市，促进市区与县市协调发展。大力加强城市基础设施建设，提高城市管理水平。[②]

---

① 参见习近平：《干在实处 走在前列——推进浙江新发展的思考与实践》，中共中央党校出版社2006年版，第485—487页。

② 参见习近平：《干在实处 走在前列——推进浙江新发展的思考与实践》，中共中央党校出版社2006年版，第483页。

（三）关于开放型经济建设的重要指示

关于开放型经济建设，习近平提出坚持以开放促发展。宁波要建设国际性的港口城市，必须始终把对外开放摆在突出位置，加快推进外向型经济发展，不断提高对外开放水平。继续优化投资环境，积极拓宽利用外资渠道，加大招商引资力度，重点吸引更多的跨国公司、大企业、大财团到宁波投资落户。充分发挥民营经济发达的优势，努力在“以民引外”上取得突破。要积极应对国际贸易壁垒，进一步调整和优化出口产品结构，加快发展加工贸易、技术贸易和服务贸易。要继续办好国家级开发区和宁波保税区，充分发挥其在利用外资、扩大出口和发展加工贸易中的重要作用。进一步办好浙洽会、消博会、服装节等重大对外经贸活动，更好地发挥宁波在全省对外开放中的“窗口”作用。[①] 习近平还强调，要突出“北接上海、东引台资”，再创开放新优势。宁波是我国重点沿海开放城市，是浙江省对外开放的重要窗口。如果说港口是宁波最大的资源，那么，开放应当是宁波最大的优势，只有把最大资源和最大优势这两个作用都发挥到极致，才能实现效益的最大化。全省对外开放做得好不好，外贸出口的增长能不能持续，吸引外资做得好不好，“走出去”战略实施得好不好，首先看宁波。宁波要切实增强责任感，努力做好开放这篇文章，再创开放新优势，在全省起好示范、带动和引导作用。[②]

---

① 参见习近平：《干在实处 走在前列——推进浙江新发展的思考与实践》，中共中央党校出版社2006年版，第484页。

② 参见习近平：《干在实处 走在前列——推进浙江新发展的思考与实践》，中共中央党校出版社2006年版，第487页。

二、全面推进社会主义现代化国际港口城市建设

（一）推进社会主义现代化国际港口城市建设的发展战略

为深入贯彻落实“八八战略”，充分落实好习近平对宁波城市建设和发展的相关要求，更好推动宁波港城融合发展，2004年，宁波市第十次党代会提出全面建设小康社会，加快现代化国际港口城市建设步伐，确定宁波市今后一个时期以树立和落实科学发展观为主题，以深化改革为主调，以贯彻省委“八八战略”为主线，推进“六大联动”：城乡联动、产业联动、港桥海联动、内外联动、生产生活生态联动、经济社会发展联动。这一实现宁波现代化建设新跨越的战略决策，着眼于以人为本、统筹兼顾，致力于联动发展、整体提高，为宁波经济社会全面、协调、可持续发展拉开了序幕。在发展目标上，提出了建设华东地区重要先进制造业基地、东北亚国际航运中心重要组成部分，进一步确立长三角南翼经济中心战略地位，努力实现现代化建设新跨越的奋斗目标。

2005年，宁波认真学习贯彻胡锦涛同志重要讲话精神，切实把“走在前列”的要求落到实处。强调牢固树立和认真落实科学发展观，把加快发展始终作为第一任务，把研究发展始终作为第一课题，坚持加快发展、率先发展、科学发展相统一，正确把握发展内涵，加快转换发展模式，切实增强发展动力，着力在高起点上实现宁波经济社会又快又好的发展。认真制定和落实推进科学发展的具体举措，坚持把走在前列与干在实处结合起来，召开全市推进工业结构优化升级工作会议、对外开放工作会议、科技教育大会、发展现代服务业座谈会、循环经济工作会议、统筹城乡发展工作会议和海洋经济工作会议，逐项作出工作部署，认真编制相关规划，制定实施意见，切实把加快发

展、科学发展的理念体现在工作中，落实到行动上。

2007年3月，中国共产党宁波市第十一次代表大会召开。大会总结回顾了2004—2006年的工作，明确了2007—2011年宁波市现代化建设的总体要求、奋斗目标和战略重点，部署了经济社会发展和党的建设的主要任务，提出全市上下要继续深入推进“六大联动”，着力谋求深化拓展，努力实现“六大提升”，即着力提升城乡和区域协调发展水平、着力提升产业综合竞争力、着力提升港口大桥带动功能、着力提升城市国际化程度、着力提升可持续发展能力、着力提升人民群众生活品质，努力把现代化国际港口城市建设全面推向新阶段。

2007年12月25日，宁波市委召开十一届三次全体（扩大）会议，对贯彻落实省委创业富民、创新强省战略作了研究部署，审议通过了《中共宁波市委关于贯彻落实省委创业富民创新强省战略的实施意见》。根据市委“两创”战略实施意见，宁波市出台“1+14”政策措施，积极推进全民创业型社会和全面创新型城市建设。宁波把学习贯彻党的十七大精神与抓好《中共宁波市委关于贯彻落实省委创业富民创新强省战略的实施意见》的贯彻落实结合起来，与做好推进“六大联动”、实现“六大提升”的各项工作结合起来，扎实推进中国特色社会主义在宁波的实践。

面对新一轮全球经济危机带来的不利影响，2010年12月，中共宁波市委十一届十一次全体（扩大）会议审议通过的《中共宁波市委关于制定宁波市国民经济和社会发展第十二个五年规划的建议》提出，继续实施“六大联动”“六大提升”发展战略，着力推进“六个加快”，即加快打造国际强港，加快构筑现代都市，加快推进产业升级，加快创建智慧城市，加快建设生态文明，加快提升生活品质。“六个加快”是宁波市委以科学发展观为指导，从宁波的发展基础、发展优势、发展潜力、发展趋势出发作出的一项重大战略部署，是宁波率先全面建成小康社会、推进现代化国际港口城市建设、努力开创科学发展新局面的必由之路。2011年3月29日，宁波市委、市政府出台《宁波市推进“六个加快”战略部署实施方案》。该方案明确“六个加快”主要目标和任务，提出通过5年左右的努力，港口的国际地位和综合功能进一步增强，“一核两翼多节点”现代都市体系基本确立，具有较强国际竞争力和鲜明宁波特色的现代产业体系基本建成，智慧城市建设取得明显成效，生态市建设达到国家级标准，居民享受到更高水平的生活品质。

（二）积极建设以宁波—舟山港为龙头的港口联盟

早在2002年12月，时任浙江省委书记习近平就指出：“新世纪新阶段浙江经济进一步发展的天地在哪里？在海上！浙江港口可以发展成全国之最甚至世界之最。”[①] 2003年，浙江省委、省政府立足浙江实际、着眼长远发展作出推进宁波、舟山港口一体化的决策部署。2004年6月25日，在浙江省委常委会听取宁波市工作汇报时，习近平指出，要进一步加快推进宁波、舟山港口一体化进程。2005年6月，浙江省委、省政府作出推动宁波、舟山两港一体化的重大决策，确定了统一规划、统一建设、统一品牌、统一管理“四个统一”的发展方向。2005年12月20日，时任浙江省委书记习近平在宁波—舟山港委员会挂牌仪式上指出，实现宁波—舟山港一体化，有利于上海国际航运中心建设、促进中国沿海港口的良性互动，有利于浙江建设海洋经济强省，实现两港优势互补、甬舟两地互利双赢。2006年1月1日起统一使用“宁波—舟山港”的名称。[②]2006年，全港货物吞吐量首破4亿吨，其中集装箱吞吐量首破700万标箱，时任浙江省委书记习近平来到宁波—舟山港穿山港区，按下了第700万标箱起吊按钮。2009年，宁波—舟山港一跃成为全球第一大海港，《宁波—舟山港总体规

① 中央党校采访实录编辑室：《习近平在浙江》（下），中共中央党校出版社2021年版，第80页。

② 2015年9月，宁波舟山港集团有限公司揭牌成立，“宁波—舟山港”改称“宁波舟山港”。

划》正式获得交通运输部和浙江省政府联合批复，由此明确了上海港和宁波—舟山港的定位，上海港将打造成为国际和国内集装箱中转枢纽港，宁波—舟山港在集装箱领域打造干线港而不是中转枢纽港，在能源、原材料等大宗物资方面则要打造中转港，宁波—舟山港的地位得到极大提升。

宁波港抓住国际产业转移、长江三角洲地区经济腾飞以及杭州湾跨海大桥建成的历史机遇，积极营造深水码头优势、服务优势、机制优势、港口物流优势、人才优势五大优势，实行港桥海联动发展，推进宁波—舟山港一体化，加快国际一流深水枢纽港和集装箱远洋干线的建设步伐，提升港口的国内国际竞争力。2008年11月21日，宁波港迎来当年第1000万标箱起吊的历史性时刻，标志着宁波港成为我国第4个年吞吐千万标箱的世界大港。2002—2011年，宁波港货物吞吐量从2002年的1.54亿吨上升到2011年的4.33亿吨，增加1.8倍，跻身国际大港第5位。集装箱吞吐量从2002年的186万标箱上升到2011年的1451万标箱，增加6.8倍，年均增幅居世界前30大港口第1位，集装箱吞吐量国际排名也从第30位跃升至第6位，创造了令人瞩目的“宁波港速度”。①2015年5月，习近平在浙江考察期间，对浙江发挥海洋港口资源优势、在实施国家战略中起好示范作用提出了新要求。2015年8月，浙江省委、省政府决定以宁波—舟山港实质性一体化为突破口，推进全省海洋港口整合发展，放大“1+1>2”叠加效应，不断提高整体竞争力，落实国家海洋经济发展战略，加快建设现代化国际强港。

（三）全面建设现代化国际大都市

进入21世纪后，宁波加速推进城镇化，逐渐实现从以县域主导

① 参见吴剑：《放眼全球扬帆出海——宁波国际化之路十年综述》，《宁波通讯》2012年第Z1期。

的发展阶段向以中心城市为主导的发展阶段演变。2002年，鄞县撤县设区，宁波市区面积扩大到2560平方公里，市区人口达到196.2万人，充分拓展了城市发展空间，拉开了现代都市建设的框架。2005年启动的东部新城建设，使宁波形成“双中心”城市空间格局。2006年，按照科学发展观的要求，宁波市委、市政府适时提出宁波“十一五”时期实施“东扩、北联、南统筹、中提升”的统筹区域发展战略，区域城市化框架基本形成。2011年，宁波又进一步将区域城市化框架深化为“一核两翼多节点”的网络型城市架构，进一步向大都市迈进。

2007年，宁波全市按照市委、市政府推进“中提升”一系列决策部署，加大投入力度加强督促检查，加快开发建设，实现“中提升”工作三大转变，提升了宁波市区域整体发展水平。在建设层面上，实现从点上突破向全面推进的转变，十大功能区块和八大系统的一批重点项目取得进展；在具体项目上，实现从抓前期抓基础向出成果出形象的转变，各区块的功能规划和重点项目的详细规划相继编制完成，拆迁和基础设施建设明显加快，特别是随着“五路四桥”和绕城高速11条连接线开工建设，中心城市框架进一步拉开，城市形象和面貌得到较大改变；在综合效益上，实现从重在投入向投入产出并重的转变，各区各有关部门结合推进“中提升”工作，加大招商选资力度，国际贸易展览中心、鄞州区万达广场等一些区块综合效益开始显现，“中提升”工作进入投入产出的良性轨道。2007年，宁波市委在中央和浙江省委的正确领导下，全面落实“八八战略”，深入实施“六大联动”，加快“平安宁波”、文化大市和法治宁波建设，积极构建社会主义和谐社会，扎实推进社会主义经济建设、政治建设、文化建设、社会建设和党的建设，各项工作取得新的进展。

2008年，宁波市委认真落实省委“两创”战略，着力推进重大项目和区域统筹建设，杭州湾跨海大桥通车，宁波梅山保税港区、城市轨道交通、象山港大桥、杭甬客运专线等8个重大项目获国家批准或开工建设，宁波—舟山港集装箱吞吐量历史性地突破1000万标箱，排名跻身世界前十强。中心城市东部新城建设加快推进，江北新城规划启动，镇海新城建设积极推进，鄞州新城区初具规模，宁波国家高新区、东钱湖旅游度假区建设进一步加快。北部余慈地区和南部象山港区域一批共享性基础设施加快建设，区域发展的协调性不断增强。

2009年，宁波着力推进城乡统筹，研究部署新一轮城市建设，加快推进“中提升”十大区块、八大系统建设，深化“北联”和“南统筹”工作，统筹推进余慈地区发展，加大象山港区域保护与利用工作力度，谋划宁波杭州湾新区开发建设，加快东部新城、梅山保税港区、东钱湖旅游度假区建设，“五路四桥”、城市轨道交通、江北万达广场等80多个“中提升”重大项目和象山港大桥、绕城高速、穿山疏港高速等重大交通项目顺利推进。

为贯彻落实《国务院关于进一步推进长江三角洲地区改革开放和经济社会发展的指导意见》，进一步提升长江三角洲地区整体实力和国际竞争力，2010年5月，国务院正式批准实施《长江三角洲地区区域规划》。该规划明确提出，宁波城市定位为区域性中心城市，将发挥产业和沿海港口资源优势，推动宁波—舟山港一体化发展，建设先进制造业基地、现代物流基地和国际港口城市。宁波城市建设不断向网络化、组团化方向发展，新型城市组团迅速崛起，国际港口城市建设已初具雏形，并获得国家政策支持。至2011年末，全市城市建成区面积从10年前的152平方公里扩大到了450平方公里；城市化率达到66%，比2002年的55%提高了11个百分点；地区生产总值为6010.5亿元，是2002年的4倍，人均生产总值达到1.2万美元（按常住人口计算），已达到中等发达国家的标准；工业总产值突破15000亿元，全面小康实现度达到94.4%，宁波成为全国十大幸福城市之一；现代产业体系建设取得显著成效，产业转型升级的步伐加快，产业结构进一步优化，临港工业、高新技术产业、传统优势产业、现代服务业和战略性新兴产业等主体产业稳步发展，为宁波提前基本实现现代化打下了坚实的基础，宁波逐步展露出现代化国际港口城市的风采。[①]

（四）大力发展开放型经济

国际化城市是宁波城市发展目标的重要方向，宁波坚持推动经济国际化发展，开放型经济迅速取得重要发展成效，外贸、外资和外经“三外”格局基本形成。引进的外资项目，不仅从20世纪80年代的轻小型向90年代的重大型转化，数量也从1980年的1个增加到2001年的806个，实际利用外资从1980年的5万美元增加到2001年的87446万美元；对外贸易有了较快发展，进出口总额从1985年的1029万美元增加到2001年的889202万美元。[②]对外经济工作取得较大进展，从1984年在中国香港开办第一家境外投资企业开始参与国际竞争，到2001年宁波境外企业（机构）累计已达223家，总投资额7381.7万美元。

进入21世纪以后，为应对加入世贸组织带来的各种风险与挑战，更好把握新的发展机遇，宁波市委、市政府在浙江省委、省政府的大力支持下，在加强“三区一岛”开发建设的基础上，不断拓展对外开放平台。2002年6月，宁波出口加工区经国务院批准设立，规划面积3平方公里。其与宁波保税区紧密相连，实现政策功能互补、资源共享、联动发展，成为中国对外开放程度最高、政策最优惠的经济区域之一。2008年2月，国务院正式批准设立宁波梅山保税港区，它是中国第5个保税港区。2010年，浙江省委、省政府又批准设立梅山国际物流产业集聚区，充分提升了宁波对外开放的发展水平。此外，2001年12月

---

① 参见万亚伟主编：《潮涌三江　锦绣港城——宁波改革开放40年研究》，浙江人民出版社2018年版，第14页。

② 参见中共宁波市委党史研究室编：《宁波辉煌六十年》，国家图书馆出版社2009年版，第93—94页。

正式开始建设的杭州湾新区作为宁波乃至浙江发展海洋经济的新平台，成为浙江省最具特色的海洋经济大平台和经济转型升级的新亮点，在2011年度浙江省产业集聚区综合考评中位列第一。

2010年，巩固扩大应对国际金融危机的成果，全力促进经济平稳较快增长。坚持把稳增长与促转型结合起来，以加快转变经济发展方式为主线，进一步丰富完善应对国际金融危机冲击的对策措施，召开市委全会、市委工作会议、市委专题学习会和全市人才工作会议等，作出建设智慧城市、实施扩大对外开放综合配套改革试点等重大决策，谋划推进大都市大平台大产业大项目大企业建设，宁波杭州湾新区正式挂牌运作，梅山保税港区实现首期封关运行，宁波化工区升格为国家级石化经济技术开发区，宁波机场与物流园区管委会正式成立，经济转型升级迈出积极步伐。

宁波充分发挥港口物流优势、民营经济优势、特色产业优势和政策的先行先试优势，在更大范围、更深程度上参与国际分工与合作，开放型经济增长质量和效益明显提高。宁波推动开放型经济总量快速增长。截至2011年11月，宁波年进出口贸易总额超过900亿美元，实际利用外资总额超过220亿美元，占宁波计划单列以来历年总和的83%；对外直接投资额达11亿美元。服务外包产业从无到有，全市服务外包企业从业人员达2.5万人。与此同时，宁波的开放型经济结构不断优化。利用外资结构更趋完善，一批外资研发中心、金融及中介机构、综合性医院等项目落户宁波，多家世界500强企业在宁波投资创业。甬企海外投资和海外经营能力不断增强，经营领域从原来单一的以劳务输出为主拓展到现在的海外品牌收购、海外研发、资源开发等多个领域。

第三节 大力建设“名城名都”：“八八战略”指引下宁波城市发展的系统推进

党的十八大以来中国特色社会主义进入新时代，社会主要矛盾发生了历史性变化，已由人民日益增长的物质文化需要同落后的社会生产之间的矛盾，转化为人民日益增长的美好生活需要和不平衡不充分的发展之间的矛盾。这要求我们在继续推动发展的基础上，着力解决好发展不平衡不充分问题，大力提升发展质量和效益，更好满足人民各方面日益增长的美好生活需要，更好推动人的全面发展、社会全面进步。城市的发展和建设也越来越重视以人为核心的根本要素，要充分推动城市发展和建设为了人民、依靠人民，发展成果由人民共享，真正建设充满人文关怀的现代化城市。同时，随着经济全球化的不断深入，我国国际化程度不断提升，开放的大门越开越大，在与世界深度交融中不断发展壮大，国际影响力、感召力、塑造力进一步提高，构建出全方位、多层次、宽领域的对外开放新格局。与此同时，世界经历着百年未有之大变局，发展的机遇和挑战并存，城市发展面临世界范围内的竞争压力，如何进一步推进国际化城市建设，更好推动城市创新力、科技水平的提升，成为宁波进入新时代实现变革突破亟须解决的重要问题。

一、现代化国际港口城市目标与战略的深化

（一）基本建成现代化国际港口城市目标的提出

2012年，中共宁波市第十二次代表大会召开，为适应新时代发展的要求，明确地提出，要经过5年努力，基本建成现代化国际港口

城市，提前基本实现现代化。为实现这一目标，大会提出要全面实施“六个加快”的发展战略。大会报告对现代化国际港口城市的内涵从四个方面进行了界定：综合实力位居同类城市前列的经济强市，城乡高度融合的现代都市，以国际强港为支撑的亚太开放门户，宜居和美的幸福之城、文化名城。这“四位一体”的新内涵，不仅顺应了现代化国际港口城市发展的总趋势，体现了宁波发展的阶段特征和城市特色，而且对现代化国际港口城市建设理论和实践作了进一步丰富和完善。2012年12月8日，中共宁波市委十二届三次全体会议通过了《中共宁波市委关于学习贯彻党的十八大精神努力把宁波基本建成现代化国际港口城市的决定》。其中指出，要把实现“两个基本”目标和建设“四好示范区”作为贯彻落实党的十八大精神的具体实践。按照党的十八大提出的新要求，该文件明确基本建成现代化国际港口城市的目标内涵，争取到2016年宁波达到基本建成现代化国际港口城市、提前基本实现现代化的目标。

2013年，党中央作出判断，我国经济发展处于从高速到中高速的增长速度换挡期、结构调整阵痛期、前期刺激政策消化期“三期叠加”阶段；2014年，提出我国经济发展进入新常态。据此，宁波召开市委理论学习中心组学习会，就如何发挥港口和开放两大优势，参与国家“一带一路”倡议和长江经济带建设，打造辐射长三角、影响华东片的港口经济圈等重大问题进行谋划。作出“双驱动四治理”决策部署，大力推进改革驱动、创新驱动，狠抓生态治理、城镇治理、社会治理、软环境治理。以“五水共治”、培育现代产业、提升城市功能、改善民生福祉、强化发展基础“五大工程”为抓手，全面实施经济社会转型发展三年行动计划。宁波市委、市政府充分把握时势，努力推动宁波城市建设适应新常态、把握新常态、引领新常态，立足宁波发展实际，提出宁波全面深化改革的基本思路、总体目标和主要任务，以市场化、国际化、法治化、绿色化“四化联动”为统领，聚焦现代治理体系、创新驱动机制、新型开放体制、港口经济圈建设、强化市县统筹机制"五大核心"，打造改革的"宁波样本"和"宁波速度"，努力再创宁波体制机制发展新优势。

（二）现代化国际港口城市的基本建成

党的十八大以来，宁波不断推动向改革要动力，向转型要空间，向创新要效益，经济结构和发展质量得到进一步优化，成为全国首批质量强市示范城市，首个"中国制造2025"试点示范城市，这标志着宁波制造业迈向中高端；农业生态化、标准化、规模化、产业化水平稳步提升，成功创建国家现代农业示范区。地区生产总值从2012年的6696.7亿元增加到2017年的9846.9亿元；按常住人口计算，2007年宁波人均生产总值为124017元（按年平均汇率折合18368美元），跻身高收入城市行列。2007年，城镇居民人均可支配收入达到55656元，居副省级城市第2位；农村居民人均可支配收入达到30871元，连续多年居副省级城市第1位。①

二、加快建设国际港口名城、东方文明之都

（一）"名城名都"的发展目标与战略

2017年，宁波市第十三次党代会召开，大会报告《勇立潮头、勇争一流，为建设国际港口名城打造东方文明之都而奋斗》中提出，以省委"八八战略"为总纲，围绕早日跻身全国大城市第一方队这一总要求，大力推进产业高新化、城市国际化、发展均衡化、建设品质化、生态绿色化、治理现代化，加快建设国际港口名城，努力打造东方文

① 参见宁波市统计局、国家统计局宁波调查队：《2017年宁波市国民经济和社会发展统计公报》，《宁波日报》2018年2月6日。

明之都，高水平全面建成小康社会，把宁波改革开放和现代化建设全面推向新阶段。建设国际港口名城，打造东方文明之都成为宁波新的城市发展目标，文明成为和港口并列的关键词，文化建设成为对宁波提升城市层级具有更为紧迫意义的发展策略。

按照这一目标，宁波市第十三次党代会提出了“六化协同”发展战略，即推进产业高新化、推进城市国际化、推进发展均衡化、推进建设品质化、推进生态绿色化、推进治理现代化。2018年3月，宁波提出了“六争攻坚、三年攀高”战略，全力推进项目争速、产业争先、科技争投、城乡争优、服务争效、党建争强。实施“六争攻坚、三年攀高”战略，是贯彻习近平新时代中国特色社会主义思想和践行“八八战略”的宁波行动，是落实习近平总书记对宁波工作重要指示精神和浙江省委对宁波要求的具体举措，是建设“名城名都”的实践路径，也是应对城市竞争的迫切需要。项目争速、产业争先、科技争投、城乡争优，是要突破高质量发展的重大掣肘。

（二）大力推进从国际大港向国际强港转变

在浙江省委、省政府的大力推动下，2015年9月28日，宁波港集团和舟山港集团合并组建宁波舟山港集团，打破了之前港口主业和配套服务业各自独立的局面，在组织形式上实现了一体化。宁波舟山港，地处“21世纪海上丝绸之路”与长江经济带交汇处，是国家确定的“一带一路”倡议战略支点、“21世纪海上丝绸之路”主力军和排头兵、长江经济带龙头龙眼。“一带一路”倡议和长江经济带战略的实施，要求宁波舟山港发挥港口作用，串联起“21世纪海上丝绸之路”沿路港口城市，连接起“丝绸之路经济带”沿线国家和地区，实现“丝绸之路经济带”“21世纪海上丝绸之路”、长江经济带的贯通和联动，增强国内区域经济一体化与全球经济一体化的互动衔接，打造国家内外双向海陆大通道的战略性载体。建设港口经济圈是对接国家发展战略、提升港口开放能级、推动宁波经济社会发展的关键一环。

早在2006年，时任浙江省委书记习近平就明确指出，宁波要发挥海洋经济、大桥经济、港口经济的优势，努力打造辐射长三角、影响华东片的港口经济圈。2014年7月，宁波正式提出“港口经济圈”战略，打造“港城互动、产城融合、产业支撑、要素对接、空间开放”的区域经济共同体。2016年，《宁波市国民经济和社会发展第十三个五年规划纲要》更进一步提出，宁波市在未来几年要初步形成更具国际影响力的港口经济圈和制造业创新中心、经贸合作交流中心、港航物流服务中心（“一圈三中心”）。

宁波以“一带一路”建设统领新一轮对外开放，设立浙江自贸试验区宁波片区，获批中国—中东欧国家经贸合作示范区，成功举办两届中国—中东欧国家博览会暨国际消费品博览会（简称“中国—中东欧国家博览会”），外贸进出口总额跃居全国城市第6位。2021年，宁波舟山港货物吞吐量突破12亿吨、保持全球首位，集装箱吞吐量超过3100万标箱、稳居世界第3位，跻身全球航运中心城市综合实力十强。宁波不断落实长江经济带和长三角一体化发展国家战略，实施杭甬“双城记”宁波行动，加快宁波都市圈建设。

2021年，宁波口岸进出口总额突破2万亿元，居全国口岸第5位；外贸自营进出口总额近1.2万亿元，宁波成为全国第6座“外贸万亿之城”。2017—2021年，宁波地区生产总值从8973亿元增加到14595亿元，从全国城市第16位跃居第12位；财政总收入从2146亿元增加到3264亿元，其中一般公共预算收入从1115亿元增加到1723亿元，跃居全国城市第10位，高分蝉联全国文明城市桂冠，连续获评中国最具幸福感城市。

（三）协同共进唱好“双城记”

2016年，习近平勉励宁波，要与杭州协同发展、错位发展，共同唱好“双城记”，为全国、全省大局作出新的更大贡献。2016年5月发布的《长江三角洲城市群发展规划》明确提出，要打造宁波都市圈，形成长江经济带龙头龙眼和“一带一路”倡议战略支点。浙江省委、省政府也把宁波作为浙江省重点建设的四大都市区之一，要求宁波早日跻身全国大城市第一方队，成为浙江“一体两翼”发展布局的一个重要组成部分。这表明，建设宁波都市区已经成为国家和浙江省的发展战略。2015年3月，国务院批复同意《宁波市城市总体规划（2006—2020年）（2015年修订）》。在空间布局上，该规划提出构建“一核两翼、两带三湾”多节点网络化的大都市新格局，凸显宁波中心城区的核心职能，强化南北两翼的支撑作用，引导东部滨海城镇产业带和西部山区生态人居带的健康发展，打造杭州湾、象山港、三门湾的空间特色，推进卫星城和中心镇加快成为城乡一体化的联系纽带。该规划首次提出要强化生态保护，划定了“三区四线”。这种底线思维下生态格局的塑造，为提升城市品质、实现可持续发展打下了扎实基础。作为国家新型城镇化综合试点城市，宁波坚定不移推进新型城市化，推动全市域“多规融合”，中心城市能级提升，谋划建设宁波都市圈，东部新城、南部新城、镇海新城展露新姿。2017年，宁波城市化率达到72.4%，初步形成了“一核两翼多节点”的网络型城市架构。“提升城乡品质”行动全面实施，宁波获批建设国家生态文明先行示范区，实施“百村示范、千村整治”工程，建成一批美丽乡村示范乡镇、示范村和风景线。

第四节　加快建设现代化滨海大都市：“八八战略”指引下宁波城市建设的蝶变升级

2020年3月29日，始终关切着宁波发展的习近平冒雨来到宁波舟山港考察，在了解港区运行和复工复产情况后，他指出，宁波舟山港率先恢复生产，对推动我国企业复工复产、恢复物流体系、恢复全球产业链具有重要意义。习近平强调，港口是基础性、枢纽性设施，是经济发展的重要支撑。宁波舟山港在共建“一带一路”、长江经济带发展、长三角一体化发展等国家战略中具有重要地位，是“硬核”力量。要坚持一流标准，把港口建设好、管理好，努力打造世界一流强港，为国家发展作出更大贡献。①

一、建设现代化滨海大都市目标的提出

为充分贯彻落实习近平对宁波发展的重要嘱托，2022年2月，宁波市第十四次党代会报告《胸怀两个大局　服务国之大者　勇担时代大任　为加快建设现代化滨海大都市而努力奋斗》中提出，要忠实践行“八八战略”、奋力打造“重要窗口”，坚决扛起新发展阶段历史使命，加快“港产城文”融合发展，推进“六大变革”，打造“六个之都”，奋力开创现代化滨海大都市建设新局面，为全国全省大局作出新的更大贡献。加快建设现代化滨海大都市，是贯彻习近平总书记关于“宁波要以更高的标准、更大的气魄、更宽的视野、更高的品位，建设现代化大都市”②重要指示精神的政治担当，是落实浙江省委“五个更大担当作为”“六个新突破”要求的具体行动，是对历届宁波市委提出的“以港兴市、以市促港”以及建设现代化国际港口城市、国际港口名城等目标举措的赓续传承、深化拓展。该报告明确提出，宁波要建设的现代化滨海大都市，应该是率先探索中国式现代化建设路径，

---

① 参见《习近平在浙江考察时强调　统筹推进疫情防控和经济社会发展工作　奋力实现今年经济社会发展目标任务　丁薛祥刘鹤何立峰车俊袁家军陪同考察》，https：//www.zj.gov.cn/art/2020/4/2/art_1545482_42460326.html，访问日期：2023年10月5日。

② 转引自《中共宁波市委关于全面学习贯彻党的二十大精神　坚决捍卫“两个确立”　坚决做到“两个维护”　以“两个先行”引领现代化滨海大都市建设　奋力打造中国式现代化市域样板的决定》，https：//www.nbchs.net/17/18/c2871a71448/page.htm，访问日期：2023年10月5日。

全面展现共同富裕美好图景，充分彰显硬核力量、极核功能、滨海形态、优良生态、文明典范、国际风范的大都市。经过5年努力，现代化滨海大都市的空间格局基本形成，高质量发展走在前列，共同富裕美好生活惠及全民，“五位一体”均衡发展的高水平现代化积厚成势，综合竞争力、创新驱动力、文化软实力、环境舒适度、人民富裕度、城市美誉度全面提升。该报告还阐释了“六个之都”的具体目标：全球智造创新之都、国际开放枢纽之都、东方滨海时尚之都、全国文明典范之都、城乡幸福共富之都、一流智慧善治之都。

二、朝着“打造世界一流强港”目标加速前进

2021年12月，宁波市委、市政府印发《锻造硬核力量加快推进世界一流强港建设行动方案（2021—2025）》，提出到2025年，宁波舟山港要基本建成世界一流强港，港口货物吞吐量、集装箱吞吐量分别达到13亿吨、3500万标箱。到2035年，宁波舟山港全面建成世界一流强港，走出一条宁波特色的港产城文融合发展之路，全面形成港强城兴、融合发展新格局。围绕以上目标，提出要锻造七个方面的硬核实力：一是锻造基础设施支撑力，推动建设世界级港口泊位群、高等级深水航道锚地、枢纽型铁路货运基础设施、“公水管堆”等集疏运基础设施。二是锻造腹地辐射带动力，推动巩固优化省内腹地、大力拓展“四沿”陆向腹地、加快推进多式联运发展。三是锻造全球链接影响力，推动加强全球化港航资源战略布局、构建链接全球的国际供应链体系、打造高能级对外开放合作平台、提升港航品牌国际影响力。四是锻造现代航运服务力，全面优化现代航运服务业集聚区布局、加强航运服务数字化平台建设、提升发展传统港航物流服务业、培育发展高端航运服务业、建设国际海事服务基地、加强总部型航运服务主体引进培育。五是锻造战略资源配置保障力，推动打造国家级油气资

源储运基地、国家级重要金属矿石资源储运基地、大宗商品交易中心，以及建设国际进出口商品集散中心。六是锻造港产城文互动发展融合力，全面优化港产城文空间布局、拓展城市滨海生活空间、完善港产城文融合发展体制机制、加快建设浙江自由贸易试验区宁波片区、大力发展跨境电商、推进临港先进制造业集群高质量发展、优化口岸发展环境。七是锻造港口智慧绿色安全协同治理力，推动加快建设智慧港口、打造绿色生态港口、建设平安港口，深入推进宁波舟山港高水平一体化、高质量参与构建长三角世界级港口群一体化治理体系。并且，在组织协调、专项突破、项目支撑、政策创新、要素保障、考核监督等方面构建一系列保障机制，全面护航打造“世界一流强港”的宏伟目标。

2021年12月，宁波市制定出台了《宁波市港航发展“十四五”规划》，确立了基本建成经济高效、智慧绿色、安全便捷、国际领先的世界一流强港的总目标，对前期发展基础和未来发展形势进行了系统评估，并确立了未来的总体思路，出台了一系列港航发展规划重点项目，围绕打造基础设施体系、港航服务体系、港产城联动体系、港航治理体系持续推进宁波港高质量发展。“十四五”期间，宁波港口硬核力量将显著增强，计划投资约160亿元，推动港口基础设施深水化、大型化水平显著提高，建成万吨级以上泊位超10个，建成全球重要的大宗商品战略储运基地。并且，要在穿山、北仑—大榭两个千万级集装箱泊位群基础上，建成梅山港区第三个千万级集装箱泊位群，着力打造全球重要的国际油气储运中心、持续打造全国领先的海铁联运示范港、培育打造规模化专业化的宁波品牌船队、全力打造东部新城现代航运服务集聚区、积极创建绿色低碳（零碳）港口示范区、积极打造全球领先的智慧港口标杆、率先打造“港口安全码”数字化改革应用场景、先行打造共同富裕港航典范。

三、全面推进现代化滨海大都市建设

2022年12月23日，宁波市第十六届人大常委会第二十四次主任会议通过了《宁波市国土空间总体规划（2021—2035年）》，提出朝着建设现代化滨海大都市的发展目标，要在2035年把宁波建设成为循环畅通的国际开放枢纽、全球一流的智造创新中心、宜居共富的滨海时尚都市、古今辉映的历史文化名城，规划形成由“大港口、大产业、大文化、大都市”和“综合枢纽、港航贸易、先进制造、科技创新、中央商务、公共服务、都市休闲、历史文化”组成的现代化滨海大都市“四梁八柱”的全域功能体系。并且，提出以甬江科创区引领科技创新新引擎，以西枢纽重构综合交通新网络，以翠屏山推动北翼都市集聚发展区大统筹，以象山港和象山东部海岸带提升滨海都市新风貌，以点带面构筑“一体两翼多组团、三江三湾大花园”的现代化滨海大都市空间新格局。宁波正在加快“宁波都市圈”建设，努力构建“一核两翼、两带三湾”多节点网络化的大都市格局，不断优化“拥江揽湖滨海”空间布局。全市住建系统深入贯彻市委、市政府“加快建设现代化滨海大都市”的战略部署，打造“精致宁波、品质之城”，加快推动城市规模不断扩大，城市功能更加完善，城市面貌显著改善，城市品质不断提升。

城市治理方面，全面开展全域国土空间综合整治，创新探索跨区域、跨流域、跨城乡整治模式，加快推动宁波城市的资源重组、功能重塑、空间重构、产业重整、环境重生。全方位提升城市功能品质，加强城市规划和设计赋能，滚动实施“精特亮”工程，统筹创建城乡风貌样板区，整体构建枕山、拥江、揽湖、滨海风貌带。高水平谋划推进重大片区开发建设，打造一批精致新区和活力单元。一体推进城中村、城乡接合部、老旧小区整治改造，实施低效空间“潮变”计划，健全城市体检机制，争创城市更新国家试点城市。构建现代化基础设施体系，高标准建设海绵城市、韧性城市、地下城市、智慧城市。

1978—2023年，在不同的发展阶段，宁波城市发展目标与发展战略情况参见表4.1。

表4.1 宁波城市发展目标与战略演进一览表（1978—2023年）

发展阶段	发展目标	发展战略
历史积淀时期	建设现代化港口城市、 社会主义现代化国际港口城市	“以港兴市”战略； “以港兴市、以市促港”战略
创新变革时期	现代化国际港口城市建设全面推向新阶段	“六大联动”“六大提升”战略
系统推进时期	基本建成现代化国际港口城市，加快建设国际港口名城，打造东方文明之都	“六个加快”战略； “六化协同”战略
蝶变升级时期	加快建设现代化滨海大都市	推进“六大变革”，打造“六个之都”

第五章

“八八战略”对宁波发展的战略引领

进入21世纪，我国加快工业化、城市化、信息化、市场化和国际化的进程，中国特色社会主义实践进入新阶段。在此背景下，党的十六大报告高瞻远瞩地提出，“有条件的地方可以发展得更快一些，在全面建设小康社会的基础上，率先基本实现现代化”[①]。习近平在主政浙江期间，基于对中央精神和进入21世纪以来世情、国情、省情深刻变化的精准把握与前瞻思考，在全面而深入的调查研究基础上，系统提出了“八八战略”。“八八战略”并不局限于所提到八个方面，其深刻蕴含着习近平认识世界、改造世界的世界观和方法论，深刻蕴含着基于问题导向的观察问题、解决问题的系统观点和方法，具有系统、辩证、求实的科学精神和科学态度，是对中国特色社会主义实践普遍性、规律性认识的精准把握，对宁波的发展具有深远的影响，显示出深远的时代价值和磅礴的实践伟力。这种时代价值和实践伟力，体现为引领宁波在对建设规律的准确把握中掌握战略主动、在对时代大势的深刻洞察中开创发展新局、在对省情市情的全面把握中再创发展优势。

① 江泽民：《全面建设小康社会，开创中国特色社会主义事业新局面——在中国共产党第十六次全国代表大会上的报告》，《求是》2002年第22期。

第一节 “八八战略”引领宁波掌握战略主动

“八八战略”指引浙江开启了波澜壮阔的历史征程，推动浙江取得了经济社会的长足发展。“八八战略”实施以来，彰显出强大的实践力量和无穷的思想魅力，是对社会主义发展规律的准确把握，是中国共产党人牢牢把握战略主动的有力呈现。牢牢把握战略主动是中国共产党战略思维的精髓，也是中国共产党百余年奋斗的重大成就和历史经验。习近平指出：“战略问题是一个政党、一个国家的根本性问题。战略上判断得准确，战略上谋划得科学，战略上赢得主动，党和人民事业就大有希望。”[①]“八八战略”是从全局、长远、大势上作出的判断和决策，深刻分析了当时浙江经济社会发展所处的时代背景和机遇挑战，系统辩证分析了浙江经济发展的优势和劣势。在“八八战略”指引下，宁波结合自身实际、主动作为，科学把握历史发展规律和大势，始终牢牢把握住战略主动地位，在问题导向中开创发展新局，在系统谋划中塑造未来胜势，实现了宁波经济社会的长足发展。

一、“八八战略”指引宁波在问题导向中开创发展新局

掌握战略主动的前提是对形势的深刻认识。人类认识世界、改造世界的过程就是一个发现问题、解决问题的过程。“问题就是时代的口号，是它表现自己精神状态的最实际的呼声。”[②]坚持问题导向是马克思主义的鲜明特征。马克思主义哲学“不是在每个时代中寻找某种范畴，而是始终站在现实历史的基础上，不是从观念出发来解释实践，

---

① 《习近平著作选读》第1卷，人民出版社2023年版，第252页。

② 《马克思恩格斯全集》第40卷，人民出版社1982年版，第289—290页。

而是从物质实践出发来解释各种观念形态”①。马克思主义哲学使抽象的概念开始转向现实的、人们的生活。实践与问题是相互依存的，认识来源于实践也可以理解为认识来源于实践中的问题。问题是现实与理想之间的差距，“人们为之奋斗的一切，都与利益有关”。始终坚持为最广大人民群众解决“最关心、最直接、最现实”的利益问题的过程，就是中国共产党不断奋斗的历史进程。

进入21世纪，世情、国情、党情和省情市情都发生了深刻变化。针对浙江在改革开放和社会主义建设过程中面临的“成长的烦恼”，习近平始终坚持问题导向，立足现实、把握当下、着眼长远，从根本上去思考如何破解浙江经济社会发展面临的问题，从战略层面上告诉浙江广大党员干部群众当前形势怎么看、未来路子怎么走，初步回答了省域层面“如何建设社会主义”“怎么实现发展”等重大基本理论问题。在“八八战略”指引下，宁波始终坚持问题导向、时刻保持强烈的问题意识，抓住当地经济社会发展的关键问题，在发现问题和解决问题中不断开创事业发展新局面。针对区域发展协调不够的问题，宁波系统实施“东扩、北联、南统筹、中提升”区域发展战略；针对港口建设，宁波贯彻落实省委、省政府关于推进宁波—舟山港口一体化的决策，不断加强港口基础设施建设；针对进一步改革开放的问题，宁波着力推进重点领域的改革，基本完成国有资产管理体制改革，积极推动民营经济实现新飞跃；面对社会事业发展相对滞后的状况，宁波深化文化大市建设，启动建设博物馆、书城等一批重大项目。

二、“八八战略”指引宁波在战略谋划中塑造未来胜势

掌握战略主动，必须运用科学思维进行统筹谋划。唯物辩证法认

---

① 《马克思恩格斯文集》第1卷，人民出版社2009年版，第806页。

为，事物是普遍联系着的矛盾体，矛盾双方借助相互作用来实现事物的不断发展。这要求我们必须从矛盾双方的相互作用中去看待自身所处的环境和形势，并通过系统谋划推动自身的发展。系统是指“相互联系，相互作用的若干要素或部分结合在一起并且有特定功能、达到同一目的的有机整体”①。系统论强调系统的整体性和关联性，主张在认识事物、观察事物、推动事物发展中运用全面、系统、辩证、发展的思维。

“八八战略”蕴含的优势论指引宁波全面认识自身优劣势。“优劣势”本身是一个相对的动态概念，是相较于当时的发展形势和环境而言的。“八八战略”充分认识和把握了浙江经济发展的优势，并提出了强化自身已有的优势，发展潜在的优势，把自身劣势积极转化为新优势的策略。在“八八战略”指引下，宁波清醒地认识到，自身优势不是与生俱来的，也不是一成不变的，必须随着时代和市情的变化来持续扩大已有优势、将自身劣势转化为新优势。在“八八战略”指引下，宁波清楚认识到产业发展面临的问题，但也充分认识到自身产业发展的雄厚基础，因此，按照“八八战略”总部署，宁波提出以临港工业为基础，加快建设先进制造业基地和高新技术产业基地。在“八八战略”实施后的几年间，截至2006年底，五大临港工业和十大优势制造业产值占规模以上工业产值比重，从2003年的50%上升到70%；高技术产业增加值比2003年增长75.7%，实现了国家科技奖零的突破。

“八八战略”蕴含的系统分析法指引宁波系统谋划自身发展。“八八战略”并不局限在某一个领域，而是中国特色社会主义实践在省域的系统呈现；不仅仅是经济领域的发展战略，而是涉及政治、经济、文化、社会和生态文明各个领域，充分体现了“五位一体”总体布局和“四个全面”战略布局在省域层面的探索与实践。在“八八战略”指引下，宁波对自身经济社会发展进行了整体性的设计和系统化

① 乌杰：《〈系统辩证论〉纲要》，《系统辩证学学报》1993年第1期。

的战略谋划，政治、经济、文化、社会、生态文明等各个领域的具体战略相互联系、互相作用，共同构成了21世纪初宁波经济社会未来发展的蓝图。多年来，在“八八战略”指引下，宁波“大力发展社会主义政治文明，坚持依法治市，汇聚众智众力”；“坚定不移推进改革开放，勇于攻坚突破，完善体制机制，为长远发展注入了新活力”；“沉着应对风险挑战，发扬斗争精神，深化平安建设，维护了社会大局和谐稳定”；“始终坚持以人民为中心，走好群众路线，办好民生实事，老百姓获得感不断提升”。①

三、“八八战略”指引宁波在保持定力中把握主要矛盾

面对世界百年未有之大变局和重要战略机遇期，必须具有强大坚韧的战略定力，才能持续塑造领跑未来的胜势，这不是一朝一夕的事情，必须持之以恒地去贯彻落实。进入21世纪后，面对世情国情党情的深刻变化，党中央作出未来20年是重要的战略机遇期的判断，“八八战略”便是基于党的这一判断和浙江实际作出的战略决策。在战略执行中，遵循战略判断并保持强大的战略定力至关重要。面对纷繁复杂的形势、日益繁重的工作任务，特别是事关经济社会发展的事情，社会上的争论会比较大，会对领导干部贯彻落实战略决策形成各种各样的干扰。对此，习近平曾从思维认知的高度深刻指出：“做事情，意志力、坚忍力、自制力很重要，胆略谋略很重要。很多事情坚持下来了、做成了，争议自然就烟消云散了。”② 这种思维认知也体现在“八八战略”中。“八八战略”作为一个系统战略，紧紧围绕浙江发展问题，科学回答了中国特色社会主义在省域实践的目的、动力、方

---

① 彭佳学：《胸怀两个大局 服务国之大者 勇担时代大任 为加快建设现代化滨海大都市而努力奋斗——在中国共产党宁波市第十四次代表大会上的报告》，《宁波通讯》2022年第Z1期。

② 《习近平谈治国理政》第4卷，外文出版社2022年版，第531页。

式、路径等一系列理论和实践问题，以辩证逻辑指导了省域经济社会的发展。在“八八战略”指引下，宁波始终抓住经济社会发展的“牛鼻子”，无论形势如何变化，始终坚持在各种挑战中寻找最优解。

“八八战略”的人民观指引宁波以人民立场保持战略定力。唯物史观充分肯定了人民群众的地位，认为“基于生存和发展的需要，人民群众自觉地从事生产物质生活资料的活动，这种活动是创造和推动历史发展的物质性前提”①。“八八战略”始终坚持发展为了人民，发展依靠人民，主张在发展中不断激发人民群众的创造伟力，有效实现了依靠人民与造福人民的内在辩证统一。在“八八战略”指引下，宁波在经济社会发展中，充分调动一切积极因素，充分发挥人民群众的主体性，通过改革开放营造支持和鼓励群众创业创新的社会环境，通过深化分配制度改革实现富民与强市的有机统一，通过整合山海资源实现城乡地域的协调发展，通过“生态强市”和“文化大市”建设不断满足人民群众对生态和文化的需要。

“八八战略”的使命观指引宁波走在前列、保持战略定力。实践是认识的起点，更是认识的落脚点。认识反过来也会指导实践和接受实践的检验。“八八战略”是浙江落实“干在实处、走在前列”嘱托的实践呈现。“浙江改革开放起步早，经济社会发展中许多矛盾和问题先发早发，改革进入攻坚期，如何引领浙江这辆改革快车继续行稳致远，是习书记主政浙江时面临的一个重大课题。”②当时，胡锦涛对浙江提出继续走在全国前列的要求。习近平按照这一要求，提出要“干在实处”，进而作出了“八八战略”的战略决策。在“八八战略”指引下，无论是全面建成小康社会，还是高质量发展以实现共同富裕，宁波坚

① 杨谦、张婷婷：《对“人民群众是历史的创造者”原理的再理解》，《思想理论教育导刊》2020年第1期。

② 田玉珏、薛伟江、李政（采访组），潘家玮（采访对象）：《“‘八八战略’与‘干在实处、走在前列’是习书记主政浙江的总抓手和总要求”——习近平在浙江（十三）》，《学习时报》2021年3月17日。

持赓续传承历届市委提出的“以港兴市、以市促港”以及建设现代化国际港口城市、国际港口名城等目标举措，提出建设现代化滨海大都市，坚定不移践行“八八战略”，锻长板、补短板、固底板、创样板，不断开创干在实处、走在前列、勇立潮头的新境界。[①]

第二节 “八八战略”引领宁波开创发展新局

实践证明，“八八战略”是中国共产党人洞察时代大势，抓住历史变革机遇，在历史主动中开创发展新局的集中体现。中国共产党从诞生到发展壮大，正是把握并顺应历史发展大势的结果。习近平指出：“只要把握住历史发展规律和大势，抓住历史变革时机，顺势而为，奋发有为，我们就能够更好前进。”[②]在中国特色社会主义实践中，我们党始终能够以马克思主义基本原理发现掌握历史规律、认识时代大势，充分发挥人的主观能动性，自觉运用历史规律，始终掌握着党和国家事业发展的历史主动，在尊重社会发展规律和掌握历史主动的辩证统一中不断推进事业发展。这种对时代大势的深刻洞察，需要我们以马克思主义基本原理为指导，准确把握和尊重历史规律的客观性。“物质生活的生产方式制约着整个社会生活、政治生活和精神生活的过程。”[③]人类社会发展是一个遵循着一定客观规律的复杂过程，从根本上受到物质生活的生产方式的影响，并不会以单个人的意志为转移。对此，马克思主义唯物史观认为，“人们自己创造自己的历史，但是到现在为止，他们并不是按照共同的意志，根据一个共同的计划，甚至不是在一个有明确界限的既定社会内来创造自己的历史。他们的意向

---

① 参见彭佳学：《胸怀两个大局 服务国之大者 勇担时代大任 为加快建设现代化滨海大都市而努力奋斗——在中国共产党宁波市第十四次代表大会上的报告》，《宁波通讯》2022年第Z1期。

② 《习近平著作选读》第2卷，人民出版社2023年版，第419页。

③ 《马克思恩格斯文集》第2卷，人民出版社2009年版，第591页。

是相互交错的，正因为如此，在所有这样的社会里，都是那种以偶然性为其补充和表现形式的必然性占统治地位。在这里通过各种偶然性而得到实现的必然性，归根到底仍然是经济的必然性”[①]。正是基于马克思主义唯物史观的正确认识，中国共产党人总能够在各个历史时期，形成对自身所处发展阶段、历史任务、时代趋势的科学判定和清晰认识，并在顺应时代大势中展现中国共产党人的主观能动性。

一、精准识变："八八战略"是浙江准确把握历史大势的系统谋划

联系的普遍性告诉我们，唯有普遍联系才能引起事物的运动、变化和发展。面对快速变化的时代，只有自觉坚持和运用唯物辩证法各种基本原理及其规律来分析事物之间错综复杂的普遍联系，坚持运用联系和发展的观点审时度势，才能增强对时代大势的精准把握，进而对未来发展进行系统谋划，这是我们党制定大政方针、战略规划的重要前提。习近平主政浙江期间，曾提出著名的形势论，即实现又快又好发展，必须全面正确地把握形势的发展变化。所谓形，就是事物存在的状态；所谓势，就是事物发展的趋势。“形势是动态的，蕴含事物的发展规律，指示事物的前进方向”[②]。“八八战略”是基于对经济社会发展趋势的分析判断提出的。习近平曾提出：“战略机遇期由国际国内各种因素综合而成，是有利于经济社会发展的一个特定历史时期。”[③]习近平在深刻洞察和精准把握全球经济发展趋势中发现了浙江产业转型升级发展的客观趋势，由此提出要“进一步发挥浙江的块状特色产

---

① 《马克思恩格斯选集》第4卷，人民出版社1995年版，第732—733页。

② 浙江省习近平新时代中国特色社会主义思想研究中心编著：《习近平科学的思维方法在浙江的探索与实践》，浙江人民出版社2021年版，第4页。

③ 浙江省习近平新时代中国特色社会主义思想研究中心编著：《习近平科学的思维方法在浙江的探索与实践》，浙江人民出版社2021年版，第5页。

业优势，加快先进制造业基地建设，走新型工业化道路”。在当时地方保护主义存在，各类“以邻为壑”政策层出不穷的情况下，习近平预判到长江三角洲一体化发展的必然性，提出“进一步发挥浙江的区位优势，主动接轨上海、积极参与长江三角洲地区合作与交流，不断提高对内对外开放水平”。改革开放以来，在普遍走“高投入、高消耗、高排放、高污染”的粗放型经济道路之时，习近平基于人类文明发展历程和浙江经济社会发展实际，对经济发展与生态保护的关系进行了充分论证。他还提出：“进一步发挥浙江的环境优势，积极推进以‘五大百亿’工程为主要内容的重点建设，切实加强法治建设、信用建设和机关效能建设。”“八八战略”对时代大势的精准把握，为宁波的发展提供了方向。在“八八战略”引领下，宁波坚持实事求是的原则，准确把握党中央和省委决策部署，推动了宁波经济社会发展新局面的形成。

二、科学应变：“八八战略”为宁波处理经济社会发展矛盾提供路径遵循

社会发展是在矛盾运动中不断前行的。有矛盾就会有斗争，只有敢于斗争、善于斗争，才能在洞察时代大势中把握历史主动，进而科学应对经济社会发展过程中出现的各类问题。当前，世界正处于百年未有之大变局，国内国际环境纷繁复杂，各种矛盾相互交织叠加，各种思想观念和利益诉求相互激荡，科学应对经济社会发展过程中的各种矛盾，就要敢于破除利益固化藩篱，维护社会公平正义，这就要求我们在应对高度复杂化的系统性风险时，坚持“两点论”与“重点论”的有机统一。2002年，党的十六大报告提出，人民日益增长的物质文化需要同落后的社会生产之间的矛盾仍然是我国社会的主要矛盾。我国社会主要矛盾的变化是关系全局的历史性变化，解决社会主要矛盾

具有长期性、复杂性、艰巨性，必须抓住主要矛盾，学会“十个指头弹钢琴”，以化解纷繁复杂的利益纠葛和矛盾。

“八八战略”是对宁波经济发展过程中所遇到矛盾的有效回应。“八八战略”就是要解决宁波在“发展起来以后”所面临的突出矛盾和问题。在社会主义初级阶段这一漫长的过程中，每一个发展时期都会有不同特征的矛盾，“发展起来以后的问题不比不发展时少”[①]。宁波在改革开放快速发展起来后就率先遭遇了这种“成长的烦恼”，对此，2004年宁波市人民政府工作报告有清晰的描述：“农业基础地位还不稳固，地区之间、城乡之间发展仍不平衡，城乡居民收入差距继续拉大。经济结构性、素质性矛盾仍然比较突出，水、电资源短缺对人民生产生活带来较大影响，资金、人才等要素制约更加明显，耕地保护与建设用地的矛盾日渐突出，生态环境保护压力进一步增大。就业和再就业压力仍然很大，社会保障特别是困难群体生活保障任务越来越重，城市化、工业化进程中居民拆迁和被征地农民养老、转岗就业矛盾日益突出，社会事业发展与人民群众需求尚不适应。群体性上访和越级上访问题增多，城市交通拥堵现象日益凸显，社会治安和安全生产形势仍然严峻。”[②] 在此背景下，宁波贯彻落实“八八战略”内在要求，通过完善社会主义市场经济体制、走新型工业化道路来解决经济结构性、素质性矛盾；通过不断提高对内对外开放水平、加快推进城乡一体化和发挥山海资源优势，来解决地区之间、城乡之间发展不平衡、城乡居民收入差距继续拉大的问题；通过打造“绿色宁波”来解决生态环境保护压力进一步加大的问题；通过积极推进科教兴市、人才强市战略来解决经济发展中的人才要素制约问题。

---

① 《习近平著作选读》第2卷，人民出版社2023年版，第332页。

② 金德水：《2004年政府工作报告》，http：//www.ningbo.gov.cn/art/2004/11/18/art_1229096055_1514276.html，访问日期：2023年10月13日。

三、主动求变：“八八战略”为宁波再造发展新动力提供理论指引

习近平指出，“党和国家事业取得历史性成就、发生历史性变革，为实现中华民族伟大复兴提供了更为完善的制度保证、更为坚实的物质基础、更为主动的精神力量”①。习近平强调的“更为主动的精神力量”就是我们在干事创业中主动求变的思想根基。主动求变是中国共产党人坚持底线思维、增强忧患意识、做到居安思危、主动防范前进路上风险挑战的行动自觉。“八八战略”就是习近平主政浙江期间掌握运用底线思维这一马克思主义思想方法和工作方法的重要体现。在“八八战略”中，随处可见习近平对忧患意识的强调、对矛盾问题的正视，体现了习近平深刻的时代洞察力、敏锐的形势判断力和坚定的战略定力。“八八战略”既强调在全面把握浙江经济社会形势发展变化的情况下发挥浙江自身优势，又清醒地认识到浙江自身的不足。改革开放以来，浙江通过全面推进社会主义市场经济体制改革，实现了从资源小省到经济大省的历史性跨越，各项指标位居全国前列。但进入21世纪以来，浙江在经济不断发展中也遇到了一系列困难和矛盾，进而影响到了原来的优势。正是在这种背景下，“八八战略”被提出，注重将劣势转化为优势，在弥补短板中形成新的优势。

主动求变是在新形势下积极主动的作为，宁波在贯彻实施“八八战略”的具体过程中，深刻领悟“八八战略”蕴含的哲学思维和方法论，充分认识到只有主动求变才能在面对风险挑战时化被动为主动，针对自身突出问题和明显短板，有针对性地作出决策，再造宁波发展新动力。彼时的宁波，正面临着经济发展中的结构性、素质性矛盾，

① 习近平：《在庆祝中国共产党成立100周年大会上的讲话》，人民出版社2021年版，第7页。

区域发展不平衡的矛盾，能源、资源、交通等因素的制约……社会矛盾较为突出。宁波忠诚践行“八八战略”，主动接轨、积极参与长江三角洲地区合作与交流，不断推进宁波港口建设，为经济社会发展注入开放动力。宁波积极推进科教兴市、人才强市等战略，为经济社会发展注入人才动力。宁波大力发展海洋经济，高效开发海洋资源，积极推进环境保护，为经济社会发展注入生态动力。宁波加快推进城乡一体化协调发展，切实加强法治、信用建设，为宁波经济发展注入社会动力。

第三节 “八八战略”引领宁波再创发展优势

“八八战略”所展现出的中国共产党人的主观能动性，正是在认识和运用客观规律的基础上对具体情况、具体问题准确识别、精准判断并主动作为的结果。习近平指出：“历史发展有其规律，但人在其中不是完全消极被动的。”[①]马克思在强调人类社会遵循同自然界一样的客观规律的同时，也注意到了社会历史进程中的主体是具有意识的人。马克思认为，“历史不过是追求着自己目的的人的活动而已”[②]，人类社会的一切活动，都是有意识的、带有某种目的的人进行自觉活动的结果。因此，在任何历史时期，只要关注广大群众，积极反映广大人民群众的意愿，就能够找到历史发展的主体活力源泉。“八八战略”始终立足于广大人民群众，反映广大人民群众的意愿，是积极发挥人民群众在历史发展中主体活力的集中体现。习近平调任浙江工作后，立刻对浙江的69个县（市）区进行深入的调查研究，范围覆盖11个设区市。“2003年上半年，习近平同志先后几次会议上谈到浙江如何进一

---

① 《习近平著作选读》第2卷，人民出版社2023年版，第419页。

② 《马克思恩格斯文集》第1卷，人民出版社2009年版，第295页。

步发挥优势、推进新的举措的思路。”[①] 正是在人民群众中间，在人民群众的意见建议中，习近平对浙江在改革发展过程中遇到的问题挑战有了全面把握。他清晰地界定浙江“已经实现了由温饱向小康的历史性跨越，进入了加快全面建设小康社会、向现代化迈进的新阶段”的历史方位，以及浙江处于“经济发展的腾飞期、增长方式的转变期、各项改革的攻坚期、开放水平的提升期、社会结构的转型期和社会矛盾的凸显期”的历史阶段。这成为制定“八八战略”的主要依据。正是基于自身的人民性和科学性，“八八战略”成为管方向、管全局、管长远的大战略，成为引领宁波在全面把握省情市情基础上谋划城市未来发展战略的重要依据。

一、“八八战略”是在世情国情基础上对浙江发展的时代关切

进入21世纪以后，新技术革命突飞猛进、经济全球化纵深发展。特别是中国加入世界贸易组织以后，各种生产要素得以在全球范围内配置重组，发达国家加快向我国等广大发展中国家布局产业转移。中国面临着经济结构深化调整、产业结构迭代升级、开放开发不断深入、体制机制创新需求旺盛等重大机遇。为此，党的十六大明确提出，“综观全局，二十一世纪头二十年，对我国来说，是一个必须紧紧抓住并且可以大有作为的重要战略机遇”[②]。从国际形势和世界发展趋势来看，人类社会发展出现了一系列新特征、新矛盾，世界在和平、发展、合作的时代潮流下向多极化进一步发展，经济全球化趋势的深化和新技术革命的日新月异使国家间的竞争日益激烈。从人类政治文明进程

① 郭占恒：《“八八战略”思想与实践》，红旗出版社2018年版，第4页。

② 江泽民：《全面建设小康社会，开创中国特色社会主义事业新局面——在中国共产党第十六次全国代表大会上的报告》，《求是》2002年第22期。

看，不少国家提出了符合自身发展需要的新千年战略，但西方一些思想家鼓吹“历史终结论”，国家间制度及命运的意识形态交锋依然激烈。在此情况下，我国改革开放以来的快速发展也引起了一些国家和地区的忧虑，我国对外贸易摩擦不断，国家间资源竞争加剧，敌对势力通过思想文化渗透来分化、西化我国的步伐加快。但也要清醒地认识到，这些危机中伴随着重大机遇。此外，党的十六大作出的一系列理论创新为浙江把握国际形势和世界发展趋势提供了理论依据，一些新思想、新观点、新论断为中国特色社会主义在浙江的实践提供了新的理论指导。

“八八战略”是在中央精神指导下对浙江省情的全面把握。改革开放以来，浙江一直处于中国体制改革创新的最前沿，浙江经济社会的快速发展创造了令人瞩目的浙江现象和浙江经验。但浙江的先发优势和走在前列的中国特色社会主义建设实践，也使得浙江比其他地区更早地遇到了发展中的新矛盾和新问题，如何直面发展中的新问题，不辜负党中央对浙江在全面建设小康社会、加快推进社会主义现代化的进程中继续走在前列的期望，成为浙江必须面对的问题。一方面，浙江正处于经济发展转型升级的关键时期。改革开放为浙江发展积累了良好的物质基础，在没有特殊政策倾斜和强力外资拉动的情况下，浙江依靠体制机制创新，依靠大众创新创业热情，走出了一条内源式经济发展道路，塑造了浙江现象和浙江经验，但也率先遭遇了“成长的烦恼”。迈入21世纪的浙江，人均GDP迈入3000美元的发展阶段后，原有的一些优势快速减弱，新的矛盾问题不断出现。浙江开始面临经济增长方式转型的沉重压力，迫切需要通过全方位改革开放和体制机制创新注入新活力，促进经济结构转型升级，解决城乡之间、区域之间发展不协调、不平衡的问题，有效应对经济社会结构快速变革带来的各种社会问题和矛盾。另一方面，浙江要主动为全国大局贡献浙江经验。浙江先发遇到的“成长的烦恼”具有客观性和必然性，浙江先行先试对其他地区日后解决此类问题具有重大意义。浙江就是要积极主动为推动中国发展转型升级探路。对此，习近平强调：“首先要有争先精神，始终保持昂扬向上、开拓进取的精神状态，努力在更高起点上实现更快更好的发展。其次要创一流业绩，不仅要使浙江经济社会发展的主要指标保持全国领先位置，而且要在实践中善于创造性地开展工作，积极为全国提供有益的探索和经验。同时还要有世界眼光，瞄准国际先进水平，用国际先进标准来衡量和要求自己，发展和壮大自己。”① “八八战略”正是在全面贯彻落实科学发展观的过程中，通过对浙江省情的准确把握提出来的。实践证明，正是基于世情国情对浙江发展给予时代关切，“八八战略”成为中国特色社会主义在浙江的成功实践、引领浙江发展的总纲领、推进浙江各项工作的总方略、推进浙江高水平全面建成小康社会的重要指引。

二、“八八战略”是宁波绘制城市发展蓝图的重要指引

宁波在省情市情的“变与不变”中不断推进“八八战略”在当地生根发展。“八八战略”不仅是一种发展战略的系统谋划，更是一种发展理念的集中呈现，也是发展模式的系统擘画，其涵盖了政治、经济、文化、社会和生态文明各个领域的工作。在“八八战略”指引下，宁波城市发展战略从建设现代化国际港口城市逐步转变为建设现代化滨海大都市，宁波不动摇、不折腾，一届接着一届干，一张蓝图绘到底。“八八战略”是推动宁波城市发展各项工作的“总开关”，其蕴含的方法论使其在经济社会生活的各方面都发挥着引领作用。“八八战略”在宁波的实践本身也得到了与时俱进的推动和不断的丰富发展。在长期的贯彻实践中，“八八战略”引领了宁波市委、市政府的坚守与创

① 习近平：《之江新语》，浙江人民出版社2007年版，第127页。

新。从“八八战略”到习近平新时代中国特色社会主义思想，其理论渊源一致、实践基础契合、思想内涵统一，宁波广大干部群众在践行“八八战略”中继承，也在继承中不断创新，紧跟时代步伐、聆听时代声音、回答时代课题，把学习贯彻习近平新时代中国特色社会主义思想同坚定不移沿着“八八战略”指引的路子走下去、实现宁波市第十四次党代会提出的现代化滨海大都市建设目标结合起来。

在“八八战略”指引下，宁波坚持“以港兴市、产业立市、科教强市、生态建市”的发展战略。在城市发展规划上，宁波秉持高标准的规划思想来定位城市角色，力争成为国家历史文化名城、长江三角洲南翼经济中心、东南沿海重要的港口城市，并将之落实到了不同层次的城市规划、政府工作报告和经济发展计划纲要等政府政策性文件中，就宁波经济社会相当一个时期的发展给出了时间表和发展路径。

第六章

“八八战略”对宁波发展的实践指引

“八八战略”是习近平主政浙江期间思想理论的集中体现，是了解浙江进入21世纪以来发展的关键钥匙，是引领浙江发展的总纲领，是推进浙江各方工作的总方略。正是在“八八战略”引领下，浙江经济社会发展实现了全面转型跨越。其中，宁波在历届宁波市委的带领下，忠实践行“八八战略”，推动了中国特色社会主义在宁波的实践结出丰硕的成果。“八八战略”体现了对社会主义建设规律的准确把握。我们党的百余年奋斗史和社会主义建设经验表明，建设社会主义不可能有固定不变的模式，必须在不断认识自身规律中不断探索、在探索中不断前进。从本质上讲，这一过程就是在中国共产党的领导下，不断调整生产关系和上层建筑以适应解放和发展生产力需要的过程，其体现为人的主观能动性的更好发挥以及更好适应社会发展客观规律的过程。社会主义建设规律就贯穿于这一过程之中，其涉及中国特色社会主义的根本任务、发展阶段、发展目的、发展道路、发展动力和依靠力量等方面。社会主义社会的发展是一个主客体交互作用的过程：从社会主体看，就是要促进人的全面发展；从社会客体看，就是要促进社会主义社会的全面发展；从主客体的关系看，就是要正确处理社会发展与人的发展的关系问题。

第一节　中国特色社会主义在宁波实践的总指引

2002年11月，党的十六大明确提出“全面建设小康社会，加快推进社会主义现代化”的战略任务，要求“在本世纪头二十年，集中力量，全面建设惠及十几亿人口的更高水平的小康社会，使经济更加发展、民主更加健全、科教更加进步、文化更加繁荣、社会更加和谐、人民生活更加殷实”。[①]“全面建设小康社会”开创了中国特色社会主义新局面。

“小康”概念最早是1979年邓小平在会见日本前首相大平正芳时提出的，当时邓小平对社会主义现代化建设的目标进行了简单形象的描述。他把人均国民生产总值1000美元、低于发达国家现代化标准的“中国式的现代化”称为“小康之家”“小康的国家”。[②]1984年3月25日，邓小平在会见中曾根康弘时，正式称“中国式的现代化”为“小康社会”。[③]1987年，在党的十三大上，邓小平对小康社会的标准进行了理论上的完善，并正式将实现小康确定为“三步走”发展战略的第二步战略目标。1991年，《关于国民经济和社会发展十年规划和第八个五年计划纲要的报告》对“小康社会”的内涵进行了详细的描述，其中提出：“我们所说的小康生活，是适应我国生产力发展水平，体现社会主义基本原则的。人民生活的提高，既包括物质生活的改善，也包括精神生活的充实；既包括居民个人消费水平的提高，也包括社会福利和劳动环境的改善。”[④]经过多年的艰苦努力，到2002年党的

---

① 江泽民:《全面建设小康社会，开创中国特色社会主义事业新局面——在中国共产党第十六次全国代表大会上的报告》,《求是》2002年第22期。

② 《邓小平思想年编（一九七五——一九九七）》，中央文献出版社2011年版，第281页。

③ 《邓小平文选》第3卷，人民出版社1993年版，第54页。

④ 李鹏:《关于国民经济和社会发展十年规划和第八个五年计划纲要的报告　1991年3月25日在第七届全国人民代表大会第四次会议上》，人民出版社1991年版，第39页。

十六大召开前夕，我国已经胜利实现了现代化建设“三步走”战略的前两步，人民生活总体达到小康水平。2002年，作为经济发展水平重要标志的人均国内生产总值已经达到8184元；作为人民群众物质生活水平重要标志的人均可支配收入达到4532元，其中城镇居民人均可支配收入为7652元，农村居民人均可支配收入为2529元；作为生活水平重要标志的居民恩格尔系数降到39.2%，其中城镇居民恩格尔系数为36.4%，农村居民恩格尔系数为44.9%。从以上指标看，我国总体小康水平基本达到，全面建设小康社会、加快推进社会主义现代化已经有了坚实的基础。作为改革先行区的浙江，各项指标也均达到总体小康水平，“八八战略”得以提出的现实基础不断夯实。

“全面建设小康社会”开创的中国特色社会主义新局面是对时代背景的快速回应。随着科学技术的快速发展，西方国家的经济社会结构和人们生活方式已经发生了重大变化，为了适应信息化、知识化、经济全球化和生态化的大背景，西方国家在通过工业化实现现代化后，开始进入全新的后现代化发展阶段。在此基础上，传统经济发展中的工业化、专业化和规模化也开始改变，第三产业比重不断上升，知识经济占据越来越重要的地位。工业化过程中的单纯经济增长的发展观也开始向以经济发展增进人的幸福感、提升人的生活质量的发展观进行转变。在这种经济社会结构的解构与重建中，科学技术的发展导致了技术和生态上的很多不可预测因素，并逐步为人们所重视。如何解决经济增长与环境保护的矛盾、协调经济发展与生态优化的关系等问题，成为21世纪初人类社会发展的主要议题。中国也充分注意到了这些问题，开始从增强发展协调性、实现经济又好又快发展，加快发展社会事业、全面改善人民群众生活，加大生态文明保护、实现可持续发展等维度上部署谋划21世纪初期中国特色社会主义的新实践。因此，在党的十六大报告中，全面建设小康社会不仅就物质生活方面强调“经济更加发展”，还着重提出了“民主更加健全、科教更加进步、文化更加繁荣、社会更加和谐、人民生活更加殷实”。[①] 正是在此背景下，党中央殷切希望浙江在全面建设小康社会、加快推进社会主义现代化的进程中走在前列。

习近平到浙江工作后，花了9个月的时间，跑遍了省直主要部门、所有地级市和部分县（市）区，到生产生活一线听取人民群众各方面的意见建议。习近平在全面充分调查研究的基础上，逐步摸清了浙江经济社会发展的过去和现在，了解了浙江发展的优势和短板，对浙江未来发展有了较为清晰的顶层设计和系统谋划。在2003年7月10日召开的浙江省委十一届四次全体（扩大）会议上，习近平全面系统概括了浙江发展的八个优势，提出了指向浙江未来发展的“八项举措”。“八八战略”充分体现了浙江在全面建设小康社会、加快推进社会主义现代化方面存在的优势，也明确了未来浙江进一步发挥优势、走在前列的战略部署，成为宁波以历史主动性谋划未来很长一段时间发展规划的重要指导思想。

第二节 宁波解决突出矛盾和问题的总纲领

党的十六大召开之际，人类跨入了新世纪，我国依然处于并仍将长期处于社会主义初级阶段，这是“八八战略”提出的发展阶段依据。同时中国特色社会主义实践又面临着新的机遇，党的十六大报告明确提出：“二十一世纪头二十年，对我国来说，是一个必须紧紧抓住并且可以大有作为的重要战略机遇期。”[②] 既处于社会主义初级阶段，又面临大有作为的重要战略机遇期，这是对当时中国社会发展内在统一性

① 江泽民：《全面建设小康社会，开创中国特色社会主义事业新局面——在中国共产党第十六次全国代表大会上的报告》，《求是》2002年第22期。

② 江泽民：《全面建设小康社会，开创中国特色社会主义事业新局面——在中国共产党第十六次全国代表大会上的报告》，《求是》2002年第22期。

的辩证把握。具体到浙江和宁波，一方面，改革开放以来虽然取得了较快的发展，但也面临着“成长的烦恼”，很多发展中的问题开始凸显；另一方面，面临着大有作为的重要战略机遇期，这为它们的经济社会发展提供了新的契机。

“八八战略”牢牢把握住了“社会主义初级阶段这个最大国情”和“社会主义初级阶段这个最大实际”，对当时浙江的发展实际作出了科学准确的判断。在党的十三大召开前夕，邓小平就指出：“社会主义本身是共产主义的初级阶段，而我们中国又处在社会主义的初级阶段，就是不发达的阶段。”[①] 社会主义初级阶段不是指共产主义的初级阶段，不是指整个社会主义阶段，而是特指不发达的社会主义阶段。正是在对我国发展阶段的准确把握下，“八八战略”对浙江发展实际作了科学准确的判断。2002年浙江省人民政府工作报告提出：“经过改革开放20多年的发展，我省已经构造起了在国内相对领先的经济体制和运行机制，成长了一大批颇具活力和市场适应能力的微观市场主体，培育了一批在国际国内市场具有一定竞争优势和较高技术层次的产业，积累了较强的综合经济实力，实现了由资源小省向经济大省的历史性跨越。”[②] 在浙江的大环境下，宁波也取得了长足的发展：改革开放以来，宁波经济增长年均达19.7%，远超全国平均水平。2002年，宁波这个拥有540余万人口的地区以GDP总量1500多亿元，列全国城市第12位，人均GDP则进入全国前4名。2003年，宁波市居民人均可支配收入和人均消费支出，在当时长三角地区15座城市中仅次于上海，在全国15座副省级城市中居第3位。

宁波虽然取得了长足的发展，但当时其经济也遭遇了“成长的烦恼”。如果依照原有的经济发展方式，无法实现经济社会的可持续发

① 《邓小平文选》第3卷，人民出版社1993年版，第252页。

② 柴松岳：《2002年政府工作报告》，https：//www.zj.gov.cn/art/2012/4/6/art_1229019379_1237.html，访问日期：2023年10月13日。

展。在经济社会发展方面，水资源、电力资源和土地资源的瓶颈约束日益突出。当时宁波大力发展了八大产业（石化、能源、钢铁、造纸、汽车、家电、纺织服装和电子信息），总体规模达到了很高的程度，也逐步形成了产业基地，以2002年为例，当年八大产业共有企业1546家，实现工业总产值1105.1亿元，实现增加值273亿元。但同时应该注意到，这些产业面临的问题也是比较明显的。其一，产业高度和深度有待进一步提升。当时宁波的很多传统产业存在投资不大、技术简单、产品缺乏核心竞争力的问题，除了价格优势外，缺乏其他竞争优势，在国际贸易中一直处于国际垂直分工的末端。其二，产业科技竞争力基础薄弱，科技投入偏低，产业基础薄弱。以高新技术产业为代表的现代先进制造业产业比重并不高，高新技术产业发展落后于上海、苏州、广州等先进城市；技术人员占比、研发费用占比等明显低于先进国家和地区。2002年，宁波八大产业研究开发费用仅占销售收入的0.15%，低于全省的0.24%和全国的0.41%，电子及通信设备制造业的R&D经费支出占本行业产值的比重只有0.68%。其三，资本运作能力不强，金融服务能力不足，不能满足新一轮开放和发展的新兴产业的需要。

如何从粗放向集约转变，从数量向质量转变，成为当时宁波必须思考的问题。宁波必须在对自身优劣势进行分析的基础上谋划未来的城市发展蓝图，“八八战略”的提出，为宁波破解“成长的烦恼”提供了总纲领，对宁波发展起到了引领作用。“八八战略”从体制机制、对外开放、块状产业、城乡协调、生态保护、山海资源、社会建设和文化建设八个方面入手，明确了宁波发展的潜在优势和短板劣势，指引宁波对城市发展和产业升级进行谋划，宁波由此制定了推进社会主义现代化建设的发展战略。

第三节　宁波科学谋划发展道路的集中呈现

党的十六大报告提出：“综观全局，二十一世纪头二十年，对我国来说，是一个必须紧紧抓住并且可以大有作为的重要战略机遇期。”[①]这是中央领导集体对国内外战略态势及其未来走向作出的战略判断，是勾画全面建设小康社会宏伟蓝图的重要依据。关于战略机遇期，习近平进行了深入的思考，他指出：“战略机遇期由国际国内各种因素综合而成，是有利于经济社会发展的一个特定历史时期。能否把战略机遇期提供的可能性变为现实性，主要取决于人的主观能动性特别是宏观的战略决策。”[②]只有抓住并用好这一重要战略机遇期，才能够在国际竞争中牢牢把握主动权，最终实现中华民族的伟大复兴。

重要战略机遇期是在国内外各种因素相互作用下形成的，会对一国的经济社会发展、国际地位及历史地位产生全局性、长远性和决定性影响的特定历史阶段。一般意义上，重要机遇期往往同重大的经济社会变革相联系，与人的主观能动性特别是领导集体的战略指导有密切关系。同时，战略机遇期也与各种挑战并存，它既是促进国家现代化建设的推动力，也可能成为阻碍国家现代化建设的重要因素。随着世界各国之间的综合国力竞争日益激烈，如何在这种国际局势中保持相对优势，如何利用好当前优势条件进一步扩大自己的优势地位，成为各国经济社会发展必须关注的首要问题。人类发展历史表明，如果能够正确地认识机遇、把握机遇，一些在发展上存在不平衡性、落后性的国家和地区就有可能实现弯道超车，赶上甚至超过比自己先进的国家与地区。进入21世纪，世界处于重大转折之中，和平与发展依然

---

① 江泽民：《全面建设小康社会，开创中国特色社会主义事业新局面——在中国共产党第十六次全国代表大会上的报告》，《求是》2002年第22期。

② 习近平：《之江新语》，浙江人民出版社2007年版，第36页。

是时代的主题，经济全球化进程不断加快，世界分工体系不断发展，人类科学技术实现新的突破，这无疑为发展中的中国提供了奋起直追的难得机遇。在同时期，我国国内社会环境秩序稳定，全国各族人民能够集中主要精力进行现代化建设；中国加入世界贸易组织后，逐步融入世界贸易体系，为我国扬长避短、推进经济结构转型升级提供了良好条件；市场经济优势的不断激发，使我国不断发展高新技术，逐步走上了一条以信息化带动工业化的道路；更为重要的是，党的十一届三中全会后，我们党在总结历史经验教训的基础上，确立了以经济建设为中心、实行改革开放的基本路线，经过改革开放20多年的发展，中国经济社会已经取得了长足发展，广大人民群众的积极性和创造性被进一步激发。正是在这种情况下，党的十六大作出“二十一世纪头二十年，对我国来说，是一个必须紧紧抓住并且可以大有作为的重要战略机遇期”的重要论断。

正是在这种历史紧迫感下，习近平对浙江进行了深入的调查研究，对浙江经济社会发展的优势、劣势和发展阶段有了准确的把握，将党中央“本世纪头二十年处于重要战略机遇期”的重要判断、世界科技革命产业转型方兴未艾的潮流和浙江经济社会发展实际相结合，对浙江在重要战略机遇期的发展道路进行了谋划，这也决定了“八八战略”是长远的战略。2015年，习近平重回浙江考察时再次强调，“八八战略”不是拍脑瓜的产物，而是经过大量调查研究提出来的发展战略。

在“八八战略”指引下，宁波在已有发展经验基础上对未来发展道路进行了创新思考，充分认识到自身在重要战略机遇期的优势，进一步发挥自身港口优势、制造业优势、区位优势和开放优势，系统谋划宁波未来经济社会发展战略。加快宁波港口建设，实现从内河小港向国际一流强港的跨越；坚定不移推进改革开放，形成体制机制先发优势，在率先建立起社会主义市场经济体制基本框架基础上，加快构建高水平社会主义市场经济体制；深入融入全球经济，在初步形成引进来与走出去并重开放型经济体系基础上，实现向全方位开放型经济体系的跨越；启动创新型城市建设，把“腾笼换鸟”“机器换人”“电商换市”作为深化供给侧改革、推进高质量发展的重要抓手，加快产业结构调整、促进绿色发展，推动产业转型升级，实现发展方式新转变。

第四节 宁波适应社会发展规律并主动作为的行动指南

在人类社会漫长的发展历程中，人类社会越向前发展，人发挥的作用就越突出。社会主义现代化作为一种现代化主张，其与“实现人的全面自由的发展”高度契合，在社会主义社会，现代化的出发点和落脚点必然是人。进入21世纪以后，中国共产党人深深认识到社会主义本质要求中国的发展必须是全面、协调、可持续的，“八八战略”的内容正是对这种认识的呈现。宁波在“八八战略”指引下主动作为，通过科学发展实现人与自然的统一、人与社会的统一以及人与人的统一。

在“八八战略”指引下，宁波主动推动绿色发展，实现人与自然相统一。唯物史观认为，“将自然纳入人类社会发展的整体架构中，将自然规律贯穿于社会有机体的生产与再生产过程中，才能更好地满足人类在经济、政治、文化、生态等方面的现实需求”①。生产力的进步必然带来对自然的超强度开发，因此在生产力极大进步的同时也必然给自然带来巨大的承载和消解压力，人与自然关系日趋紧张。面对经济社会发展过程中出现的生态破坏问题，习近平很早就予以关注并提出了“绿水青山就是金山银山”的论断。在这一辩证统一观点下，

---

① 胡华、史志钦：《构建人类命运共同体的思想溯源、时代价值与实践遵循——基于社会有机体理论的考察》，《社会主义研究》2022年第3期。

“八八战略”也提出要“进一步发挥浙江的生态优势，创建生态省，打造‘绿色浙江’”。

在“八八战略”指引下，宁波把顶层设计与基层创新相结合，以改变生产方式和调整产业结构为着力点，全面深入开展污染防治攻坚战，大力推进绿色低碳转型，大力发展“资源—产品—再生资源”的生态型经济，走出了工业城市的生态文明之路。

在“八八战略”指引下，宁波主动实施协调发展，实现人与社会相统一。习近平主政浙江期间，高瞻远瞩地提出将“浙江经济”与“浙江人经济”结合起来，将经济发展与人民福祉结合起来。在此思路下，“八八战略”提出要“进一步发挥浙江的城乡协调发展优势，加快推进城乡一体化”和“进一步发挥浙江的人文优势，积极推进科教兴省、人才强省，加快建设文化大省”。这些战略部署不仅仅关注发展问题，更关注如何增强浙江人民群众的获得感、幸福感、认同感、归属感。在“八八战略”引领下，宁波采取众多举措推动城乡协调发展。宁波以重大区域发展战略为引领，发挥各地区动态比较优势，处理好城乡之间、经济发展优势区域和加快发展地区之间的关系。推动乡村振兴，以城乡融合推动区域均衡；加速推动城市有机更新，以产业振兴为撬动点推进乡村振兴；深化农村土地改革，促进城乡之间资源要素合理流动；聚焦山区海岛，实现薄弱区域跨越式发展；坚持红色引领绿色发展，推进生态产品价值转化。①

在“八八战略”指引下，宁波实施共享发展，实现人与人相统一。公正是人类社会进步的标尺，是社会主义制度的本质要求，是贯穿社会主义的首要的基本价值，更是社会主义优越性的重要体现。“八八战略”明确提出“进一步发挥浙江的城乡协调发展优势，加快推进城乡一体化”和“进一步发挥浙江的山海资源优势，大力发展海洋经济，

---

① 参见国研经济研究院课题组（陈旭钦、管如镜、胡拓等执笔）：《在宁波，读懂共同富裕》，《宁波晚报》2022年11月12日。

推动欠发达地区跨越式发展，努力使海洋经济和欠发达地区的发展成为浙江经济新的增长点”，正是对社会主义所蕴含的公平价值的体现。宁波在贯彻落实“八八战略”的过程中，始终坚持“发展成果由人民共享”的理念，通过改革创新来实现社会公平正义，让弱势群体和欠发达地区共享发展成果。2003年的宁波地区生产总值仅为1749.27亿元，到2022年已经增加到15704.3亿元，居全国城市第12位。“八八战略”实施以来，宁波中心城区框架不断拉大，产业集聚度和影响力不断提升，现代化大都市框架格局初步形成。宁波城镇居民人均可支配收入由2003年的14277元提高到2021年的73869元，农村居民人均可支配收入由2003年的6221元提高到2021年的42946元。宁波城市发展质量评价指数、居民人均寿命、高等教育毛入学率等几大评价指数都位居全国前列。

八八战略

第三篇

专业篇

宁波作为中国改革开放的前沿、浙江省“双城记”发展格局中的重要一极，是感悟“中国之治”、观察“浙江之窗”的重要一域。宁波坚持以习近平新时代中国特色社会主义思想为指导，深入学习贯彻习近平总书记对浙江、宁波工作重要指示精神，按照党中央、国务院和浙江省委、省政府的决策部署，牢记嘱托、勇扛使命、争先进位，打造中国式现代化市域样板，续写“八八战略”精彩的宁波篇章。本篇从全面深化改革、对内对外开放、人才强市、创新强市、产业优化升级、城乡协调发展、山海联动发展、生态示范创建、文化强市建设、民生福祉提升、“平安宁波”建设、法治宁波建设、清廉宁波建设、全面加强党的建设等多个维度，遵循历史逻辑、实践逻辑和理论逻辑展现“八八战略”在宁波的实施情况。

第七章

以“八八战略”为指引 不断创造体制机制新优势

2003年，中共浙江省委十一届四次全体（扩大）会议上提出了“八八战略”重大决策部署，“进一步发挥浙江的体制机制优势，大力推动以公有制为主体的多种所有制经济共同发展，不断完善社会主义市场经济体制”是其战略举措之一。“八八战略”不仅是指导推进中国特色社会主义浙江实践的总纲领，也是指引宁波全面深化改革的路线图。党的十八大以来，宁波深入践行“八八战略”，大力推进“六大变革”，以完善社会主义市场经济为主线，全力推进重点领域改革，探索形成了一批有力度、有分量的改革成果，积累并形成了支撑高质量发展的体制机制新优势，推动发展质量和发展速度取得新突破。

第一节 “八八战略”指引下宁波体制机制创新

一、深化行政审批制度改革（2002—2006年）

2002年，为使宁波进一步适应市场经济的要求和世贸规则，推进行政体制创新，深化行政审批制度改革，宁波市政府审议通过《宁波市深化行政审批制度改革实施方案》和《宁波市行政审批暂行规定》，批转市政务公开小组暨审批制度改革领导小组《关于深化行政审批制度改革的实施意见》。2002年10月25日，宁波召开行政审批制度改革动员大会，研究部署工作；2002年12月20日，《宁波市行政审批暂行规定》开始实施，全市行政审批事项再削减40%，核准事项减少到278项，办理时限进一步提速，并在市场准入、市场监管、要素配置等领域取得实质性突破。市级审批事项在原削减48.2%的基础上再削减45%；各县（市）区相继建立相应的行政服务中心，并将工作延伸至乡镇、街道。2002年宁波市政府出台《关于加强政府信用建设提升政府行为公信度的意见》，逐步建立政府机关及其工作人员的信用记录、警示、公示制度等，提高政府行为公信力。

2005年，宁波继续深化行政审批制度改革，进一步加快政府职能转变，依法行政逐步推进，政府自身建设不断加强，切实提高行政效能和服务水平。2006年，宁波以深化改革开放为动力，大力推进制度创新，市场经济体制加快完善，对外开放迈出了新步伐。现代企业制度进一步确立完善，投资、财政、规划、国土管理体制和行政审批制度改革逐步深化，社会事业管理体制和事业单位改革步伐加快，农村综合配套改革有序推进，资源要素市场化改革、文化体制改革试点取得积极进展。2006年，宁波大力优化经济发展环境。推进公共管理领域改革，制定行政审批、工业用地招拍挂等政策，积极创新公共产品供给机制：深化事业单位改革，制定促进企业体制机制创新的若干意见；加快农村改革步伐，完成乡镇机构改革，政策性农业保险和农村住房保险取得新进展；坚持互利共赢的开放战略，加大选商引资力度，加快推动外贸和外资向质量效益型转变，着力增创开放型经济新优势。

二、进一步促进企业体制机制创新（2007—2012年）

为进一步增强企业发展的动力和活力，2007年10月，宁波市政府出台《关于进一步促进企业体制机制创新的若干意见》。其中要求，进一步深化产权制度改革，推进股份制改造，设置有利于管理和技术创新的股权结构，加快完善公司法人治理结构，完善企业集团的运行机制；鼓励优质企业上市，培育上市公司后备资源，利用资本市场优化重组；促进企业产权流转，规范发展产权交易市场，探索非上市股份有限公司股权交易，促进产权交易；大力促进科技成果转化，加快发展技术市场，鼓励企事业单位从事技术交易；培育和发展证券和产权、技术交易等中介机构，推动行业协会加快发展。

2008年，宁波深入推进重点领域改革，实施综合配套改革试点，加快政府职能转变，创新资源要素市场化配置机制；加快农村改革步伐，农村住房制度改革和政策性农业保险等取得新的进展；完善金融政策体系，制定出台公司股权出质、专利权出质和鼓励股权投资企业发展等方面的政策意见，开展小额贷款公司试点。2008年1月，宁波市政府出台《关于进一步加快中心镇发展的意见》。其中提出，要以科学发展观为指导，以统筹城乡发展和区域协调发展、加快社会主义新农村建设、推进城乡一体化为目标，加快人口和产业集聚，提高规划建设和管理水平，突出特色和优势，创新体制机制。

2009年，宁波积极申报省级进一步扩大对外开放综合配套改革试点，有序推进8个区域9项市级综合配套改革试点，稳步实施扩权强县建城改革。推进行政审批职能整合，市本级692项行政审批服务事项进驻行政服务中心。2010年，推进重点领域和关键环节改革，全面启动和部署进一步扩大对外开放综合配套改革试点，深入实施8个县（市）区9项综合配套改革试点。2010年，推进卫星城市建设试点，7个卫星城市试点镇的机构调整、权限下放工作全面推进，相当于县一级的部分经济社会管理机制初步建立，内外对接的基础设施和特色产业基地建设加快推进。2011年，宁波深化重点领域改革，市级转变经济发展方式综合配套改革试点扩面到各县（市）区，深化中心镇改革和农房“两改”，完善农村社区服务管理体制。推进要素市场改革，出台促进土地节约集约利用政策措施，成立国内首家农村保险互助社，鼓励发展股权投资、债券融资。

三、全面深化改革再创体制机制新优势（2013年以来）

2013年12月，中共宁波市委十二届六次全会审议通过《中共宁波市委关于认真学习贯彻党的十八届三中全会精神全面深化改革再创体制机制新优势的决定》。其中提出，全面深化改革的总体要求等于4个方面58条关于深化改革创新体制机制等的措施，明确力争通过3年时间的努力，在重点领域和关键环节改革上取得明显成效。2013年，宁波推进资源要素配置市场化改革，强化产业项目用地准入管理，排污权有偿使用交易工作有序开展。大力发展“天使投资”，推动金融机构改革重组，民间融资规范化、阳光化试点稳步实施。深化服务业综合改革试点。搭建商品交易平台。农村集体林权制度、集体经济股份合作制改革继续深化。推进卫星城市改革发展，中心镇的管理权限和行政执法权限进一步扩大。

2013年7月，宁波市政府下发《关于深化行政审批制度改革的实施意见》。其中要求，进一步减少行政审批事项、环节和前置条件；按照“重心下移、权责一致”要求下放行政审批权；继续推进项目审批“简化优化”和行政审批标准化；大力推进社会中介机构改革，建立中介服务公平竞争机制。2013年统一下放行政审批事项263项，市行政服务中心窗口受理事项比例100%、办理事项比例93.7%。2013年，宁波市行政审批管理办公室（市公共资源交易管理办公室）按照中央、省、市深化行政审批制度改革的决策部署，结合宁波实际，围绕拆弃不属于政府职能的行政审批权力、改革不符合社会主义市场经济要求的行政审批方式、规范影响公平和效率的行政行为、完善多渠道的监督机制等四条主线，深入推进行政审批制度改革。

2014年，宁波抓好机构组建，强化改革领导力量。市委成立全面深化改革领导小组及其办公室，设立7个改革专项小组，统筹推进改革的工作机制有力有效运转，先后召开3次改革领导小组会议，审议通过一批改革工作规则和重要改革方案。市委改革办和各专项小组强化改革工作日常指导，统筹协调、抓好落实的工作机制逐步完善。市直各部门积极承担改革职责，实行主要领导负责、分管领导牵头、责任分工制度，有些部门还建立改革领导机构和办事机构。各县（市）区也相应建立党委领导下的改革工作机制，增配力量，各项改革推进机制有序有效运转。

宁波市委改革领导小组始终强调聚焦、聚神、聚力抓落实，各项改革都要有具体部署、具体要求，到人到事。市委改革办建立重点改革项目总台账，通过重点改革项目专报通报、日常改革工作动态信息跟踪、总体改革情况督查考评等方式，确保各项改革措施能落地、有成效。各专项小组积极完善推进机制，通过设立联络协调办公室、建立改革联席会议制度、召开改革现场推进会等举措，确保各项改革任务按时按点按进度推进。各地各部门也以改革任务清单等方式明确责任，实施重点改革项目滚动管理机制，逐项建立改革项目台账，及时跟进，统筹协调，取得一批实实在在的改革成效。

2015年是全面深化改革的关键之年。宁波市贯彻落实中央和省委全面深化改革决策部署，紧扣“发挥全面深化改革牵引作用”，坚持问题导向和效果导向，直击民生“痛点”、发展“短板”和制度“弱点”，全力推进50个重点突破改革项目，出台一批有力度、有分量的改革举措。强化改革的组织领导、系统推进和宣传引导，不断健全改革项目谋划、推进、督察、考评“四位一体”的改革推进体系，改革呈现全面发力、多点突破、纵深推进的良好态势。一年来，注重发挥试点对全局性改革的示范、突破、带动作用，积极争创国家级和省级改革试点，新增国家部委批复改革试点19个，新增浙江省改革试点

10个。至2015年底，全市范围内正在开展的各类省级以上试点共82个（已删除改革完成试点项目28个）。其中，国家部委改革试点56个，省级试点26个；党的十八届三中全会以来新增国家部委改革试点31个，省级试点23个。在争试点的同时，积极落实试点任务，争创发展新优势。

2016年，宁波市坚决贯彻中央和省委全面深化改革各项决策部署，中共宁波市委十二届十一次全会把补齐改革短板作为补短板创优势的重要任务，全力推动30个年度重点改革项目和292项改革任务的落实。制定出台《关于补齐改革落地短板促进改革举措生根见效的若干意见》，强化改革落地制度保障；组织开展首次全省改革满意度评估工作，策划“一把手”谈改革活动，全面完成7个重大改革专项督察项目，下达督察意见通知书，市领导领衔年度重点改革项目，探索实行县（市）区改革述职制度，开展全面深化改革专题培训，强化改革绩效评价；一批先行先试、行之有效的试点做法被复制推广。建设保险创新综合试验区和基层社会治理体制改革的经验做法，分别在省委第十次和第十二次改革领导小组会议上被作专题汇报，在全省进行推介推广。

2017年，宁波市委组织开展“最多跑一次”改革。组织开展调查研究，多次召开会议专题研讨部署，并将“最多跑一次”改革纳入全市“大脚板走一线，小分队破难题”抓落实专项行动。做好“最多跑一次”改革专项评估迎评工作，召开市级部门座谈会2次，向省委上报“宁波推行‘10+1’跨区域无差异审批事项全城通办服务模式”改革典型案例材料。至2017年底，“最多跑一次”改革取得阶段性成果。“一窗受理、集成服务”全面推行，“互联网 + 政务服务”扎实推进，28个行业联合审批标准编制实施，市、县（市）区两级行政审批类“最多跑一次”事项占比分别为87.5%、84.2%，提前完成省下达的任务指标。

2018年，宁波市深入贯彻中央和省委改革决策部署，全力推动各领域各方面改革向纵深推进，为经济社会发展提供新动力。打造一批全国知名的改革范例。宁海县首创的村级小微权力清单制度获评“中国廉洁创新奖”，被写入2018年中央一号文件，并作为“宁海经验”被写入《中共浙江省委关于推进清廉浙江建设的决定》。全国首创“移动微法院”平台体系，被作为样板在全国推行。开展压缩企业开办时间改革，压缩企业常态化开办时间至3.5天，时间短、标准高。国有土地二级市场试点高质量通过全国验收，7个案例入选自然资源部试点案例库，其中“预告登记转让”制度被列入全国试点指导意见并将由国务院印发推广。“非接触性”执法、基层政务公开标准化规范化等全国现场会在宁波召开，相关经验做法得到交流推广。

2019年，宁波市以“最多跑一次”改革为牵引，纵深推进各领域改革，初步建立以“六争攻坚”为主体的高质量发展制度体系，制度优势更加巩固，治理效能加速显现，发展动能大为增强，群众改革获得感满意度全面提升，较好完成了全面深化改革走在前列的目标任务。一是改出发展的高质量。“六争攻坚”、要素市场化、高水平开放、产学研创新、总部经济发展、投融资机制创新等改革，推动结构转变、产业转型、动能转换，三产比例继续调整，规模以上工业新产品贡献率不断增长，地区生产总值居全国城市第12位，经济发展向更高质量、更有效益转变。二是改出城市的高品质。多规合一、城乡融合、普惠金融、产权制度等方面的改革创新，推动城市建设管理和居民生活品质不断提升，城镇居民人均可支配收入、农村居民人均收入持续增长，改革红利向更加普惠、更为均衡转变。三是改出治理的高效能。以党建引领的集成式治理改革、集中财力办大事、“四个平台＋全科网格”的数字化治理模式等，有效构建市域治理现代化制度体系，治理格局向更加精细、更具效率转变。四是改出服务的高水平。“最多跑一次”改革向机关内部、公共服务、基层农村和公共场所延伸，统筹推进“放管服”改革、政府数字化转型、营商环境和政务服务改革，着力解决群众“牵肠挂肚”的“关键事”，便民服务向更加高效、更有温度转变。五是改出制度的高能量。完善和推广“移动微法院”“信访超市”、企业个人“一件事”等创新做法，并将之逐步上升为制度性安排，制度供给向更加成熟、更加定型转变。六是改出群众的高满意。消费城市、基础教育、县域医共体、数字化医保、农村文化礼堂等领域改革创新，更好地满足人民群众对美好生活的向往，改革成效向群众更加满意、更有获得感转变。

第二节　全面深化体制机制改革的实践成效

一、“放管服”改革充分激发市场活力

政府职能转变和“放管服”改革深入推进。优化政府审批事项。截至2022年10月，按照省统一部署，梳理确定全市依申请办事事项28665项，并完成事项名称、申报材料、办事流程等的“八统一”标准化。精简各类证明事项，取消各类证明、盖章158项，3973项法定证明事项实现“无证明办事”。推进落实行政权力事项清单化管理，梳理公布行政许可事项清单。推进“一件事”集成改革。首创身后“一件事”、企业注销“一件事”、渔业捕捞“一件事”等一批全省全国领先的标志性改革实践成果，拓展执法监管、社会服务、工程项目等领域“一件事”特色性改革。在全省首创不动产交易“带押过户”新模式，实现存量房买卖转移登记、抵押权变更等多个业务的“同步办”“合并办”“合并审”。推进“最多报一次”改革。截至2022年10月，在全国首创“企报通”平台，汇集企业登记、年报等信息数据1000余万条，实现企业常规信息“自动填”、综合报表“一表通”、报表数据分权共享、个性报表自动生成以及数据自动统计分析等，企业报表数从801份减少到367份，切实减轻了企业负担。全市2.2万余家

规模以上工业、贸易、服务业企业全部纳入“最多报一次”平台并实现数据智能抓取、一键报送。完善政务服务体系。着力建设政务网，形成“互联网＋政务服务”体系，在全省范围内率先实现公共服务事项公开市、县（市）区、乡镇（街道）三级全覆盖，涉及348家政府部门、1925家事业单位的17020项公共服务事项在浙江政务服务网上发布，形成“全流程”办事指南。持续深化“一网通办”改革，优化完善一体化政务服务平台功能，实现全年依申请政务服务办件“一网通办”率90%以上。推进基层便民服务中心规范化建设，打造政务服务“15分钟办事圈”。推进政务服务“跨省通办”，根据全国统一的基本目录、实施清单、业务标准和操作规程，统一申报材料、优化办理流程、完善办事指南。截至2022年10月，全国140项高频政务服务“跨省通办”事项中，除4项市级无权限外，其余事项均已实现跨省通办。

二、系列创新举措优化市场环境

宁波将打造最优营商环境作为推进市场主体准入制度改革的目标，持续深化商事制度改革，承担多项全国性全省性试点任务，推出企业开办一日办、电子营业执照和电子印章融合应用、企业注销便利化、“证照分离”改革、歇业备案“一件事”等一系列创新举措，推动营商环境更优化。

（一）全流程推行“一网通办、全程网办”改革，企业开办便利度大幅提升

自2013年实行商事制度改革以来，宁波不断提升市场准入便利度，通过放宽注册资本登记条件，全面实行注册资本实缴改认缴登记制；推动实施住所申报承诺制；实行名称自主申报制度；推动经营范围登记规范化；推进企业身份认证电子化，实行“全城通办”“跨省通办”

等改革，进一步提升市场准入便利度。开办企业指标跻身全国标杆城市行列，企业开办同时同步免费发放电子营业执照和电子印章；企业注销宁波样板被国务院办公厅《信息专报》、国务院《政府职能转变和“放管服”改革简报》、中国政府网、浙江省委改革办《领跑者》刊发并在全国推广，并多次获得领导批示肯定。2022年，全市通过“企业开办全程网办”平台完成20.63万家企业的开办业务，占同期市场主体开办数的99.97%。

（二）深化商事制度改革，证照分离改革实现全覆盖

聚焦“准入不准营”问题，积极推进“证照分离”改革，让更多市场主体持照即可经营，提升群众创业便利度。2020年，全市“证照分离”实现100%全覆盖，告知承诺事项扩大到100项。宁波作为全省试点将“三小”行业纳入“多证合一”范围，企业经登记注册即可开展相关经营活动。2021年起，浙江自由贸易试验区宁波片区增加实施43项改革试点举措。2022年，宁波升级推进准入准营“一件事”改革，分批分类落实准入准营“一件事”，进一步提升准营便利度。

（三）打造注销新模式，企业注销“一件事”领跑全国

2015年起，宁波作为国家两轮简易注销改革和省注销便利化改革试点城市，先行先试、积极探索，2019年在全省率先搭建企业注销“一网服务”平台，形成“普通注销简化办、特殊注销灵活办、非正常户注销强制办、证照注销联合办”的注销新模式，有效破解市场主体“退出难”问题，促进市场主体“新陈代谢”、结构优化。相关经验在全国、全省推广。2019年，宁波企业注销改革经验被国务院办公厅《信息专报》及浙江省委改革办《领跑者》刊发，获得时任省主要领导的批示和肯定，被列为数字化转型省长例会的主题报告，获评2019年浙江省改革创新优秀实践案例。2021年，全市采取简易注销的

企业达2.06万家，占同期企业申请注销量的69.2%。截至2022年底，全市完成274家市场主体歇业备案。实施歇业备案“一件事”获得上级批示并在全国推广。

（四）建立健全工作体制，公平竞争审查机制持续完善

“三线合一”统筹推进公平竞争政策实施。宁波出台《关于强化反垄断深入推进公平竞争政策实施的若干意见》。2021年9月，建立市级公平竞争工作联席会议制度，在全省率先实现了公平竞争政策实施的“三线合一”，形成市政府领导、联席会议主导的大格局，统筹推进反垄断合规指导、公平竞争审查和反不正当竞争工作。建立并实施重大政策措施会审制度。对重大政策措施范围、会审流程、会审内容、会审议程等作出了明确的规定。成立由政府相关部门法律专家、高校教授等组成的市公平竞争审查专家库。实施公示制度，推广社会监督机制。自2021年开始，按季推进公平竞争审查集中公示，各联席会议成员单位在其外网以专栏等形式公布通过自我审查的政策措施。建立健全举报处置回应机制。2020年12月印发《宁波市公平竞争审查举报处置办法（暂行）》，全市公平竞争审查投诉举报途径畅通，公众可通过12315或12345电话举报投诉。

三、数字化改革走在前列

通过积极探索和大胆创新，宁波数字化改革全面深入推进，取得重大阶段性成果。

“1612”体系架构[①]持续完善。按照体系架构省市县全贯通的要

---

① “1612”体系架构：第一个“1”即一体化智能化公共数据平台（平台＋大脑）；“6”即党建统领整体智治、数字政府、数字经济、数字社会、数字文化、数字法治六大系统；第二个“1”即基层治理系统；“2”即理论体系和制度规范体系。

求，宁波全面迭代升级"1612"体系架构，数字政府、数字文化、基层智治等系统架构、门户、应用建设领先全省。数字化改革"162"体系与基层治理"141"体系衔接贯通经验在全省现场推进会上被作典型交流，形成的技术方案、制度方案、路径方案、工作方案等4个标准规范，被纳入省体系建设规范标准在全省推广。

一体化智能化数据平台全面建强。宁波全面实现政务云、应用、组件、数据资源统一调度统筹利用，全市1452个应用系统、22020类数据、7010个云资源实现"一本账"管理。① 统一组件利用率提升至99.07%②，居全省第一位；"身份证OCR识别"等组件已被省6个地市的14个系统共享，入选浙江省"一体化数字资源系统"（Integrated Resources System，IRS）利用优秀案例数为全省第一。高标准打造宁波城市大脑以及"新材云创""甬金通""数字乡村"等重点领域大脑，成为支撑各领域改革的智能中心和能力中心。建成运营宁波首个人工智能超算中心，云资源自动开通比例达95%，位居全省前列。

重大应用实战实效充分显现。宁波聚焦党建统领整体智治、经济稳进提质、共同富裕、除险保安等领域，扎实推进重大任务执行智控、"浙里甬人大""政协委员履职通"、"护航中心"锋领智控、"甬金通""甬e通""浙里惠渔"、闲置农房盘活利用、"健康保险服务在线""优享医护""甬易养""数智菜篮子"、危化品全链智控、"护校安园"等一批重大应用建设，产生了一批具有宁波辨识度和全省影响力的标志性成果。比如，"健康保险服务在线"应用利用数字化手段解决了传统商业保险投保难、理赔难、创新难等问题，已连接全国4800余家医院、50余家保险总部，服务超3200万人。又如，"优享医护"

① 参见《【央广网】数智成果再升级　宁波加快争创数字中国建设的市域样板》，http：//jxj.ningbo.gov.cn/art/2023/10/16/art_1229561617_58938040.html，访问日期：2023年10月17日。

② 参见《【央广网】数智成果再升级　宁波加快争创数字中国建设的市域样板》，http：//jxj.ningbo.gov.cn/art/2023/10/16/art_1229561617_58938040.html，访问日期：2023年10月17日。

应用满足了49项居家医护需求，注册护士数超过6300人，已服务3万余人次，在全省推广。再如，“反电诈全维智控”应用上线以来，精准劝阻案件2500余起，止付冻结资金超过46亿元，其经验做法被在全国现场会上交流推广。

第三节 创造体制机制新优势的主要经验

一、突出政治导向引改革

习近平新时代中国特色社会主义思想是马克思主义中国化的重大理论创新，是改革工作的指导理论，是宁波推进改革取得伟大成就的关键。2003年，党的十六届三中全会要求进一步完善社会主义市场经济体制，积极完善推进政府管理体制等改革。2012年，党的十八大作出全面深化改革的决定，宁波着力深化完善现代化市场体系等改革。实践是检验真理的唯一标准，宁波实践表明，当前和今后一段时期，要牢牢坚持以习近平新时代中国特色社会主义思想为指引，认真贯彻习近平总书记关于全面深化改革重要论述和系列重要指示批示精神，全面贯彻落实中央和省委的改革决策部署，不断健全“一把手”抓改革的领导体系，全面增强党对改革的领导力和执行力。

二、突出目标导向谋改革

宁波改革取得的成效，离不开国家政策以及各项改革试点的支持，发挥好国家重大改革试点的目标导向作用，为宁波改革提供不竭动力。近年来，宁波获批“中国制造2025”首批试点城市、国家跨境电商电子商务综合试验区、国家保险创新综合试验区、普惠金融综合示范区、国有土地二级市场试点等一大批举足轻重的改革试点，体制机制创新继续走在全国前列。围绕“走在高质量发展前列”的改革发展目标，党政主要领导深入改革一线调研谋划，为宁波改革指方向、明路径、定重点、找方法。比如，对接中央和省委改革决策部署，统筹谋划争创国家“一带一路”综合试验区、中国—中东欧国家经贸合作示范区、国家临空经济示范区等重大试点，谋划前湾新区、甬江科创区等重大平台，打造新的改革发展引擎。围绕改革的总体目标，召开专题推进会，明确投融资体制改革、重大项目审批服务制度改革、新一轮服务业综合改革试点、“亩均论英雄”改革等一系列改革任务。

三、突出问题导向抓改革

将试点作为全面深化改革的突破口和重要抓手，解放思想，大胆实践，认真谋划推动国家级、省部级、市级三级改革试点，探索可复制可推广的制度成果，努力以点的突破带动面的改革。建立改革经验复制推广和宣传机制，及时挖掘总结改革先进做法和创新案例，为全国改革提供新鲜的实践样本。健全重点改革项目专题推进机制，党政主要领导主持召开“最多跑一次”改革、金融改革、垃圾分类处置等破难题抓落实系列推进会，着力在重点领域取得突破。例如，针对审批中介服务效率低下的问题，创新推出审批与中介一体计时、区域集中评估、联合测验等举措，推动中介服务环节和收费双双减少30%、中介效率提升30%；针对招商引资“资源碎片化，竞争同质化”等问题，创新建立全市重大招商项目统筹协调机制，集中资源办大事；成功推动丹麦马士基集团、台塑集团等世界500强企业投资落户。

四、突出效果导向促改革

坚持把群众获得感满意度作为衡量改革成效的根本标准，着力推动事关群众切身利益的“民生大事”和“关键小事”领域的改革，确保群众能满意、有获得感，充分调动广大群众支持改革、拥护改革、参与改革的主动性积极性创造性。建立改革第三方评估机制，对宁波市127项省级以上改革试点开展第三方评估，针对评估中发现的问题，适时开展再督察，对评估整改情况进行回头看，确保各类问题整改落实到位。建立改革项目公开机制，对112项不涉密省级以上改革试点的目标任务、主要进展情况、下一步安排等进行全面梳理，在《宁波日报》、中国宁波网上予以公开，接受社会监督评价。引导各级媒体开设改革专栏，加大对改革进展及成效的宣传力度，在全社会营造支持改革、拥护改革、参与改革的良好氛围。注重谋划推动集成式改革，特别是在营商环境改革、开放型经济体制改革、农村综合改革等方面，将各项相关政策进行综合集成、一体推进、集中落实，提高改革的整体效能。

案例　以“无证件（证明）”改革提升群众办事便利度

证明多、办事难是群众反映强烈的一个“老大难”问题。为了一纸证明，不少办事群众“跑断腿”“磨破嘴”。针对这一难题，宁波市探索实施“无证件（证明）办事”改革，基本实现前台群众办事“扫码、刷脸”、后台数据信息共享核查，最大限度消除了奇葩证明、重复证明，极大提升了群众办事便利度。

一、目标成效

宁波抢抓数字赋能机遇，打造“无证件（证明）”之城。截至2022年10月，宁波全市政务服务窗口共出具电子证件（证明）3万余次，群众移动应用端“电子证照（证明）卡包”点击量超1038万次，基本构建起了“全市域、全领域、全窗口、全事项、多场景”的“无证件（证明）办事”服务体系。

二、实践做法

1. 公开一张证件（证明）目录。按照横向覆盖行政机关、公共事业单位，纵向延伸至乡（镇）人民政府（街道办事处）和村（居）民委员会的思路，以“六个一律取消”为标准，对全市所有的证件证明事项进行清理。“六个一律取消”是指：凡是没有法律法规依据的一律取消，能通过个人现有证照证明的一律取消，能采取申请人书面承诺方式解决的一律取消，能被其他材料涵盖或替代的一律取消，能通过网络核验的一律取消，开具单位无法调查核实的一律取消。共梳理出需要提供证件（证明）的政务办事事项1464项，以及需要保留的证件（证明）127种。在此基础上，编制《全市“无证件（证明）办事”目录》，对这些依法保留的证件（证明）进行确认，确保“目录之外无事项、目录之外无证件（证明）”。

2. 构建一个跨部门信息共享平台。为打通部门之间存在的信息壁垒，宁波专门开发了电子证明共享核查平台。这是一个以数据共享为基础、人工核查为补充、覆盖全市政务服务窗口的证件（证明）网上出具平台。为保障平台能够有效归集各部门证件（证明）数据，宁波市专门制定了数据共享清单、规范了数据归集标准、构建了数据共享模型，建立了政务办事事项库、证明材料库、操作人员核查库。截至2022年10月，该平台实现了保留的127种证件（证明）中的83种证件（证明）通过实时共享数据直接获取。例如，群众到公安部门窗口办理“合法稳定就业居住证”需要人社局出具的“社会保险参保证明”，窗口工作人员通过电子证明共享核查平台就可以直接获取该证明。44种未实现数据共享获取的证件（证明），由窗口工作人员通过电子证明共享核查平台向有关部门提出申请并在线核查，从而实现了证件（证明）由群众提供变为政府部门举证。截至2022年10月，平台共调用证件（证明）4.2万次，其中共享调用3.9万次、核查调用3647次。

3. 推出一套“电子证照（证明）卡包”。早在2017年，宁波市公安局就推出了一个集公安办事、服务于一体的“阿拉警察”手机应用软件。将与群众日常生活息息相关的居民身份证、户口簿、居住证、驾驶证、行驶证、电动车防盗登记信息等公安类证照进行电子化改造，以动态二维码形式呈现在“阿拉警察”上，通过扫码设备，可以随时调取。此后，市公安局又与住建、交通、民政、文广旅游、人力社保、城管、自然资源和规划、市场监管等部门联动对接，在“阿拉警察”上推出“电子证照（证明）卡包”。卡包已集成30种高频电子证件、20种高频电子证明，覆盖了群众70%以上的日常办事所需。目前，在宁波市的旅馆、保险、医院、银行、机场、加油站、移动运营商、水电气网办事点、汽车4S店、车辆检测站、景区等52类场景5414个点位，都可以使用“电子证照（证明）卡包”。例如，办理酒店入住，通过“电子证照（证明）卡包”使用电子证件，就可以完成实名认证。截至2022年10月，卡包内电子证件调用达1605万次，电子证明调用4.6万次。

4. 建立一套信息安全保障机制。在实施“无证件（证明）办事”改革、推进证照电子化过程中，保护公民隐私和保障数据真实安全是非常重要的。宁波市充分运用动态人脸比对、图像文字抓取等技术，关联照片、人脸、信息等“三要素”，强化安全验证，建立起一整套严防公民隐私泄露和信息系统防范的安全保障机制。例如，采用动态人脸识别技术，安全应用等级参照金融级，对人、证进行实时比对，所有比对认证过程均由公安部可信身份认证平台完成，确保电子证件为本人使用。遵循“正当、合法、必要和授权同意”原则，确保信息采集、处理符合隐私保护规定，并落实脱敏使用要求，各相关证件（证明）信息通过三种方式进行混合加密封装，最终以秒级定时刷新的电子二维码形式进行呈现，有效保障个人信息不被破解和截屏冒用。

5. 出台一项改革保障规定。总结多年来的实践经验，宁波制定了《宁波市保障“无证件（证明）办事之城”改革若干规定（试行）》，及时把改革经验固化成制度机制，保障改革成果制度化规范化。根据该文件，“无证件（证明）办事”的定义是指公民、法人和社会组织在宁波行政区域内申请办理政务服务、公用事业服务事项，无须提交该市核发或出具的证件（证明），而由办理单位核实验证，从而合理引导群众预期，避免引起不必要误解。该文件提出建立违规问责、尽职免责制度，对擅自创设索要证件（证明）、未实施无证件（证明）办事措施、电子证照挪作他用等8种行为，依法追究责任；对按规定程序、方法操作，但提取的申请人信息、电子证明内容失实导致办理结果差错，及时采取相应补救措施的情形，免予追究责任。

三、创新之处

1. 按照“六个一律取消”的原则，梳理出需要提供证件（证明）的政务办事事项，编制《全市“无证件（证明）办事”目录》，确保“目录之外无事项、目录之外无证件（证明）”。

2. 构建以数据共享为基础、人工核查为补充、覆盖全市政务服务窗口的证件（证明）网上出具平台。截至2022年10月，该平台实现了保留的127种证件（证明）中的83种证件（证明）通过实时共享数据直接获取。对44种未实现数据共享获取的证件（证明），由窗口工作人员通过电子证明共享核查平台向有关部门提出申请并在线核查，从而实现了证件（证明）由群众提供变为政府部门举证。

3. 推出“电子证照（证明）卡包”，集成了30种高频电子证件、20种高频电子证明，覆盖了群众70%以上的日常办事所需。

目前，在全市的旅馆、保险、医院、银行、机场、加油站、移动运营商、水电气网办事点、景区等52类场景5414个点位，都可以使用“电子证照（证明）卡包”。

（资料来源：宁波市委改革办）

第八章

以“八八战略”为指引 加快建设双循环枢纽城市

习近平对宁波的开放发展念兹在兹，曾指出开放是宁波最大的优势，宁波做好开放文章对全省发展至关重要。同时，他还指出港口是宁波最大的资源，强调要把最大资源和最大优势两个作用发挥到极致，才能实现效益最大化。[①] 多年来，宁波始终牢记嘱托，坚持“走开放路”，特别是党的十八大以来，积极响应“一带一路”倡议，努力锻造强港硬核力量，积极引领中国—中东欧示范合作，开放型经济多项指标走在全省全国前列。到2022年，宁波舟山港货物吞吐量连续14年蝉联世界第一、集装箱吞吐量多年位居世界第三，宁波稳居全国第6座“外贸万亿之城”、全国第9个实际利用外资超500亿美元城市、全国第4个境外投资额超百亿美元的副省级城市之位。

第一节 “八八战略”指引下宁波开放合作体系建设

一、加快构建大开放的发展格局（2002—2007年）

2002年12月20日，时任浙江省委书记习近平在宁波调研时指出：

① 参见习近平：《干在实处 走在前列——推进浙江新发展的思考与实践》，中共中央党校出版社2006年版，第487页。

“扩大开放是推动结构调整，提高综合实力和国际竞争力的有效手段，也是实现现代化的必由之路。……全省对外开放做得好不好，外贸出口的增长能不能持续，吸引外资做得好不好，‘走出去’战略实施得好不好，首先看宁波。”[①] 根据《国务院办公厅转发交通部等部门关于深化中央直属和双重领导港口管理体制改革意见的通知》和浙江省政府《关于宁波港管理体制改革有关事项的通知》，对宁波港管理体制进行重大改革。2002年7月，宁波市政府常务会议审议通过《关于宁波港管理体制下放和推进港口发展的若干意见》；同年9月，宁波市港口局成立，作为宁波市政府主管全市港口行政管理的职能部门。2002年10月，国务院批复浙江省人民政府，同意宁波港口岸大榭港区对外国籍船舶开放。2003年，浙江省委、省政府作出推进宁波、舟山港口一体化的决策部署。2004年6月，习近平指出，要进一步加快推进宁波—舟山港口一体化进程。2005年6月，浙江省委、省政府对于宁波、舟山两港一体化，确定了统一规划、统一建设、统一品牌、统一管理等“四个统一”的发展方向。2005年12月，习近平在宁波—舟山港委员会挂牌仪式上指出，实现宁波—舟山港一体化，有利于浙江建设海洋经济强省，实现两港优势互补、甬舟两地互利双赢。

习近平在宁波、舟山等地的调研中，也很强调区位优势，指出向北要与上海主动接轨合作，向东要积极引进台资企业。他认为，港口经济和开放经济在宁波、舟山的发展战略中举足轻重，宁波要突出港口开发和城市建设，为建设现代化大都市构筑坚实基础；突出“北接上海、东引台资”，再创开放新优势。[②] 这既是对浙江改革开放以来历史经验的总结，也为浙江的经济社会发展指明了方向。面对未来，浙

① 习近平：《干在实处 走在前列——推进浙江新发展的思考与实践》，中共中央党校出版社2006年版，第487页。

② 参见习近平：《干在实处 走在前列——推进浙江新发展的思考与实践》，中共中央党校出版社2006年版，第485—487页。

江还要继续坚持以港口资源开发开放为中心的对外开放战略。宁波是长三角地区重要组成部分，其经济总量和综合实力同上海相比差距较大，市委、市政府高度重视并积极采取行动，推进宁波加快融入长三角，实现“长三角南翼经济中心”的定位。2002年4月30日，国务院总理办公会议讨论同意杭州湾跨海大桥立项；同年5月29日，经国务院批准，原国家计委正式批复大桥立项。2002年7月，宁波市党政代表团赴上海考察访问，旨在利用沪甬两地良好的合作基础和条件，接轨上海、参与长江三角洲地区的合作与交流。鼓励、引导企业把管理、研发、销售中心移至上海，至2002年底已有2000余家企业在沪发展，为把宁波建成上海的制造业加工基地打下了基础。扩大开发开放，加大在上海和长三角地区的招商引资力度，在加工贸易、保贸商储等方面为长三角开放型经济服务，推进长三角经济一体化，形成互惠互利、整体提高的发展格局。

2003年3月21日，时任浙江省委书记习近平作关于积极参与长三角地区合作与交流，进一步提高浙江省对内对外开放水平的讲话。同年4月3日，宁波市委、市政府召开县（市）区委书记、县（市）区长座谈会，贯彻省委工作会议精神，研讨如何学习沪、苏两地经验，提高宁波对内对外开放水平。2006年6月8日，杭州湾跨海大桥工程奠基仪式在杭州湾南岸的慈溪水路湾海涂上隆重举行。该大桥的建成有利于进一步密切浙苏沪三地经济社会交流与合作，促进长三角地区的一体化发展。

2005年，宁波适应对外开放新形势，加快重点领域开发开放，建立慈溪出口加工区，实施“区港联动”，推进电子口岸建设，实现空港全面对外籍飞机开放，开放环境不断优化。积极应对国际经济动荡变化，积极应对中国加入世贸组织所面临的挑战，稳定出口扶持政策，加快外贸结构调整，推进外贸增长方式转变，率先实施口岸“大通关”，促进对外贸易快速发展。2005年宁波全市外贸进出口总额达334.95亿美元，增长28.5%，其中外贸出口达222.33亿美元，增长33.5%。出口产品结构进一步优化，机电产品和高新技术产品出口比重分别达到53.1%、15.4%，分别高于全省平均14个、7.5个百分点。

宁波依托大港大桥大海的优势，贯彻浙江省委建设“港航强省”的决策部署，深入推进宁波—舟山港口一体化，启动建设梅山保税港区，积极培育“大桥经济圈”，扎实推进海洋经济强市建设，努力做大做强港口经济、大桥经济和海洋经济。完善港口集疏运网络，推进大交通建设，杭州湾跨海大桥全线贯通，绕城高速西段基本建成。宁波抓住国家编制长三角区域总体规划的机遇，认真研究自身在长三角地区的发展定位，主动接轨上海，积极推进区域经济交流合作，争取在区域发展中的主动权。

二、积极实施“引进来、走出去”战略（2008—2012年）

2008年，美国次贷危机倒逼宁波对外开放从粗放型向效益型转型。宁波在积极应对国际金融危机冲击的同时，其开放型经济开始着眼于从开放大市向开放强市转变，引进一批高水平研发机构和高能级产业项目，努力以大平台大产业引领经济转型升级。2008年，宁波深入推进宁波—舟山港口一体化，全面启动建设梅山保税港区，加快北仑五期集装箱码头、大榭招商国际码头、金塘大浦口集装箱码头、30万吨级奥里油码头建设。推进落实与上海及浙江省内各港口的紧密合作机制，建立完善长江沿岸城市揽货体系，大力发展海铁联运、海公联运、江海联运，推进栎社国际货运中心建设；进一步完善港口集疏运网络，甬台温高铁、绕城高速东段、大碶疏港高速、梅山大桥等重大项目加快推进；举办首届港口文化节，承办亚太经合组织（APEC）港口服务网络成立大会。

宁波大力实施互利共赢的开放战略，推动各级各类开发区"二次创业"，加大选商引资力度，加快"走出去"步伐，成功举办甬港经济合作论坛；承办长三角三省一市主要负责人会议，推动交流合作向纵深发展；积极拓展国内市场，全面推进与西安、成都、武汉、沈阳等国内重要城市的战略合作。

2009年，积极应对国际金融危机，宁波开展"增订单、保市场"专项行动，加强同国外友好城市和联合国开发计划署全球采购服务司等的战略合作，实施"走出去"战略。加强同央企战略合作对接，签订22个总投资达331亿元的合作项目。2009年3月，宁波市政府出台《关于进一步拓展国内市场的若干意见》。其中提出，坚持"政府推动、市场主导，以贸促工、工贸联动，资源共享、统筹推进，立足当前、兼顾长远"原则，充分发挥宁波港口、区位、开放等优势，从"走出去拓展市场"和"引进来采购消费"两个方面，进一步建立和完善国内市场拓展载体和机制，大力开拓国内市场，促进生产和发展，推动全市经济社会又好又快发展。2009年，宁波全市实现社会消费品零售总额1434.4亿元，比2008年增长15.9%；实际引进内资208.5亿元，引进重点机构186个，引进优质项目103个。

2009年5月，宁波市政府出台《关于进一步加强拓市场促调整保增长工作的若干意见》。其中指出，要坚持以企业开拓市场为主体，以建立对接海内外的现代营销物流体系为根本，以大力发展现代物流市场为重点，以完善政务服务、口岸服务、金融服务为保障，以优化商务环境和完善政策体系为支撑，努力促进全市经济社会平稳较快发展。并且要求，鼓励各类企业自主开拓市场，参加国内外重点展会，加快推动企业二、三产分离发展，组建市场化的营销服务机构，提升企业专业化开拓市场的水平，推动全市企业承接联合国采购业务。2009年，工业企业分离发展服务业337家，设立境外营销企业和机构118家、省外宁波名品直销中心2个，境外中方投资增长31.1%，新设境外经贸联络处5个，对外承包劳务合作营业额增长17.5%。

2009年11月26日，宁波市委、市政府作出《关于加快开发建设宁波杭州湾新区的决定》。其中指出，整合浙江慈溪出口加工区、杭州湾湿地等相关区域，加快推进宁波杭州湾新区的开发建设，是抓住国家实施新一轮沿海开发战略的机遇和长三角区域经济一体化的机遇，贯彻落实省委、省政府关于“发展海洋经济、建设海上浙江”决策的有效举措，也是宁波深入实施“东扩、北联、南统筹、中提升”区域发展战略，推进对外开放综合配套改革，加快建设宁波都市经济圈的重要载体。

2010年，宁波开展全国性物流节点城市建设，加快建设北仑海铁联运集装箱物流基地、镇海大宗货物海铁联运物流枢纽港等，深化完善第四方物流平台。2010年8月，宁波市政府出台《关于加快转变外贸发展方式促进外贸协调可持续增长的若干意见》。其中提出，以扩大对外开放综合配套改革试点为契机，主动融入经济全球化大潮，着力促进外贸转型升级，大力推动宁波外贸从单纯出口导向向内外需协调、进出口均衡、货物贸易和服务贸易并举转变，从发展速度优先向实现国际贸易利益最大化转变，从粗放扩张型发展向量质并举、规模扩大与结构优化并重、速度适宜与效益提升并存转变，加快建立具有可持续竞争优势的外贸新体系，不断提高发展质量和效益，努力提升外贸国际竞争力，形成综合竞争优势，推动宁波从外贸大市向外贸强市跨越，为全面建设现代化国际港口城市作出更大贡献。

2011年1月，宁波市政府出台《关于加快优化外贸结构争创国际贸易中心城市的若干意见》。其中指出，巩固、扩大应对国际金融危机成果，提高外贸发展水平，加快优化外贸结构，争创国际贸易中心城市，促进宁波市外贸平稳较快发展。并且要求，明确发展方向，加快转变外贸发展思路，推进外贸结构优化，推动外贸从规模扩张向质量提升转变，从依靠低成本优势向提升综合竞争力转变，从培育开放型经济向培育开放型经济体系优势转变，为实现“六个加快”提供强有力的支撑。2011年，宁波全市实现外贸自营进出口总额981.87亿美元，比2010年增长18.4%。

三、加快构建高水平全面开放合作体系（2013年以来）

党的十八大以来，以习近平同志为核心的党中央坚定不移推进对外开放理论创新和实践创新，系统回答了新时代要不要开放、要什么样的开放、如何更好推动开放等重大命题。2013年9月和10月，习近平先后提出共同建设“丝绸之路经济带”和共建“21世纪海上丝绸之路”，形成“一带一路”倡议。这一时期，宁波对外开放的力度超过以往任何时期，基本形成领域宽广、形式多样、内涵丰富、机制完善、成效显著的开放型经济发展格局。

这一阶段，以宁波—舟山港为龙头，不断强化互联互通对外综合运输大通道，基本形成水路、公路、铁路、航空等各种运输方式协调发展的集疏运网络体系。“一带一路”集装箱航线占了总集装箱航线的1/3，海铁联运业务覆盖国内14个省份36个市并延伸至中亚、北亚和东欧国家，“海上丝路贸易指数”成为“一带一路”国际合作高峰论坛成果之一。对外经济逐步由以劳务输出为主发展到以国际工程承包为主体、劳务输出和境外投资为两翼的格局，跨国并购、境外上市、境外资源开发、援外项目和境外经贸合作区等迅猛发展，实现了从发挥企业比较优势向提升国际竞争实力的转变。国内合作交流由单一的经济技术项目协作发展到经济、社会、文化等全方位的合作，主动接轨上海和融入长三角一体化进程明显加快。

2013年1月，宁波市政府出台《关于加快进口贸易发展的若干意见》。其中指出，加快外贸转型升级，优化外贸结构，积极扩大进口，力争全市进口增幅高于出口增幅。2013年，宁波全市外贸自营进口总额342.9亿美元。2013年3月，宁波市政府下发《宁波市人民政府关于加快外贸转型升级服务现代化国际港口城市建设的若干意见》。其中提出，努力创建服务全国、在国际上有一定影响力的区域性国际贸易中心城市。其中要求，加快优化国际贸易市场结构，提升外贸产品层次，推进外贸集聚区建设，强化外贸发展产业基础，加快“走出去”带动外贸发展，鼓励外贸创新发展；加强外贸组织领导，优化外贸公共服务，提升外贸业务便利化水平，强化外贸财政金融支持，重视外贸转型升级研究和宣传。2013年，全市外贸自营进出口总额首次突破1000亿美元，宁波成为浙江首个、长三角地区第三个外贸总额超千亿美元的城市。2013年5月，宁波市政府出台《宁波市人民政府关于进一步推进商品交易市场提升发展的意见》。其中指出，强化创新驱动，加快转型升级，优化产业结构、增强市场活力、提升市场业态，构建现代商品交易市场新体系，推进全市从市场大市向市场强市转型升级，实现经济持续健康较快发展与社会和谐稳定。2013年，宁波全市电子商务交易额突破3000亿元。

2015年，宁波获批设立跨境电子商务综合试验区和国际邮件互换局（交换站），首批线下“创新综合园区”挂牌，集货、备货和一般进口三种业务模式实现全覆盖。2015年，全市跨境电商试点业务进出口额81.4亿元，其中进口额29.3亿元，居全国试点城市第3位；出口额52.1亿元，处全国前列。

2015年，宁波参与长三角和长江经济带区域合作发展。编制实施宁波参与“一带一路”建设行动纲要，港口经济圈建设上升到省级层面，纳入国家长江经济带规划和长三角城市群规划。积极配合全省港口管理体制改革，宁波舟山港集团组建成立，宁波舟山港向全球一流的现代化枢纽港迈出关键一步。加快宁波—华东地区集装箱海铁联运示范通道建设，已开通海铁联运城市达20个。

2015年5月，宁波市政府出台《宁波市人民政府关于加强与中东欧国家全面合作的若干意见》。其中指出，贯彻国家深化与中东欧国家合作和宁波“港口经济圈”建设战略部署，办好中国—中东欧国家投资贸易博览会，争取把宁波打造成为中国与中东欧国家双向投资合作、中东欧商品进入中国市场、中国与中东欧国家人文交流的首选之地。2018年，宁波举办中东欧国家投资贸易博览会，推出投资合作项目177个，累计投资意向金额逾100亿欧元。推进中国—中东欧国家贸易便利化国检试验区建设，首批推出食品农产品快速验放、扩大无纸化和市场采购业务、延伸口岸功能到内陆等“三快三扩两延伸”措施，口岸放行无纸化率100%，减免关税2241万美元。打造各具特色的中东欧经贸发展基地，建成中东欧（宁波）工业园、中国（宁波）中东欧青年创业创新中心、中东欧国家特色商品展等国际合作园区和平台。完善中东欧人文合作交流机制，建成捷克和波兰语言文化中心、中国—中东欧国际物流与服务学院、宁波中东欧国家合作研究院等重大平台。健全“海丝指数”体系，发布宁波港口指数、价格指数、贸易指数、景气指数，海上丝路航运大数据中心被列入国家数字经济试点重大工程。推进航运产业集聚区建设，成功引进挪威船级社中国南区营运船中心，以及航运物流综合服务商全球集运 MSC（Mediterranean Shipping Company，地中海航运公司）、美集物流（APL Logistics）等世界知名航运龙头企业和技术中心，全面增强航运产业的知名度和辐射力。

2018年，建设国家跨境电子商务综合试验区。宁波出台支持跨境电子商务综试区建设十条措施，全面推行国际贸易“单窗口”标准版，通过标准版分别实现报检、运输工具、舱单申报覆盖率100%，提前5个月完成国家下达的主要项目覆盖率达到70%的目标，申报业务总量在全国率先达到2000万票。推进跨境平台扩能升级，国内一批跨境进口电商平台落户宁波，其中一家电商平台的5万平方米跨境仓库投入使用，另有一家电商平台投资10亿元全力打造27万平方米全球跨境母仓。在跨境电商信用体系建设上竞先破题，发布全国首个跨境电商信用信息公示平台。2018年，全市累计实现跨境电商进出口额1093.66亿元，比2017年增长76.97%；跨境进口金额和单量位居全国第一。

2019年，宁波加快构建高水平全面开放合作体系。健全“225”外贸双万亿行动[①]统筹推进体系。推进外贸方式转变，建立经贸摩擦应对机制，出台稳外贸十条、新十条专项政策，培育外贸转型示范基地和自主品牌数全省第一。推进跨境电商综合试验区建设，出台电商拓市、集案发展专项政策，推动全市跨境电商交易，单量和货值均居全国第一。健全内统外联的招商引资体系。树立全市招商“一盘棋”理念，探索建立全市统筹招商和利益共享机制、重大项目流转机制、招商项目高效落地机制，逐步形成重大产业项目招商引资工作内部统筹有序、外部竞争有力的新格局。健全口岸“大通关”体系。国际贸易“单一窗口”功能全面提升，货物、运输工具、舱单申报等主要业务应用率100%。推进通关流程“串联改并联”，率先实现集装箱商务单证“全程无纸化”，做到港口业务一个平台网上通办。全面降低货物港务费、港口设施保安费等标准，每年为企业减负约1.65亿元。高标准建设“一带一路”综合试验区。创新打造“16+1贸易指数”“宁波港口指数”，其被列入第二届“一带一路”国际合作高峰论坛成果清单。加快建设国家“一带一路”港口联盟，“宁波舟山港—浙赣湘（渝川）”集装箱海铁公多式联运示范试点扩面；完成海铁联运箱超60万标箱，居全国第二。高水平建设“17+1”经贸合作示范区。制定实施创建“17+1”经贸合作示范区的总体方案。中国—中东欧投资贸易博览会升格为国家级展会，首届中国—中东欧

① “225”外贸双万亿行动的第一个“2”，是总量目标，即到2025年，通过存量扩张和增量突破，实现进出口总额翻一番，达到2万亿元，其中进口额、出口额分别达到1万亿元。第二个“2”和后面的“5”，是结构性目标。“2”就是到2025年，机电及高新技术产品出口、能源及大宗商品进口分别达到5000亿元；“5”就是到2025年，跨境电商、数字贸易、服务贸易、优质商品进口、转口贸易分别达到2000亿元。

博览会成功举办。“17+1”经贸合作示范区建设方案被纳入省委改革委会议议题。

参与长三角更高质量一体化发展。2018年，构建沪甬一体化发展体系。同上海签订交通、科技、产业、金融、教育、医疗和人才等7个专项战略合作协议，在加强沪甬交通规划对接、共建高能级创新平台和产业园区、共同打造世界级产业集群、推进金融业错位分层发展、深化高等教育和基础教育合作交流、开展医疗卫生对口协作、协同引进国际化人才等方面开展深度合作。积极建设沪浙合作试验区，与上海保险交易所共建全国数字健康保险交易平台，对接16家保险（总）分公司、联通全市410家公立医院，搭建长三角金融开放合作渠道。建立环三门湾经济圈合作共建机制，推动杭甬同城化、甬台温义一体化融合发展。

2019年8月17日，宁波市委召开宁波市推进长三角一体化工作部署会。会议强调，要深入学习贯彻习近平总书记关于推进长三角一体化发展的重要指示精神，全面落实省委、省政府的工作要求，努力建成长三角一体化发展先行区。通报《宁波市推进长三角一体化发展行动计划》，宁波市与清华大学合肥公共安全研究院关于创新“城市公共安全”的战略合作等19个重点项目现场签约。2019年8月16日，宁波市与舟山市甬舟一体化推进会召开。两市市委、市政府主要领导，四套班子领导和相关部门负责人参加。两市共同签署高水平高质量推进一体化发展合作框架协议及14个专项合作协议、8个重大项目合作协议等。

第二节　扩大开放深化合作的实践成效

一、硬核强港“集散并强、全球领先”

宁波深刻领悟习近平关于港口建设发展重要思想内涵，接续扛起锻造硬核力量的历史使命，密切港城合作关系，打造了“集散并强、全球领先”的硬核海港。宁波形成了“先行一步、走在前列”的改革张力，在全国首开省域港口一体化先河，宁波舟山港完成1.0版合并，以宁波舟山港为龙头的“一体两翼多联”港口一体化改革经验被交通运输部发文向全国推广（2017年）、被原中央深改组列为“坚决啃掉最硬骨头”典型改革案例。宁波舟山港初步迈入世界一流强港行列，不断刷新吞吐规模纪录，20年间就成长为目前全球唯一的货物吞吐量“超10亿吨”的超级港口，集装箱吞吐量相继超越韩国釜山港（2014年）、中国香港港（2015年）、中国深圳港（2018年）而跃居世界第三（保持至今）。宁波舟山港跻身“全球第三个超3000万标箱港口俱乐部”，宁波舟山港集团被列入国家创建世界一流示范企业名单。港口设施“独步世界”，万吨级以上泊位数达到114个（其中10万吨级以上32个），千万级集装箱码头泊位群3个，宁波舟山港条件一直稳居新华·波罗的海国际航运中心发展指数排行榜首位。“港通天下”的城市名片更加响亮，“宁波舟山”超过东京，2021—2023年位列全球航运中心城市综合实力前十强，301条航线（其中远洋干线146条）联通世界；海铁联运班列覆盖国内16个省（自治区、直辖市）、63个地级市，海铁联运规模屡创新高（2023年达165.2万标箱），稳居全国第二。

二、对外贸易不断迈上新台阶

宁波始终坚持开放强市战略，通过开发区—保税区—自贸区的迭代升级，对外货物和服务贸易不断迈上新台阶。近年来，在国际贸易环境处于下行通道的情况下，外贸产业关联度超过60%的宁波交出了一份满意的答卷：外贸进出口总量在沿海出口大市和计划单列市中位居前列，一般贸易进出口在全国所占份额稳步提高。经过多年的努力，宁波成长为全省首个、全国第八个进出口总额超千亿美元的城市，2021年更是成为中国第六座“外贸万亿之城”（副省级城市排名第二，位居深圳之后），2022年自营进出口总额继续突破万亿元，达12671.3亿元，约占全省的27.1%、全国的2.9%（以美元计）。服务贸易快速发展，获批成为全国服务外包示范城市，服务贸易进出口总额和服务外包执行额保持高位增长态势，2017—2022年服务贸易实现翻番，2009—2022年服务外包年平均增速高达23.7%。跨境电商领跑全国，宁波是全国首个跨境电商零售进口额超千亿元城市，2022年全市实现跨境电商进出口额2005.6亿元，增长12.3%。

三、外资外经跨越式发展

科学处理内源发展与对外开放、外向拓展的关系是“八八战略”的重要内容之一，对宁波经济持续快速发展具有重要作用。一直以来，在充分发挥本土企业和民营经济作用的同时，宁波高度重视外资引进工作。“引进来”水平持续提高，是全国第9个实际利用外资超500亿美元的城市，到2022年底，宁波全市已累计实际利用外资679.4亿美元，共有72家境外世界500强企业来甬投资156个项目（分支机构），投资总额254.2亿美元。“走出去”步伐不断加快，宁波成为全国第4个境外投资额超百亿美元的副省级城市，2022年核准备案中方投资额39.6亿美元、增长63.2%，实际中方投资额23.5亿美元、增长4.6%，遍布全球主要经济体。

四、服务国家战略能力持续提升

党的十八大以来，宁波积极响应“一带一路”倡议，聚焦“五通”开放合作，引领中国—中东欧示范合作，在服务国家战略中发挥了重要作用。贸易畅通走在前列，除受疫情影响外，同沿线国家和地区的进出口贸易保持较快增速，2016—2022年实现翻番式增长，从1638.8亿元增加到3891.2亿元，增长137.4%，占全国比重从2.62%提高到2.81%（最高值为2020年的2.95%）；特别是与中东欧国家的贸易规模从156亿元增加到450.4亿元，增长了188.7%，近2倍。设施联通更加紧密，与“一带一路”沿线国家航线增至120条，宁波舟山港“一带一路”迪拜站、印尼瓜拉丹戎港口和产业园等项目积极推进；海铁联运业务延伸至中亚和中东欧国家，中亚、中欧班列实现常态化运营；“海丝指数”成功登陆波罗的海交易所并被列入第二届“一带一路”国际合作高峰论坛成果清单，国际影响力不断提升。“朋友圈”遍布全球，国际友城数量达109个，成功举办3届世界“宁波帮·帮宁波”发展大会，建成国际邮件互换中心。

五、自贸试验区建设加速推进

浙江自贸试验区宁波片区于2020年9月获批设立，其先后复制推广国家层面形成的233个自贸区改革试点经验和实践案例，成功争取32个省级（其中9项已落地）、140个市级管理权限下放，3个环保领域改革创新案例和“中回登轮码”系统向全国推广；全国首创的抵港外国籍船舶“港口国监督远程检查”机制、“临开不查”机制经亚太地区港口国监督谅解备忘录组织会议审议，在21个成员国和地区推广实施；13项制度创新成果在全省复制推广，18个案例入选浙江自贸试验区最佳制度创新案例。

第三节　建设双循环枢纽城市的主要经验

一、把握港口城市发展演变普遍规律，推动港城同频共振、协调发展，始终坚持“港产城”融合的城市发展战略

2002年12月，习近平在宁波考察时指出，“纵观世界，著名的大城市、大都市几乎都与港口联系在一起。城因港兴，港因城立，是世界港口城市发展的一个重要特征。宁波的发展，必须突出这两个关键”[①]。20多年来，宁波充分挖掘和发挥港口功能，积极夯实城市发展基础，将港口的开发开放与城市的兴盛繁荣有机地联系和整合在一起，实现了城市与港口的互动、协调发展。随着港口的开发开放，宁波由交通末端逐步转变为我国沿海大通道的重要交通枢纽，带动了人流、物流、商流、信息流的集聚，支撑了宁波石化、能源、贸易、汽配等制造业以及仓储、运输、物流、加工、贸易等服务业的发展，促使宁波城市功能不断提升。

二、把最大资源和最大优势两个作用发挥到极致，始终坚持以港口开放开发推动对外开放不断发展

宁波在推动对外开放中，坚持“以港口促工业，以港口促内外贸，以港口带动全市国民经济和社会发展”的具有宁波特色的外向型经济发展战略。这一方面促进了资源要素的顺畅高效流动（流入）和技术的溢出扩散，有力地支撑了经济高速持续增长；另一方面促进了本地禀赋优势、比较优势的不断显现和商品需求的无限扩大，推动了国际

---

① 习近平：《干在实处 走在前列——推进浙江新发展的思考与实践》，中共中央党校出版社2006年版，第485页。

化的不断深入，宁波与世界越来越紧密地联系在一起。宁波外贸进出口能够“抗压领跑”的关键在于，政府这只有形之手坚强“护航”，在制度、政策等方面打造新的竞争优势，率先启动外贸供给侧结构性改革，持续推进商业模式创新，将过剩产能转化为优势产能，培育进口贸易新增长点，确保宁波外贸稳居全国第一方阵。

三、善于利用战略地位，有效把握历史机遇，始终坚持在服务国家和浙江战略中实现自身发展

多年来，宁波始终把自身发展纳入国家和浙江省改革开放的总体进程中，紧紧抓住中国加入世界贸易组织、实施“一带一路”倡议、构建双循环新发展格局等国家对内对外开放的历史性机遇，深度发掘由区位、港口和政策等形成的综合优势，敢于率先进行体制创新和机制创新，谋划打造“一带一路”建设综合试验区、国内国际双循环枢纽城市、国际开放枢纽之都等每一阶段适宜的经济社会发展战略，始终保持一定的政策先行优势、体制先行优势和积累而成的经济发展先行优势，在每一次重大的发展机遇面前都有效利用国家和地方资源，努力在新一轮改革开放中继续走在前列。

四、牢固树立“宁波以外都是外”的大开放理念，始终坚持融入长三角一体化等区域开放合作战略

习近平在“八八战略”中，明确要求“进一步发挥浙江的区位优势，主动接轨上海、积极参与长江三角洲地区合作与交流，不断提高对内对外开放水平”。上海是中国的经济中心，长三角地区又是改革开放以来中国经济最发达、城镇集聚程度最高的地区，被视为中国经济发展的重要引擎。“接轨大上海、融入长三角”既是推进区域经济一

体化的要求，也是宁波自身加快发展的必由之路。多年来，宁波秉持“宁波以外都是外”“跳出宁波发展宁波”的大开放理念，主动接轨上海，积极落实融入长江经济带、长三角区域一体化、浙江义甬舟开放大通道建设等重大战略，生动唱好杭甬“双城记”，加快推进宁波都市圈建设，从更高的层次、以更开阔的视野谋划宁波的整体发展，促进区域协调发展。

五、充分发挥宁波商帮文化、人文底蕴深厚优势，始终坚持调动一切积极因素推动宁波的开放发展

宁波作为国家历史文化名城，是中国传统阳明文化、海洋文化、商帮文化的典型代表，拥有由80多万人组成的海外“宁波帮”和110多位宁波籍院士，同“一带一路”沿线国家和地区在文化、科技、教育、医疗等领域交往频繁。从整个历程来看，相较于其他城市，宁波招引外资的优势主要体现在沿海开放开发早、实业制造种类全、政府服务质量高等方面，以及海外“宁波帮”这一独特优势。多年来，广大“宁波帮”人士竭尽赤子之心，奉献能及之力，积极回乡投资创业、兴学办医、捐资济困，并促成了一系列关乎宁波长远发展的大事要事。广大国际友人通过各种方式促进宁波与世界的交流合作，为提高宁波国际知名度和影响力作出了积极贡献。

案例　打造中东欧合作首选地　构建全方位开放新格局

宁波是中国—中东欧国家博览会举办地，于2019年6月和2021年6月先后成功举办了两届中国—中东欧国家博览会。在浙江工作期间，习近平就指出，开放是宁波最大的优势。“全省对外开放做得好不好，外贸出口的增长能不能持续，吸引外资做得好

不好，‘走出去’战略实施得好不好，首先看宁波。”[①] 2021年6月8日，习近平向第二届中国—中东欧国家博览会致贺信，强调“中国—中东欧国家博览会的举办，有利于增进中国市场对中东欧商品了解，有利于扩大中东欧国家对华出口，有利于各方克服新冠肺炎疫情带来的挑战、促进经济复苏”[②]。沿着习近平指引的方向，宁波以中国—中东欧国家博览会为主平台，扎实推进中国—中东欧国家经贸合作示范区建设，打造中国与中东欧国家合作首位城市，积极服务构建以国内大循环为主体、国内国际双循环相互促进的新发展格局。

一、目标成效

自2014年我国与中东欧国家建立合作机制以来，宁波以“八八战略”为指引，主动服务国家外交大局。2014年6月，宁波承办了首届中东欧国家特色商品展；2015—2018年，举办了四届中国—中东欧国家投资贸易博览会；2019年3月，经党中央、国务院批准，中国—中东欧国家投资贸易博览会更名为中国—中东欧国家博览会暨国际消费品博览会，升格为国家级机制性展会。同时，宁波发挥中国—中东欧国家博览会主平台作用，全力打造我国与中东欧国家的双边贸易、双向投资、人文交流首选之地。目前，中国—中东欧国家博览会作为我国面向中东欧唯一的国家级涉外机制性展会，是中国—中东欧国家合作机制下最为成功的经贸合作平台，已成为浙江省、宁波市对外开放的金名片，也为服务我国对欧工作、推进“一带一路”建设提供了生动的地方样板。

① 习近平：《干在实处 走在前列——推进浙江新发展的思考与实践》，中共中央党校出版社2006年版，第487页。

② 《习近平向第二届中国—中东欧国家博览会致贺信》，https：//www.gov.cn/xinwen/2021-06/08/content_5616266.htm，访问日期：2023年10月19日。

二、实践做法

1. 大题大做，汇聚高起点建设推进合力。按照胸怀两个大局、服务国之大者的要求，积极融入和服务构建新发展格局，举全市之力“办好博览会、建好示范区”。成立由市委书记、市长任双组长的示范区建设领导小组，实行专班运作，每年清单式闭环推进相关任务，将之纳入全市督查，加强对博览会和示范区工作的统筹规划和指导协调。部、省、市三方紧密联动、组织有力，各部门、各省市分工负责、专班推进、整体协同。出台了多项全国首创、唯一的中东欧合作促进政策，在博览会采购、中东欧商品进口、进口综合服务平台设立、中东欧机构代表处引进等方面进行重点引导和鼓励。组建了全国首个中东欧博览与合作事务局，承担中国—中东欧国家博览会的规划设计、管理协调、组织实施、宣传推广以及与中东欧国家投资贸易领域合作促进等工作。

2. 群策群力，推动高水平开放互利合作。对内强调开放共享，通过搭建开放合作平台、设置主宾省、举办市长论坛，邀请地方省市参与中东欧合作，加强省内外资源联动，形成部省市协同、全国参与的格局。同时，对国内采购商参加中国—中东欧国家博览会给予多项政策支持。第二届中国—中东欧国家博览会期间，全国共有27个省市组团参加，7000余家国内采购商、2000余家中外展商来甬寻找商机，中东欧商品进口采购意向成交额突破100亿元，签约双向投资项目97个，总投资达182亿美元。对外增强与中东欧国家互动交流，设置主宾国机制，多次承办中国—中东欧国家经贸促进部长级会议、中国—中东欧国家投资合作洽谈会、中国—中东欧青年研修交流营等活动，深化政策沟通和投资贸易洽谈；首届中国—中东欧国家博览会有4名副国级外国政要、18名部级领导到会；第二届中国—中东欧国家博览会，捷克和塞尔维亚等主宾国总统视频致辞，中东欧多国政要出席开幕式。同时，邀请中东欧国家驻华外交官和商务部中东欧研修班学员实地考察，组织各县（市）区政府和企业参加经贸交流，每年邀请中东欧主流媒体到中国—中东欧国家博览会现场采访报道。

3. 常设常新，打造高能级开放合作平台。在多领域、多场景创建了新的国际合作载体，形成了一批全国领先的合作促进平台。国际贸易方面，创设了集展示、交易和相关服务于一体的中东欧商品常年馆，其是国内规模最大、品类最全、模式最新的中东欧商品集散中心；设立了为中小进口企业提供综合服务的中东欧商品采购联盟和贸易物流园等。产业投资方面，成立了中东欧国际产业合作园、中捷产业园等，启动了中东欧中小企业集聚区建设，使其成为中东欧技术、资本、项目、人才合作的核心承载区域。科技创新方面，设立了中国—中东欧国家创新合作研究中心、宁波中东欧（布达佩斯）创新基地，落地中国（宁波）中东欧青年创业创新中心、宁波中东欧国家引智工作站等，持续强化与中东欧的双向科技合作。

4. 互联互通，巩固中东欧合作枢纽地位。发挥港口硬核力量，与中东欧国家在港口、航空等方面强化合作，有力巩固和提升宁波的中东欧合作枢纽地位。海港方面，宁波舟山港与中东欧国家港口初步建立“五海六港”合作机制，与中东欧国家港口已累计开通14条集装箱航线，2021年集装箱量达66万标箱，占宁波舟山港与欧洲集装箱运输量的16%；举办海丝港口国际合作论坛，与中东欧国家港口在港航经营、投资管理、技术人才等方面开展交流与合作；开发中国—中东欧国家贸易指数，被纳入第二届“一带一路”国际合作高峰论坛成果清单。空港方面，开通了宁波机场直达匈牙利布达佩斯的货运航线，运行前3个月累计运输货量1058.8吨；开通了拓市场商务包机，直航布达佩斯。陆港方面，与义乌、金华平台合作，积极支持“义新欧”班列高质量发展。第二届中国—中东欧国家博览会期间，“丝路鸣笛”——中欧（义新欧）班列高质量发展论坛在宁波举行，苏浙皖三地共同签署《长三角中欧班列发展行动宣言》。

5.常来常往，构建多层次人文交流体系。通过织密网络、互设机构、开放平台，宁波构建起多层次、多领域的中东欧人文交流合作体系。持续推动友城合作，宁波已与中东欧国家22座城市建立友好关系，实现中东欧国家友城全覆盖。连续举办中国—中东欧国家市长论坛，引领年度地方合作议题。持续深化教育合作，连续举办与中东欧国家的教育交流活动，宁波院校与中东欧国家院校开展各类教育合作100多项，在职业教育交流等方面形成系列示范。积极互设办事机构，引进中国—中东欧国家农促联代表处、拉脱维亚投资发展署等5家办事机构；在塞尔维亚、匈牙利、罗马尼亚、保加利亚等国设立了4个驻外联络代表处。与原文化部合作在保加利亚设立了索非亚中国文化中心，在文旅、体育、医疗等多个领域开展合作。

三、创新之处

1.打造了一张国家级对外合作交流的金名片。从2014年中东欧国家特色商品展起步，中国—中东欧国家博览会由自办展会发展为国家级涉外机制性展会，已成为中国—中东欧国家合作的年度盛典，也是浙江省和宁波市向全球展示发展成就的重要窗口。特别是第二届中国—中东欧国家博览会，习近平主席发来贺信，2位主宾国总统视频致辞，260多名来自外方政府、机构和企业的代表参会，中国27个省区市组团参会，在实效性、影响力、美誉度等方面实现全面提升提档。

2.探索了一条地方承载国家级合作机制的新路径。近年来，中国—中东欧国家经贸促进部长级会议、中国—中东欧国家海关检验检疫合作对话会、中国—中东欧国家市长论坛等一系列国家级机制性会议连续在宁波举办，并多次被写入中国与中东欧国家年度合作纲要。2021年中国—中东欧国家领导人峰会后续事项落实分工清单中列出了55项中方要承担的任务，而宁波已完成其中的14项任务，包括举办中国—中东欧国家联合商会第六次会议、中国—中东欧国家农业合作促进联合会咨询委员会第十次会议等，建设中国—中东欧国家海关信息中心、中国—中东欧国家创新合作研究中心等。

3. 搭建了一批开展重大经贸合作的大平台。落地了中东欧国家特色商品常年馆、中东欧国际产业合作园、中东欧工业园（中捷产业园）、中东欧贸易物流园、中国（宁波）中东欧青年创业创新中心、中国—中东欧国家博览会会务馆等一批经贸合作平台。主要业务指标表现领先全省、全国，2022年上半年宁波对中东欧国家进口额同比增长38.4%，高于全国增幅45.5个百分点，占全国比重4.78%。根据中国社科院评估报告，宁波2019—2021年在地方参与中东欧合作综合排名中均位居全国第一，多项指标大幅领先第二名，成为中国与中东欧国家合作的首位城市。

（资料来源：宁波市商务局）

第九章

以“八八战略”为指引 加快建设先进制造业基地

产业发展是提高城市综合实力和国际竞争力的主要因素。改革开放以来，宁波坚持“产业立市”战略，产业体系现代化水平逐步提升、国际化程度稳步提高，产业国际竞争力不断增强，构筑宁波产业竞争新优势。但进入21世纪后，产业发展却面临着转型升级的重任，习近平高度重视并多次就宁波产业发展作出批示指示。2002年12月20日，习近平在宁波考察调研时提出，要大力发展石化、能源等临港工业，推进科技进步和创新，把宁波建设成为全省高新技术产业的重要基地。[①]“八八战略”实施以来，宁波产业发展保持稳定增长，工业经济从“轻小集加”的乡镇工业、块状经济起步，形成了以民营企业为主体、产业门类齐全、综合竞争力强的现代制造业体系，工业经济规模、效益、综合竞争力保持国内城市前列。

① 参见习近平：《干在实处 走在前列——推进浙江新发展的思考与实践》，中共中央党校出版社2006年版，第486页。

第一节　“八八战略”指引下宁波先进制造业基地建设

一、走新型工业化道路，推进经济结构调整（2002—2006年）

2002年，宁波市人均GDP首次突破3000美元，达到20世纪90年代初中等收入国家的水平，但工业经济结构性、素质性矛盾突出，高投入、高消耗、高排放的粗放型增长方式尚未得到根本转变。2004年，宁波市政府组织有关部门在深入调查研究和征求意见的基础上，着手制定推进工业结构调整的“1+7”政策文件。该系列政策文件以《关于坚持走新型工业化道路加快结构调整升级的若干意见》为总文件，并由关于宁波市工业投资导向目录、完善工业经济发展评价体系、优化产业空间布局、优化财政扶持资金使用方向、加快科技创新、坚持信息化带动工业化、全面推进清洁生产等7个政策子文件组成。其中提出，要充分发挥产业和港口优势，有选择地主动承接国际产业转移，加快大工程大项目建设，大力发展临港型大工业及后续产业，到2008年基本形成石化、能源、钢铁、造纸、修造船等五大临港型大工业，以及电子信息、装备制造、汽车及零部件、新材料、纺织服装、家用电器、精密仪器仪表、精细化工与生物医药、模具、文具等十大重点优势制造业，并提供一系列保障手段和措施。

2004年，宁波大力推进经济结构调整，着手制定《关于坚持走新型工业化道路加快结构调整升级的若干意见》及7个配套文件，努力推动工业结构向高级化和适度重型化发展。为贯彻落实科学发展观，促进经济增长方式转变，建设资源节约型和环境友好型社会，推动经济社会更快更好发展，2005年11月，宁波被列为首批国家循环经济试点城市，在全面推进循环经济发展、转变经济增长方式等方面先行探索，提供实践经验。“1+7”政策的制定出台为提高宁波市工业经济整体素质和经济增长的质量效益，促进经济增长方式转变，提供了强有力的政策保障，也为下一步宁波市工业经济工作扎实推进指明了方向。

为把加快服务业发展作为推进经济结构调整的重要举措，2004年初以来，宁波市政府多次召开服务业专家座谈会和由市级部门负责人等参加的论证会，听取对加快服务业发展的有关意见和建议，提出把发展服务业作为贯彻落实中央宏观调控政策，加快经济结构调整，转变经济增长方式的重要举措来抓。2004年10月10—11日，宁波市委、市政府召开全市加快服务业发展大会，进一步统一对加快服务业发展的重大意义认识，部署今后一个时期服务业发展的工作目标和主要任务，会后下发《关于加快服务业发展的若干意见》。宁波全市服务业发展立足自身资源禀赋，结合产业特点和城市功能定位，加快形成服务业发展的“四大平台”，即有利于推进建设以进出口贸易为主导的国内外商贸的交易平台、服务于先进制造业的供应支撑平台、满足城乡居民多样性和个性化需求的综合服务平台、促进城乡一体化的公共服务平台，同时围绕现代商贸业、现代物流业、交通运输业、旅游会展业、信息服务业、文化传媒业、金融服务业、中介服务业、房地产业和公共服务业等十方面重点产业，开展专项规划编制，完善各项工作措施，促进服务业有序发展。

2006年，在具体实践中，宁波充分利用宏观调控的“倒逼”机制，把调整产业结构、转变经济增长方式作为经济工作的中心任务。大力发展临港工业，积极改造传统优势产业，加快培育高新技术产业，着力推动产业结构优化升级，全力推进先进制造业基地建设。特别是中石化镇海炼化100万吨/年乙烯项目的开工奠基，对于把宁波建设成为国家级石化产业基地，具有重大的战略意义。2006年，宁波全市五大临港工业和十大优势制造业产值占规模以上工业产值的比重已达80%，高新技术产品产值占规模以上工业产值的比重达到34.6%。

二、加快工业转型升级，推进信息化与工业化融合发展（2007—2010年）

2008年4月，宁波市政府出台《关于实施工业创业创新倍增计划的若干意见》，提出要坚定不移地走融合信息化的新型工业化道路，围绕创新转型发展主题，全力培育工业创新机制，优化工业创新环境，健全工业创新组织体系，加快发展创新效益型工业，不断优化提升工业结构，切实推进发展方式转变，建设富有国际竞争力的先进制造业基地，实现工业经济又好又快发展。为配合该文件的实施，宁波市政府办公厅出台《关于建立市工业创业创新倍增计划监测分析信息服务平台的实施意见》《关于印发宁波市工业创业创新发展考核评价办法的通知》《转发市经委关于宁波市工业创业创新示范企业认定和扶持暂行办法的通知》等一系列配套文件。2008年，宁波全市规模以上工业企业实现增加值1698.6亿元，完成新产品产值1251.8亿元。172家企业率先通过国家高新技术认定。

2009年5月，宁波市政府办公厅出台《关于贯彻落实浙江省人民政府加快工业转型升级实施意见的通知》。其中指出，深入实施“创业富民、创新强市”战略，大力推进工业化和信息化融合，以全面实施工业“两创”倍增计划为核心，以工业结构优化升级为主线，以加快发展“5+5”产业为重点，以新兴、特色优势产业基地为载体，以科技创新为支撑，以节能减排为先导，加快传统产业改造提升，加快高科技含量、高附加值、低资源能源消耗、低污染排放产业发展，加快淘汰落后产能，大力发展工业设计与创意产业，大力发展生产性服务业，大力发展公共技术服务平台，加快建立资源节约型、环境友好型、现代集群型、集约经营型、高端发展型产业体系，延伸产业链，完善供应链，提升价值链，致力打造先进制造业基地。2009年，宁波规模以上工业企业利税和利润分别同比增长75.2%、98.9%。宁波全市专利授权量达1.58万件，增长60%，其中发明专利授权量802件，增长58.8%。

为抓住国际金融危机给我国产业结构调整升级、引进国际先进制造业带来的发展机遇，国务院制定实施九大产业调整振兴规划。宁波为抓住国家宏观经济政策调整带来的重大机遇，编制实施九大产业调整振兴三年行动计划。2010年，实施九大产业[①]调整振兴计划，部署工业转型升级工作，完成工业增加值2569.6亿元，增长14.8%；规模以上工业企业实现利润和利税总额分别为654.2亿元、1147.9亿元，分别增长43.5%、35.1%；工业经济效益综合得分253.9分，比2009年提高31.9分。2010年，加快推动块状经济转型升级和先进制造业产业基地建设，培育壮大战略性新兴产业，制定新能源、新材料等八大新兴产业发展规划，出台促进总部经济发展的政策意见，加快信息化、工业化融合发展。

推动“两化”深度融合、实现信息化水平大幅提升是走中国特色新型工业化道路的必然选择。2010年4月，宁波市政府办公厅出台《关于加快信息化与工业化融合促进工业转型升级的实施意见》。其中指出，坚持以工业转型升级和转变经济发展方式为主线，以自主创新和扩大开放为动力，加强政府协调引导力度，发挥企业主体作用，促进产学研结合，大力推进信息技术在工业各领域的应用、渗透和融合，改造提升传统产业，巩固壮大优势产业，培育发展新兴产业，构建完善现代产业体系，走全面协调可持续发展的新型工业化道路。

① 九大产业是指石化、钢铁、船舶、装备制造、汽车及零部件、纺织、轻工、有色金属、电子信息等产业。

三、优化产业结构，推进“四换三名”工程（2011—2015年）

为助推中小企业创业创新，加快转型升级，越过“五千万元”这道坎，把企业做大做强，2011年，宁波加大对成长型企业的扶持力度，开展“五千万元现象”大讨论，引导企业强化实体经济、推进转型发展，全市企业生产经营总体保持稳定。2011年，推进产业升级，全面实施工业转型升级工程，重点培育八大战略性新兴产业，推进杭州湾产业集聚区、梅山国际物流产业集聚区以及43个新兴、特色优势产业基地建设。2011年5月，宁波市政府办公厅出台《关于加快推进宁波企业上市的若干意见》。其中指出，按照“政府引导、统筹规划、政策扶持、优化环境”的方针，以优势企业、成长型企业和战略性新兴产业创业企业为重点，发挥资本市场服务地方经济的作用，加快提高直接融资的比重，推动区域经济转型和产业升级，保障“十二五”期间社会资金要素供给，推动宁波经济社会又好又快发展。2011年，新增上市公司6家，上市公司总数达到38家。

宁波工业经济曾经在浙江省名列前茅。但2012年上半年，浙江省98个县（市）区中，宁波市所属各县（市）区工业增加值增速指标明显落后。宁波14个县（市）区、开发区中，9个区累计产值同比下滑，仅5个县（市）区保持增长。对此，宁波加快调整产业结构，实施工业产业升级工程，出台工业经济稳增长调结构促转型“二十六条”，战略性新兴产业、高新技术产业和传统优势产业发展势头良好。2012年7月，宁波市政府下发《关于推进工业经济稳增长调结构促转型的若干意见》。其中要求，减轻企业税费负担，加大税收政策扶持力度，延续社会保险费缓缴政策，规范清减涉企收费，加快中介服务机构市场化。调整优化产业结构，大力发展战略性新兴产业，构建完善优势产业链，培育高成长企业，加快工业设计产业发展。2012年，全市实现全部工业总产值15843.9亿元，比2011年增长2.7%。其中规模以上工业企业实现总产值11962.1亿元，增长1.3%。

随着科学技术迅猛发展，产业结构迅速调整，浙江省以传统产业为主的经济结构已经难以为继，“低、小、散、弱”的产业格局无法确立新的竞争优势，迫切需要加快经济结构的战略性调整。浙江以优化产业结构为主攻方向，推进“四换三名”工程。2013年，宁波着力建设工业强市，实施“四换三名三创”工程，推进战略性新兴产业发展，开展自动化（智能化）成套装备改造试点，推动“个转企、小升规、规改股、股上市”，战略性新兴产业、高新技术产业产值占规模以上工业总产值的比重分别为25.5%、30%，新产品产值率为23%。

传统增长方式，带来资源能源消耗大、环境污染加重等一系列问题，使资源环境约束压力重重。单纯依靠资源和要素拉动增长，变得越来越难以持续。2013年1月，宁波市政府出台《宁波市人民政府关于加快“腾笼换鸟”促进经济转型升级的实施意见（试行）》。其中指出，以转变经济发展方式为主线。以构建完善“4+4+4”[①]产业体系为重点，扶优汰劣，挖潜资源存量，形成“腾笼换鸟”长效机制。该文件要求，建立倒逼机制，依法处置闲置土地，加快淘汰落后产能，强化企业项目用能管理，加强污染物排放总量控制；完善激励机制，鼓励低效建设用地“二次开发”，鼓励企业向园区搬迁改造、企业就地转型升级、优势企业兼并重组、集中收储工业用地、部分产业和企业梯度转移，加大金融支持力度；强化保障机制，加强组织协调，细化配套政策，强化资源产出导向、督查考核。

---

① “4＋4＋4”是指新材料、新能源、新装备、新一代信息技术等四大战略性新兴产业，节能环保、生命健康、海洋高技术、设计创意等四大新兴产业，石化、汽车及零部件、纺织服装、电工电器等四大传统优势产业。

四、推进“中国制造2025”试点示范城市建设（2016年以来）

2015年3月，国家层面提出要实施制造强国战略，5月国务院正式发布了《中国制造2025》。2016年，宁波制定《“中国制造2025”宁波行动纲要》，编制新材料、高端装备和新一代信息技术三大产业三年培育行动计划，完成重点工业聚集区规划，石墨烯产业创新中心建设方案上报工信部。编制完成《宁波市智能经济发展规划（2016—2025）》，全面推进智能经济发展。推进制造业创新中心建设，编制完成《建设具有国际影响力的制造业创新中心专项行动纲要》。

2016年，宁波获批建设全国首个“中国制造2025”试点示范城市。这是国家赋予宁波探路先行、探索创新的重大使命，是宁波推进制造业转型升级、提升制造业核心竞争力的重大机遇，也是宁波加快培育发展新动能、厚植发展新优势的战略载体。2016年12月，宁波市政府召开常务会议，审议并原则通过了《宁波市制造强市建设“十三五”总体规划》。根据该文件，“十三五”期间，全市将实施制造业协同创新、制造业人才引培、智能制造等“十大工程”。宁波编制智能经济中长期发展规划，启动建设“机器人小镇”。发展金融保险、港航物流、科学研究、计算机服务等现代服务业。规模以上工业中，战略性新兴产业、高新技术产业、装备制造业增加值分别为484.5亿元、1153.7亿元和1319.9亿元，分别增长10.4%、9.1%和11.1%。

2017年，宁波为进一步做好“中国制造2025”试点示范建设，首先，强化政策保障。宁波市本级统筹安排专项资金133亿元，集中用于支持试点示范城市建设；对国家级制造业创新中心给予不低于1亿元的资助，对八大细分产业[①]、五大优势产业投资项目分别给予20%、10%的投入补助。创新用地机制，实行新兴产业差异化供地政策，对重点扶持的智能装备、集成电路等产业实施低价供地措施。其次，强化创新引领。2017年12月，浙江省石墨烯制造业创新中心在宁波正式揭牌。该创新中心是由中科院宁波材料所牵头，联合国内石墨烯行业前十名的骨干企业、产业链上下游企业、投资基金、产业资本以及中国石墨烯产业技术创新战略联盟等十余家股东单位，共同出资成立的具有独立企业法人资格的石墨烯产业技术创新平台，首批就迎来了先进电池、改性塑料、改性纤维、改性润滑油、导热材料等22个项目入驻，力争成为引领石墨烯技术创新和产业发展的国家级制造业创新中心。加强质量标准品牌建设，引导宁波企业参与国际、国家标准制（修）订，已有143家企业、177个产品被列入“浙江制造”企业和产品数据库。最后，强化智能升级。明确产业主攻方向，系统谋划智能经济发展规划和支持政策，力争成为领跑者。推进制造业与信息化深度融合，中车超级电容器、威孚天力增压器等10个项目入选国家强基工程。推进产业链重大项目谋划和建设，以行业龙头企业为牵引，打造形成“稀土材料—磁体元件—伺服电机”特色磁性新材料产业链；引进中芯国际特种工艺集成电路芯片制造项目，完成集成电路全产业链布局。

智能经济是新经济的典型代表，是培育经济发展新动力最重要的引领性经济形态。结合智能经济发展趋势，充分发挥宁波基础优势，2017年4月24日，宁波市政府召开常务会议，审议并原则通过了《宁波市智能经济中长期发展规划（2016—2025年）》。其中要求，以推动经济社会转型发展和提质增效为主线，以“中国制造2025”试点示范城市和新型智慧城市建设为重要载体，坚持智能技术产业化

---

① 八大细分产业，即石墨烯、稀土磁性材料、高端金属合金材料、关键基础件、专用装备、光学电子、集成电路、工业物联网等产业。

与传统产业智能化改造协同推进，力争到2025年，智能经济成为宁波经济社会发展核心动力，推动宁波成为全国智能经济发展标杆引领城市。

新一轮科技革命和产业变革蓄势待发，以互联网、大数据、人工智能为代表的新一代信息技术日新月异，宁波作为全国首个“中国制造2025”试点示范城市和长三角南翼经济中心，在加快实体经济数字化转型方面积极作为。2018年，宁波实施数字经济“一号工程”[①]，宁波软件园、宁波杭州湾新区数字经济产业园开园，浙江北斗数据中心落户江北区。北仑区、鄞州区成功创建省级集成电路产业基地，宁波工业互联网研究院发布国内首个拥有自主知识产权的工业操作系统。战略性新兴产业增加值增长12%，高新技术产业增加值占规模以上工业比重50.2%。实施规模以上工业企业技改3524家，推广工业机器人2331台（套），新增上云企业3万余家。

从工业化进程来判断，宁波尚处于工业化中期向后期迈进的过程中，资本密集型产业仍唱主角，大工业发展还有潜力和空间。2019年5月10日，宁波市委召开全市建设“246”万千亿级产业集群动员大会。“246”万千亿级产业集群，是宁波市根据自身的产业基础和区位优势，在把握新一轮科技革命和产业变革趋势基础上提出的新目标。会议提出，力争到2025年，在全市培育形成绿色石化、汽车2个世界级的万亿级产业集群，高端装备、新材料、电子信息、软件与新兴服务4个具有国际影响力的五千亿级产业集群，关键基础件（元器件）、智能家电、时尚纺织服装、生物医药、文体用品、节能环保6个国内领先的千亿级产业集群。“246”产业体系中的大部分是国家鼓励的高新技术产业，部分是传统产业中的技术提升产业，符合国家倡导的产业发展方向，也是发挥宁波优势、提升产业能级、展示宁波能力的内

① 浙江于2017年提出把数字经济作为“一号工程”，全面建设数字经济强省。

在要求。2020年，宁波加快推进现代产业体系集成改革。健全制造业集群培育发展机制，出台《宁波市人民政府办公厅关于加快推进制造业高质量发展的实施意见》，细化制定了单项冠军之城、重点产业链培育等细分领域支持扶持政策，产业政策体系更加完善。

第二节　先进制造业基地建设的实践成效

从2002年到2022年，宁波三次产业结构由7.13∶54.56∶38.31演变为2.4∶47.2∶50.4，实现了从“二三一”向“三二一”的转变，基本形成了现代农业为基底、先进制造业与现代服务业双轮驱动的现代产业发展格局。宁波深入实施工业强市发展战略，迭代升级“3511”①、“246”等产业体系，大力发展战略性新兴产业，着力推进“中国制造2025”试点示范城市和全球智造创新之都建设，工业增加值占全国的比重稳定为1.5%~1.7%；2022年，位列“中国先进制造业百强市”第六位，工业增加值（6681.7亿元）跃居全国城市第七位；累计拥有83家国家级制造业单项冠军、283家专精特新“小巨人”企业，数量分别位居全国城市第一、第三，成为名副其实的全国单项冠军“第一城”。产业集聚发展水平显著提高。完成开发园区整合提升，打造“3+17”集聚发展格局，前湾新区产生全省首个主导产业产值超千亿元的“万亩千亿”平台，8家省级现代服务业创新发展区成效显著。（见表9.1）

① “3511”产业体系，即以新材料、高端装备和新一代信息技术为代表的三大战略引领产业，以汽车制造、绿色石化、纺织服装、智能家电、清洁能源等为代表的五大传统优势产业，以及一批新兴增长产业和一批生产性服务业。

表9.1　宁波市工业运行指标（2002、2007、2012、2017、2022年）

	2002年	2007年	2012年	2017年	2022年	2002—2022年年均复合增长率（%）
GDP（亿元）	1500.34	3435	6582.21	9842.06	15704.3	11.83
工业增加值（亿元）	749.6	1725.07	3170.07	4620.77	6681.7	10.98
工业增加值占GDP比重（%）	49.96	50.22	48.16	46.95	42.55	—
规上工业增加值（亿元）	499.4	1466.2	2132.5	3266.7	5339.4	11.95
规上工业增加值占全部工业增加值比重（%）	66.57	84.99	67.27	70.70	79.91	—
规上工业总产值（亿元）	2000.16	7789.01	12155.08	15850.89	24205.17	12.61
规上企业数量（家）	4060	11017	6804	7500	10342	4.48

一、数字经济“一号工程”

一是数字产业化。宁波出台《数字宁波建设规划（2018—2022年）》《宁波市数字经济发展“十四五”规划》《宁波市数字经济核心产业提质扩量行动计划（2021—2025）》《宁波市超常规高质量发展数字经济行动纲要（2022—2026年）》《宁波市加快数字文化产业发展的实施意见（暂行）》等系列相关政策文件，明确数字经济发展目标和重点任务。加大核心平台打造，逐步建设形成具有国际竞争力的特色工艺集成电路产业基地，较早布局宁波软件园、宁波鲲鹏生态产业园、宁波工业互联网产业园等。数字经济核心制造业增加值从2018年的

316.3亿元增长到2022年规上制造业的710.6亿元。至2021年底，集成电路行业产值比2017年提高近3倍，软件和信息服务业营业收入连续5年增速超过20%。

二是产业数字化。宁波发布《宁波市建设“中国制造2025”试点示范城市实施方案》，实施智能制造、工业基础、制造业+互联网等制造业智能发展“八大工程”。发布《宁波市打造国际智能制造新高地建设方案》《宁波打造全球智造创新之都行动纲要（2022—2026年）》等规划。构建“十百千”省市县三级数字化改造培育梯队，推进规上工业企业数字化改造全覆盖。截至2022年10月，“点线面”相结合的智能化改造模式成为工信部向全国推广的八大模式之一，34个项目被列入工信部智能制造系列试点示范，9个案例入选工信部《5G全连接工厂探索实践案例集》，占案例总数超20%；96个项目被列入省级数字化车间/智能工厂/未来工厂名单；“一县一业一案”推动全市中小企业数字化改造，7个细分行业成为省级首批试点，数量全省第一；蓝卓和智汇元2个平台入选工信部第一批财政支持中小企业数字化转型试点平台名单；镇海炼化、雅戈尔成为首批国家数字领航企业。累计建设市级以上数字化车间/智能工厂361个，在役工业机器人超2.1万台。

三是工业互联网。宁波发布《宁波市打造工业互联网领军城市建设方案》，初步构建形成了“1+N+X”工业互联网平台体系。截至2022年10月，宁波市工业互联网平台应用创新推广中心通过工信部工业互联网创新发展工程项目验收，开发出国内首个拥有自主知识产权的工业操作系统supOS，累计创建国家级工业互联网平台5个、省级工业互联网平台43个，6个行业产业大脑入围省级产业大脑；中之杰、创元信息、捷创、文谷等工业互联网平台相继入围国家平台。建立云上企业省市区三级培育计划库，累计上云企业数量突破9万家，上云标杆和云上企业有154家，数量全省第一。

二、制造业“绿新高”发展

一是优势产业集群建设。早在2010年，宁波已形成近150个块状经济，其中产值在10亿元以上的近90个，居浙江省首位。党的十八大后，宁波积极推进块状经济向产业集群提升，成为全国七大石化产业、七大新材料、四大家电和三大服装产业基地之一，获得“中国文具之都”“中国模具之都”“中国注塑机之都”等11个全国唯一的产业基地称号，服装、家电产业集群入选浙江省块状经济向现代产业集群转型升级示范区试点名单。2019年，宁波市委、市政府出台《关于实施“246”万千亿级产业集群培育工程的意见》，实施国家先进制造业集群培育工程，绿色石化、磁性材料、汽车零部件、先进功能材料、工业互联网等成功入围国家级产业集群培育名单。围绕“246”产业集群，聚焦打造化工新材料、节能与新能源汽车等十大标志性产业链，累计创建省级产业链共同体48家，数量全省第一。2022年，“246”产业集群规上工业增加值4359.5亿元，占全市规模以上工业的81.7%。

二是产业基础再造。宁波先后出台《宁波市工业强基工程（关键基础件）三年攻坚行动计划（2017—2019年）》《宁波市推进产业基础高级化实施方案（2021—2025年）》等文件；实施“四基”产业链培育工程，重点培育伺服电机、减速器、模具、动力电池等10条“四基”产业链，推进“关键核心技术—材料—零件—部件—整机—系统集成”和“关键核心技术—产品—企业—产业链—产业集群”的全过程培育。目前，产业基础细分领域取得阶段性成效，稀土磁性材料产量占全国的50%；聚氨酯、聚苯乙烯、丙烯腈-苯乙烯-丁二烯共聚物（ABS）等化工新材料产业国内领先；中高端铜合金产品产量占全国的45%以上；光学扩散膜、反射膜等光学膜市场占有率全球第一；铸造模具产量占全国的60%；电磁阀、气缸、三联件、高压气动阀等气动件产品产量占全国的35%以上；液压件产量占全国的25%以上；微小型轴承产量占全国的30%；紧固件产量约占全国的20%；核电站密封件产量占全国的80%以上；高端海底电缆产量占全国的85%以上。累计有17个项目入选国家工业强基专项，21家企业被列入国家工业基础领域重点产品、工艺“一条龙”应用计划。

三是战略性新兴产业培育和发展。2010年，宁波成立加快培育和发展战略性新兴产业工作领导小组；制定《宁波市战略性新兴产业行业分类统计目录（试行）》。自2012年起，陆续出台《中共宁波市委宁波市人民政府关于加快培育和发展战略性新兴产业的若干意见》《宁波市战略性新兴产业发展推进工作目标责任考核办法（试行）》等一系列配套政策。2019年，新型功能材料产业集群成为全国首批66个战略性新兴产业集群之一，集群工作获得国务院督查激励。2022年，宁波市战略性新兴产业增加值达到1373亿元，占规模以上工业的25.7%。

三、高能级产业平台

一是开发区（园区）整合提升。2009年，宁波出台《关于促进我市开发区（园区）整合提升发展的若干意见》。之后，按照浙江省委、省政府“推进系统性重构、创新性变革”的要求，正式发布《宁波市开发区（园区）整合提升总体方案》。整合后，全市开发区（园区）总规划面积达到2414.92平方公里，总数减少了93%，由298个整合为20个，形成市本级管理平台3个和县（市）区重点发展平台17个，每个园区主导产业不超过3个。各开发区（园区）依托各自资源禀赋与区位优势，产业集聚效应更加突出，基本形成了汽车、石化、智能家电、电子信息、新材料等主导产业集聚区；经济贡献稳居高位，2022年，各开发区（园区）规模以上工业总产值占全市比重超60%。

二是高能级战略平台创建。宁波将宁波前湾新区、宁波经济技术开发区（简称“宁波经开区”）、宁波高新技术产业开发区（简称“宁波高新区”），作为创建省级高能级战略平台的主要对象。重点从平台的功能定位、发展目标、与属地的联动融合程度等方面着手，形成了因园制宜、多种模式的体制机制。其中，前湾新区、宁波高新区等实行管委会“独立运行”的管理体制，宁波经开区等实行“政区联动”的管理体制；前湾新区被赋予在区域内独立履行市级经济管理权限和县级社会行政管理职能，为提高园区管理效率提供了范本。目前，前湾新区、宁波经开区、宁波高新区已入选省级高能级战略平台培育名单。2022年，宁波经开区、杭州湾经开区跻身国家级经开区30强，宁波高新区在国家级高新区排名中居第14位。

三是全域产业空间治理。宁波于全省率先实施制造业全域产业治理，制定出台全省首个制造业全域产业治理文件。全面开展工业用地大排查，上图入库512个工业区块和11.5万家工业企业。编制完成《宁波市工业集聚区专项规划（2021—2035年）》，在全国率先提出工业区块控制线理念，推动建立“两区两线”工业空间管控体系。构建“2070”工业集聚区空间新格局，按照“一区多园、一园一业”原则，规划建设约20个战略产业园、约70个优势产业社区。以新一轮制造业“腾笼换鸟、凤凰涅槃”攻坚行动为抓手，以乡镇工业园、村级工业集聚点为重点，推动低效地块改造提升。2022年，宁波共有5个园区被评为省级制造业星级园区，获评总数、四星级及以上园区数均为全省第一。在全省新一轮制造业“腾笼换鸟、凤凰涅槃”攻坚行动考核评价中获评第一档，累计盘活工业用地15.33平方公里，腾出用能空间44.6万吨标煤，数量均居全省首位。

第三节　先进制造业基地建设的主要经验

一、坚持制造强市，凝聚发展合力

长期以来，宁波坚持把制造业作为立市之本、强市之基，注重夯实制造业基础、提升产业韧性，无论外部环境如何变迁，保持发展壮大“宁波制造”的战略定力，走心无旁骛做实业的“内涵式发展”特色化道路。自“十一五”以来，聚焦关键节点，宁波先后制定实施了一系列推进工业经济转型升级的规划及政策，积极为工业结构调整和发展方式转变提供支撑。例如，2016年宁波正式获批成为全国首个“中国制造2025”试点示范城市，次年发布《宁波市推进“中国制造2025”试点示范城市建设的若干意见》，提出了22条精准扶持政策，3年内总扶持资金超过100亿元；2020年，宁波发布《宁波市人民政府办公厅关于加快推进制造业高质量发展的实施意见》，提出了六大部分31条精准扶持政策。宁波市委、市政府每年召开全市制造业大会，形成了全市上下聚力推进制造业高质量发展的浓厚氛围，有效引导科技、人才、金融、土地等要素向优势领域聚集，为宁波制造业腾飞、甬城实体经济发展提供了有力支撑。

二、坚持有效投资，增强发展推力

宁波坚持将扩大工业有效投资作为推进制造业高质量发展的重要举措。制定实施了《宁波市“3511”产业投资导向目录和智能制造评判标准》《宁波市“246”万千亿级产业集群和前沿产业投资导向目录》《宁波市重点培育产业链投资导向目录》等，进一步明确全市工业投资（技术改造）的重点和方向，引导社会资本和各类要素向重点领域倾斜。建立项目推进的清单管理机制。统筹全市财政资金集中支持企业实施工业投资和技术改造项目，通过提高补助比例、扩大扶持范围、补助资金预拨下达等形式，切实加大政策扶持力度。当前，工业投资增速连续4年保持两位数增长。2017年、2019年，宁波两次获得国务院办公厅“促进工业稳增长和转型升级、实施技术改造成效明显的地方”督查激励通报。

三、坚持产业创新，激活发展动力

宁波始终把技术创新作为制造业持续发展的主引擎，长期聚焦产业重点领域和新兴未来产业领域的创新发展需求，着力部署战略性、前瞻性、引领性关键核心技术研发，攻克一批关键核心技术，加速关键核心技术成果转化。创立关键核心技术“三色图”管理模式，深入推进“科技创新2025”重大专项计划，在5G、半导体、工业互联网、光电信息、新材料、关键零部件等重点领域，实施进口替代技术应急攻关项目，开发战略性创新产品；积极构建多元化产业，创新平台体系，初步打造形成以甬江实验室为核心、以产业技术研究院为创新主力军、以企业为创新节点的创新平台体系；搭建宁波科技大市场，畅通优质科技成果与企业需求对接渠道。近年来，宁波工业新产品不断涌现，产业加快向高新化方向攀升。2022年，全市规上工业企业实现新产品产值超过8000亿元，新产品产值率达到33.3%，比2016年提高了1.3个百分点。宁波获批为国家自主创新示范区、国家科技成果转移转化示范区、国家产教融合建设试点城市。

四、坚持人才引育，提振发展活力

宁波长期坚持“建强人才链、赋能产业链”，注重积蓄制造业聚才动力和人才活力。积极实施海外高层次人才和高端创业创新团队引进“3315计划”，并在2018年起步实施“3315资本引才计划”“泛3315计划”、海外工程师计划；注重强化高端产业对高端人才的吸引力，以特色工艺集成电路产业为例，宁波先后集聚50多位高层次人才、30多个科研团队落户，创办了江丰电子、创润新材料等一批创新型企业。近年来，宁波进一步系统制定优化了“通则+专项+定制”人才政策体系，着力推进制造业专项人才、数字经济人才培养与评价体系，率先建立了全国数字经济人才培养与评价（宁波）基地，打造“卓越工程师”队伍，支持龙头企业推行首席数字官制度。同时，宁波积极整合在甬相关高校、职业院校、行业、企业资源，推动全国首个“一带一路”产教协同联盟和“丝绸之路商学院联盟”等产教合作联盟建设。

五、坚持优化服务，释放发展潜力

宁波注重迭代升级企业服务体系，优化提升企业服务效能。宁波在2008年创建的全国首个政府主导、市场化运作的企业服务平台——8718平台的基础上，完成了从“单打独斗”到实体化、体系化服务的蜕变，以“一十百千”企业服务体系为抓手，聚力全市“一十百千”企业服务体系建设，在一个市级平台的统筹下，相继在十个县（市）区建成实体化企业服务平台，以企业服务各项长效机制为保障，以专项服务行动为补充，逐步摸索出了一套行之有效的企业服务方法，企业服务模式经验获得央视新闻频道、工信部中小企业局的宣传推广。以数字化改革为契机，建设企业综合服务大平台（企业码），推动该平台与“甬易办”（线上政策一键兑付平台）、浙江政务网宁波平台等涉企服务平台的功能优化整合，为企业提供数字化、智慧化、精准化、高效化的服务。

案例　打造单项冠军之城　提升产业链供应链现代化水平

制造业是宁波的立市之本、强市之基。习近平高度重视制造业发展。在浙江工作期间，习近平就指出，宁波具有独特的区位优势和体制机制的先发优势，要坚持优化提升产业结构，依托港口优势，推进沿海、沿湾、沿路三大产业带建设，大力发展石化、能源等临港工业，运输、仓储、配送一体化的综合物流业，推进科技进步和创新，把宁波建设成为全省高新技术产业的重要基地和先进制造业基地。2020年3月29日，习近平来宁波考察调研，充分肯定宁波单项冠军培育工作，称赞宁波有很多“小而精”的企业。2022年9月8日，习近平向全国专精特新中小企业发展大会致贺信，“希望专精特新中小企业聚焦主业，精耕细作，在提升产业链供应链稳定性、推动经济社会发展中发挥更加重要的作用”①。多年来，宁波全市上下牢记习近平殷切期盼，聚焦关键核心技术攻关，加快先进制造业基地建设，积极培育数量更多、实力更强的单项冠军企业和专精特新“小巨人”企业，走出一条“产业基础—单项冠军企业群体—单项冠军之城”的升级发展之路。

一、目标成效

围绕打造全国制造业单项冠军之城，宁波充分发挥雄厚产业基础优势，构建良好发展生态，培育形成了一支行业地位突出、专业技术领先的单项冠军企业队伍，其成为提升全市制造业创新能力、质量效益、发展韧性的“顶梁柱”和“压舱石”。截至2024年1月，全市已累计培育国家级制造业单项冠军83家，居全国城市第一位；累计培育国家级重点“小巨人”66家，居全国城市第三位。截至2022年8月，累计培育国家级专精特新“小巨人”283家，居全国

① 《习近平致信祝贺2022全国专精特新中小企业发展大会召开》，https：//www.gov.cn/xinwen/2022-09/08/content_5708949.htm，访问日期：2023年10月23日。

城市第四位。2021年，实现工业增加值6298亿元，跃居全国城市第七位；完成工业总产值超2万亿元，实现规上工业增加值4865亿元，占全省比重为25.4%，居全省首位。宁波制造业单项冠军之城的知名度、影响力进一步提升，为全省建设制造业"单项冠军之省"提供了有力支撑。

二、实践做法

1. 注重政策集成化发力。2004年以来，宁波市委、市政府聚焦做强先进制造业，先后实施打造先进制造业基地、工业强市、制造业创新中心、全球智造创新之都等战略部署，系统构建了单项冠军企业成长的良好环境。2016年宁波在全国较早启动制造业单项冠军培育工作，2017年3月出台《宁波市制造业单项冠军培育工程三年攻坚行动计划（2017—2019年）》，2017年6月发布《宁波市人大常委会关于加快推进先进制造业发展的决定》，引导全社会力量支持先进制造业和单项冠军企业的发展。2020年，宁波出台《宁波市聚焦关键核心技术打造制造业单项冠军之城行动方案（2020—2025）》，推动各职能部门积极探索建立产融合作、产教融合、招商引才、质量建设、要素保障等工作协同机制，并通过举办中国（宁波）单项冠军发展国际论坛、发布单项冠军企业发展报告等举措营造氛围、扩大影响。目前，宁波已系统构建集奖励、辅导、宣传于一体的政策支持体系，社会各界关注度、参与度显著增强。

2. 注重企业梯队化培育。宁波遴选储备一批掌握核心技术、市场占有率高的企业，建立分类分级、动态跟踪的单项冠军、"小巨人"企业培育库，形成"市级专精特新中小企业—国家级'小巨人'—国家级单项冠军"的企业梯度培育体系。对成功创建为国家级单项冠军、专精特新"小巨人"的企业，分别给予300万元、100万元资金奖励，优先支持单项冠军培育企业的技改投资项目。目前，培育库动态入库企业超过1500家。实施科技型中小企业梯队培育和“智团创业”计划，支持“创二代”、留学生、科技人员等创新创业，聚力培育单项冠军“苗子”。近年来，通过引进姚力军、张彦、金亚东等海外高层次人才，成功培育出江丰电子、激智科技、长阳科技等国家制造业单项冠军。

3. 注重技术协同化攻关。聚焦关键技术，积极培育提升企业“硬核”实力，推动单项冠军种子企业真正从“市场冠军”走向“创新冠军”。组织实施核心技术攻关，聚焦“卡脖子”问题，建立红、黄、绿“三色图”，采取“揭榜挂帅”等方式，吸引高层次人才、高技术企业联合攻关，2018年以来累计实施重大科技攻关专项500余项。支持实施并购重组，2021年6月出台《关于加快培育制造业百强企业的实施意见》，支持以关键技术为核心的并购重组，支持博威集团、公牛集团、东方电缆、柯力传感等一批单项冠军企业成功实施技术并购项目，博威集团通过并购德国百年企业BK并利用其30年沉淀研发数据建成有色合金新材料数字化研发平台，实现技术创新本土化。建立创新产品推广应用机制，制定装备首台套、材料首批次、软件首版次产品推广应用政策，出台“三首”产品应用保险补贴办法，动态更新产品目录，对首年度保险费给予80%的补助。

4. 注重产业融通化发展。2018年11月，宁波制定《宁波市“四基”重点领域单项冠军产品产业链培育实施方案》，培育打造10条标志性产业链，推进全过程培育。强化企业协同，依托单项冠军企业，组建44家省级产业链上下游企业共同体，促进上下游企业融通发展。建立产业链“智造联盟”，推动人机物智慧互联、产供销智能管控，实现产业链转型提升，全市传统制造业改造提升综合评估指数连续三年居全省第一位。实施产业链龙头企业协同创新对接、院企对接、数字化赋能、银企对接等4个百场对接活动，建立常态化对接机制，每年举办400场以上对接活动。推动服务型制造发展，引导装备企业发展总集成总承包等服务型制造模式，从提供产品向提供系统集成和整体解决方案提升，东方电缆、路宝科技等成功创建国家级服务型制造示范，舜宇智能、慈星股份等一批制造业单项冠军企业成为省级智能制造服务商。

5. 注重要素系统化赋能。宁波聚焦资金支持、人才支撑、知识产权保护等企业重点关注的资源要素，打造一流产业发展生态，更好赋能企业成长壮大。在金融支持方面，实施“凤凰行动”宁波计划，支持单项冠军上市。实施金融助力专精特新企业提升专项对接活动，为专精特新重点培育企业量身定制“一企一策”的金融服务方案。在甬股交开设宁波市“专精特新板”，至2022年9月共有291家专精特新企业挂牌。在人才支撑方面，研究制定人才赋能单项冠军企业高质量发展政策措施，通过组织“院士—单项冠军”专家座谈会、“科技特派员”上门开展科技服务，跟踪推进单项冠军企业科技服务。组织专精特新企业与职业院校对接会，针对性解决企业技术用工问题。在用地保障方面，持续推进盘活存量建设用地，优先用于为单项冠军提供空间的小微企业园建设，实施差别化供地政策，对单项冠军企业的前沿产业重点项目用地适当降低出让起始价。强化知识产权保护，健全跨部门协作、市县联动机制，构建快速审查、快速确权、快速维权的知识产权保护体系。

三、创新之处

1. 擦亮了宁波制造金名片。宁波开展两轮升阶式系统谋划和科学培育，国家级单项冠军、国家级专精特新“小巨人”、国家级重点“小巨人”的培育数量稳居全国城市前列，单项冠军成为宁波制造业发展的金名片，极大提升了宁波城市的影响力，为国家推动制造业高质量发展形成了良好的典型示范效应。

2. 激发了技术创新“新引擎”。通过开展单项冠军企业、专精特新“小巨人”企业培育工作，宁波探索出了提升产业链供应链稳定性和竞争力的管用模式，有效激发了企业技术创新的内生动能，突破了一大批关键核心技术，开发了一大批进口替代产品，为提升国家产业链供应链的韧性和竞争力作出了积极贡献。

3. 拧成了企业培育“一股绳”。宁波市委、市政府高度重视、专题部署、广泛动员，产业、科技、人才、金融、土地等市级部门协同推进政策聚焦、要素集聚、服务集成，各县（市）区立足地方特色开展“小而美”单项冠军后备企业培育，形成了“全市谋篇、条线破题、地方育苗”三级联动培育模式，为国家支持专精特新企业发展提供了生动的实践范例。

（资料来源：宁波市经济和信息化局）

第十章

以“八八战略”为指引 建设更高水平美丽宁波

生态环境是人类社会生存和发展的重要物质基础，良好生态环境是最公平的公共产品，是最普惠的民生福祉。2004年6月25日在浙江省委常委会听取宁波市工作汇报时，习近平指出，要全面推进生态市建设，切实加强环境保护和治理，加快生态示范区、自然保护区建设，建立生态补偿机制，不断改善生态环境。[①] 宁波深入贯彻落实习近平提出的“全面推进生态市建设”要求，践行“绿水青山就是金山银山”理念，生态环境显著改善，能源结构持续优化，低碳生活成为风尚，成功创建国家园林城市、国家环保模范城市、国家森林城市，成为全国唯一的全域国土空间综合整治试点，绿色成为大美宁波亮丽底色。

第一节 “八八战略”指引下更高水平美丽宁波建设

一、推进生态市建设（2002—2006年）

2002年12月，中共浙江省委十一届二次全体（扩大）会议明确提出，要积极实施可持续发展战略，以建设“绿色浙江”为目标，以

① 参见习近平：《干在实处 走在前列——推进浙江新发展的思考与实践》，中共中央党校出版社2006年版，第485页。

建设生态省为主要载体，努力保持人口、资源、环境与经济社会的协调发展。2002年12月召开的中共宁波市委九届八次全体（扩大）会议上，首次提出生态市建设设想。2003年7月12日，宁波市委召开常委会扩大会议，传达省委生态省建设动员大会精神，推进生态城市建设。2003年8月14日，宁波市生态城市规划研究工作大纲通过国内外专家的评审，生态市建设正式启动。

为全面贯彻落实党的十六大提出的实施可持续发展战略的要求，积极响应浙江省委、省政府关于“建设生态省，推进绿色浙江建设”的号召，根据浙江省委、省政府建设生态省的统一部署和要求，2003年11月14日，宁波市十二届人大常委会第六次会议审议通过《关于建设生态市的决定》，要求市政府加快生态市建设规划纲要编制和实施，确定近期、中期和远期的目标任务，充分发挥宁波的生态优势，努力形成以循环经济为核心的生态经济体系、山川秀美的生态环境体系、人与自然和谐的生态人居体系、文明先进的生态文化体系和可持续利用的资源保障体系，全面建设现代化国际港口城市。同年11月24日，宁波市委、市政府召开全市生态市建设动员大会，部署宁波市生态市建设各项任务，动员全市上下全面启动生态市建设。宁波市自1996年以来，积极推进城市绿化和生态环境建设，城区绿地面积以平均每年250公顷的速度增加，公园绿地面积以平均每年120公顷的速度递增，先后获评全国园林绿化先进城市、国家环境保护模范城市、全国优秀旅游城市等，2003年7月获得“浙江省园林城市”称号。

但宁波生态环境仍存在许多突出问题，经济增长仍以量的扩张为主，资源利用率低，水土流失、酸雨、赤潮等现象加剧，局部森林植被和生态景观遭到破坏，生态环境趋向恶化。2004年，宁波市制定出台《宁波生态市建设规划纲要》。宁波生态市建设分为启动期（2003—2007年）、发展期（2008—2012年）和深化期（2013—2020年），实施“蓝天、碧水、绿色、洁静”四大工程，使生态市建设达到全国先进水平。2003年，四大工程前期开工项目实施顺利。宁波市把开展生态市建设同调整经济结构与产业结构、提高经济增长质量与效益有机结合起来，统筹人与自然和谐发展，不仅改善了区域的环境质量，还提升了城市综合竞争力和可持续发展能力。经济结构调整不断推进，经济增长方式加快从量的扩张向质的提高转变，第三产业在全市“三产”中所占比重达36.8%，并逐渐成为推动全市经济发展的重要力量。

宁波各县（市）区开展了“国家环境保护模范城市”“国家级生态示范区”“国家级生态县”等创建工作。以“千村示范、万村整治”为抓手，积极开展“生态村、生态镇以及环境优美乡镇”的创建工作，搞好村容镇貌建设。以“六个环保模范单位”（社区、学校、工厂、商场、饭店、医院）建设为载体，推动社区基层单位的创建工作。以宁海县为例，1997年8月，该县被列为浙江省生态示范区建设试点；1999年12月，宁海县被批准为全国第四批生态示范区建设试点；2000年6月29日，宁海县第十四届人大常委会第十八次会议作出《关于实施宁海县生态示范区建设规划的决议》，首次提出创建全国生态示范县的目标。之后连续3年开展农村环境整治，消灭露天粪坑和简易户厕7万多处，新建标准公厕1292座、卫生厕所3318座，整治“青山白化”现象，平毁坟墓16万穴，并动工兴建污水处理厂。2003年10月31日，原国家环保总局组织的验收组专家对照国家级生态示范区验收标准，认为宁海县12项基本条件符合要求，26项考核指标均达到全国生态示范区建设一类地区标准，宁海县全国生态示范区建设试点工作通过验收。这标志着宁海已基本形成特色鲜明的区域经济、社会和环境协调发展的良性循环模式。

根据建设生态市的总体要求，2004年4月7日，宁波市出台《关于实施千里清水河道整治工程的若干意见》，按照统一规划、循序建设、综合治理、自然协调的原则，积极推进河道整治工程。为改善宁波市的矿山自然生态环境，同年11月15日，宁波市又发布《关于进一步加强矿山自然生态环境保护与治理工作的实施意见》，推动各地从严格矿产资源规划与采矿审批，加大矿山自然生态环境保护与治理力度，探索矿山治理与保护的市场化运作机制，切实加强对矿山自然生态环境保护与治理的领导等多个层面做好矿山的治理和保护工作。2004年8月12日，经原农业部专家组验收，慈溪市进入全国第二批生态农业示范县（市）行列。2005年，按照建设资源节约型和环境友好型社会的要求，制定出台加快推进生态市建设、发展循环经济等政策文件，强化对重点地区、重点行业和重点企业污染的监管和治理，推进资源的节约和综合利用，全市工业废水达标排放率、城镇污水处理率和垃圾无害化处理率分别比“九五”末提高3.5个、24.1个和6.8个百分点。

2005年10月，在全国生态示范区创建表彰暨颁奖大会上，宁海、象山两县分别捧回原国家环保总局授予的“国家级生态示范区”牌匾。宁海县1999年被列为全国生态示范区创建试点单位，2003年10月通过原国家环保总局的国家级生态示范区考核验收。象山县2001年9月被浙江省环保局列为省级生态示范区建设试点县，2002年6月被原国家环保总局列为全国第三批生态示范区建设试点县，2004年7月顺利通过国家级生态示范区考核验收。

2006年，宁波认真落实全国、全省环保大会精神，以迎接国家环保模范城市复查为契机，深入实施“蓝天、碧水、绿色、洁静”四大工程，扎实推进生态市建设。加大环境污染整治力度，深入开展“绿剑”专项治理行动，完善环境监测信息系统，完成北仑电厂脱硫工程和镇海电厂油改气项目，建成一批重大环境基础设施，积极改善人居环境。宁波被评为2006年度公众首选宜居城市，并通过国家环境保护模范城市复查验收。2006年，资源节约迈出扎实步伐，生态市建设成效明显。坚持人与自然和谐发展，大力发展循环经济，有序推进节能降耗工作，资源节约型、环境友好型社会建设加快推进。宁海、象山、镇海成为国家级生态示范区。

二、推进生态文明建设（2007—2011年）

2007年，党的十七大报告指出，建设生态文明，基本形成节约能源资源和保护生态环境的产业结构、增长方式、消费模式。同年，宁波坚持把节能减排作为转变经济发展方式的重要抓手，深入推进生态市建设，建立节能降耗目标责任考核制，制定发展循环经济、建设节约型社会总体规划和实施意见，狠抓重点行业和重点单位的节能减排，积极推进农业、工业、服务业和城乡各个领域的循环经济建设，切实加大节约能源资源和保护生态环境的工作力度；全市万元生产总值综合能耗相较于2006年下降4.1%，万元工业增加值综合能耗下降5.8%，化学需氧量和二氧化硫排放量分别削减22.6%、44.6%。

为贯彻落实党的十七大精神和十七届三中全会精神，深入开展学习实践科学发展观活动，2009年，宁波深入推进生态市建设，实施循环经济“十大行动计划”，加强重点区域、重点流域、重点行业和重点企业的污染整治，强化节能减排考核和问责制，投资111亿元启动283项节能项目，关停一批铸造企业和“五小”企业。2010年，宁波抓好节能减排工作，扎实推进生态文明建设。打好节能减排攻坚战，落实节能减排总量控制责任制，实施“一票否决制”和“行政问责制”。坚决淘汰落后产能，在落实省政府淘汰五大落后产能要求的基础上，自我加压，做好玻璃、铸钢、铸造、隔膜法烧碱、落后设备等落后产能淘汰工作。大力发展绿色低碳产业和循环经济，推广节能新技术、新产品、新工艺，严把高耗能、高排放行业准入关，推动“两高”行业加快转型升级发展。深入开展生态市建设，加强城市环境污染综合整治和农村面源污染治理，加强生态保护和环保设施建设，改善城市人居环境。

面对宁波产业发展与环境容量不够协调、环境状况与群众要求不相适应的矛盾，2010年7月21日，中共宁波市委十一届十次全体（扩大）会议通过《中共宁波市委关于推进生态文明建设的决定》。该文件明确，推进生态文明建设要坚持以转变发展方式为主线，以国家生态市建设为抓手，着力构建生态经济、生态环境、生态文化和生态社会体系，完善生态文明建设的体制机制，力争早日形成资源节约、环境友好的发展方式、消费模式和文化氛围，在全社会形成自觉参与生态文明建设的行为准则，着力把宁波建设成为全国生态文明建设示范区。2011年，加大节能减排力度，完善节能减排综合措施和考评问责机制，实施生产总值能耗强度和能耗总量双控制度，启动能源综合管理服务平台，在全省率先实施高耗能企业差别电价政策。

三、美丽宁波建设（2012年以来）

2012年，党的十八大把生态文明建设纳入中国特色社会主义事业“五位一体”总体布局，放在突出地位，融入经济建设、政治建设、文化建设、社会建设各方面和全过程。2012年，宁波加强生态文明建设，改善生态环境。大力发展循环经济和低碳产业，加强环境保护和生态建设，通过国家环保模范城市现场复核验收。深入推进节能减排，落实节能减排工作责任制，健全CDP能耗强度和能耗总量双控管理机制，加快重点减排工程建设，全面完成年度节能减排指标。加快生态市建设，实施城市“禁燃区”建设和机动车排气污染防治，强化饮用水源等重点水域及农村环境综合整治工作，动态发布$PM_{2.5}$监测值和空气质量指数。

2013年，宁波推进生态文明建设，把改善生态环境作为最重要的民生实事，走出一条“绿水青山就是金山银山”发展新路。强化能耗强度和能耗总量“双控”，坚决不新上高能耗、高污染项目，下大力淘汰落后产能。开展低碳城市建设试点，执行国内最严格的电力企业烟尘排放标准，推进重点企业节能改造和排污权有偿使用交易，化学需氧量、氨氮、二氧化硫排放量提前完成省定目标。抓好重污染区域、重污染行业整治，关停一批重污染企业。开展河道治理、燃煤锅炉淘汰、建筑工地扬尘综合整治、危废企业“双达标”创建等工作，完成一批生态河道治理，绕城高速以内实现“禁燃区”建设的全覆盖。严格落实生态环保责任制，支持环保部门首次对6个生态乡镇的主要负责人进行约谈。对环境违法行为“零容忍”，立案查处一批违法案件。实时发布城区空气质量监测数据，保障公众知情权、监督权、参与权，环境信息公开程度在全国113个重点城市中排名第一。深化基层生态创建，持续推进“四边三化”行动，抓好重要水源涵养区、生态敏感区、生态湿地的保护修复。

为贯彻党的十八大将生态文明建设纳入中国特色社会主义事业总体布局的重要精神，2013年5月24日，中共宁波市委十二届五次全体（扩大）会议审议通过《中共宁波市委关于加快发展生态文明努力建设美丽宁波的决定》，指出要把生态文明建设深刻融入和全面贯穿到经济建设、政治建设、文化建设、社会建设的各个方面和全过程，努力建设美丽宁波，实现宁波经济社会可持续发展。2013年，宁波把生态环境建设放在突出位置，实施“三治理一提高”行动，开展国家低碳城市试点，强化森林资源保护，推进“四边三化”行动和建筑渣土、建设工程扬尘整治。“禁燃区”建设三年行动计划和主要污染物减排目标顺利完成，宁海成为国家级生态县。

2013年9月9日，宁波市政府同意印发《宁波市生态环境综合整治三年行动计划》。其中提出，持续改善生态环境质量，为全面建设“美丽宁波”提供强有力的环境支撑。其中要求，开展水体环境综合整治，强化河道综合整治，推进污水污泥处理处置和中水回用、加强工业污染防治和农业农村污染治理；开展大气环境综合整治，实行煤炭消费总量控制、提高清洁能源使用率，深化开展工业企业大气污染治理，强化机动车污染防治工作，推进“绿色港口”建设；开展土壤环境综合整治，完善固体废物污染防治设施体系建设，加强土壤污染调查和治理修复。2013年，全市淘汰高污染燃料使用设施409台，关停重污染企业936家，“禁燃区”建设三年行动计划和主要污染物减排目标顺利完成。

2014年，宁波在生态文明体制改革领域，创新生态环境保护管理模式，实现省、市、县（市）区、乡镇（街道）四级河道“河长制”全覆盖。启动第三批乡镇水环境试点建设前期工作。探索建立环境污染第三方治理机制，深入推进环境污染治理公司化运营。推进环境监测市场化，开展社会环境检测机构登记备案能力评估。完善生态保护和资源有偿使用机制，开征排污权有偿使用费，正式上调废水、废气排污费征收标准。

2020年，宁波生态文明示范创建制度创新持续深化。深化生态治理体制改革，出台《关于加快推进环境治理体系和治理能力现代化的实施意见》，率先推进美丽中国先行示范区创建。深化排污许可改革，构建以排污许可为核心的固定污染源监管系统，推广固定污染源“一库一图一单”管理系统，建立完善污染源管理信息数据库，基本实现排污许可所有固定污染源的全覆盖。全域深化“无废城市”建设，探索实行“产废企业分类暂存、镇街道中转、分拣中心收运分拣、专业单位处置”的运作模式，实现固体废物源头减量和资源化利用。构建整体性、系统性的国土空间管控制度，出台《关于落实国土空间规划体系建设并监督实施的意见》，建立“三线一单”数据库和管控单元（准入）清单。完善资源管控和节约利用制度，建立流域上下游横向生态补偿考核体系，持续推进生态环境损害赔偿制度改革，有序推进碳排放权交易和排污权交易，深入开展节水行动。创新生态环境保护机制体制，深化生态环境保护执法改革，推进生态环境机构监测监察执法垂直管理，形成生态保护党政同责、一岗双责、“三管三必须”责任体系。深入推广“生态环境议事厅”，建立企业环保咨询日制度，入选国家治理县域高质量发展创新典型案例。稳步推进绿色保险试点，创新“保险＋服务＋补偿”模式，推动生态环境监管由单纯依赖执法向加强执法与促进守法并重转变。

第二节　美丽宁波建设的实践成效

一、生态环境治理谱写新篇章

宁波强力推进蓝天、碧水、净土、清废四场污染防治攻坚战，环境质量持续改善，城市环境更加宜居。空气质量持续保持稳定达标。2022年中心城区空气质量优良率为89%，比2013年提升13.7%，高于全国平均水平5.8个百分点；$PM_{2.5}$年均浓度22微克／立方米，比2013年降低了64微克／立方米，低于全国平均水平23个百分点。2022年全域建成清新空气示范区，空气质量在全国168个重点城市中居第17位。“五水共治”工作取得实质成效。2022年地表水市控及以上断面功能达标率达93.6%，比2013年高出34.8个百分点，近岸海域水质优良比例提升到56.8%，13个县级及以上饮用水源地水质达标率常年保持100%，达到有监测记录以来最优水平。2017—2022年，连年获得全省治水最高荣誉“大禹鼎”。土壤污染综合整治取得阶段性成果。2022年，受污染耕地安全利用率和污染地块安全利用率均超过93%，自有统计数据以来提升1%以上，重点建设用地安全利用率持续保持100%。“无废城市”建设有序推进。2022年，生活垃圾分类处理走在全国前列，全市生活垃圾分类覆盖率100%、资源化利用率100%、无害化处理率100%、分类处理率84.3%，整体工作位列全国大城市第

二、浙江省第一。一般工业固废综合利用水平全国领先，综合利用率99.7%，较2013年增长7.6个百分点。“无废指数”持续居全省前列，北仑、奉化、宁海获评省首批三星级“无废城市”。生态保护修复绘就新画卷。统筹推进山水林田湖海系统治理和一体保护，生态系统多样性、稳定性和可持续性显著提升。生态保护格局持续优化。2015年率先在全省启动市级生态保护红线划定工作，2022年完成生态保护红线优化调整，建立了以生态保护红线、环境质量底线、资源利用上线和环境准入负面清单为基础的“三线一单”制度，共划定陆域综合管控单位253个、海域综合管控单元39个，实施精细化、差异化管理。启动省级以上自然保护地整合优化，治理修复废弃矿山234处。海洋生态治理修复取得积极进展。举全市之力推进近岸海域污染防治，近岸海域水质优良率83.9%，高于全省平均水平21个百分点，整治修复海岸线110.7公里，修复长度位列全省第一。完成所有历史围海生态评估，实现全市入海排污口在线监测全覆盖，象山花岙岛获批为国家级海洋公园，渔山列岛获批为国家级海洋牧场示范区。“森林宁波”建设成效显著。宁波推进生态公益林补偿制度建设，提供公益林保护的“宁波方案”，2010年成为国家森林城市，2017年实现省级森林城市全覆盖，2022年进入中国“绿都”前十名城市。美丽河湖建设不断深化。提升河湖智治能力、增强河湖管护能力，着力打造“美丽河湖”宁波样板，自2018年以来，已创建省级“美丽河湖”60条（个），居全省前列。生物多样性保护取得扎实成效。全市设有28个省级及以上自然保护地，中华凤头燕鸥、镇海棘螈、中华水韭等一批濒危保护动植物得到有效保护，各类生物栖息地生态环境持续改善。宁波市海曙区龙观乡成为全国首个生物多样性友好乡镇，其阶段性成果作为全球42个代表成果之一，被收录到《生物多样性公约》第十五次缔约方大会（CBD COP15）官方数据库中进行公开展示和传播。

二、能源绿色转型迈上新台阶

加速构建清洁低碳、安全高效的现代能源体系，新能源发电装机规模、利用水平加快步入新阶段。能源保供能力持续增强。至2022年，全市电力装机容量2411万千瓦，比2015年（1892.4万千瓦）增长27.4%；全市电网110千伏及以上公用变电站318座，变电容量7507万千伏安，比2015年增长21%。至2022年，建成成品油储罐390座，存储能力达到295万立方米；液化天然气（LNG）储罐6座，存储能力达到96万立方米，比2015年增长100%，保障了经济社会发展和民生用能需求。清洁能源开发利用明显加快。至2022年，全市清洁能源装机885.1万千瓦，比2015年（359.86万千瓦）增长146%，全市清洁能源装机占比由2015年的19%提高到26%，光伏、天然气、风电和生物质等发电装机分别达到477万千瓦、288.18万千瓦、68.62万千瓦和31.66万千瓦，其中光伏实现跨越式发展，装机容量达到2015年的46倍，居全省首位。能源利用效率不断提升。严格按照国家节能降耗控制目标要求，关停了一批高耗能、低产出的企业，2015—2020年，共实施市级重点节能技术改造项目2555个，实现节能量246万吨标准煤。2020年单位GDP能耗0.4吨标煤/万元，比2015年降低17%；单位GDP电耗670千瓦时/万元，比2015年（758千瓦时/万元）降低8%。①

三、城市绿色低碳发展取得新成就

自“双碳”战略实施以来，宁波市全力推动经济社会发展全面绿

① 参见宁波市人民政府办公厅：《宁波市人民政府办公厅关于印发宁波市能源发展“十四五”规划的通知》，http：//www.ningbo.gov.cn/art/2022/8/8/art_1229096009_4019478.html，访问日期：2023年10月24日。

色低碳转型，探索出一条符合宁波实际的绿色低碳发展道路。能源生产供应低碳化明显。能源碳强度逐年下降，相较于2010年，2020年供电碳强度下降15.5%，供热碳强度下降14.9%。压减煤炭使用和扩大可再生能源利用，推进能源碳减排1200多万吨。经济增长初步实现碳脱钩。宁波制造业31个行业中有15个行业已出现阶段性的碳排放峰值。碳排放脱钩指数（碳排放增速与GDP增速相比）从2011年的1.9降至2019年的0.02，2016—2020年全市平均碳排放脱钩指数为0.4，城市经济增长与碳排放已实现弱脱钩。循环经济发展成效显著。积极创建全国制造业绿色发展先行区，全市16个省级及以上制造业类园区全部实施循环化改造，截至2021年底累计入选国家级绿色工厂51个、绿色设计产品113个、绿色供应链6家、绿色园区3个，入选数量居全国同类城市前列。“双碳”发展创新成果丰富。2012年率先在全国提出“碳排放峰值”管理目标，成功入选“国家第二批低碳试点城市”。2016年发布实施《宁波市气候资源开发利用和保护条例》，这是国内首部气候资源地方性法规。2021年，首创的绿电交易模式在国家层面全面推广，宁波石化经济技术开发区成为全国首批碳排放评价试点产业园区。2022年，全国首个碳资信评价体系试点在宁波启动。2023年，全国首单蓝碳拍卖交易在宁波象山县落槌。

第三节　美丽宁波建设的主要经验

习近平强调，走向生态文明新时代，建设“美丽中国”，是实现中华民族伟大复兴中国梦的重要内容。如今宁波已加入万亿元GDP城市行列，经济社会发展进入了一个新的时期，面对能源资源约束、环境污染累积、生态系统退化的严峻形势，经济社会发展与资源环境承载力、民生需求与人均环境、优质生态产品需求与供给存在显著矛盾，生态文明建设需要进一步加强。实施环境质量攻坚、基础设施补短板、高质量发展服务和治理能力提升四大工程，以更高标杆、更大作为推进宁波生态文明示范建设，让生态成为“重要窗口”的厚实本底，让美丽成为“重要窗口”的普遍形态，让绿色成为“重要窗口”的品质追求。

一、坚持合力共抓，确保生态制度“长效化”

坚持制度创新，做到生态建设有规划、目标任务有部署、工作实绩有考核、环境损害有赔偿，加快形成全市上下齐抓生态、共抓创建的共识。一是明确目标定位。坚持以习近平生态文明思想为遵循，贯彻落实“生态文明要先行示范”的最新指示要求，打造全域景区、推进全域美丽和发展全域旅游，切实把生态文明建设与经济发展、城乡建设、公共服务、社会管理、文明创建等工作有机结合起来。与时俱进认识生态文明，跳出生态抓生态，把绿水青山建得更美，把金山银山做得更大。二是完善规划体系。坚持规划统领，把生态文明建设纳入“十四五”规划，按照多规合一要求，与国土空间规划、产业发展规划等衔接统一。通过规划进一步明确生态保护区域、产业准入门槛、项目环保投入等，为区块开发、项目落地划定红线。着力解决海洋生态红线覆盖陆域、自然保护地纳入不完整、永久基本农田布局与生态红线冲突等三方面问题。三是强抓共建共享。积极拓展生态文明互动平台，利用“聚焦生态环境议事厅”和“生态环境大讲堂”，拉近企业与政府、环保专家之间的距离。全面落实生态环境质量报告制度，开展自然资源资产审计，生态环保工作接受全社会监督。统筹落实政府和企业责任，全面推行排污许可制度，提高企业环境管理和治污能力。统筹推进跨部门生态环境保护协作机制，构建治水、治气、治土、监测和执法等治理协同平台，提升合力治污水平，形成生态环境保护齐抓共管的大格局。利用线上线下、新老媒体开展生态文明宣传，着力消除认识误区、增进生态共识，全社会生态保护意识持续提高。

二、坚持绿色导向，做好产业转型“加减法”

坚持经济发展绿色化、产业生态化。按照2019年6月印发的《中央生态环境保护督察工作规定》，落实“三管三必须”等要求，即管发展必须管环保、管行业必须管环保、管生产必须管环保。一是以淘汰落后产能助推转型提升。按照“管住增量、调整存量、上大压小、扶优汰劣”思路，滚动实施高污染行业整治提升专项行动，做好表面处理、有色金属、食品加工、砂洗水洗和废塑料等行业整治提升。二是以集聚集约助推效益增长。建立智慧新系统，以调查摸底为基础，建立工业档案，全面摸清工业用地总量分布，开展低效企业提升达标专项行动，整治提升“散乱污”企业。持续深化“亩均论英雄”改革，新增工业用地全面推行“标准地”。同时有序推进“工业大脑”系统建设，建设“横向到部门、纵向到企业”的数字工业产业体系框架，实行多领域开放共享，促进决策更加精准化、科学化。三是以动能转换优化产业体系。始终坚持先进制造与现代服务双轮驱动发展，大力培育健康、新材料、高技术、数字经济核心产业，重点打造智能家电（家居）、智能汽车零部件、智能装备、集成电路芯片设计、软件和信息服务等数字经济核心产业。

三、坚持综合施策，打赢污染防治“攻坚战”

气、水、土污染防治是环境质量攻坚工程的重点。按照中央坚决打赢“三大攻坚战”要求，以壮士断腕的决心，实施持续艰辛的生态治理工程。一是完善环境监测。推进水环境自动监测设施建设，建设基本覆盖全市水网的地表水环境质量自动监测系统。强化乡镇（街道）大气环境质量站（点）建设，基本覆盖全市域，增强区域环境质量变化的动态监测能力。完善土壤环境监测网络建设。开展土壤污染重点监管单位周边土壤监测。持续推进污染源在线监控设施监督管理，强化生态环境数字化转型。二是大力推进环境设施建设。全面形成“全类型、全覆盖、全过程”的固体废物分类处置和资源化利用体系，实施城镇垃圾分类减量化行动和智慧型一体化再生资源回收体系。推进污水处理厂新改扩建，强化污水管网建设，加快推进清洁排放改造。继续开展治水攻坚行动，坚持岸上岸下一起治，打好污水零直排、清淤疏浚、活水调水、美丽河湖等组合拳，落实“一河一策”，提升河道品质。三是夯实环境管控措施。推行“双随机、一公开”和“互联网＋监管”等执法方式，同步强化稽查监督，规范行政执法行为，提升执法效率。加大无人机、管道机器人等科技化监管方式应用。完善行政执法与刑事司法衔接机制，实行重大案件公安、检察院、法院联合督导督办制度。聚焦污染攻坚战关键领域和督察整改薄弱环节，以交叉式、联合式、蹲点式等监管方式，推进实施“绿剑·保卫蓝天”“绿剑·护水斩污”“绿剑·清废净土”等专项执法行动，连环式打好生态环境执法组合拳，坚决遏制环境违法和生态破坏行为。

四、坚持惠民富民，共建乡村振兴“新示范”

聚焦农民对美好生活的追求，深入实施乡村振兴战略和美丽镇村“千万工程”，大力建设“四好农村路”“美丽河湖”，走出一条生态美、产业兴、百姓富的可持续发展之路。一是建设宜居乡村。坚持城乡一体，把美丽城市、美丽城镇、美丽乡村建设统筹起来规划建设。坚持一村一韵，打好整理改建、联户自建、特色改造等组合拳，下好美丽庭院、美丽民居、乡村小品等绣花功，把古道步道、生态走廊、多彩田园、名人故居等串起来，形成推窗见景、处处有景、全域是景的风景线。二是壮大美丽经济。“绿水青山”既是自然财富、生态财富，又是人类的经济财富、发展财富。着眼把美丽资源变成美丽经济，做好产业融合文章，坚持跳出农业抓农业，坚持“工农文旅体”融合发展，接二连三发展美丽经济。三是加快生态修复。认真落实浙江省全域土地综合治理与生态修复工程部署要求，积极有序对纳入整治范围的各类土地进行系统生态治理和生态修复。加大复垦复绿力度，全面推进高标准农田建设、建设用地复垦、低效用地整治、废弃矿山治理和综合开发等工程建设，对“田水林路村”进行全要素综合整治，鼓励村社、企业、厂区、园区植树绿化，使项目区内农田更加集中连片、村庄更加集聚宜居、生态更加和谐美丽。

案例 在生物多样性保护上示范先行

党的十八大以来，以习近平同志为核心的党中央把生态文明建设摆在全局工作的突出位置，全面加强生态文明建设。生物多样性保护是生态文明建设的重要内容，也是践行“八八战略”的题中应有之义。宁波地处亚热带海陆交接处，孕育着丰富而独特的山海生态系统，在开展生物多样性保护工作上具有得天独厚的优势。多年来，宁波围绕忠实践行“八八战略”，牢固树立“绿水青山就是金山银山”理念，着力发挥生态优势，从服务“国之大者”高度深入实施生物多样性保护重大工程，在甬城大地上描绘出生机勃勃的大美宁波魅力图景，积极为建设人与自然和谐共生的现代化贡献宁波样板。

一、目标成效

宁波坚持保护优先、自然恢复为主，持续巩固绿色生态安全屏障，着力提升生态系统质量和稳定性，生物多样性保护工作取得显著成效。当前，全市森林覆盖率保持在48%左右，生态环境状况指数连续12年保持为“优”；拥有野生植物2183种、陆生脊椎动物546种，其中列入国家重点保护的分别有51种、91种；中华凤头燕鸥、江豚、镇海棘螈等重要生物资源，马鲛鱼、大黄鱼等重要经济鱼类产卵场、索饵场得到有效保护；海曙区龙观乡获评全国首个生物多样性友好乡镇；象山港拥有海洋生物等物种近5000种，是全省最具生物多样性的自然栖息地之一。

二、实践做法

1. 持续建设全域美丽大花园，以“生态美”佑护“多样性”。立足宁波“枕山面海、拥江揽湖”的自然风貌，以“连山—串城—通海”生态廊道为骨架，打造“满城皆景”的全域美丽大花园。一是立体化保护蓝天。连续实施“五气共治”“保卫蓝天”行动，强化臭氧和$PM_{2.5}$协同控制，空气质量近几年连续达到国家二级标准，成功建成省“清新空气示范区”。2021年空气质量优良率达到95.9%、$PM_{2.5}$平均浓度降至21微克/立方米，大气环境质量创有监测记录以来历史最好水平。二是一体化呵护碧水。持续推进“五水共治”“甬有碧水”行动，在全国率先开展“污水零直排区”建设，六夺全省治水“大禹鼎”，市控以上断面水质优良率从2012年的35%提升到2021年的87.5%。三是系统化守护净土。坚持减量化、资源化、无害化“三化”协同，全域推进“无废城市”建设，全市受污染耕地和污染地块安全利用率均达到97%以上，危险废物综合利用处置能力全省第一。

2. 持续推进生物资源大保护，以“共生美”促进“多样性”。在全省率先划定生态保护红线，建立实行“三线一单”生态环境分区管控制度，构建多维立体“防护网”，全面升级生物多样性保护。一是全地域调查。根据物种类别及调查规范，分类分时分段全面开展生物多样性调查、监测和评估，率先完成象山、慈溪等重点区域生物多样性本底调查，绘制物种分布、种群数量、生长状况“电子图”。二是全方位管护。建立以就地保护为主、迁地保护和离地保护为辅的生物多样性保护网络，韭山列岛已累计孵化世界级濒危中华凤头燕鸥151只，获国际野生生物保护学会最高奖项“野生动植物卫士奖”。建立卫星遥感、无人机巡查、部门联合监管“天地人”一体化“绿盾”监管行动体系，办理涉野生动物保护涉刑案件36起。三是全民性宣教。建设8个市级生物多样性体验地，以“亲子课堂”活动为载体，开展“多彩生灵、共生共富”生物多样性体验月活动，通过网络视频、科普作品等方式，引导大众感受自然万物、体味博物之美，推进全民生物多样性保护行动。

3. 持续深化产业绿色大转型，以“低碳美”助力“多样性”。把生态文明建设融入产业治理全过程，纵深拓展绿色低碳发展，高质量推进产业转型升级。一是筑牢生态屏障。加强沿山、沿江、沿海、沿临港产业带的生态廊道建设，构筑以四明山、天台山等为主的绿色屏障，以杭州湾湿地、象山港沿岸滩涂和近岸海域为主的蓝色屏障，为动植物栖息构筑安全舒适的生态圈层。二是优化产业结构。深入推进清洁生产，积极推广低碳工艺技术，鼓励企业开展污染物排放管理体系建设，加快淘汰落后产能，整治“低散乱污”企业，积极探索促进企业自主减排的市场化机制，稳步提升制造业绿色化发展水平。三是提升资源效率。组织重点用能企业实施系统节能诊断，持续加大节能改造，深化“亩均论英雄”改革。2021年，实现全市单位GDP能耗、水耗较2015年分别下降17%、28%，用全省9%的陆域面积、12%的污染物排放量，贡献了19.2%的GDP。

4. 持续拓宽“两山”转换大通道，以“价值美”增色“多样性”。坚持以生物多样性保护和可持续利用为遵循，科学有序推动生物多样性资源利用，让生态价值持续转化，推动“生态富民”可持续发展。一是推动“绿水青山”转化“金山银山”。海曙区龙观乡打造集旅游研学、碳汇交易、文化创意、生物经济于一体的生物多样性产业链，拉动绿色旅游产业经济效益增长30%以上。北仑区、象山县打造水清滩净、渔鸥翔集的海上“两山”标志性场景，吸纳就业3.9万余人，生态旅游收入超亿元，“美丽共富”在最美海岸线上加速生长。二是推动“金山银山”反哺“绿水青山”。以北仑为试点建立全国首个县级“两山”环保公益基金，50余家企业捐助公益金近2000万元，优先投入“镇海棘螈”保护地建设等五类项目，推动生物多样性保护与经济社会绿色发展良性互动。三是推动“绿水青山”通达“金山银山”。挂牌成立象山“两山合作社”，打通生态资源变资产、资产变资本的“最后一公里”，既强化“保护”又实现“变现”，构建可持续的生态产品价值实现路径。探索建立生态产品利益导向机制，积极推进投资高达30亿元的环石浦港生态环境导向开发（Eco-environment-oriented Development，EOD）项目落地，提升美丽海湾“颜值度”，增添人海和谐“普惠度”。

三、创新之处

一是创出了特色品牌。在生态文明建设“大命题”中聚焦生物多样性保护“小切口”，形成了一批走在全国前列的示范性成果。比如，象山县探索打造全国首个海上生物多样性保护实践地，其被纳入全省“多领域可持续利用”重要试点予以全面推进；海曙区龙观乡作为全国首个生物多样性友好乡镇，其“生物多样性友好乡镇”现场体验活动已入选2022年“美丽中国，我是行动者”十佳公众参与案例。二是实现了生态价值。创新打通“两山”双向通道，建立“两山合作社”、“两山”环保基金，并通过推动实施EOD项目，以市场之手助推生态增值，为生态资源盘活提供重要渠道，让群众更加直观地认识生态系统的价值、认同“绿水青山就是金山银山”的发展理念。三是凝聚了社会共识。通过项目实施、宣传教育等手段，汇聚社会团体、科研单位、大专院校等单位和组织力量，逐步形成政府主导、多方参与、共同保护的良好局面。目前，在全市范围建立了野生动物救护站点。同时，通过办好“爱鸟周”“生物多样性日”“世界海洋日”等系列节日活动，提升全社会的生物多样性保护意识。

（资料来源：宁波市生态环境局）

第十一章

以“八八战略”为指引
促进海洋与陆域经济协调发展

习近平长期在沿海地区工作，对海洋经济有着非常深刻的认识和极其深厚的感情。2002年底，他刚到浙江工作不久，就把发展海洋经济摆到十分重要的战略位置和议事日程，及时安排发展海洋经济研究课题，到沿海城市和海岛开展密集的调研活动，作出一系列推动海洋经济发展的决策部署。2003年5月13—16日，习近平在舟山、宁波、台州考察调研海洋经济，先后到嵊泗、岱山、三门、象山等县区考察，最后于16日在宁波主持召开加快海洋经济发展座谈会。2003年7月10日，在中共浙江省委十一届四次全体（扩大）会议上，习近平把发展海洋经济纳入“八八战略”。在上述调研和会议中，习近平从古今中外、机遇挑战、现状未来、重要性和紧迫性等多个维度，深刻阐述了浙江发展海洋经济、建设海洋强省的重大意义，为宁波建设现代海洋城市指明了前进方向、提供了根本遵循。

第一节 “八八战略”指引下宁波海洋经济的发展

一、谋划海洋经济强市建设

2003年全省海洋经济工作会议后，宁波第一时间成立海洋经济工作领导小组。2005年11月2日，宁波市委、市政府召开全市海洋经济工作会议，总结分析全市海洋经济发展情况，研究部署海洋经济工作，明确“十一五”期间海洋工作的发展思路和重点工作，坚持“港桥海联动”“陆海联动”发展这条主线，加强陆域经济和海域经济的联动发展，实现陆海之间资源互补、产业互动、布局协调，以建设和完善现代海洋产业体系为核心，提升海洋产业发展层次，优化海洋产业布局，促进海洋产业之间、海洋产业与陆域产业之间的融合，重点在提高港口服务业、临港先进制造业、滨海旅游业和现代渔业发展水平上下功夫，通过加快发展海洋经济，努力把宁波建设成为海洋经济强市。2006年，坚持海洋经济与陆域经济联动发展，实施“海洋振兴”计划，加快推进海洋经济强市建设。2010年7月，国家发展改革委明确把浙江和山东、广东一起列为全国首批三个海洋经济试点省份。2011年2月，国务院正式批复了《浙江海洋经济发展示范区规划》，标志着浙江海洋经济发展正式上升为国家战略举措。宁波第一时间充实海洋经济工作力量，实现领导小组办公室实体化运作。2018年，宁波获批成为国家级海洋经济发展示范区后，进一步强化市、县（市）区两级联动机制。2021年，党中央、国务院建设海洋强国的意见下发后，宁波组建了由26个市级相关部门和各县（市）区共同参与的海洋经济工作专班，构建了各方协同、高效推进的工作体系。

二、加快海洋经济发展

早在1998年，宁波市委、市政府就提出“建设海洋经济强市”的目标，全市海洋产业增加值从1998年的70亿元增加到2002年的160亿元。2002年，为应对中日、中韩两个渔业协定以及全市海洋经济发展形势，宁波市委、市政府深入贯彻《中华人民共和国海域使用管理法》，加快海洋渔业结构调整，保护海洋生态环境，加强海域综合管理。同年5月13日，宁波市下发《关于发展海洋渔业经济与加强海洋管理的若干意见》，确定“十五”期间海洋经济发展的主要目标，提出加快渔业经济结构调整，扶持海水养殖，发展渔业产业化；调整捕捞结构，压缩捕捞强度，拓展远洋渔业；加大基础性投入，促进海洋与渔业资源开发；深化海洋科技体制改革，普及海洋科技；改善渔民生产环境，完善渔民风险救助体系，减轻渔民负担；加强海洋综合管理，提高全社会的海洋国土意识和海洋环保意识，实现海洋经济的可持续发展。同年6月19日，全市海洋渔业与海洋管理工作会议召开，会议要求加强海洋资源保护，严格执行休渔期制度，划定禁渔区；加强海洋环境保护，严格实行海洋工程和海岸工程的环境影响评价制度；加快海洋法制建设；组建海洋监察执法队伍。各临海县、区结合当地实际，减少捕捞，发展海水养殖、海上运输、水产品运销、海洋旅游和休闲渔业等。同年7月，宁波市成为国家级海域使用管理示范区建设先进城市。2005年，宁波市委、市政府印发出台了《关于建设海洋经济强市的意见》。2011年，宁波出台了《宁波市海洋经济发展规划》。此后，宁波市政府连续编制海洋经济发展五年规划，梳理推进了一批标志性工程、创新性改革、突破性政策。2021年，市政府印发出台《宁波市海洋经济发展“十四五”规划》。

三、积极创建国家海洋经济发展示范试点

2011年5月11日，宁波市委、市政府出台《关于加快发展海洋经济的意见》。其中明确，发展海洋经济，要以转变海洋经济发展方式为主线，以港航服务业、临港大工业、海洋新兴产业和海岛资源开发为重点，构建现代海洋产业体系、提升海洋科教研发能力，力争在2015年基本建成海洋经济实力较强、辐射服务功能突出、空间资源配置合理、科教文化体系完善、海洋生态环境良好、体制机制灵活的全

国海洋经济核心示范区。同年5月13日，宁波召开海洋经济工作会议，部署下阶段海洋经济建设任务。出台海洋经济发展规划和配套政策意见，研究打造国际强港、建设“三位一体”港航物流服务体系的具体措施，举办融入上海“两个中心”建设对接会和首届中国海洋经济投资洽谈会，成立宁波大宗商品交易所，启动建设173个总投资2800亿元的重大海洋经济项目。全年完成港口货物吞吐量4.3亿吨，集装箱吞吐量1451万标箱。2011年，宁波大力发展海洋经济，出台《宁波市海洋经济发展规划》和《关于加快发展海洋经济的意见》等文件，设立海洋产业基金，启动省级象山海洋综合开发与保护试验区建设，举办首届中国海洋经济投资洽谈会，宁波大宗商品交易所成立开业。2012年，宁波着力打造海洋经济核心示范区，推进宁波杭州湾新区、梅山保税港区、三门湾宁波区域等海洋经济大平台建设，加快构建“三位一体”港航物流服务体系，开展大宗商品交易所、航运交易所国家电子商务试点。2012年，推进海洋经济发展，完善“三位一体”港航物流服务体系。宁波大宗商品交易所、宁波航运交易所被列入国家电子商务试点项目，梅山保税港区汽车整车进口口岸获批，浙台（象山石浦）经贸合作区加快建设，海洋经济生产总值突破1000亿元，港口集装箱吞吐量突破1500万标箱，大宗商品交易额突破5000亿元。2011年2月，国务院正式批复《浙江海洋经济发展示范区规划》，宁波—舟山港海域、海岛及其依托城市是核心区。2012年2月25日，宁波市第十二次党代会报告提出，要大力实施国家海洋经济发展战略，建设海洋经济发展核心示范区。2017年7月，宁波获批国家“十三五”海洋经济创新发展示范城市。2018年，宁波市政府印发出台了《关于推进国家海洋经济创新发展示范城市建设的实施意见》。2018年11月23日，《国家发展改革委　自然资源部关于建设海洋经济发展示范区的通知》印发，明确在浙江宁波、温州两地设立国家级海洋经济发展示范区。2019年7月，浙江省政府批复同意《浙江宁波海洋经济发展示范区建设总体方案》。

四、着力补齐海洋科技创新发展短板

2013年，浙江海洋经济发展核心示范区建设稳步推进，海洋经济科技支撑体系基本形成，海洋新兴产业加速发展，海洋资源产权交易改革积极推进。港口货物和集装箱吞吐量分别增长9.5%、7%。2014年，宁波推进港口开发建设和港航物流发展体制机制改革，建立港口岸线资源统一管理机制，发布海上丝路指数。推进海洋资源保护开发体制机制创新。2015年9月，为支撑港口经济圈建设，市委、市政府批准设立宁波国际海洋生态科技城。2015年7月2日，《宁波海洋研究院组建方案》被审议通过，同年9月宁波海洋研究院授牌成立。2018年9月10日，宁波大学海洋学院、海运学院以及新建的食品与药学学院①，整体迁入梅山并正式开学。2021年3月，梅山建成北京航空航天大学宁波创新研究院。

五、谋划推进甬舟现代海洋城市建设

2022年2月23日，宁波市第十四次党代会报告提出，要加快建设全球海洋中心城市。2022年3月，宁波市委、市政府出台《宁波市加快发展海洋经济建设全球海洋中心城市行动纲要（2021—2025年）》。2022年6月20日，浙江省第十五次党代会报告提出，推动宁波舟山共建海洋中心城市。2023年1月16日，宁波、舟山两市共同召开共建海洋中心城市推进会。

① 食品与药学学院于2023年12月更名为食品科学与工程学院。

第二节 海洋经济发展的实践成效

一、历史性成就

全市海洋生产总值从2003年的177.4亿元攀升至2022年的2307亿元，年均增长14.4%。2022年，全市海洋第一、二、三产业增加值分别为134亿元、904亿元和1269亿元，海洋三次产业结构为5.8∶39.2∶55.0。“十三五”期间，宁波成功获批为国家“十三五”海洋经济创新发展示范城市、国家海洋经济发展示范区。2022年6月，浙江省第十五次党代会明确指出，要推动宁波舟山共建海洋中心城市，全面提升宁波城市能级。2021年和2022年，浙江省委、省政府连续两年召开海洋强省建设推进会，明确提出宁波、舟山要加快建设海洋中心城市。

二、标志性成果

一是搭建现代海洋产业体系。打造万亿级绿色石化产业集群。镇海炼化全面推进世界级、高科技、一体化炼化企业建设，临港绿色石化获评国家先进制造业集群，成为全国唯一入选的石化产业集群，形成了3500万吨炼油、310万吨乙烯、1200万吨对苯二甲酸（PTA）、120万吨二苯基甲烷二异氰酸酯（MDI）等生产能力，产业规模位居全国七大石化产业基地前列，2022年规模以上石化企业完成工业总产值5221.3亿元。打造特色鲜明的国际港航物流产业集群。2006年10月，东部新城开工建设国际航运服务中心，2008年12月建设完成并开始运行。2012年12月，中国船级社浙江分社落户东部新城。2013年建成的环球航运中心，吸引了包括宁波舟山港集团、东海航运保险等在内的一批优质总部企业，以及赫伯罗特、民生轮船等班轮公司入驻。2021年，宁波舟山港首次跻身新华·波罗的海国际航运中心发展指数排名前10位。2022年，宁波东部新城港航物流集聚区，航运企业营业收入突破900亿元，持续保持全球航运中心前10名。推动海洋战略新兴产业发展。培育涉海高新技术企业213家，拥有涉海国家制造业单项冠军产品3项、单项冠军示范企业1家；获得国内首台（套）产品称号产品2项、省内首台（套）产品称号产品5项。12家涉海企业获宁波市制造业单项冠军示范或培育企业称号。例如，东方电缆成功突破深水脐带缆等关键技术，打破欧美企业长期垄断，2021年建成全国最大海缆智能化生产基地，入选全省首批“未来工厂”。推进传统海洋产业转型发展。2002年，宁波市正式实行海洋捕捞渔民转产转业政策，2002—2005年全市转产转业共计2645人。2013年，有序推进渔场修复振兴暨“一打三整治”专项行动。2018年，奉化、象山成功获批为国家级渔港经济区，推动渔业捕捞、水产品加工、商贸物流、海洋休闲、海洋文创等产业融合发展。2019年，象山顺利通过国家级渔业健康养殖示范县验收。2020年，“象山小黄鱼”成功获批国家地理标志证明商标。

二是提升海洋科技创新能级。引进培育北京大学宁波海洋药物研究院、北京航空航天大学宁波创新研究院、浙江万里学院宁海海洋生物种业研究院。宁波大学牵头开展的海洋环境污染检测技术项目，获2021年度海洋科学技术奖一等奖；北大宁波海洋药物研究院研发的海洋来源生物药物，获海洋工程科学技术奖一等奖。

三是推进海陆通道互联互通。2008年5月1日，历经10年论证、4年多施工，投资134.54亿元、全长36公里的杭州湾跨海大桥建成通车。大桥贯通荣登《中华人民共和国大事记》，大桥先后入选“大国印记：1949—2009年中国60大地标”和美国媒体评选的“世界12大奇迹桥梁”，获得中国建设工程鲁班奖（国家优质工程）、中国土木工程詹天佑奖、国家科技进步二等奖和菲迪克工程项目优秀奖等一系列国家级和世界级荣誉。

四是推进海洋资源集约化开发利用。2011年11月8日，象山县颁发了国内首个无居民海岛使用权证书（象山县旦门山岛）。2011年11月11日，象山县实现国内首个无居民海岛拍卖（象山大羊屿岛使用权）。2021年1月30日，象山开始正式实施《海域分层确权管理办法（试行）》，在全国率先探索实施海域立体分层确权，推动海域空间管理由平面化向立体化转型。

五是推进海洋生态文明建设。从2010年开始，宁波对石浦港、松兰山、桐照、梅山湾等海域进行了生态修复，至2021年6月，累计增殖放流33亿尾（例）海洋生物苗种，完成海岸带修复110.7公里。2011年12月，杭州湾湿地公园获批国家湿地公园试点，2017年12月通过试点验收，2022年通过4A级旅游景区景观质量评审，正式获评4A级景区。截至2022年底，全市建成韭山列岛、渔山列岛2个国家级海洋自然保护区，花岙岛、渔山列岛2个国家级海洋公园，以及象山港蓝点马鲛国家级水产种质资源保护区。

六是中华海洋文明探源。井头山遗址是具有里程碑意义的新石器时代遗址，将宁波地区的人类活动史前推到距今8000年左右，被评选为“2020年度全国十大考古新发现”。

三、创新举措及成效

一是坚持海洋科技创新为动力。截至2023年底，宁波拥有中科院宁波材料所、宁波海洋研究院、中电科（宁波）海洋电子研究院等18家涉海科研机构，拥有7家国家级重点实验室、3家国家级企业技术中心、9家省级重点实验室、23家省级高新技术企业研究开发中心。

二是坚持重大功能平台为支撑。2001年11月，随着杭州湾跨海大桥立项建设，宁波市委、市政府启动浙江慈溪经济开发区开发建设，其经浙江省政府批准设立为省级开发区。2010年2月23日，在整合原慈溪出口加工区管委会（经济开发区管委会）基础上，成立宁波杭州湾新区开发建设管理委员会。2014年2月18日，宁波杭州湾新区升格为国家级经济技术开发区。2019年7月，浙江省政府批复同意设立宁波前湾新区。

三是坚持海洋生态优先发展贯穿全程。在全国率先建立海岸线管理办公室，完成了海岸线修测，编制了海岸线保护利用规划，出台了岸线管理办法，并首创性地提出了自然岸线“占补平衡”的概念，即占用非红线区内的自然岸线，必须通过修复生态岸线来补齐。实施象山港梅山湾“蓝色海湾”整治行动综合治理工程。

四是坚持海洋文化软实力提升。积极开展中华海洋文明探源工程，已发现跨湖桥文化、河姆渡文化时期遗址30多处，良渚文化时期遗址10处，钱山漾文化时期遗址2处，马桥文化时期遗址24处，井头山遗址一期考古取得重大成果、二期考古发掘正式启动，与河姆渡、田螺山等史前遗址文明一起，比较完整地构建起中华先祖与海洋共生的文明序列，将中华海洋文明起源向前推到距今8300多年。

第三节　海洋经济发展的主要经验

一、加强组织领导，努力形成海洋经济齐抓共管的工作格局

集中力量办大事，是我们党领导的社会主义制度的鲜明特点和一大优势。对于浙江发展海洋经济、建设海洋强省，习近平首先强调的就是切实加强对海洋经济工作的领导。他在2003年8月召开的全省海洋经济工作会议上指出，发展海洋经济，建设海洋经济强省，是一项

全局性的工作，涉及地区广、部门多，各级党委和政府必须加强领导和协调。各有关市县也要建立相应的领导机构。要加强具体指导，掌握情况，解决工作中遇到的突出矛盾和问题。及时总结各地发展海洋经济的好做法、好典型、好经验，推动海洋经济强省建设的各项工作顺利进行。

二、抓好发展规划的研究制定，促进海洋经济有序开发

科学规划是遵循事物发展规律，体现其客观性、前瞻性、整体性、长远性的宏伟蓝图。习近平高度重视海洋经济发展规划的研究制定，防止因规划缺失或不当而造成无序发展。2003年5月16日，浙江省在宁波召开加快海洋经济发展座谈会。习近平在会上指出，强化规划，就是要按照前瞻性、科学性、操作性相结合的原则，抓紧做好海洋经济发展总体规划，以及相应的港口建设、临港工业布局、路桥开发及沿海土地利用、海洋环境保护、海洋旅游等专项规划，有序推进海洋资源综合开发，优化海洋经济区域布局，重点加强港口和中心海岛建设，加强基础设施建设，努力实现功能分工明确、特色优势显著的发展格局。

三、抓一批重大项目，带动海洋经济加快发展

重大项目具有“聚合器”的作用，再好的目标任务、规划蓝图最终都要落脚在重大项目上。习近平高度重视重大项目的“牛鼻子”作用，他在2003年8月召开的全省海洋经济工作会议上明确指出，加快发展海洋经济，建设海洋经济强省，关键要抓好一批大项目。省直有关部门和各级政府要抓紧做好既有项目的前期工作，做好组织协调。对重大项目，要专家论证，科学决策，尽早定位，争取国家立项，早

日开工建设。涉海重大项目要高起点规划，高标准建设，同时要量力而行，有序推进，高度重视工程质量，注意施工安全和技术的可靠性，建成优质工程、安全工程，有条件的还要建设成为景观工程。

四、推进改革开放，不断增强发展海洋经济的动力和活力

改革开放是中国的第二次革命，是我们走向富民强国的开端，也是发展中国特色社会主义的强大动力。习近平高度重视改革开放对发展海洋经济的推动作用。2003年5月16日，他在浙江省加快海洋经济发展座谈会上指出，要进一步深化改革、扩大开放，加快体制、机制创新，形成科学合理的管理体制以及多元化的投入机制和市场化的运作机制，进一步激发各级政府以及企业和个人投资海洋经济、发展海洋经济的积极性。同年8月，他在全省海洋经济工作会议上强调指出，进一步深化改革，扩大开放，加快体制、机制创新，充分发挥市场机制配置资源的基础性作用和各方面投资开发海洋的积极性。无论是企业发展还是项目建设，都要用改革的思路、市场经济的办法来推进。

案例　一张蓝图绘到底　书写蓝海新答卷

习近平高度重视海洋经济发展，强调经济强国必定是海洋强国、航运强国。2003年5月16日，时任浙江省委书记习近平在宁波主持召开浙江省加快海洋经济发展座谈会时指出，加强海洋基础设施建设和环境保护，进一步扩大海洋经济总量，优化海洋产业结构和布局，不断提高海洋经济综合实力和可持续发展能力，走出一条具有浙江特色的海洋经济与陆域经济联动发展的路子。同日，习近平在象山调研时强调，象山发展海洋经济已经具有良好的开

端，又有较好的自然条件和资源优势，希望象山把发展海洋经济作为一项重要的工作来抓，进一步发挥优势，寻找差距，全力推进海洋经济快速发展。多年来，宁波按照习近平描绘的蓝图，创新改革发展举措，加大统筹推进力度，海洋经济核心竞争力显著增强，对全省乃至全国海洋经济发展的示范带动效应进一步发挥。

一、目标成效

自2003年习近平谋篇部署浙江海洋强省建设以来，宁波深耕“蓝色经济”，持续向海图强。2011年2月，浙江海洋经济发展示范区建设上升为国家战略，其中，更是将宁波作为浙江海洋经济发展示范区的核心区域。2018年，浙江宁波海洋经济发展示范区获国家发展改革委、自然资源部联合批复。2022年，浙江省第十五次党代会报告提出“努力建设国家经略海洋实践先行区”、建设“海洋中心城市”的发展目标，赋予宁波新的重大使命任务。宁波坚持一张蓝图绘到底，进一步突出海洋在城市发展全局中的战略地位，着力推动港城互动发展、海洋产业平台能级提升和海洋经济重大项目建设。2003—2021年全市海洋生产总值从177.4亿元增长至2061.7亿元，年均增长14.6%；2021年全市海洋生产总值占地区生产总值比重达14.1%，占全省海洋生产总值比重达20.8%。

二、实践做法

1. 实施科技兴海，提升海洋科技创新动能。以涉海科研院所为依托，加快集聚海洋高端人才，并积极推动院企合作，促进海洋重大科研成果转移转化。截至2023年底，全市已拥有中科院宁波材料所、宁波海洋研究院、中电科（宁波）海洋电子研究院等18家涉海科研机构，拥有7家国家级重点实验室、3家国家级企业技术中心、9家省级重点实验室、23家省级高新技术企业研究开发中心。中科院宁波材料所、中电科（宁波）海洋电子研究院等海洋经济产业类研究院已引进高层次人才团队20余个，集聚各类人才逾

400名，引进拔尖及以上高端人才16名。聚焦海洋生物医药、海洋工程装备、海洋新材料等重点领域，布局实施涉海重大科技攻关项目20余项，宁波大学“近海环境和海产品中典型化学污染物检测与防控技术体系构建及应用”项目获2021年度海洋科学技术奖一等奖。强化企业创新主体作用，推动涉海企业自主研发及应用能力持续提升。东方电缆光电复合海底电缆、首根国产化大长度海洋脐带缆等多项技术和产品打破国外垄断，LNG运输船、南极磷虾船研发制造多项技术填补国内空白。

2. 发挥特色优势，做大做强现代海洋产业。充分利用宁波民营经济发达、制造业基础扎实的优势，深化打造以绿色石化为龙头，以港航物流、海洋工程装备、海洋文化旅游、现代海洋渔业等为支柱，以海洋新材料、海洋电子信息、海洋生物医药、临海航空航天、海洋新能源等为特色的现代海洋产业体系。2021年绿色石化产值规模超4000亿元，位居全国七大石化产业基地前列。海洋工程关键设备领域，涌现出锦浪科技、东力传动等一批“单项冠军”企业，蛟龙、航母等国家重器频繁出现宁波制造身影。海洋新材料产业竞争力全国领先，高端海洋重防腐涂料已获14项国家专利授权，并在舟岱大桥等跨海大桥、国内海上风电建设中进行工程应用。海洋生物医药、海洋电子信息、海洋新能源等战略性新兴产业增加值年均增速保持10%以上。同时，加快传统海洋产业转型升级步伐，全市省级以上水产原良种场达9家，其中国家级4家，并成功创建省渔业转型发展先行区；顺利举办万博鱼夜游节、海风纳凉节、黄避岙黄鱼美食节等各类海洋节庆活动，成功获批设立萨马兰奇全球航海运动基金，不断培育海洋文旅体产业“新热点”。

3. 擦亮生态底色，建设美丽海洋蓝色家园。实施海洋污染综合治理，开展入海河流和近岸海域垃圾综合治理，建立垃圾分类和“海上环卫”工作机制，实现入海河流和近岸海域垃圾的常态化防治。按照区域及海岸线段划分，设立湾（滩）长制公示牌，湾（滩）长巡查率达到100%。加强港口船舶的污染治理，继续推动港口和船舶岸电建设，完善船舶污染物接收配套设施建设，多部门协同推进海上溢油联防体建设。加强港区污水治理，按照“污水零直排”要求，引进先进处理设备，规范排放方式。近年来，近岸海域水环境质量总体保持稳定，劣四类海域面积明显减少。梅山岛、西沪港、花岙岛等一批国家“蓝色海湾”项目有序推进，海域海岛海岸带整治修复工程取得明显成效。海洋生态保护区建设成效显著，海洋保护区面积稳步扩大，已经建成韭山列岛、渔山列岛2个国家级海洋自然保护区，以及象山花岙岛、渔山列岛2个国家级海洋公园，海洋保护区面积达到586平方公里。

4. 彰显人文魅力，传承发扬中华海洋文明。深入挖掘海洋文明内涵，推动实施中华海洋文明探源工程，有序开展宁波地区史前文化与海洋文明“探源”、港城发展演变、“三海”（海丝、海防、海岛）遗存研究等重大课题研究，高起点规划翠屏山中央公园，联通东钱湖、象山港，打造“中华海洋文明起源地”的主要承载空间。目前，井头山遗址一期考古已取得系列重大成果，二期考古发掘工作已正式启动。发挥海洋旅游资源优势和海派宋韵人文禀赋，发布“海丝古港”“宁波蓝湾”“亚帆海湾”“石浦渔港”“海上石林”等海洋旅游十景。相继举办中国（宁波）海洋经济知识竞赛、“天下开港—宁波的港与城”特展、“湿地日”、“世界野生动植物日”等活动，引导公众进一步关心海洋、认识海洋。实施“滨海宁波 扬帆世界”对外传播行动，顺利举办海丝之路·中国（宁波）海洋经济博览会、象山“万物开源”海洋双创大会等展会活动，海洋中心城市影响力显著提升。

三、创新之处

1. 推进一批集成化举措，形成共推海洋经济发展强大合力。为应对海洋经济发展涉及陆海统筹领域多、主管职能部门多等情况，积极推动海洋经济工作理念向集合统筹转变。比如，在生态海岸带建设工程中，深度融合自然资源部门的海湾海岛海岸线生态保护修复、住建部门的绿道建设、水利部门的生态海塘提升、交通运输部门的风景公路建设、文旅体部门的旅游赛事活动等相关内容，实现规划层面的“多规合一”、政策领域的有效打通、项目布局上的系统建设和工作层面的合力推进，高水平推动海岸带地区经济、文化、生态融合发展。

2. 实施一批标志性工程，以点带面催生海洋经济发展成效。围绕关键产业链、重大项目和重大平台建设，推动实施一批支撑功能大、带动示范作用强的标志性工程。比如，实施国家海洋经济发展示范区建设工程，在现代海洋产业构建、海洋科技创新、海洋生态保护等方面取得明显成效，相关经验做法被国家发展改革委、《中国改革报》等推介。此外，统筹推进国家级重要金属矿石资源储运基地建设工程、海洋产业“大优强”培育招引工程、“蓝色伙伴关系”维系拓展工程等一批标志性工程。

3. 探索一批创新性改革，推动涉海关键领域实现突破发展。深入推进海洋资源要素改革，在象山县试点浅海滩涂“三权分置”，制定《海域分层确权管理办法（试行）》，开展自然资源资产储备省级试点工作，有序推进海域海岛资源储备出让。推进海洋数字化改革，上线宁波数字港航服务平台（一期），搭建宁波市海洋中心城市智慧云应用平台，“浙里惠渔”一站式渔业数字服务平台成为国内覆盖面最广、规模最大的数字渔业商务平台。

［资料来源：宁波市发展和改革委员会（宁波市海洋经济发展局、宁波市粮食和物资储备局）］

第十二章

加快法治宁波建设　优化提升营商环境

法治兴则国兴，法治强则国强。建设法治宁波是建设社会主义法治国家在宁波的具体实践，是依法治国在市域层面的深化和发展。2003年，时任浙江省委书记习近平提出了“八八战略”，其中一项重要举措是“进一步发挥浙江的环境优势，积极推进基础设施建设，切实加强法治建设、信用建设和机关效能建设”。2006年4月，在习近平的提议下，中共浙江省委作出了建设法治浙江的决策部署，探索省域层面社会主义法治建设的战略布局，推动浙江走在我国社会主义民主和法治建设的前列。推进法治浙江建设，是对浙江现代化建设总体布局的进一步完善。多年来，宁波始终坚持以“八八战略”为总纲，把营商环境优化提升作为改革创新的“一号工程”和提升城市竞争力的重要抓手，努力打造市场化、法治化、国际化一流营商环境。

第一节　“八八战略”指引下持续深化法治宁波建设

一、推进法治宁波建设（2002—2007年）

党的十六大明确提出建设社会主义法治国家，把坚持党的领导、人民当家作主、依法治国有机统一起来。2003年，宁波市政府法制办公室深入贯彻党的十六大报告中提出的“加强对执法活动的监督，推进依法行政，维护司法公正，提高执法水平，确保法律的严格实施”[①]的要求，积极开展工作。参与起草、审核、修改地方性法规草案、政府规章及其他规范性文件共45件。

按照省委法治浙江建设的总体部署，2006年初以来，在宁波市委常委会的直接领导下，成立以市委政策研究室为主的起草小组，在2005年充分调研的基础上，全面启动《中共宁波市委关于建设法治宁波的决定》（以下简称《决定》）起草工作。2006年2月底，《决定》初稿形成后，先后召开市依法治市领导小组成员座谈会、各县（市）区分管书记座谈会等座谈会，广泛开展讨论。同时，结合市委理论学习中心组专家辅导报告精神，对《决定》初稿作修改完善，形成《决定》讨论稿。同年4月18日，市委常委会对《决定》讨论稿进行专题研究，提出修改意见。《决定》征求意见稿形成后，印发给市委委员、候补委员，市纪委常委，市人大、市政府、市政协党组成员，各县（市）区党委常委和市直属各单位党委（党组）成员广泛征求意见，并听取市政协专题协商会与民主党派协商会的意见和建议。综合各方面的情况，起草组又作进一步修改，形成提交全会审议的《决定》审议稿。

2006年4月27日，中共宁波市委十届六次全体（扩大）会议举行，作出建设法治宁波的决定。围绕建设“民主健全、法规完备、行政规范、司法公正、社会有序、法治文化浓厚”的法治宁波这一目标，强化领导、完善机制，分解任务、狠抓落实，扎实推进法治宁波建设的各项工作。按照以民为本、急需为先、特色为重的要求，推动人大立法工作，完善立法程序和机制，提高立法质量和水平。支持政府依法行政，加快建设法治政府。深化司法体制和工作机制改革，拓展和规范法律服务，加强司法救助和法律援助的制度建设。

---

① 江泽民：《全面建设小康社会，开创中国特色社会主义事业新局面——在中国共产党第十六次全国代表大会上的报告》，《求是》2002年第22期。

2006年是宁波市法治建设实质性推进的一年。宁波全市各地各部门认真贯彻落实市委十届六次全体（扩大）会议精神，按照《决定》要求，围绕“法治宁波”建设，扎实开展各项工作，取得阶段性工作成效。在民主政治建设进展方面，市委成立由市委书记为组长的建设“法治宁波”工作领导小组，市人大常委会通过《关于建设“法治宁波”的决议》。在地方性法规体系完善方面，市人大按照“急需为先、特色为重”的要求，抓紧制定地方性法规，确定经济建设、环境保护、安全生产、城市规划管理、社会事业和社会保障等10个立法项目。在法治政府建设方面，市政府制定《关于推进法治政府建设的意见》，明确建设法治政府的要求，并对2004年以来的行政许可事项进行清理。宁波被中央电视台选为《平安家园·会客厅》主题宣传的12个城市之一。在司法体制改革方面，建立市、县（市）区信访工作律师顾问团，100多名律师顾问团成员随同党委、政府主要领导参与信访接待和走访、下访工作，为领导决策、处理涉法案件提供法律支持。在普法教育方面，开展“法在你身边”大型法律宣传月系列活动，《宁波日报》、宁波电视台等新闻媒体推出“全面推进依法治市，加快建设‘法治宁波’”等专栏（题），刊发稿件600多篇。在基层民主法治建设方面，全市创建国家级民主法治示范村2个、市级民主法治示范村105个、县级民主法治示范村838个，民主法治示范村创建工作得到司法部、民政部的充分肯定。

二、深化“法治宁波”建设（2008—2012年）

2008年4月，全国普法办印发《关于开展法治城市、法治县（市、区）创建活动的意见》，要求各地、各部门在当地党委、政府的统一领导下，按照构建社会主义和谐社会的总体部署和要求，结合本地、本部门实际情况，积极稳妥、循序渐进地开展法治城市、法治县（市）

区创建活动。2008年，宁波着力深化依法治市各项工作，完善地方立法领导制度，坚持立法决策与市委重大决策相结合，大力推动科学立法、民主立法。全面贯彻行政许可法和依法行政实施纲要，在全省率先实施行政机关内设机构行政审批职能归并改革，推动责任政府、服务政府、法治政府建设；落实司法为民要求，深化司法体制和工作机制改革，大力推进执法规范化建设，切实维护司法公正。

2008年8月，市政府法制办结合《宁波市市民卡管理办法》草案审核工作，首次以立法恳谈会形式，听取市人大代表、政协委员、市民代表及有关部门代表对立法草案的意见、建议。全年组织《宁波市住宅小区物业管理条例》立法听证会、《宁波市道路停车泊位设置和管理办法》立法论证会等立法座谈会20多次，扩大社会公众参与立法的程度，构建规章起草部门和政府法制机构同专家学者、人大代表、政协委员、社会公众代表之间的互动平台。

2008年12月，市政府制定出台《宁波市人民政府关于加强市县政府依法行政的实施意见》。其中提出，各级政府要建立和完善行政决策机制，严格行政执法，规范抽象行政行为，加强对具体行政行为的监督，充分发挥社会自治功能，加大对行政机关工作人员法律知识培训考核的力度，加强法制机构和队伍建设，认真落实依法行政报告制度。

法治对政治文明具有极其重要的意义，是政治文明的根本保障，发展社会主义民主必须实行法治。2009年，“法治宁波”建设全面深化，发展社会主义政治文明。推进经济、政治、文化和社会领域的法治化进程，按照“总揽全局、协调各方”原则，支持各方独立负责、步调一致地开展工作。加强基层民主政治建设，依法保障群众民主权利。深化法治县（市）区工作先进单位、法治先进乡镇（街道）、民主法治示范村（社区）、和谐企业“四项创建”活动，累计创建“全国民主法治示范村”5个、省五星级“民主法治村（社区）”45个。

三、打造法治中国先行市（2012年以来）

法治社会的核心是法治政府，推进依法行政、建设法治政府不但是应有之义，更是重中之重。2012年5月，宁波市政府出台《关于加强法治政府建设的实施意见》。该文件确定8个方面25项任务，提出要提高行政机关工作人员依法行政的意识和能力，转变政府职能，坚持依法科学民主决策，加强和改进制度建设、严格规范依法公正文明执法，依法化解社会矛盾纠纷，强化行政监督与问责，加强对依法行政工作的组织领导等工作要求。同年8月，市政府办公厅印发《〈关于加强法治政府建设的实施意见〉任务分解方案》，将25项任务分解落实到相关职能部门。2014年，宁波推进基层协商民主，推进法治政府建设，全省首创推行行政复议决定网上公开制度。宁波深化司法体制改革创新，全面推进“阳光司法”。

党的十八届四中全会通过的《中共中央关于全面推进依法治国若干重大问题的决定》，是指导建设社会主义法治国家的纲领性文件，为全面深化法治宁波建设明确了奋斗方向，提供了根本遵循。2014年12月30日，中共宁波市委十二届八次全体（扩大）会议通过《中共宁波市委关于认真贯彻党的十八届四中全会精神全面深化法治宁波建设的决定》。该文件提出全面深化法治宁波建设的总体要求，指出要加强宪法法律实施，切实提高地方立法水平；坚持依法行政，加快推进法治政府建设；坚持公正司法，全面提升司法公信力；深化法治宣传教育，不断增强全民法治观念；推进社会治理法治化，加快法治社会建设；加强法治工作队伍建设，努力提供法治人才保障；加强和改进党对全面深化法治宁波建设的领导。

按照全面推进依法治国的重大战略部署，为在新形势下推进依法行政、建设法治政府，根据《浙江省人民政府关于深入推进依法行政加快建设法治政府的实施意见》和《宁波市人民政府关于加快建设法治政府的意见》精神，结合宁波实际，2015年4月，宁波市政府出台《宁波市人民政府关于加快建设法治政府的意见》。其中提出，建设职能科学、权责法定、执法严明、公开公正、廉洁高效、守法诚信的法治政府，于2020年前在省内率先基本建成法治政府。其中要求，深化“四张清单一张网”建设，深化行政审批制度和公共资源交易管理体制改革，推进政府自身改革，创造法治化的营商环境，完善政府立法体制，加强重大行政决策的合法性审查，完善重大行政决策实施情况后评估、终身责任追究和责任倒查机制，健全行政执法和刑事司法的衔接机制，强化重点领域执法力度，健全行政裁量基准制度，推进政务公开，完善审计监督、纠错问责机制，加强行政应诉工作，依法解决信访问题。

重大行政执法决定法制审核制度试点工作是原中央深改组确定的重点改革任务，是推进法治政府建设的有力抓手。2017年，围绕人民群众反映突出的行政执法不规范、办事效率低、损害营商环境、侵犯人民群众利益等问题，宁波开展重大行政执法决定法制审核制度试点，重在保证合法行政，守住法律底线。市政府、县（市）区政府以及公安、综合行政执法、市场监管等主要行政执法部门出台法制审核规程，明确法制审核的主体、范围、期限、程序和内容。建立四项标准，市政府本级和大部分试点单位出台需要法制审核的目录清单。采用“查审分离”模式，建立法制网上审核运行平台，实现查审分离、高效审核。按照分类分领域的要求，公安、综合行政执法、市场监管、国土资源、海洋渔业、人社、财政等试点单位均制定出台各领域审核要点。深化政务公开，出台专门文件，将“五公开”要求落实到公文办理程序和会议办理程序，健全信息公开属性源头认定机制，将公开要求固化为文件办理过程的必要环节，明确标注公开属性，做到政策性文件与解读方案、解读材料同步组织、同步审签、同步部署；出台《宁波市政务会议开放办法》，建立利益相关方列席政府有关会议制度，拓展公众参与政府决策渠道。推进行政复议体制改革。确定市及各县（市）区行政复议机构设置总体方案，年底前市、县（市）区两级完成行政复议局的组建，建立市政府、县（市）区两级政府统一行政复议案件受理、审理、作出决定的行政复议机制。改革后，各级政府部门不再履行行政复议审理职责。宁波作为浙江省唯一试点城市，认真研究部署，积极组织谋划，扎实稳步推进，取得了初步成效，包括研究起草《宁波市推行重大行政执法决定法制审核制度试点工作实施方案》、梳理需要报送市政府审批的行政执法决定事项等，从组织制度建设到试点方案落实，都取得了良好成效。

2019年，宁波组建市委全面依法治市委员会，健全党委法治建设议事协调机制。建立市委党内法规工作联席会议制度，实现市、县（市）区、乡镇（街道）三级党内规范性文件备案审查全覆盖。开展全国法治政府建设示范创建，推进重大执法决定法制审核制度国家试点，全面完成行政复议体制改革。深化司法体制综合配套改革，探索诉源和执源治理，推进“移动微法院”建设，强化检察机关法律监督职能。

2020年，法治宁波建设制度改革提质增效。坚持党对法治宁波建设的全面领导，健全党政主要负责人履行推进法治建设第一责任人职责报告制度。健全党内法规备案审查制度，拓展党内规范性文件备案审查范围，新增备案审查单位30家。完善法治建设规划体系，制定《法治宁波建设规划（2021—2025年）》，谋划打造法治中国先行市。全面推行法规草案联合起草方式改革，全国首创建立地方性法规动态维护机制，构建系统完备的地方立法工作机制。深入推进法治政府建设，获批首批全国法治政府建设示范市。健全乡镇（街道）合法性审查制度，实现全市乡镇（街道）合法性审查力量、审查范围、审查机制全覆盖。推动行政争议发案量和败诉率“双下降”。深化综合行政执法改革，全市统一划转综合行政执法行政处罚事项。稳步推进奉化区溪口镇、鄞州区姜山镇“一支队伍管执法”试点，开展镇海区深化综合行政执法改革试点。完善公共法律服务体系，推动法律援助“市域一体化通办”，推广“公证E通”服务模式，延伸拓展服务领域，提升公证参与社会治理效能。深化司法体制综合配套改革，全面落实司法责任制；持续推进民事诉讼制度改革，打造“移动微法院”全国运维中心，推进“移动微法院”迭代升级，引领世界移动电子诉讼发展。深化完善自动履行正向激励和信用修复机制，率先出台全国首个自动履行机制地方性规范文件，推进“基本解决执行难”向“切实解决执行难”转变。

第二节　法治宁波建设的实践成效

宁波市围绕法治宁波建设进行探索和实践，涌现出一批在全国有影响力的品牌经验。在推进依法执政方面，宁波市在全国首创人大代表票决政府实事工程制度，制定出台人大常委会讨论决定重大事项办法，探索推行村党组织书记“公推直选”工作并将其成功运用到城市社区和“两新”组织党组织换届选举中，成为全国首个城市社区全面直选的城市。在地方立法方面，宁波市出台全国首部调处医患纠纷的地方性法规《宁波市医疗纠纷预防与处置条例》，制定《宁波市行政处罚自由裁量权行使规则》并实现该领域政府立法全省首创。在法治政府建设方面，宁波市在全国率先开通网上行政执法暨电子监察系统，率先试点实施“城乡一体化”综合行政执法体制，行政审批标准化建设项目获第二届中国法治政府奖。宁波市连续多年获全国政府透明度领先奖。在司法改革方面，宁波市中级人民法院在全省率先开展司法网络拍卖试点工作，探索实行事实认定与法律适用适度分离的审判权分权改革，江北区人民法院率先试行民商事案件大陪审制，向全国法院推广。在法治宣教方面，宁波市在全国副省级城市中率先出台法制宣传教育条例，在全省率先出台《关于加强社会主义法治文化建设的实施意见》。在社会治理创新方面，宁波市81890服务模式广受赞誉，并在全国200余个城市推广，“新老市民共建共享融合模式”项目获评首届“中国社会创新奖”，宁波市医疗纠纷人民调解模式和北仑区社会化劳动争议调解模式分别在全国、全省推广。

一、开展民主政治建设，依法执政能力增强

一是规范党委领导机制和执政方式。充分发挥党的领导核心作用，建立健全党委议事规则及决策程序、党政主要领导“五个不直接分管”制、“一把手”末位发言和无记名投票决策制、决策失误责任追究制度，建立市和县（市）区党委部门新闻发言人制度，建立市委法律顾问制度，开展党内规范性文件备案审查。突出抓好贯彻群众路线长效机制的制定工作，认真实施党风廉政建设责任制，“三重一大”保廉、廉情预警机制和基层廉洁工程逐步深化，构建起政府投资项目的廉洁“防火墙”。

二是发展社会主义民主政治。积极推行党员首议制、提案制和票决制，建立健全基层党员定期评议基层党组织领导班子成员制度以及党员信访举报受理、查核和反馈机制。全面支持人大及其常委会依法履行职能，建立人大决定重大事项的规定，逐步完善人大代表联络站、代表接待室等代表联络群众平台。深入开展专题协商、对口协商、提案协商、界别协商和基层协商，坚持政协主席分工督办重点提案制度，创设政协委员恳谈会。

三是推进基层民主法治建设。全面开展民主法治示范村（社区）创建工作，培育国家级民主法治示范村16个、省级民主法治村（社区）160个，创建数量和质量走在全省乃至全国前列。在城乡社区

（村）建立和谐（和美家园）共建理事会，推进居（村）民自治。健全村级“三会决策”制度，推出象山县“村民说事”制度、余姚市“阳光村务八步法”、镇海区农村社会化管理方式等有效做法，北仑区的村事决策“四个一”模式在全省推广。

二、致力服务经济社会发展，法律体系不断完善

围绕全市发展大局，建立立法规划项目库，坚持把立法重点放在推进经济体制改革、改善民生、发展社会事业和政府自身建设方面，制定出台了《宁波市象山港海洋环境和渔业资源保护条例》《宁波市医疗纠纷预防与处置条例》等一批全国领先的地方性法规和政府规章。

一是积极推进重点领域立法，开展特色立法和精细立法。积极推进产权保护、市场准入、公平竞争、社会信用等重点领域新兴领域立法。深化“小快灵”“小切口”等立法模式创新，完善出台一批地方性法规、规章。

二是严格实施动态维护机制，及时修改和废止不适应发展要求的法规规章。在全国首创法规“全生命周期”管理，及时修改和废止不适应高质量发展要求的法规规章和规范性文件。截至2022年，已完成优化营商环境的地方性法规、规章和规范性文件清理工作，全市清理出“问题文件”共计41件。

三是推进“开门立法”，积极回应市场主体需求。积极征询市场主体意见建议，设立人大基层立法联系点35个、政府立法联系点61个，特别是10家企业、9家行业协会（商会）联系点，鼓励、支持、引导企业和行业协会商会积极有序参与地方立法和制度建设。出台《宁波市企业家参与涉企政策制定暂行办法》，增强涉企政策科学性、规范性、协同性，营造稳定透明可预期的政策环境。

三、提升依法行政能力，法治政府建设成效显著

一是完善行政管理体制。推进政府机构改革，对经济和信息、交通运输、住房和城乡建设、人力资源和社会保障、工商行政管理和食品药品监管等机构进行调整。开展行政审批标准化建设，整合行政审批职能主体，建立整体、协同的审批运作模式和“6+1”“9+X”会商会办机制，实行重点项目审批进度全程跟踪和代办机制，提升审批效率。

二是创新执法方式。全面落实行政执法公示制度、执法全过程记录制度、重大执法决定法制审核制度“三项制度”，进一步规范行政执法自由裁量权。推出“首违免罚”制度，发布涉企轻微违法行为“首违免罚”清单，涵盖交通安全、道路运输、渔业安全、生态环境、农业生产等26个领域191个事项，实现“事项名称、法律依据、豁免情形”三统一。

三是创新监管模式。推行市场主体分级分类“信用+监管”模式，编制《城市管理领域审慎执法监管事项清单》。全面整合原工商、食品药品、质量技术监督、知识产权、价格监管等领域监管职能，建立并完善权责一致、运转高效的市场监管工作机制。

四、强化司法服务保障，司法环境更加优化

一是加强重点领域知识产权司法保护。在全国首创“局、队联合办案”机制，加大对新兴产业、重点领域、关键技术的知识产权司法保护力度。创新开辟行政裁决案件特有快速通道，最多可节省法定办案时间29个工作日，实现专利侵权行政裁决案件20个工作日内审理办结。在全国率先实现专利假冒侵权线索在线识别功能，成为国家首批

知识产权侵权纠纷检验鉴定支撑体系建设试点城市。

二是创新推进诉讼机制改革。创新推出“移动微法院”，推行全流程无纸化网上办案，获评首届“人民法院改革创新奖”。在全国首推审判领域“当事人一件事”集成改革，首创自动履行正向激励和信用修复机制，积极运用活查活扣措施，减少涉诉给企业正常生产、经营带来的不利影响。上线全国首个司法拍卖不动产登记“一件事”办理平台，不动产转移登记、办理权证时间压缩为最优1天。

三是打造更加合规的经营环境。在全省率先建立涉案企业合规第三方机制，制定《关于建立涉案企业合规第三方监督评估机制的实施办法（试行）》，督促企业严守依法合规经营底线，相关工作情况被最高人民检察院在民营经济法治建设峰会上宣传介绍。

五、打造多维度法律服务体系，法治文化环境优化

一是深入开展法治宣传教育。科学制定普法工作目标管理考核制度，形成各地各部门协作有力、联络顺畅、资源共享的普法依法治理工作长效运行机制，逐步建立覆盖全市城乡的法治宣传服务网络。认真落实党委（党组）中心组学法和领导干部法治培训等制度，建立完善领导干部、公务员学法用法考试考核制度，推行新任市管干部、处级干部和乡镇（街道）党政正职学法培训班制度。

二是加强法治文化建设。率先在全省出台《关于加强社会主义法治文化建设的实施意见》，推进法治文化阵地建设，已创建省、市、县（市）区三级法治宣传教育基地和青少年法治教育基地60余个。全市已建成法治文化广场、法治文化公园、法治文化长廊等法治文化示范点294个，保持全省领先水平。

三是开展特色法律服务。发挥律师队伍专业优势，持续深入开展“法雨春风”法律服务月、“百家律所千名律师进万企”、民营企业法

治体检等法律服务专项行动，推动开发园区、重点楼宇、特色小镇法律顾问服务全覆盖，及时为企业提供有关公平竞争审查、矛盾纠纷化解等便捷实用的法律服务。

四是构建亲清政商关系。开展“万企评法院”活动，挂牌设立12个“民营企业司法服务联络站”和75个“联络点”，上线“宁波法院服务企业在线平台”，实现涉企服务的线上线下全覆盖。开展“走企连心”专项行动和“亲清直通车·政企恳谈会”，亲清政商关系不断走深走实。此外，助力企业国际化发展。成立国际商事法庭，建立全国首个海事行政争议调解中心，引领示范全国海事案件管辖制度改革。

第三节　法治宁波建设的主要经验

一、坚持党对法治建设的绝对领导

党的领导是社会主义法治最根本的保证。坚持党对法治工作的绝对领导，是建设更高水平的法治中国的必然要求。中国共产党领导是中国特色社会主义最本质的特征，已被写入宪法。宁波市坚持把党的领导贯穿法治宁波建设的全过程和各方面，全面贯彻习近平法治思想，抓好习近平法治思想的学习贯彻，高效推进习近平法治思想“进机关、进党校、进学校、进国企、进社会治理中心、进法律服务机构、进部队、进企事业单位和村社”，多维度多形式开展宣传报道，多领域多角度开展研究阐释。严格落实党政主要负责人履行推进法治建设第一责任人职责实施办法、党政主要负责人“述法”工作实施细则，强化领导干部法治思维。完善党委（党组）依法决策机制，加强党内法规工作。探索高效的工作机制，完善法治工作重大问题、重大改革、重大事项请示报告制度，健全市、县（市）区两级党委法治办内设机构设置，更好发挥法治建设议事协调机构牵头抓总作用。

二、坚持人民主体地位的建设理念

人民群众既是法治建设的参与主体，也是法治建设的受益主体。建设社会主义法治国家，需正确处理推进法治建设与坚持人民主体地位的关系。宁波始终将依法保障人民当家作主地位作为建设法治宁波的出发点和落脚点，积极回应人民群众新要求新期待，保证人民群众在党的领导下通过各种途径和形式管理国家事务、经济文化事业、社会事务，共享改革发展成果，促进社会公平正义，切实做到法治建设为了人民、依靠人民、造福人民、保护人民。多年来，通过广泛征求民众意见制定立法项目库、成立由72人组成的立法专家咨询库、设立24个基层立法联系点等多种途径，凝聚社会各界力量，充分发挥人大代表的立法主体力量，开展民主立法，为人民群众当家作主提供了制度保障。在法治宁波建设中，以法治建设发挥人民主体力量，实现人民当家作主。始终把对公民的宪法普及教育贯穿始终，使民众树立公民意识、民主意识、法治意识。推行政府重大决策公民参与程序制度，各级政府的重大决策凡涉及民众切身利益的，都通过向社会征求意见、举行听证会等活动，确保社会广泛参与。

三、坚持以营造稳定公平透明可预期营商环境为主要目标

习近平在党的二十大报告中指出，要完善产权保护、市场准入、公平竞争、社会信用等市场经济基础制度，优化营商环境，为中外企业提供公平公正的市场秩序。宁波深入贯彻落实习近平总书记关于营商环境建设重要论述，始终努力营造稳定公平透明可预期的营商环境，着力破除各种隐性准入壁垒，建立健全公平竞争审查制度，强化竞争政策基础

地位，加强反垄断和反不正当竞争执法，维护有序的竞争规则。例如，在知识产权和商业秘密保护领域，宁波高度重视知识产权保护工作，积极推动知识产权“一件事”集成事项改革，制定《宁波市专利管理条例》《宁波市企业技术秘密保护条例》等地方性法规，创新知识产权“保险 + 维权 + 服务”模式，全面提升知识产权治理体系和治理能力水平。2022年，宁波获批为全国首批知识产权强市建设示范城市、全国首批知识产权纠纷快速处理试点地区和全国首批商业秘密保护创新试点地区。近年来，宁波重点整治滥用行政权力妨碍商品服务和要素自由流通、滥用行政权力排斥或限制外地经营者、滥用行政权力限定或者变相限定交易、滥用行政权力制定含有排除和限制竞争内容规定等实施地方保护和市场分割行为，加快融入建设全国统一大市场，坚决破除妨碍各种生产要素市场化配置和商品服务流通的体制机制障碍。近3年，全市共废止和修订妨碍统一市场和公平竞争的文件200余件。

四、坚持以“法治是最好的营商环境”为根本原则

2019年2月25日，习近平在中央全面依法治国委员会第二次会议上强调，法治是最好的营商环境。宁波深入学习贯彻习近平法治思想，不断强化“法治是最好的营商环境”理念，把依法平等保护各类市场主体产权和合法权益贯彻到立法、执法、司法、守法各个环节，以一流法治化营商环境助推宁波经济高质量发展。宁波以前所未有的力度推动营商环境法治化水平不断提升，始终注重依法平等保护各类市场主体产权和合法权益，为打造一流法治化营商环境奠定了坚实基础。2006年，宁波市委作出《中共宁波市委关于建设法治宁波的决定》，就建设法治宁波作出了具体部署，加快建设法治政府。2021年，宁波市委依法治市办印发《宁波市贯彻落实习近平总书记在中央全面依法治国工作会议上的重要讲话精神分工方案》，推动习近平法治思想贯

彻落实到依法治市全过程和各方面。2021年，宁波市委出台《法治宁波建设规划（2021—2025年）》；2022年，宁波市委、市政府印发《宁波市法治政府建设实施纲要（2021—2025年）》。宁波深化法治领域改革创新，开创了法治建设新局面。围绕法治宁波建设的重点，加快推进“大综合一体化”行政执法改革，加快打造一流法治化营商环境，率先构建基层社会治理法治化体系，加快构建依法治网工作体系，加快构建规范高效司法监督体系，加快建设数字法治系统，以法治保障全过程人民民主。

案例 “移动微法院”撬动诉讼模式大变革

党的十八大以来，习近平多次强调，要努力让人民群众在每一个司法案件中感受到公平正义。2016年4月19日，习近平在网络安全和信息化工作座谈会上强调，要让亿万人民在共享互联网发展成果上有更多获得感。这些都为人民法院工作指明了方向。宁波是“移动微法院”的起源地，该模式于2017年10月在余姚市人民法院进行试点，2018年1月在全市法院推广，2018年9月起在全省法院推广，2019年3月正式升级为“中国移动微法院”，2022年3月正式升级为“人民法院在线服务”。“移动微法院”实现民商事案件全流程在线流转，让老百姓打官司“最多跑一次”，甚至“一次不用跑”，以在线小程序撬动了我国诉讼模式大变革，推动实现了更高水平的公平正义。

一、目标成效

宁波深入践行“八八战略”，围绕建设全方位、立体式的“互联网 +”诉讼服务体系，以信息化建设提升审判质效，在全国首创“移动微法院”，积极推动移动电子诉讼的理论创新和制度创新，让信息多跑路，让群众少跑腿，最大可能节约司法成本，努力缩短社会公众与司法之间的距离。相关经验被最高人民法院《人民法院在线诉讼规则》充分吸纳。2022年3月，按照最高人民法院统一部署，“移动微法院”正式升级为“人民法院在线服务”，成为全国法院唯一的在线诉讼平台、一张“世界级”司法名片，获评浙江省改革突破奖金奖和首届“人民法院改革创新奖”。

二、实践做法

1.打造移动诉讼服务平台，让司法服务触手可及。坚持以用户为中心，提供移动式、跨时空、便利化的司法服务，实现立案全球通、跨时空庭审等场景应用。一是“一案一空间”，实现跨时空充分交互。推动远程数字法庭跨网融合，国内当事人可以就近选择一家法院，向全国任何一家有管辖权的法院发起远程立案申请。集成整合调解、立案、阅卷、送达、保全、鉴定等全国通用诉讼服务功能和地方法院特色服务功能，为参与各方提供在线庭审服务。通过在线的案件专属空间，办案人员、诉讼参加人可通过文字、语音、视频、图片等方式进行互动交流，法官可线上告知、通知、联系各方诉讼参与人并送达法律文书。此外，当事人还可在线预约法官、提交申请、上传材料、举报执行财产线索等。二是“一入口全链条”办理，实现“一站式”服务。“人民法院在线服务”与现有的各审判执行系统打通对接，同时深入贯彻省委关于“共享法庭”工作部署，与基层治理四平台贯通，着力打造集快捷解纷、司法协助、法治宣传等五项功能于一体的“共享法庭”宁波模式，使之成为司法服务的便民超市、开放互动的普法学校和没有围墙的在线法院。三是“一键化”操作，实现便捷“指尖诉讼”。充分考虑手机操作的用户体验，简化文字输入的操作方式，推动大部分环节实现一键操作。可一键生成格式化申请文书，一键上传起诉材料、提交证据、发表质证意见。此外，还开发上线了藏语、维吾尔语、哈萨克语等版本，极大地方便了少数民族群众。四是精准对接需求，提供定制化服务。与司法行政部门对接，为律师提供网上阅卷等35项定制服务。开发在线保全模块，与银行、保全担保机构对接，可在线缴纳担保费，在线出具电子担保书。与“浙江企业在线”打通，95%以上的企业可有效接收电子法律文书。

2. 打造移动智能办案平台，探索电子诉讼审理新模式。遵循网络诉讼规律，积极创新电子诉讼司法流程，探索符合移动互联网特点的审理模式。一是探索线上线下融合审理模式。通过线上线下结合的方式重塑诉讼工作流程，法官和当事人可以根据需要，自由选择某个诉讼环节在线上进行或者在线下进行。目前，通过线上线下深度融合审理，推动庭审效率提高10%以上。二是探索错时审理模式。设计一系列辅助工具模块，完善审判流程节点公开功能，可以使得当事人和法官突破时空限制，在不同时间以非同步方式进行起诉、答辩、举证、质证、辩论、宣判等环节。审理过程不再拘泥于传统的同时同地同步，方便当事人利用非工作时间、碎片化时间参与诉讼。三是探索当事人自助审理模式。充分考虑当事人之间的交互性、协同性，持续优化在线服务技术。当事人可以自主推动诉讼进程，在指定期限内按提示自主进行证据交换和质证，自主进行沟通与和解，而无须完全由法官来引导推动诉讼进程。

3. 打造移动同步公开平台，让公平正义看得见。建设移动端司法公开主窗口，构建实时性、直接性、可视化的阳光司法平台。一是实现全过程留痕。人民法院在线服务将当事人参与诉讼和法官办案的每个环节、每次活动均在平台上同步自动存档，使诉讼活动可备查、可追溯，当事人无论在审理中或者结案后，都可随时在线查阅。二是实现可视化监管。开发配套可视化监管系统，可实时掌握办案动态，实现办案监督管理从“事后化”向“预警化”转变，促进办案更加透明规范。归集运用司法大数据，研发上线五色诚信诉讼码，并与信用部门信息共享，实现守信激励、失信惩戒。目前当事人查询53万余人次，赋异色码人员约4万人。三是实现见证式执行。将冻结、查封等11个重要执行节点设置为标准化节点，实现视频、图片、文字、定位实时录入和线上告知，还可对执行现场进行直播。执行法官外出办案可用手机录入执行节点信息，同步导入执行系统，并推送给当事人。申请执行人能够及时充分了解执行进程。

三、创新之处

1. 填补了电子诉讼理论空白。“人民法院在线服务”的实践推动了移动电子诉讼理论的形成与发展，填补了我国乃至全球移动电子诉讼理论空白。最高人民法院原院长周强指出，“中国移动微法院”推动了电子诉讼服务向移动端发展，引领了世界移动电子诉讼发展潮流，是对世界现代司法文明的重大贡献。

2. 推动了诉讼理念规则重塑。“人民法院在线服务”的推广应用打破了传统诉讼在身份认证、电子确认、线上举证、文书送达、网上开庭等方面的规则束缚，推动诉讼理念和诉讼规则重塑。宁波市中级人民法院已经取得人民法院在线服务的全部知识产权，并获最高人民法院批复同意在宁波移动微法院研发基地的基础上成立宁波在线诉讼研究院。

3. 促进了在线诉讼标准革新。宁波市中级人民法院制定的在线诉讼规程主要内容，被《人民法院在线诉讼规则》充分吸纳，相关建设标准纳入法院行业标准。人民法院在线服务全国标准版催生了在线诉讼新常态，极大地方便了当事人，提高了审判质效，降低了诉讼成本，提升了治理效能。

（资料来源：宁波市中级人民法院）

第十三章

“繁荣港城文化” 加快建设文化强市

习近平在浙江工作期间就高度重视文化建设和传承中华优秀传统文化，将加快建设文化大省纳入“八八战略”大布局中予以谋划。2002年12月20日，习近平在宁波考察调研时指出，要突出港口城市的特色，充分挖掘丰富的自然和人文资源，吸纳现代文明，建设港城文化。[①]2004年6月25日，在浙江省委常委会听取宁波市工作汇报时，习近平指出，要充分发挥宁波的人文优势，大力推进科教兴市、人才强市和文化大市。[②]习近平立足宁波历史文化名城的实际，提出要充分发挥深厚文化底蕴的优势，积极推进文化与经济、文化与社会的互促共进，坚持以人为本，服务人民群众。关于充分发挥深刻文化底蕴优势的指示，为宁波文化软实力提升指明了方向；关于文化设施建设的指示，明确了宁波精神文明建设的着力点；关于使广大人民群众真正受益的指示，确立了宁波文化事业发展的价值导向。多年来，宁波始终坚持以“八八战略”为总纲，坚定文化自信、增强文化自觉，加快从文化大市向文化强市迈进，为奋力推进“两个先行”、加快建设现代化滨海大都市注入强大文化力量。

---

① 参见习近平：《干在实处 走在前列——推进浙江新发展的思考与实践》，中共中央党校出版社2006年版，第486—487页。

② 参见习近平：《干在实处 走在前列——推进浙江新发展的思考与实践》，中共中央党校出版社2006年版，第484页。

第一节 “八八战略”指引下加快文化强市建设

一、推进文化大市建设（2002—2007年）

文化软实力是综合实力和国际竞争力的重要组成部分，文化与经济、政治相互交融、相互影响、相互促进。2003年7月，中共浙江省委十一届四次全体（扩大）会议将加快建设文化大省作为实施“八八战略”的重要内容。彼时的浙江被确定为全国文化体制改革综合试点省。2003年8月，原浙江省文化体制改革工作领导小组批复了6个省级部门以及杭州、宁波两市的试点方案。2005年7月，浙江省委十一届八次全体（扩大）会议通过了《中共浙江省委关于加快建设文化大省的决定》。2004年，宁波重视发展文化事业，积极培育文化产业，扎实推进文化大市建设。推进文化体制改革，召开全市文化产业发展工作会议，制定《宁波市文化“四个一批”规划》和《关于加快文化产业发展的若干意见》。

2005年，宁波以创建全国首批文明城市为契机，全面加快文化大市建设，努力推动各项社会事业的协调快速发展。积极推进文化事业和产业发展，“三江文化长廊”建设进展顺利，精品创作跨上新台阶。成功举办第9届中国戏剧节暨第12届中韩日戏剧节等重大文化活动。2005年10月26日，在全国精神文明建设工作表彰大会上，宁波市获评首批全国文明城市。2003年，宁波市委、市政府制定《宁波市创建全国文明城市活动工作方案》，并把创建全国首批文明城市作为宁波市第十次党代会和宁波市第十二届人民代表大会的一项重要目标。多次召开创建全国文明城市工作会议，广泛发动，周密部署，不断把创建活动引向深入。

2006年，全面深化文化大市建设，努力提升文化软实力。加快推进博物馆、书城、天一阁古籍库房等重大文体设施建设，推进基层文化阵地建设，完善公共文化服务体系。加强历史文化遗产的研究、宣传和保护，开展非物质文化遗产资源普查，推进历史文化名城建设。文化大市建设深入开展，社会事业发展短腿状况开始初步转变。坚持经济社会联动发展，加快社会事业发展步伐，切实提升文化软实力。文化产业规模扩大，大剧院等一大批文化、体育基础设施建成投用，文化精品创作取得新成果，群众文化蓬勃开展。

二、深入文化大市建设（2008—2010年）

宁波市委、市政府认真贯彻落实科学发展观，牢牢把握先进文化发展方向，遵循社会主义文化发展规律，兴起了文化大市建设的新高潮。2008年，宁波兴起文化大市建设新高潮，推动宁波文化大发展大繁荣。市委专门召开工作会议，制定推动文化大发展大繁荣的若干意见，部署深化文化大市建设工作。扎实推进社会主义核心价值体系建设，深入开展中国特色社会主义理论体系宣传普及活动，探索用社会主义核心价值体系引领社会思潮的有效途径，夯实全市人民的共同思想基础。扎实做好意识形态工作，开展庆祝改革开放30周年和宁波计划单列20周年系列活动，做好抗震救灾、北京奥运会、北京残奥会以及杭州湾跨海大桥通车等重大新闻宣传，大力弘扬民族精神、时代精神、抗震救灾精神和以“诚信、务实、开放、创新”为内核的宁波精神。加强网络文化建设与管理，成功举办首届网络文化节，加大对外宣传和文化交流力度，先后在英国、新加坡等国家举办“宁波文化周”活动，与意大利开展文化交流，进一步扩大宁波文化的影响力。大力发展文化事业和文化产业，深入实施以“五个一工程”为龙头的文化精品战略，组织创作一批富有宁波特色的重大题材作品；完善公共文化服务体系，加快宁波文化广场、宁波帮博物馆等重大文化项目建设，宁波博物馆建成并向社会开放，开展“建文化”“送文化”“种文化”活动，鼓励社会办文化；推进历史文化名城建设，做好文化遗产保护利用工作；抓住文化创新这个着力点，全面深化文化体制改革，加大对重点文化企业和文化产业基地的扶持力度，着力打造文化创意产业，推动文化产业向集群化、高新化、特色化发展。

文化软实力，构成一座城市的核心竞争力，为城市实现可持续发展提供强大的思想文化保证。2009年，宁波深入推进文化大市建设，不断增强文化软实力。实施“六大文化发展战略”，加强社会主义核心价值体系建设。组织“六个为什么”重大理论问题的学习宣传，深化“中国特色社会主义在宁波的实践”研究，形成一批理论研究成果和文化研究成果，出版《宁波通史》。作出推进新一轮全国文明城市创建的决定，开展“文明宁波系列”活动。强化公共文化生产供给，实施文化精品工程，发展具有宁波特色的文化品牌。加快城乡文化设施建设，宁波帮博物馆建成开馆，宁波文化广场、宁波书城等重大文化项目进展顺利。开展“活力宁波”“书香宁波”“名城宁波”活动，实施文化惠民共享计划，推进非物质文化遗产保护工作。推进文化体制改革，深化公益性文化单位内部机制改革，宁波出版社、宁波新华书店、宁波音像出版社转制为有限公司；加大重大文化产业项目扶持力度，重点扶持动漫、创意、演艺等18个文化产业项目，加快文化产业基地和特色文化产业群建设，引进一批大型文化企业。

2010年，加强和改进宣传思想工作，全面推进文化大市建设。加强社会主义核心价值体系建设，制定关于推进学习型党组织建设的实施意见，深化“科学发展观在宁波的实践”系列研究。强化公共文化生产供给，加大文艺精品创作扶持力度，电视连续剧《北风那个吹》获第二十五届中国电视金鹰奖优秀电视剧奖，3部作品和“天天演”文化惠民工程获第十五届“群星奖”，民俗风情舞剧《十里红妆·女儿梦》获浙江省第十一届戏剧节最高奖。大力推广“天天演”文化惠民新模式，成功举办中国越剧艺术节、宁波网络文化节、宁波海上丝绸之路文化节等活动。

三、加快文化强市建设（2011年以来）

2011年10月，党的十七届六中全会召开，审议通过《中共中央关于深化文化体制改革推动社会主义文化大发展大繁荣若干重大问题的决定》，提出建设“社会主义文化强国”的奋斗目标，对深化文化体制改革、推动社会主义文化大发展大繁荣作出全面部署。2011年6月，《宁波市“十二五”时期文化发展规划》出台，率先提出文化大市向文化强市跨越的发展目标。2011年12月16日，中共宁波市委十一届十四次全体（扩大）会议通过《中共宁波市委关于贯彻党的十七届六中全会精神，加快文化强市建设的决定》。其中要求，文化强市要在巩固文化大市建设成果的基础上，以更加自觉的态度、有效的措施、有力的保障，实施文化建设“六大战略”和文化发展“1235”工程，深化社会主义核心价值体系建设，繁荣文化事业、发展文化产业，改善文化民生、提升生活品质，到2020年，在全市基本建成公民道德水准高、社会文明风尚好、文化生活品质优、地域文化特色明、文化综合实力强的文化强市。2011年，宁波启动实施文化发展“1235”工程，稳步推进宁波文化广场、天一阁广场等文化项目建设，全面实施公共文化场馆免费开放政策，广泛开展文化惠民行动。

2012年，宁波推进文化强市建设，提高文化软实力。围绕学习宣传贯彻党的十八大和省市党代会精神，开展“科学发展、成就辉煌”“学习贯彻十八大、建设四好示范区”等重大主题宣传活动。提升公共文化服务能力，扶持文化精品创作，多部作品获全国、浙江省“五个一工程”奖。推动文化产业改革发展，深化经营性文化单位转企改制工作，实施文化产业发展“1235”工程，培育文化产业区块、新兴文化业态和文化龙头企业。2012年，发展文化事业，培育社会主义核心价值观，深化群众性精神文明创建，开展全民修身行动，宁波城市文明程度指数测评成绩位居省会、副省级文明城市第8名。

2013年，宁波推进公共文化服务体系示范区建设，县（市）区全部成为省级文化先进县，建成示范性农村文化礼堂150家，宁波文化广场建成投用。文化精品创作、文化遗产保护取得新成果，大型原创歌剧《红帮裁缝》亮相国家大剧院，参加“2013年国家艺术院团演出季优秀剧目展演”。文化产业发展迅速，《少年阿凡提》被授予2013年国家动漫品牌。

2014年，在文化体制改革领域，宁波推进媒体改革与融合发展，实现市本级广电网络融入“全省一网”，推进公共文化服务体系建设，扩大政府文化资助和文化采购，推出全市第一张文化消费卡。加快完善文化产业发展机制，启动开展“文化金融合作试验区”创建工作。制定文化产业示范园区认定办法，出台宁波国家级文化与科技融合示范基地建设方案，宁波新闻传播学院挂牌成立，制定实施高校与新闻单位从业人员互聘“千人计划”。2015年，宁波实质性推动市级媒体改革与融合发展，“甬派”客户端正式启用。制定出台关于加快构建现代公共文化服务体系的实施意见，推动公共文化服务标准化建设。创新图书馆及博物馆理事会、监事会运行和管理机制，启动文化馆总分馆试点。编制文化产业发展三年计划，推动文化金融合作试验区建设，5个项目入选“2015年度文化金融合作项目库”。率先推行文化行政审批市县“同权同批”模式，将45项文化行政审批事项的受理权延伸到各县（市）区局审批窗口，将15项行政审批事项委托县（市）区局行使。

2014年12月，《宁波市人民政府关于加强历史文化名城名镇名村保护工作的意见》出台。其中提出，重点构建历史文化名城名镇名村保护工作“五大体系”，即完善组织领导体系、资源保护体系、保护规划体系、保护实施体系和工作保障体系；彰显宁波“四明山水，千年港城”的特色优势，把宁波建设成为文化特质突出、更有品位更具特色的历史文化名城。其中要求，建立历史文化名城名镇名村保护的统筹工作体系和历史文化名城名镇名村资源保护名录制度，推进保护规划的编制工作，探索符合保护要求的保护与利用模式；建立可持续发展的保护更新机制，构建多元化的资金投入机制，完善集约节约的用地保障机制，健全和谐共生的融合发展机制，创新全方位的动态监管机制。

2018年，宁波进行文化体制改革。健全文化产业发展机制，举办第三届中国（宁波）特色文化产业博览会，英国、意大利、俄罗斯等32个国家及地区300余家境外企业参展：大丰实业入选“全国文化企业30强”，实现宁波文化企业该奖项零的突破。创新文化金融合作机制，设立规模为1500万元的引导和扩大文化消费专项资金，构建文化产业信贷风险池运作体系，文化信贷公司累计放款5685万元，相关经验做法得到文化和旅游部的表彰通报和资金奖励。深化媒体融合改革，全面启动甬派传媒二轮股改和转板，促其成为“浙江新媒体第一股”和国内资本市场首个主打新闻移动端概念的挂牌公司；打造“中央厨房”融媒体编辑发布平台，形成“移动优先”的城市型融媒体发展新样板。推进甬股交中心文创板建设，已有116家文创企业在文创板挂牌，22家文创企业先后获得私募股权融资1.58亿元，其中宁波烟雨江南文化创意股份有限公司、宁波友联盛业文化发展股份有限公司、浙江年轮映画文化传媒股份有限公司、宁波甬派传媒股份有限公司等4家企业登陆“新三板”。推进新华书店资源整合，整合后总资产达到13亿元，年销售额达到7亿元。健全公共文化服务体系，市图书馆、文化馆以及全市10个县（市）区公共图书馆、文化馆全部获评国家一级馆，走在全省和全国前列。

2020年，宁波构建精神文明建设示范体系，建立高标准常态化文明城市创建工作体系，打造一批“席地而坐”城市客厅示范区，实施

“创意点亮城市”行动，以历史最高分实现全国文明城市“六连冠”。示范推进新时代文明实践中心建设，6个县（市）区通过国家和省级试点评估验收，创建奉化区新时代文明实践示范区。推进国家文化消费试点城市建设，创新文化和旅游消费新业态新模式，形成全市联动、全城消费、全民乐享的文旅消费新格局。构建现代公共文化服务体系，健全文化礼堂示范创建机制，农村文化礼堂示范县（市）区、示范乡镇（街道）和书香文化礼堂试点数均为全省第一；创新推进“一人一艺”全民艺术普及工程，市民综合参与率82.93%，走在全国公共文化服务前列。全面推进文化宁波建设，出台《宁波市全民阅读促进条例》，成为全省第一、全国第三个阅读立法城市。

第二节 文化强市建设的实践成效

一、主流意识形态的引领力凝聚力不断增强

始终坚持马克思主义在意识形态领域的指导地位，压紧压实意识形态工作责任制，常态化召开全市意识形态领域形势分析研判会。深化党的创新理论宣传普及，培育推出宁波社科论坛、宁波文化百科大讲堂等有影响力的理论宣传普及品牌栏目，组织分众化、品牌化的理论宣讲“六进”活动，组建“专家名师”“名人名师”“后浪青年”等各类宣讲队伍，打造理论宣讲融媒体矩阵、“新思想·飞万家”数字平台，培育了微型党课、“小载体讲大道理”等一批全国知名的宣讲品牌。建成国研经济研究院东海分院、宁波海上丝绸之路研究院、习近平新时代中国特色社会主义思想研究中心等高水平智库。实施“在宁波，感悟真理伟力”实践解码工程，开展循足迹看变迁、追印迹悟真理、印心迹传思想“三大行动”。完善依法治网体系，加强舆论引导，着力防范化解意识形态领域风险。

二、城市文明程度和市民文明素质不断提升

把培育和践行社会主义核心价值观作为思想道德和精神文明建设的根本任务，不断提高市民的思想觉悟、道德水平、文明素养，积极打造新时代精神文明高地。文明创建走在全国前列。“全国文明城市”由中央文明委评选表彰，每3年评选一届，是国内城市综合类评比中的最高荣誉。2005年宁波市获评首届全国文明城市，在随后的五届评选（2008年、2011年、2014年、2017年、2020年）中均顺利蝉联，成为“六连冠”城市（全国仅5个）。2021年、2022年，宁波市被中央文明办列为第一批、第二批全国文明典范城市试点城市，全国仅4家。社会文明程度全面提升，扎实开展“浙江有礼·宁波示范”行动，系统构建完善新时代文明实践体系、道德荣誉体系和志愿服务精准触达机制，打响“在宁波，看见文明中国”品牌，文明好习惯养成实现率提高到82.5%（2021年）。积极创建“五彩四明”“斑斓海岸”“绚丽浙东”等文明示范线，全市已建成10个县（市）区新时代文明实践中心、156个乡镇（街道）实践所、2768个村（社区）实践站，构建全面覆盖、富有实效的新时代文明实践体系。创新推出“四点钟学校”，深入实施“筑梦工程”，广泛开展“新时代好少年”学习宣传等活动，文明校园创建覆盖率100%，建成全国首个乡村“复兴少年宫”。着力完善现代志愿服务体系，制定《宁波市志愿服务条例》，创新推进志愿服务We站建设，拥有各类志愿服务组织1万个以上、注册志愿者超过214万人，“我为人人、人人为我”蔚然成风。思想道德建设成效突出，2022年，全市建成10条道德模范宣传展示街、5个道德模范工作室，累计有12万人获评各级各类身边好人，其中获评全国道德模范及提名奖12人、省级道德模范及提名奖21人、市级道德模范112人，中国好人116人、浙江好人321人、宁波好人1248人。

三、对外文化传播力持续提升

城市文明标识打造成效显著，天一阁·月湖文化旅游5A级景区创建成功，保加利亚索非亚中国文化中心建成投用，舞剧《十里红妆·女儿梦》先后在美国、澳大利亚、新西兰等20多个国家和地区巡演，舞剧《花木兰》、话剧《守护》及宁波交响乐团在国内巡演。浙江书展、宁波文博会、阳明文化周和东亚文化之都等系列重大文化活动落户宁波，第十五届亚洲艺术节、2018宁波国际声乐比赛、第三十一届电视剧“飞天奖”颁奖典礼等国内外重大文化节庆活动成功举办。城市对外传播影响力持续提升，新型主流媒体矩阵建设不断深化，“甬派”“宁聚”“甬上”等三大客户端累计总用户700万人，新闻发布绩效全省第一。与央媒等大平台及头部新媒体合作趋于常态化，宁波成为中央电视台中文国际频道《远方的家》系列节目之《大运河》、中央广播电视总台英语环球节目中心大型融媒节目《万亿城市》等的开篇报道城市。打造以Insight Ningbo为龙头的海外社交媒体矩阵，成立全省首个中国日报读者俱乐部，培育25家国际人文交流基地。

四、传统文化保护传承不断加强

将文化保护传承融入经济社会发展、生态文明建设，融入群众现实生活，建立起分类科学、保护有力、管理有效的城乡历史文化保护传承体系。近年来，宁波文化遗产保护制度体系持续完善，在全国率先启动《非物质文化遗产“三位一体”传承基地建设规范》编制，发布全国首个《非遗保护传承基地建设规范》，基本实现省级以上文物保护单位监控系统全覆盖，非遗普查“宁波模式”和非遗保护宁波“三位一体”模式在全国推广。物质和非物质文化遗产保护成果丰硕。2014年中国大运河宁波段申遗成功，2015年它山堰入选世界灌溉工程遗产名录，国家水下文化遗产保护宁波基地落成开放以来，累计接待中外游客近400万人。截至2022年底，全市拥有世界文化遗产1项，2项文化遗产入选中国世界遗产预备名单，国家级文物保护单位33处，省级文物保护单位87处，市、县（市）区级文物保护单位480处，国家级非遗代表性项目25项、省级96项，国家级传统工艺振兴项目5项、省级12项，遗产资源数量和质量居国家历史文化名城前列和计划单列市首位（部分数据参见表13.1）。井头山遗址入选2020年度全国十大考古新发现，2017年上林湖越窑国家考古遗址公园入选第三批国家考古遗址公园名单。

表13.1 宁波部分文物保护情况统计（截至2022年底）

类型	数量
国家级文物保护单位	33处
省级文物保护单位	87处
市、县（市）区级文物保护单位	480处
世界文化遗产	1项
国家大遗址	2处

五、优质文化服务供给规模持续扩大

始终坚持为民惠民、共建共享，推进基本公共文化服务标准化均等化，切实提升公共文化服务效能，基本建成普惠、均等的现代公共文化服务体系。公共文化重大设施建设成效显现。近10年来，陆续建成投用宁波大剧院、宁波美术馆、宁波书城、宁波博物院、宁波图书馆新馆、宁波市城市展览馆新馆、奥体中心一期等重大标志性文化体育设施，宁波图书馆入围国际图联2021年度公共图书馆奖，奉化博物馆获得“全国博物馆十大陈列展览精品”荣誉，华茂艺术教育博物馆、韩岭美术馆等一批社会力量建设的文化设施成为著名网红打卡地。宁波拥有省级文化强镇38个，占全省强镇总数的近1/5，拥有省评特级文化站52个，是全省唯一没有低等级（三级）文化站的地市。全面推进农村文化礼堂建设，在全省率先实现全覆盖。公共文化服务体系品质提升。在全国率先提出打造“15分钟文化圈”，宁波博物院、天一阁博物院、中国港口博物馆获评国家一级博物馆，全市10个县（市）区公共图书馆、文化馆全部获评国家一级馆，乡镇（街道）综合文化站和村（社区）基层文化中心实现高标准全覆盖，宁波善园、北仑新碶街道城市书房及象山青草巷文化驿站入选全国“最受欢迎公共文化空间TOP50”，全市一级以上乡镇综合文化站比例超过86.6%，建成“15分钟品质文化生活圈”850个（2021年），每万人拥有公共文化设施的面积（4015平方米）居浙江省前列。文艺精品创作成绩斐然。着力推动市演艺集团等文艺院团转制，组建市交响乐团和青少年交响乐团，激发文艺创作活力，推出舞剧《十里红妆·女儿梦》、音乐剧《告诉海》、歌剧《红帮裁缝》《呦呦鹿鸣》等一批优秀文艺精品力作。2003—2022年，电视剧《向东是大海》、图书《望道》等23部作品入选全国精神文明建设“五个一工程”奖，83部作品入选浙江省“五个一工程”奖，获奖数量名列全国副省级城市和计划单列市前茅（见表13.2）。45部作品获得全国各类常设性文艺奖项，其中，舞剧《花木兰》获中国舞蹈“荷花奖”，17部作品获得全国“群星奖”。

表13.2 2003—2022年宁波获全国、浙江省“五个一工程”奖作品数量统计（单位：部）

年份	全国“五个一工程”奖	浙江省“五个一工程”奖
2003	3	10
2007	5	4
2009	4	12
2012	4	11
2014	3	13
2017	1	10
2019	1	13
2022	2	10

六、文旅体产业竞争力稳步增强

宁波以提升产业竞争力和实力为前提，以内容产业创新突破为重点，以数字创新和产业融合为手段，始终坚持社会效益和经济效益相统一，不断完善特色鲜明、优势突出、富有创意、竞争力强的文化产业高质量发展体系。产业主体培育力度加大，宁波制定文化企业转型升级、升位增量奖励计划，大力培育创新创业企业，积极推动企业上市和小微企业上规上限，形成“龙头企业—骨干企业—潜力企业”金字塔型的发展结构。培育国家级文化产业园区5家、省级文创产业园区7家，省级文创街区6家，省重点文化企业6家，上市文旅企业9家（2021年）；拥有国家级旅游度假区、全国红色旅游经典景区各1家，国家级旅游与相关产业融合示范基地10余处，国家级乡村旅游重点村5家；获评国家级体育产业示范创建荣誉8个，省级34个，数量位居全省前列。重大项目和平台载体支撑力提升，出台《宁波市级文化产业园区认定及管理办法》等文件，加大重点园区建设和招商力度，不断提升园区发展能级和产业集聚水平，积极培育文化产业基地和区域性特色文化产业群，提高园区亩产效益。宁波文创港核心区、象山亚帆中心等重点项目建成投用，中国（宁波）特色文化产业博览会2016年以来累计签约项目总金额超过175亿元，引进文化企业3000余家，“文化金融合作”“对外文化贸易”等特色产业品牌竞争力跻身全国前列。产业规模持续增长，“十三五”以来，全市文化产业增加值年均增速达16.25%，比2004年增长19.51倍，GDP占比由3.5%提升至9.6%，文化制造业总量稳居全省第一。体育产业增加值318.64亿元，占GDP的比重提高到2.18%。宁波文化体育消费水平持续提升，2016年成为第一批国家文化消费试点城市；2018年入选“第一批国家文化消费试点城市奖励计划”，在全国20个试点城市中居第5位；连续举办十五届“宁波旅游节”，累计吸引游客超2亿人次，拉动旅游综合消费超千亿元。2021年，居民人均教育文化娱乐消费支出（4255元）同比增长39.9%，占居民人均消费支出的10.5%。成功举办宁波国际马拉松系列赛、世界房车锦标赛、国际排联新联赛等一批体育赛事，2021年体育消费总规模287亿元，人均体育消费3006元，同比增长11.98%。文体旅融合发展成效彰显。近年来，宁波陆续入选首批国家文化消费试点城市、首批国家文化和旅游消费试点城市、首批国家全域旅游示范区、中国旅游休闲示范城市，在全国率先创建国家文化与金融合作示范区、乡村全域旅游示范区。宁波文化产业发展良好、文化和旅游企业服务体系建设完善、消费质量水平高，获国务院2021年督查激励，《宁波“一人一艺”公共文化新气象》入选2022年城市旅游优秀案例20强，奉化区文旅市场信用经济发展典型经验做法获文旅部通报表扬（2023年）。

2012—2022年宁波文化产业（文创产业）发展相关数据参见表13.3。

表13.3　2012—2022年宁波文化产业（文创产业）增加值

年份	年增加值（亿元）	年增长速度（%）	占GDP比重（%）
2012	275.5	16.2	4.22
2013	314.35	14.74	4.41
2014	339.39	10.11	4.19
2015	565.14	13.5	7.1
2016	585.9	13.7	6.86
2017	515.26	24.5	5.24
2018	793.7	54.3	7.4
2019	916	15.4	7.6
2020	987.75	14.1	8
2021	1252.6	26.8	8.6
2022	1514.9	20.9	9.6

第三节 文化强市建设的主要经验

一、必须始终锚定“建设港城文化”这个根本目标

“城因港兴，港因城立”“港口是宁波最大的资源”，是习近平对宁波发展的重要研判；“建设港城文化”，是习近平对宁波文化建设的殷切嘱托。宁波的发展史就是一部港城共兴史，港城文化是宁波地域文化最显著的特色之一。多年来，宁波始终牢记习近平的殷切嘱托，以“建设港城文化”为根本目标，深刻阐释港城文化与海洋文明根脉相连的丰富内涵，深刻把握港口发展趋势和城市发展规律贯通合体的文化自省，擦亮“中国大运河出海口”、海丝之路“活化石”等标识，全面彰显宁波文化魅力。面向未来，我们要以“港城文化大繁荣大发展”为方向，着力把港的“开放”、产的“创新”、城的“大气”寓于文的“浩荡”之中，不断完善现代化滨海大都市的景观体系、文化地标体系、文化标识体系，凝练“三江交汇、一水入海”的意境，全方位体现中国式现代化市域样板的格局之美、肌理之美、风貌之美。

二、必须始终发挥“文化积淀深厚”这个根本优势

习近平对宁波的独特优势给予充分肯定，指出宁波历史悠久，人文荟萃，文化积淀深厚。多年来，宁波不断坚定文化自信、增强文化自觉，充分发挥文脉悠长、底蕴深厚的优势，无论是精心组织井头山遗址发掘，推动“海洋文明探源”向实处求证、往深处拓展，还是积极探索传统历史文化更富创意的“打开方式”，推动历史建筑、风貌街区、工业遗存保护性开发、创意性展示、产业化提升，持续从海洋文化、阳明文化、藏书文化、商帮文化的宝库中汲取“向东是大海”

的不竭力量。面向未来，宁波要坚持古为今用、观古验今、古今合璧，深入挖掘当地亭台楼阁、碑碣匾联、琴棋书画、历史故事、习俗活动背后的当代价值，转化创新、丰富再造一批具有鲜明滨海印记的文化展示窗口，把文化基因的璀璨点融入现代化市域样板的脉搏之中，开辟城市发展的新蓝海。

三、必须始终聚焦“大手笔、大气魄，高起点、高标准”这个根本原则

习近平对宁波文化建设格局提出要求和期待，即不干则已，要干就要大手笔、大气魄，高起点、高标准，不留下遗憾。多年来，宁波在推进文化强市建设时，坚持立足实际、聚焦需求、面向未来、适当超前的原则，谋划了一批大项目、大工程、大改革，引领性强、含金量高、辨识度鲜明。特别是2022年市委文化工作会议提出的十大文化设施项目、十大文化精品项目、十大文化研究项目、十大文化产业项目，得到了社会各界的充分认可，受到了市民群众的热烈欢迎。面向未来，宁波要以“站在宁波看中国”和“站在中国看宁波”的宏阔眼界，从战略层面把文化建设置于城市发展的优先位置，真正做到空间布局优先、投入保障优先、要素供给优先、人才引进优先，全力打造更高水准的文化设施集群、更高能级的文化展示平台、更高品质的文化供给基地，以大手笔推动大发展，以大气魄彰显大飞跃。

案例　高标准常态化打造全国文明典范城市

文明是一座城市的内在气质，赋予城市发展生生不息的力量。党的十八大以来，以习近平同志为核心的党中央高度重视精神文明创建与城市高质量发展，强调要推动全国文明城市创建迈向守正创

新、提质增效新阶段。在浙江工作期间，习近平先后3次到宁波调研文化工作，称赞宁波人亦文亦武，文是院士，武是商家，文武相济，大事必成；强调宁波要突出港口城市的特色，以“百里三江文化长廊”为重点，加快文化设施建设，进一步繁荣港城文化，展现现代化大都市的新形象。宁波深入贯彻习近平总书记重要指示精神，坚持高站位谋划、高标准提质、全域化推进、常态化巩固文明城市创建工作，荣获全国文明城市“六连冠”。站在新的起点上，宁波率先提出争创全国文明城市典范城市的目标，努力为经济社会高质量发展提供坚实的文明支撑。

一、目标成效

宁波坚定不移沿着“八八战略”指引的道路前行，围绕人的全面发展、社会全面进步，全力以赴创建全国文明典范城市，努力打造文化赋能城市发展、精神力量支撑现代化建设的宁波样本。通过10多年的文明城市创建工作，城市文明程度和市民文明素质明显提升，“最干净城市”“最美上学路”“席地而坐”等创建品牌更加丰富，“在宁波，看见文明中国”城市形象品牌更加凸显。2005年，宁波第一次被评为全国文明城市；2008年、2011年、2014年、2017年，均成功通过复查，获评全国文明城市；2020年，以全国省会及副省级城市第二名的成绩，高分蝉联全国文明城市“六连冠”，其文明城市创建经验在全国文明城市创建培训班上被作交流探讨。

二、实践做法

1. 大力推进理想信念教育行动，打造“崇学之城”。实施党的创新理论“走心工程”，健全学习实践习近平新时代中国特色社会主义思想的制度体系，完善党员领导干部理论宣讲体系，建立党政领导班子党的创新理论学习考核机制。用好用活微型党课等宣讲平台，做大做强“8090”青年宣讲团队，推进党的创新理论“飞入寻常百姓家”。巩固壮大主流思想舆论，贯彻实施《宁波市加强新时代爱国主义教育实施意见》，汇聚起强大精神力量。推进学习型城市建设，实施《宁波市全民阅读促进条例》，完善公共阅读服务设施，分级制定全民阅读促进工作规划和年度工作计划，打造“全国学习型城市”宁波模式。

2. 大力推进新时代文明实践行动，打造“厚德之城”。弘扬践行社会主义核心价值观，推动社会主义核心价值观入规入法，融入各行各业规章制度。落实《宁波市新时代公民道德建设实施意见》，持续开展身边好人、最美人物、道德模范选树活动。健全道德典型礼遇关爱制度。拓展新时代文明实践中心建设工作，推动新时代文明实践中心、新时代文明实践站规范化建设实现全域覆盖，建成“15分钟文明实践服务圈”。修订《宁波市文明行为促进条例》，深化文明好习惯养成工程，深入推进“浙江有礼·宁波示范”市民文明素质养成行动，倡导践行“浙风十礼”。

3. 大力推进诚信建设行动，打造“信用之城”。加快信用体系建设，深入实施信用“531X”工程[①]，持续深化诚信缺失突出问题专项治理行动。完善守信联合激励和失信联合惩戒联动机制，在重点领域建立健全联合奖惩协同监管机制。开展“诚实守信”主题宣传教育活动，营造讲诚信、重信用的社会氛围。

4. 大力推进城市治理精细化行动，打造“品质之城”。创新推进“精品线路”“特色街区”“亮点工程”建设，截至2022年底，已相继启动四轮“精特亮”创建，累计完成投资3800亿元，完工项目121个，成为展示现代化滨海大都市亮丽形象的重要窗口。统筹推进电力、通信、自来水等市政设施建设，推进综合管廊建设、

① 信用“531X”工程，即聚焦企业、自然人、社会组织、事业单位和政府机构五类主体，构建公共信用指标体系、信用综合监管责任体系、公共信用评价及信用联合奖惩体系等三大体系，完善浙江省统一的公共信用信息平台，推进信用体系在若干重点领域创新应用。

架空线“净空”改造、海绵城市建设等工程，基本解决“马路拉链”“空中蜘蛛网”“城市内涝”问题。深化“创意点亮城市角落”行动，推进老旧小区、背街小巷、城乡接合部等微改造项目，实现“推窗见绿、出门赏景”。

5. 大力推进未成年人思想道德建设行动，打造“筑梦之城”。完善树德育人体系，构建党委政府、学校、家庭、社会多层次的育人工作架构。完善中小学生德育发展指导体系，加强德育课程和课程德育建设。开展“扣好人生第一粒扣子”主题教育实践活动，推动学雷锋志愿服务与“劳动美”社会实践活动有机融合。管好用好乡村“复兴少年宫”，推进中小学生社会实践大课堂和研学基地建设。

6. 大力推进志愿服务行动，打造“爱心之城”。健全新时代志愿服务工作组织体系和工作格局，拓展志愿服务阵地，迭代升级宁波 We 志愿服务平台，构建“15分钟志愿服务圈”。搭建交流展示平台，挖掘和支持创新性、专业性、可持续性的志愿服务项目。“鄞州晚七点”城市公共文化公益项目获评全国文化和旅游领域最佳志愿服务项目。

7. 大力推进乡风文明建设行动，打造“全域文明之城”。深化美丽乡村建设，全域实施新时代美丽乡村达标创建行动，开展农村环境卫生整治活动，推进“厕所革命”“垃圾革命”“风貌革命”，持续改善农村人居环境。深化移风易俗活动，推广“婚丧礼俗整治”经验，探索开展乡风文明建设情况综合评价，推动乡风文明建设常态长效。深化家庭文明建设，开展家庭文化节、和睦邻里节、文明家庭创建等活动。

8. 大力推进数字化改革行动，打造“文明智治之城”。建设“浙里甬文明”文明典范城市创建应用，入选全省数字化改革最佳应用。建成运行宁波创建全国文明典范城市指挥应用和架构体系，贯通市、县（市）区、乡镇（街道）、村（社区）、网格五级，实现全时全员全域推进文明典范城市创建工作，切实提升创建工作成效。

三、创新亮点

1. 全国文明典范城市建设机制更加完善。宁波被确定为首批12个全国文明典范城市创建试点城市之一，制定实施《宁波市建设全国文明典范城市三年行动计划（2021—2023年）》《宁波市建设全国文明典范城市工作标准》。建立市文明委书记市长“双主任”制，深化市领导联区包片督导制度等“四位一体”工作督导机制，创建工作制度水平不断提升。

2. 全国文明典范城市创建成果更加丰硕。2人获评第八届全国道德模范，4人获评第七届浙江省道德模范，12人入选“中国好人榜”、33人入选“浙江好人榜”，入选数量均列全省第一；4个组织（项目、社区）获评全国学雷锋志愿服务“四个100”先进典型，12个组织（个人、项目、村社）获评省“五个20”志愿服务最美（最佳）典型，宁波在第二届浙江省志愿服务项目大赛中获2金3银3铜1优秀，数量均为全省第一；中央重点媒体集中报道宁波建设文明城市亮点成效，《瞭望东方周刊》推出宁波精神文明创建工作专刊，“在宁波，看见文明中国”创建口号的提出，受到各级领导和社会关注。

3. 市民文明素养和城市文明程度更加彰显。开展“上门入户访民情办实事”实践活动，截至2022年1月收集各类问题5.27万个，解决问题5.13万个，解决率为97.3%，群众满意度为96.3%。“七个周边”交通、经营、环境秩序大幅提升，打造67个“席地而坐”示范区，创成1家省五星级农贸市场、67家“五化”农贸市场。“十大文明好习惯”“你我他齐动手，共建共享文明城”已成为广大市民的思想共识和共同行动。

（资料来源：宁波市委宣传部）

—— 第十四章 ——

建构科技创新体系 推动制造业数字化转型

2002年12月，习近平在宁波市考察调研时指出，积极构建以企业为主体，高校科研院所为依托的科技创新体系，推动高新技术产业的快速发展，把宁波建设成为全省高新技术产业的重要基地。[①]2004年6月25日，在浙江省委常委会听取宁波市工作汇报时，习近平指出，坚持引进和培育两手抓，大力发展高新技术产业，着力在电子信息、新材料、生物医药等领域形成产业优势。[②]这些重要论述，突出创新是引领发展的第一动力，直指宁波在“成长的烦恼”中提高自主创新能力的紧迫感。强创新是宁波深入推进全球先进制造业基地建设的“牛鼻子”。多年来，宁波坚持科技是第一生产力、人才是第一资源、创新是第一动力，在补科技短板过程中，始终牢牢把握企业这个关键引擎，切实夯实企业创新主体地位，全面贯通研发端和生产端的堵点。2010年获评国家首批创新型试点城市，2016年获批全国首批科技成果转移转化示范区，2018年获批国家自主创新示范区，2022年获批国家知识产权强市建设示范城市，创新型城市创新能力居全国第16位，为推动

---

① 参见习近平：《干在实处 走在前列——推进浙江新发展的思考与实践》，中共中央党校出版社2006年版，第486页。

② 参见习近平：《干在实处 走在前列——推进浙江新发展的思考与实践》，中共中央党校出版社2006年版，第483—484页。

宁波高质量发展提供了新动能。

第一节　“八八战略”指引下加快建构科技创新体系

一、加快构建服务型科技教育体系，建设创新型城市（2002—2006年）

2002年，宁波深入实施科教强市“一号工程”，在改善科技创业环境、增强科技创新能力、发展高新技术产业、利用高新技术改造传统产业、加大国内外科技合作以及加速农业进步等方面取得了新的进展。由于宁波的大学少，研究院所小，科技资源比较贫乏，吸引人才的人文环境、科研环境还很不理想，宁波市政府十分重视促进科技教育与经济社会发展的紧密结合，强化科技教育与经济社会的联动发展，努力加快构建服务型科教体系。2005年，宁波出台扶持科教发展的政策意见，完善科技创新体系，加快高等教育和职业教育结构调整，着力构建服务型科技教育体系。2005年8月12日召开的全市科技教育大会，明确了发展服务型教育科技的目标，厘清发展思路，统筹科技创新、教育创新和体制创新，坚持走联动发展之路，克服科技与教育、科技教育与经济发展“两张皮”问题。并且，宁波出台一系列政策，加大科技教育服务经济发展的表彰奖励扶持力度，每年安排4500万元专项资金，奖励推进科技创新、教育服务于经济成绩显著的单位和组织者，扶持重点学科和紧缺专业的建设，用于在职经营管理人员、科技人员和职工岗位培训的配套补贴等。

2006年3月，时任浙江省委书记习近平在全省自主创新大会上提出，用15年的时间使浙江省进入创新型省份行列，基本建成科技强省。[①] 为

---

① 转引自肖国强、周松华、李茸：《让“第一动力”更加澎湃》，《浙江日报》2023年9月4日。

贯彻落实全省加快建设创新强省科技强省的重大部署，宁波市委、市政府召开“推进自主创新建设创新型城市”大会，确立了建设创新型城市的发展战略，制定了《宁波市中长期科技发展规划纲要（2006—2020年）》，并相继发布了《中共宁波市委、宁波市人民政府关于推进自主创新建设创新型城市的决定》《中共宁波市委、宁波市人民政府关于进一步推进自主创新建设创新型城市的若干意见》等文件，加速科技成果产业化，加强科技创新体系建设。

2006年是宁波市创新型城市建设取得丰硕成果的一年。宁波市委、市政府认真贯彻落实中央关于推进自主创新、建设创新型国家的战略决策，按照浙江省委、省政府建设创新型省份的总体部署，在深入实施科教兴市“一号工程”的基础上，积极推动宁波经济实现从投资带动向创新驱动、从数量经济向质量经济、从配角经济向品牌经济的“三个转变”。2006年，宁波市财政科技投入达9.75亿元，比2005年增长30.6%。截至2006年12月底，宁波全市已同国内外150多所高校和科研机构建立合作关系，累计引进和共建技术研发机构140多个，其中包括兵科院宁波分院、中科院宁波材料所等大院大所。宁波已累计成功培育37个中国驰名商标、44个中国名牌产品、5个中国行业标志性品牌、20个商务部重点培育和发展的出口名牌，以及一大批省市级著名商标和知名品牌。2006年，宁波再获“中国品牌之都”称号。宁波全市已有市级以上企业工程技术中心163家，其中国家级5家、省级78家。宁波全市已拥有1家教育部重点实验室、1家科技部省部共建国家重点实验室培育基地。累计共有35家市级以上重点实验室和7家市级重点实验室培育基地。

二、以自主创新推进创新型城市建设（2007—2011年）

2007年，浙江省第十二次党代会明确提出“创业富民、创新强省”的总战略，第一次把自主创新作为浙江省又好又快发展的核心战略。“创业富民、创新强省”是“八八战略”的具体体现，是一个时期推动浙江发展的现实要求。围绕“创业富民、创新强省”这一“两创”战略，宁波不断推进创新型城市建设，制定推进创新型城市建设的“1+14”政策，加强区域创新体系建设，强化企业技术创新主体地位，深入实施知识产权战略和品牌战略。扎实推进宁波高新区、研发园区、工业设计与创意街区等创新基地建设，大力营造鼓励创新的社会环境，积极引导社会各方面投身创业创新实践。宁波市成为国家知识产权试点城市，宁波高新区成功升级为国家高新区，品牌大市建设取得新进展。加大经济结构调整力度，完善产业政策导向。制定进一步加快服务业发展的若干意见，加快培育高新技术产业，大力发展临港工业和装备制造业，积极改造提升传统产业，着力推进服务业跨越式发展。2007年第三产业增加值增长16.4%，分别高出生产总值和第二产业增速1.6个、1.9个百分点，高技术行业产值增长62.6%。

2008年，宁波把推进经济转型升级作为应对世界经济形势变化的重要之举，作出《关于深入贯彻落实科学发展观加快转变经济发展方式的决定》，着力破解经济运行中的突出问题，经济发展活力和抵御风险能力进一步增强。全面推进创新型城市建设，制定评价考核实施办法，优化创业创新政策环境，实施知识产权、品牌和标准化战略，加大全社会创新投入，加快构建以企业为核心、产学研结合的技术创新战略联盟，增强区域和企业自主创新能力，2008年发明专利授权量505件，新增国家级企业技术中心1家、国家创新试点企业5家。推进产业转型升级，制定出台工业创业创新倍增计划和推进服务业跨越式发展行动纲要，重点发展工业“5+5”优势产业和新兴产业，大力培育服务业“六大支柱产业”和“四大主导产业”，着力构建以高效生态农业、先进制造业、高新技术产业和现代服务业为主体的现代产业体系，三次产业均衡发展、协调推进的格局初步形成，2008年实现全部工业总产值10937.1亿元，同比增长13.9%。

2009年，宁波坚持把自主创新作为应对危机和转型升级的根本之策，加快创新集聚区、创意产业示范基地、企业工程技术中心和创新服务平台“四大建设”。2010年3月16日，宁波市委、市政府出台《关于建设国家创新型城市促进经济转型升级的若干意见》。其中提出，建设国家创新型城市、促进经济转型升级工作要坚持以企业为主体，以科技进步、劳动者素质提高、管理创新为重点，以实现发展模式转型为目的，深化知识产权战略，积极发展科技服务业，优化创新和人才环境，加快技术、人才、管理等创新要素向企业集聚，向产业集聚区集中，向重大科技机构集成，力争实现“块状经济集群发展、临港工业循环发展、新兴产业跨越发展、服务经济高端发展”的新突破，不断开创科技人才支撑和引领经济转型升级的新局面，着力推进经济大市向经济强市的新跨越。

2011年，宁波引进中物院宁波工业技术工程研究院、国家安科院华东分院、同济大学宁波研究院等一批高端创新研究机构，十大公共技术服务平台全面建成投用，获得国家重大科技项目立项支持21项，发明专利授权量1625件，城市综合创新能力居副省级城市第4位。为全面贯彻“八八战略”总战略，落实宁波市委“六个加快”的战略部署，2011年10月，宁波出台《宁波市“十二五”科技创新发展规划》，提出到2015年基本建成国家创新型城市的奋斗目标，努力形成资源集聚强、创新效率高、辐射影响宽、创新效益好的城市科技创新体系。

三、实施创新驱动发展战略，加快构建自主创新体系（2012年以来）

党的十八大以来，以习近平同志为核心的党中央大力谋划创新、积极推动创新。2012年7月，党中央、国务院召开全国科技创新大会，提出创新驱动发展战略；2012年11月，党的十八大报告将这一战略明确写入进来，强调科技创新是提高社会生产力和综合国力的战略支撑，必须摆在国家发展全局的核心位置。宁波实施创新驱动发展战略，实施“科技领航”和“高成长企业培育”两大计划。2012年，宁波高新技术产业产值占规上工业产值28.7%，新产品产值率20.2%，被评为全国首批质量强市示范城市和中国智慧城市推进十强城市。深化国家创新试点城市建设，加强创新平台和公共技术服务平台建设，设立天使投资引导基金，新增院士工作站16家、高新技术企业189家。全年专利授权量59175件，增长58.5%，其中发明专利授权量2065件，增长27.1%，专利授权量居副省级城市首位。

2015年10月，习近平在中国共产党第十八届中央委员会第五次全体会议上，提出创新、协调、绿色、开放、共享五大发展理念，并把创新放在五大发展理念之首。2016年，中共中央、国务院发布《国家创新驱动发展战略纲要》，召开“科技三会”，习近平向全党全国发出建设世界科技强国的号召，明确了我国科技事业发展“三步走”战略目标。围绕习近平总书记关于科技创新的一系列重大部署，宁波持续深化“八八战略”对科技创新的指引，推动科技发展争先跨越。为贯彻落实创新驱动发展战略，2013年1月，宁波市委发布《中共宁波市委关于强化创新驱动加快经济转型发展的决定》，部署强化创新驱动、加快经济转型发展工作，提出力争到2016年率先进入国家创新型城市行列。2013年加快转型升级步伐，强化创新驱动发展，启动新材料科技城和国家高新区“一区多园”建设，实施科技领航计划和智团创业计划。推进海外高层次人才引进“3315计划”和“百校千企”人才合作培养，出台新材料科技城人才管理改革试验区政策，“千人计划”余姚产业园和宁波人力资源服务产业园成为省级产业园，新增各类人才11.2万人，人才总量141.3万人。

2014年，宁波市出台《宁波市人民政府关于加快推进科技成果转化的若干意见》，加快推进重大科技成果转化和产业化。2017年，出台《宁波市建设国家科技成果转移转化示范区实施方案》，启动开展新型产业技术研究院、专业化众创空间、市场化技术转移服务机构、投贷联动与科技保险、人才分类评价与双向流动等8项改革试点。

在创新驱动体制机制方面，一是推进创新平台建设。正式启用宁波新材料联合研究院，成立中国（宁波）海洋电子装备产业联盟，引进建设宁波大学梅山海洋科教园、康达医疗健康产业园等创新载体35家。持续推进“众创空间”建设，已有各类“众创空间”82家，其中国家级备案19家。二是开展知识产权区域布局试点。探索构建以知识产权资源引导产业、科教等相关资源配置机制，加快推进知识产权支撑产业创新发展，启动22项布局研究及调查。建成市中级人民法院知识产权巡回法庭。三是推动科技金融融合发展。获批国家第二批科技金融试点城市，组建科技金融协同服务、天使投融资公共服务联盟、创新联盟孵化、互联网金融服务等四大科技金融服务平台。四是推进特色小镇规划建设。制定出台加快特色小镇创建政策意见，累计11个特色小镇入选省级创建和培育名单，宁海智能汽车小镇入围省级示范特色小镇。发布首批28个市级特色小镇。

2019年，宁波加快构建自主创新体系。国家自主创新示范区取得实质性进展。打造出以甬江科创大走廊研究院集聚区为核心，甬江实验室、中试平台为配套的“1+N”科技创新地标。高水平建设制造业创新中心，成功打造长三角石墨烯联合创新中心，并向国家级中心提升。区域重大研发制度彰显成效。成功发布第一批142个“科技创新2025”重大专项项目，实现609个关键核心技术（产品）攻关。创新完善产业技术研究院引进运作机制。建立官产学研资“闭环”运作体系，引进12家新型产业技术研究院，打造30家产业创新服务综合体，为900多家企业提供紧密技术服务；建成高能级大院大所9家。新增省级院士工作站4家、省级博士后工作站26个，新增数量均居全省第一。知识产权保护和监管体系更加健全。成立国内首家商标专用权保险运营服务中心，建立“互联网+”知识产权保护体系，推动知识产权开发和保护。开展全国首个金融科技应用试点。推动金融资产交易中心分立，设立“科技创新板”，宁波股权交易中心累计挂牌企业2015家（年内新增410家）、撮合融资近55亿元。2019年12月，宁波市人民政府印发《宁波国家自主创新示范区发展规划纲要（2019~2025年）》，提出努力将宁波国家自主创新示范区建设成为科技体制改革试验区、产业创新升级引领区、创新创业生态优化示范区、对外开放合作先导区、城市群协同创新样板区。

为贯彻习近平总书记考察浙江、宁波重要讲话精神，坚定不移沿着“八八战略”指引的路子走下去，2020年7月，宁波市委印发《中共宁波市委关于深入实施人才和创新“栽树工程”加快建设高水平创新型城市的决定》，提出到2025年，初步建成高水平创新型城市；到2035年，建成高水平创新型城市，跻身全球重要创新城市行列，为高水平实现社会主义现代化奠定坚实基础。2021年7月，出台《宁波市科技创新“十四五”规划》，提出着力打造新材料、工业互联网和关键核心基础件三大科创高地，到2025年，科技创新能力在全国城市排名逐步提升，初步建成高水平创新型城市。2022年，宁波市把打造全球智造创新之都置于“六个之都”首位，并发布《宁波打造全球智造创新之都行动纲要（2022—2026年）》，提出力争到2035年，全面实现产业基础高级化和产业链现代化，建成以数字经济为引领的现代产业体系，打造成全球领先的先进制造业基地和产业科技创新基地，基本建成全球智造创新之都。

第二节　科技创新体系建设的实践成效

宁波在全国的创新位势能级大幅跃升，全社会 R&D 经费支出由2002年的6.6亿元提升到2022年的461亿元，实现总量68.8倍增长。全社会 R&D 经费支出占 GDP 比重从2002年的0.44% 提升到2022年的2.94%，提升了2.5个百分点（见图14.1）。地方财政科技拨款占地方财政支出比重从2002年的3.42% 提升到2022年的6.9%，提升了3.48个百分点。

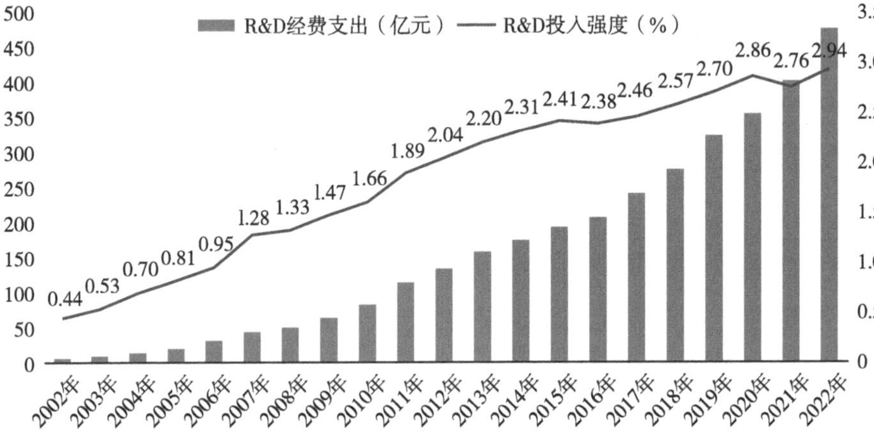

图14.1　2002—2022年宁波市全社会 R&D 经费支出情况

一、筑牢企业创新主体地位，释放民营经济活力

一是企业梯队培育体系逐步完善。宁波陆续实施“科技领航”计划、“智团创业”计划、高成长企业培育专项计划、科技企业“双倍增”计划、科技“小巨人”培育计划等行动，构建“创新型初创企业—高新技术企业—创新型领军企业”梯队。高新技术企业数从2002年的152家增加至2022年的5344家，总量增长了34.2倍（见图14.2）。

国家科技型中小企业数达5702家，省科技型中小企业数达19632家。

二是企业研发机构建设加速推进。宁波支持企业研发载体建设，在省内率先探索企业创新联合体建设机制，在新型显示材料等领域建设12家创新联合体。出台《宁波市人民政府办公厅关于加快技术创新中心体系建设的实施意见》。截至2022年底，累计建立市级以上企业技术创新中心、企业研究院等研发机构近4000家，127家重点企业在市（境）外共设立研发机构（创新飞地）155处。新认定国家企业技术中心3家，累计39家。

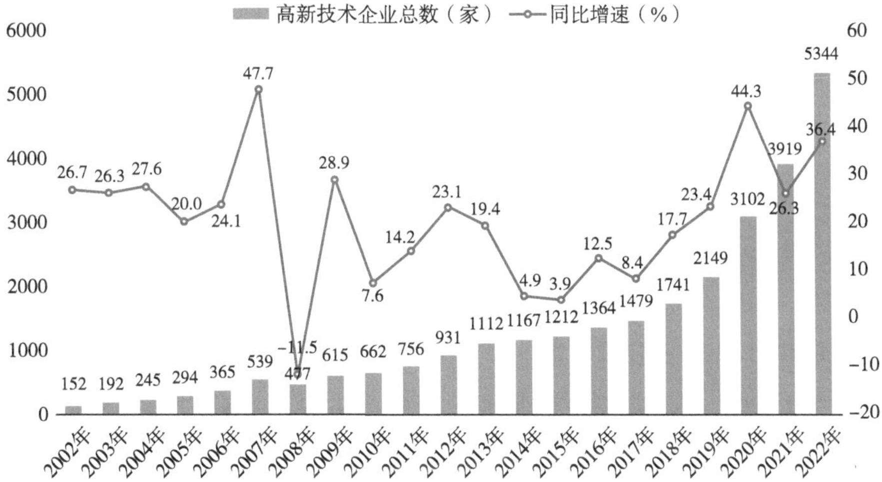

图14.2　2002—2022年宁波市高新技术企业数量及增速情况

二、布局建设高端科研院所，打造战略科技力量

一是加速布局“国字号”科研机构。2003年，兵科院宁波分院正式投入运行，成为宁波市首个国家级科研机构。2004年，宁波引进建设中国科学院宁波材料技术与工程研究所，实现了浙江省内中科院系统研究所零的突破。2021年，获批首个国家重点实验室——宁波大学省部共建农产品质量安全危害因子与风险防控国家重点实验室。2022

年，宁波石墨烯创新中心获批国家制造业创新中心，实现全省零的突破。宁波先后引进浙江清华长三角研究院宁波分院、浙江大学宁波（“五位一体”）校区、上海交通大学宁波人工智能研究院、北京航空航天大学宁波创新研究院、哈尔滨工业大学宁波智能装备研究院、大连理工大学宁波研究院等一批高层次大院大所，新型研究型大学宁波东方理工大学（暂名）启动建设。

二是打造以甬江实验室为龙头的实验室体系。2021年5月，甬江实验室正式揭牌成立，引进14支科研团队、25名学术带头人、267位科研人员，建成“新型显示与感知研究中心”等11个研究中心，其中“材料分析与检测中心”被国家发展改革委批准为“国家长三角先进材料及器件失效与可靠性验证平台”。依托宁波大学创建2家省部级实验室，省部级以上实验室累计达47家。

三是推进技术创新中心建设。2022年10月，《宁波市人民政府办公厅关于加快技术创新中心体系建设的实施意见》出台，提出构建定位清晰、层次分明、有机衔接的技术创新中心体系。宁波工业互联网研究院获批智能制造国家新一代人工智能开放创新平台。宁波数字孪生（东方理工）研究院签约落地，新获批省级新型研发机构8家，累计20家。2022年，宁波获批建设智能工厂操作系统技术创新中心、绿色智能汽车及零部件技术创新中心、绿色石化技术创新中心等3家省级技术创新中心。

三、全面建立关键核心技术攻关机制

2018年，宁波首批8个重大专项正式启动实施，探索形成“企业出题、政府立题、全球创新资源协同破题”的重大专项组织模式。2021年，大力推进新材料、工业互联网、关键核心基础件三大科创高地建设，印发《宁波新材料科创高地建设行动方案（2021~2025年）》，发布创新链产业链深度融合改革14条措施，建立重大专项支持机制，梳理产业链图谱，迭代关键核心技术攻关“三色图”管理模式，分级分类组织研发攻关与推广应用。开展“关键核心技术登峰”“前沿引领技术2035”计划，成功攻克光刻胶产品、电子级超高纯铝、研磨液、智能压铸机等“卡脖子”技术和产品，实现进口替代。2002年以来，宁波获国家级科学技术奖53项，省级科学技术奖548项。

四、大力实施甬江人才工程，高层次人才量质齐升

2004年2月，宁波市首次召开全市人才工作会议，发布《关于实施人才强市战略构筑区域人才高地的决定》，确立人才强市战略。2011年启动以引进高层次人才为核心的“3315”系列计划。2020年，该计划整合升级为甬江人才工程，围绕国家产业发展重大需求和宁波优势产业，面向海内外大力集聚支持一批领军型人才和团队项目，成为宁波引才的金名片。甬江人才工程创新开辟10类人才直接认定入选、10类人才直接进入终评的“10+10”申报“直通车”。创新开辟“资本引才”模式，引入民间资本“慧眼识才”，截至2022年底，共遴选支持127个人才团队项目，累计带动民间资本投融资70.7亿元。自“八八战略”实施以来，多次举办宁波人才科技周，已认定高层次人才7482人，支持高层次人才和团队项目2099个，其中顶尖人才领衔的项目48个。入选人才累计创办企业585家，总估值1297.6亿元，其中估值超亿元企业142家。

五、加快构建知识产权全链条保护体系

创新是引领发展的第一动力，在创新驱动发展中，知识产权是实现城市高质量发展的战略性资源和核心要素。宁波坚持把知识产权工

作摆在经济社会发展的重要位置，不断完善顶层设计，强化制度供给，市委书记先后两次听取全市知识产权保护工作汇报。高起点制定《宁波市知识产权发展“十四五”规划》，这是全市首个综合专利、商标等知识产权全类型的专项规划。出台《宁波市知识产权金融服务“入园惠企”行动实施方案（2021—2023年）》《宁波市地理标志运用促进工程实施方案（2020—2022）》《宁波市知识产权运营基金管理办法》《宁波市实施专利转化专项计划助力中小微企业创新发展攻坚三年行动方案》等一系列配套文件。开展了《宁波市专利管理条例》的修订，形成了重点突出、涵盖全面的知识产权保护和运用制度体系。在2020年度和2021年度全国150多个副省级城市及地级市知识产权行政保护工作绩效考核中，宁波连续两年位列全国第一。授权发明专利从2002年的44件增加至2022年的9611件，实现总量增长约217倍。知识产权工作为宁波激励创新、深化改革和促进经济社会高质量发展提供了重要支撑。

六、加大科技体制改革力度，创新创业生态不断优化

宁波推进科技管理向科技治理转变，加快“科技大脑”建设，高效推进科技政务服务对接和政策落实，12个市级申请权力事项完成政务服务“2.0”对接，全部事项网上办事实现率100%，“跑零次”实现率96.9%。深化数字化改革，“推进科技管理数字化改革　切实减轻宁波科研人员负担”被列入科技部拟入选科技体制改革案例库典型案例清单。《构建“三抓三强”体系，推动科研人员“名利双收”》入选浙江省高质量发展建设共同富裕示范区最佳实践（第二批）。新材云创、数字博威、宁波“人才码”入选浙江省数字化改革最佳应用。

第三节　科技创新体系建设的主要经验

多年来，宁波充分发挥在民营经济、开放创新、制度活力方面的区域优势，持续推进“八八战略”在科技领域的深化细化具体化，不断以新的成效彰显“八八战略”的强大生命力，探索出了一批宁波案例和宁波经验，真正把创新优势转化为发展胜势。

一、充分发挥民营经济优势，把中小企业作为双链融合主引擎

民营经济是宁波的显著特征和突出优势，也是宁波科技发展的支柱力量。全社会约90%的研发投入来自企业，80%以上的财政科技资金投向企业，90%的授权职务专利源自企业。在宁波科技发展过程中，始终牢牢把握企业这个关键引擎，切实夯实企业创新主体地位，全面贯通研发端和生产端的堵点，推进创新链和产业链的深度融合。

一是完善企业主导的集智攻关机制。自2018年以来实施“科技创新2025”重大专项，以突破产业重大关键核心技术、开发重大战略产品（服务）为核心引领产业转型升级。面向关键核心基础件、新材料、生物医药、高端装备等重点领域，探索形成“企业出题、政府立题、全球创新资源协同破题”的重大专项组织模式，真正形成“技术需求源自产业堵点、科技成果服务产业发展”的良性循环。

二是构建依托企业的成果转化体系。2016年，建设成立宁波科技大市场，采取政府引导与市场化运作相结合、线上与线下相融合等方式，建立横向到边、纵向到底、覆盖全市的网格化技术转移服务网络，依托全市创新资源组建宁波市科技创新与产业应用联盟，打造“产学研金”对接大平台，实现从1.0到3.0的升级迭代，累计发布技术需求

8931项，自主发布科技成果1895项。

三是搭建立足产业需求、面向企业主体的产业技术研究院体系。2022年出台《宁波市人民政府办公厅关于加快技术创新中心体系建设的实施意见》，构建国家、省级、市级技术创新中心—市级重点企业研究院—市级企业技术研发中心的多层次多维度的产业研究院体系，面向产业链核心技术需求，支持领军企业整合高校、科研院所等建立创新联合体，带动产业链上下游企业融通创新。

四是建立面向企业的研发创新体系。部署实施规上企业研发创新“诊断+提升”行动，推动建设“研值在线”数字化平台，形成企业研发核心项目库，以“研值”匹配人才链、产业链、资金链，以数字化贯通“企业技术需求提出—研发立项—研发资源匹配—研发投入保障—研发成果产出—成果产业化—知识产权和技术秘密保护”全过程，实现政府“清楚企业发展状况、清楚创新提升底数、清楚发展资源配置”。

二、充分发挥开放创新优势，以开放协同融入国际国内创新共同体

一是全面融入“一带一路”科技合作。贯彻落实习近平主席在中国—中东欧国家领导人峰会上关于科技创新的相关倡议，揭牌运行中国—中东欧国家创新合作研究中心，举办首届中国—中东欧国家青年科技人才论坛，积极开展科技创新政策对话，共同推进科技创新合作规划，服务创新合作和技术转移，推动开放创新体系的互通与交融，打造科技创新共同体。

二是全面深化长三角区域创新合作。宁波作为发起单位之一签署长三角国家科技成果转移转化示范区联盟组建框架协议，牵头成立长三角国家科技成果转移转化示范区联盟，举办长三角双创示范基地

联盟大会，签订《加强沪甬两地科技战略合作框架协议》，共建“上海·宁波科技资源开放共享与协同发展服务平台”，在科技项目攻关协同、科研院所引进共建、科技活动对接交流、异地孵化器建设、技术市场共建共享等方面加大合作力度，促进创新资源加速流动、科技协同创新及产业深度融合。

三是全面唱响杭甬“双城记”。围绕贯彻落实习近平总书记关于唱好杭州、宁波“双城记”的重要指示精神，两市持续深入开展协同创新，深化科技创新开放共赢和产业链合作共建，已共建科研院所、产业技术研究院7家，共建科创（产业）飞地3家，合作承担省级研发攻关项目33项，联合攻克“卡脖子”技术30余项、产业提升技术100余项。[①] 签订《杭甬一体化推进商标品牌和知识产权战略合作协议》，共享技术调查专家。聚焦标志性产业链，新组建57个产业链上下游企业共同体，实施产业链协同创新项目（急用先行）77个，有效增强跨区域产业链的稳定性和竞争力。

三、充分发挥制度活力优势，把改革创新作为双轮驱动着力点

宁波是典型的“小政府、大服务”治理模式，市场体制灵活，专业化、市场化配套服务能力强。在科技领域，宁波充分发挥制度活力优势，谋实做深牵一发动全身的科技创新体制重大改革，全面提升科技创新体系化能力和治理效能。

一是深化人才发展体制机制改革。出台《关于加强和改进新时代人才工作　加快建设世界重要人才中心和创新高地战略支点城市的若干意见》，坚持“人才谁使用谁评价”，面向重点区域、重点用人单

① 参见《【新华社】了望 | 从“铁三角”到“金扁担”，唱好杭甬“双城记”》，http：//jxj.ningbo.gov.cn/art/2023/3/21/art_1229561617_58936297.html，访问日期：2023年10月18日。

位，在全省率先开展市级授权松绑综合改革，全方位支撑人才平台提能造峰。宁波大学、甬江实验室、宁波市轨道交通集团、舜宇光学科技（集团）有限公司4家单位成为全省首批省级人才工程自主评定、高级职称自主评聘、技能人才自主认定等5项人才发展体制机制综合改革试点。甬江科创区已集聚全市34%的市级人才、43%的省级人才、45%的国家级人才。

二是深化科技成果“三权”改革。探索知识价值导向分配机制，出台《宁波市科技发展专项资金管理办法》，探索科研经费使用公开制（试点）管理、自然科学基金项目经费包干制管理等改革措施。完善成果转化机制，职务成果转化收益的奖励比例下限提高到75%，高于全国、浙江标准。建立科研诚信事项调查实施机制，做好科研诚信信息管理系统建设，实现科研诚信管理规范化、系统化、实时化。

三是推动科技数字化改革。迭代优化宁波科技大脑建设，已归集各类科技计划项目信息5.44万项，完成4大类市级科技计划体系、25类科技事项全过程数字化管理，实现“申报无纸化、评审网络化、立项扁平化”和科技项目全周期“信息一次填报、材料一次报送”，科技创新专题门户建设被纳入宁波市数字化改革门户科技创新决策治理模块。

案例 打造国家知识产权强市建设示范城市

习近平一直以来高度重视知识产权保护工作，并指出创新是引领发展的第一动力，保护知识产权就是保护创新。遵循习近平总书记重要指示精神，宁波坚持把推动知识产权高质量发展作为忠实践行“八八战略”的关键着力点，深入实施知识产权战略，努力为走好中国特色知识产权发展之路贡献更多样板经验。

一、目标成效

围绕打造保护最严、创造最活、生态最优的知识产权强国建设先行市，宁波系统完善知识产权培育、发展、服务、保护全链条工作机制，多项工作走在全省乃至全国前列，先后获批为首批国家知识产权示范城市、首批知识产权运营服务体系建设重点城市、首批知识产权纠纷快速处理试点地区、首批商业秘密保护创新试点城市和首批国家知识产权强市建设示范城市。在2020年度和2021年度全国知识产权行政保护工作绩效考核中，宁波连续两年位列全国第一。宁波知识产权法庭被最高人民法院评为全国法院先进集体，宁波市文化市场综合行政执法队连续多年被国家版权局评为查处重大侵权盗版案件有功单位。知识产权工作为宁波激励创新、深化改革和促进经济社会高质量发展提供了重要支撑。

二、实践做法

1. 抓统筹实责任，高位推动凝聚工作合力。一是强化组织领导。成立市知识产权工作领导小组，由市长任组长、副市长任副组长，16个市级部门主要领导担任成员，延伸建设各县（市）区领导组织，实现组织体系的全覆盖，全面强化统筹领导和工作协调机制，形成“优势互补、统分结合”良好格局。二是完善顶层设计。高起点制定知识产权发展规划，完善政策体系，出台知识产权5年专项规划，系统部署“布局高质量创造”“推进高效益运用”“加强全链条保护”“完善高标准体系”“实施高水平开放”“打造现代化生态”等重点任务。协同各经济部门把实施知识产权战略列入各领域发展规划，作为工作重点加以推进，推动知识产权与科技创新、产业发展、全市高质量发展紧密融合。三是健全管理体制。对标新时期职责职能的新要求，衔接上下级管理体系，重新调整知识产权职能职责，知识产权全链条、全环节无缝对接行政管理的体制得到进一步完善；市检察院组建知识产权检察办公室，集中统一履行知识产权刑事、民事、行政检察职能；市公安局经侦支队增挂“侵犯知识产权犯罪侦查支队”牌子，强化公安知识产权保护队伍专业化。知识产权保护工作被纳入宁波市质量强市考核和市直单位绩效考评平安建设考核指标，“有效发明专利拥有量”指标被列入对各县（市）区高质量发展绩效考核。

2. 抓创造强运用，增强创新发展驱动力。一是推动知识产权创造提质增量。以2018年获批建设知识产权运营服务体系建设重点城市为契机，加大高价值专利组合培育力度，立项企业运营类专利导航83项。在全省率先实施高端装备、新材料产业领域专利导航试点，两类产业企业有效发明专利拥有量占到全市专利总数的1/5。二是推动知识产权金融提质扩面。2019年，在全国首创知识产权“保险+维权+服务”模式，实现知识产权险种全覆盖。截至2022年6月底，累计为560家企业的5452件商标、1839件专利等提供承保服务，累计保障额度6.74亿元。发挥知识产权运营基金作用，促进知识产权与创新资源、金融资本与产业发展有效融合，2020年以来签订投资项目11项，放款1850万元。深化知识产权融资风险担保模式，截至2021年底，质押融资风险池基金规模达4085万元，授信额度约4.1亿元，签订融资项目88项，放款1.6亿元。三是推动知识产权成果加速转化。积极打造科技创新成果转移转化和交易平台，依托宁波国家高新区建设知识产权服务业集聚区，引进和培育全门类运营服务机构60余家。2021年，全市技术交易额达319.5亿元，同比增长17.7%；企业实施专利许可备案1089件，居全国城市第5位；立项备案的产业化发明专利369个，平均每项新增产值2368.5万元、利润279.5万元。

3. 抓维保促规范，强化保护工作效力。一是全面构建“严保护”格局。2021年，宁波知识产权法庭收案2586件，同比增长41.7%；结案2225件，同比增长37.5%；公安部门深入开展“昆仑2021”“蓝剑2021”专项行动，全市侵犯知识产权犯罪案件共立案230起，破案191起，其中破获浙企、甬企案件76起，同比增长

33%；宁波海关开展专项行动，查扣侵权货物（物品）数量、案值居全国海关第2位。二是持续优化“大保护”机制。出台《宁波市知识产权保护机制实施方案》，建立专利案件司法行政处理对接工作机制，推动保护体系关口前移。健全宁波市市场监督管理局（市知识产权局）与宁波市中级人民法院的审判技术辅助合作机制，提升技术事实查明效率。与杭州、舟山签订知识产权战略合作协议，推进跨区域审判联动机制落地落实，在跨区域远程办案、案件保全等方面不断优化程序、提升效率。三是积极提升“快保护”时效。建设知识产权保护中心，开展集快速审查、快速确权、快速维权于一体的知识产权快速协同保护工作。探索建立知识产权（专利）侵权纠纷检验鉴定技术支撑体系。推进“互联网+”知识产权保护项目，实现专利、商标假冒侵权线索在线识别。

4. 抓改革增效能，提升服务辐射能级。一是深化知识产权“放管服”改革。以市知识产权综合体和公共服务平台建设为载体，推进“线上”“线下”一体化集成改革，打造知识产权服务业集聚区和保护综合示范区。推进专利审查快速通道建设，已接收各类专利申请2600余件，平均预审周期5.4天，其中，汽车及零部件领域发明专利平均审批周期由9—22个月缩至3—6个月，通过预审的专利申请获得授权的成功率高达93%。二是延伸知识产权维权服务触角。加快打造国家快速维权中心，建设商标、地理标志、商业秘密等保护工作站，国家海外知识产权纠纷应对指导中心宁波分中心累计排查宁波企业涉外知识产权纠纷案件180余起；基层商标品牌指导站达到150家，累计为15.3万家企业提供一线指导。开通马德里商标国际注册受理通道，实现知识产权质押登记、专利转移登记受理“一窗通办”。三是强化知识产权人才支撑。将知识产权人才纳入宁波市人才分类目录，2018年以来遴选支持高层次人才项目462

个，认定相关人才402人。[①]设立宁波知识产权学院，培养“理工+法律”复合型人才。2022年初，经教育部批准在浙江万里学院设立知识产权本科专业，打造知识产权培训基地，创新知识产权人才联合培养模式。

三、创新之处

1. 知识产权保护实现了“领跑第一名”。宁波是全省首个设立知识产权保护中心的城市，并首批获准成立国家海外知识产权纠纷应对指导中心宁波分中心，开展了全国首个公益服务机构海外知识产权观察组织布点工作。首创的“局、队联合办案”机制做法被国家知识产权局、司法部作为全国专利侵权纠纷行政裁决建设经验予以推介。

2. 知识产权服务打通了“最后一公里”。建成启用汇集公安、法院等12个部门行政司法资源和9类机构社会资源的知识产权综合体，在全国首次实现177项知识产权业务“一楼通办”。出台国内首个品牌指导站地方标准并获全国推广，制定了全省首个专利预审申请领域的地方标准。

3. 知识产权保险开出了“全国第一单”。首创数据知识产权保险，建立了全国第一家实体化知识产权保险运营服务中心，率先实现工业产权领域马德里商标国际注册、海牙协定、专利合作条约（Patent Cooperation Treaty，PCT）三大服务体系保险全覆盖。落地全国首笔海牙协定与PCT两类专利国际申请费用补偿保险，完成首单马德里商标国际注册申请费用补偿保险赔付。首创的商标专用权保险被国家知识产权局列入2021年全国知识产权质押融资及保险典型案例并向全国推广。

［资料来源：宁波市市场监督管理局（市知识产权局）］

① 参见宁波市市场监管局（市知识产权局）：《深化知识产权改革创新　推动宁波经济高质量发展》，《宁波通讯》2022年第15期。

第十五章

守牢安全发展底线
为平安浙江作出积极贡献

平安是实施“八八战略”的坚实底座，是人民群众最质朴的向往和期待，是最基本的发展环境和最重要的“底线民生”。2004年6月25日在浙江省委常委会听取宁波市工作汇报时，习近平指出，推进依法治市，创建“平安宁波”，巩固和发展安定有序、和谐团结的社会政治局面。[①] 自2004年习近平作出建设平安浙江重大决策以来，宁波市委、市政府坚决推进“平安宁波”建设，始终一手抓“经济报表”，一手抓“平安报表”，把平安建设贯穿于加快宁波提前基本实现现代化的全过程。宁波市社会大局持续安全稳定，进京、赴省走访登记人数等连年同比下降，人民群众安全感满意率持续提升，多次获评浙江省平安市，夺得浙江省“一星平安金鼎”，10个县（市）区实现平安创建“满堂红”，余姚市获评平安中国建设示范县，为建设现代化滨海大都市营造了平安稳定和谐的社会环境。

① 习近平：《干在实处 走在前列——推进浙江新发展的思考与实践》，中共中央党校出版社2006年版，第484—485页。

第一节 “八八战略”指引下持续创建“平安宁波”

一、加大信访问题处理（2002—2003年）

2002年，党的十六大提出，稳定是改革和发展的前提，完成改革和发展的繁重任务，必须保持长期和谐稳定的社会环境。2002年，宁波围绕改革发展稳定大局，加强自身建设，落实维护社会稳定工作责任制，提高基层调处化解矛盾能力，建立健全各类应急预案。宁波市委、市政府出台《关于实行党政领导蹲点和包案处理重大信访案件的通知》，规定四类重大信访案件必须由责任单位领导带队，抽调得力干部组成工作组蹲点调处，或由责任单位领导牵头协调，包案调处。在宣传党的方针、政策，反映社情民意、维护群众利益，排查调处矛盾纠纷、营造和谐社会环境等方面取得较好成效。2002年，市、县（市）区两级信访部门共受理群众信访51886件（人）次，比2001年增加4.6%。

建设平安浙江，创造一个和谐稳定的社会环境，是深入实施“八八战略”的有机组成部分。2003年，宁波市、县（市）区两级信访部门共受理群众信访6.3万余件（人）次，约比2002年增加21.4%。2003年11月，宁波市党政领导根据浙江省委、省政府要求带领市有关部门负责人分期分批下访，检查各地信访工作落实情况，面对面接待来访群众，解决群众实际问题和困难。2003年，宁波全市信访部门进一步完善各项工作制度。建立信访问题定期排查“月排月报”、预警排查“随排随报”、应急排查“急排急报”制度，共排查信访问题1900余件；健全初信初访初电办理规则和跟踪落实责任制，对初信初访初电问题的登记、转办、交办、督查及反馈等工作加以规范，通过规范程序、强化责任、跟踪抽查等措施，进一步提高初信初访初电一次性办结率和群众满意程度，努力做到信访问题件件有着落、事事有回音；实行党政领导蹲点和包案处理重大信访案件制度，完善重大越级、集体上访应急处置预案，明确工作职责，成立处置小组，落实应急措施，妥善处置来市集体上访、异常上访，出台处理信访老户暂行办法，对信访老户采取“一人一策”的方法，进行集中处理，提出7条处理原则和工作要求，使信访老户处理工作有章可循。

二、推进“平安宁波”建设（2004—2009年）

浙江省委从维护改革发展稳定的大局出发，积极应对浙江发展过程中出现的新情况、新问题。2004年5月11日，时任浙江省委书记习近平在杭州主持召开了中共浙江省委十一届六次全体（扩大）会议，会议审议并通过了《中共浙江省委关于建设“平安浙江”促进社会和谐稳定的决定》，开启了“平安浙江”建设的新征程。省委作出建设“平安浙江”决策，其后，中央领导同志对建设“平安浙江”作出重要批示，宁波市委常委会认真学习中央领导同志重要批示和省委精神，研究部署深入推进“平安宁波”建设工作。宁波市委召开九届十二次全会，作出《中共宁波市委关于建设“平安宁波”的决定》，提出在全省率先实现“平安市”创建目标。市第十次党代会又把建设“平安宁波”确定为此后五年的工作重点。成立以市委主要负责人为组长的建设“平安宁波”领导小组及其办公室，市委、市政府有关领导同志分工负责，牵头落实“平安宁波”建设重点工作。各县（市）区和有关部门都建立了领导小组和工作机构。建设“平安宁波”领导小组成立后，相继召开四次全体会议、一次全市性工作会议和多次专题会议，明确职责分工，建立相关机制，研究部署工作重点和要求；召开全市平安建设工作情况汇报会，开展平安建设工作督查，及时了解各地有关工作情况，分析全市平安建设形势，督促指导各级部门进一步做细做好平安建设工作。

2004年6—8月，宁波全市开展以严密四张网络、开展四项整治、突出三类打击重点为主要任务的“平安宁波”一号行动。开展“畅通信访渠道，规范信访行为”活动。广泛开展信访宣传月活动，增强群众依法维权意识。充分发挥基层组织在维护稳定中的第一防线作用。宁波市进一步加强信访工作组织领导力度，加大信访突出问题调处化解力度、信访行为依法规范力度，初步形成大信访工作的格局，信访形势总体平稳，没有发生一起因信访问题而引发的重大影响事件。2004年，宁波市和县（市）区两级信访部门共受理群众信访6.8万余件（人）次，约比2003年增加7.9%。

2005年，宁波积极开展“平安宁波”建设，建立社会利益协调机制和矛盾纠纷排查调处机制，强化社会治安综合管理，加大对“两抢一盗”等突出治安问题的打击力度，努力维护社会稳定。与2004年相比，宁波市群众信访量出现“二增三减一持平”，即“群众来信和县（市）区信访量增加；群众来市、到省、去京三级越级信访下降；市、县（市）区两级信访总量基本持平”的积极变化、信访工作成绩显著。通过五个“一批”工作，使大量信访问题得到有效解决。一是落实领导包案，化解一批。二是党政领导下访约访接访，处理一批。三是开展专项治理，解决一批。四是派工作组下基层，化解一批。五是复查、复核，终结一批。2005年，市、县（市）区两级信访部门受理群众信访6.3万件（人）次，约比2004年减少7.4%，是自2001年以来首次下降。

2006年，党的十六届六中全会作出了构建社会主义和谐社会的重大决定。与之相适应，按照构建和谐社会的要求，以建设“平安宁波”为载体，高度重视加强社会建设与管理。召开建设“平安宁波”工作会议，多次专题分析社会稳定形势，研究具体举措，要求全市各级像抓经济工作一样抓平安建设，切实维护社会和谐稳定。认真贯彻《信访条例》[①]，坚持和完善领导干部下访制度，深入开展“信访工作规范化建设年”活动，推进依法信访、依法处访的“双向规范”，积极构建“大信访”“大调解”格局，努力把人民内部矛盾化解在基层。通过各级的共同努力，宁波全市信访出现“总量趋降、秩序趋好”的局面。

2007年，宁波市委、市政府认真贯彻落实中央、国务院《关于进一步加强新时期信访工作的意见》和省委、省政府《关于进一步加强新时期信访工作努力促进社会和谐稳定的意见》，出台《关于贯彻落实〈中共中央国务院关于进一步加强新时期信访工作的意见〉的实施意见》，对全市此后一个时期的信访工作进行全面部署。按照推动科学发展、促进社会和谐的要求，把解决民生信访问题摆在突出位置，扎实做好重大活动期间的信访工作。全市呈现信访总量、集体上访、赴京非正常上访下降以及信访秩序明显好转的良好态势。2007年，市、县（市）区党政信访部门受理群众信访共43404件（人）次，约比2006年减少17%。全面落实信访工作责任制，有效破解信访热点、难点。市、县（市）区党政机关开展“百名书记联镇带村谋发展蹲点调研”、党政领导下访约访、“走进矛盾，破解难题”等活动，解决群众关心的热点、难点问题2500多个，其中由市领导包案处置突出问题8个。以“信访工作基层基础建设年”为抓手，扎实推进基层信访工作规范化建设。各乡镇（街道）积极推行综治、司法、信访“三位一体”的联动工作机制，形成大信访整体合力；建立完善乡镇（街道）党委、政府联席会议制度和党政领导“一岗双责”及接待群众来访、下访、包案处理突出问题等制度，落实领导信访责任制；至2007年底，全市90%以上乡镇（街道）达到规范化标准。

根据中央和省联席会议的统一部署，2007年在全市开展矛盾纠纷排查化解年和重信重访专项治理工作。市委先后4次召开常委会，专

---

① 《信访条例》是国务院于2005年1月10日发布的条例，自2022年5月1日起废止。

题研究信访工作，部署矛盾纠纷排查化解工作。宁波各地、各部门根据要求，排查信访突出问题及可能引发群体性事件的重大矛盾纠纷共1085件，落实办理的责任单位和责任人。全市各级党政机关领导包案处理重点信访问题和矛盾纠纷883件，并落实“四包”责任制，即包调查、包处理、包结案、包息访，促进基层重点信访问题有效解决。

2008年，大力排查化解社会矛盾，坚持定期研究信访形势制度，完善不稳定信息收集、报送、分析制度，制定实施信访重点管理乡镇（街道）考核办法和信访事项代理制度；创新和发展“枫桥经验”，坚持党政领导包案调处，全面推进县（市）区委书记大接访活动，集中开展矛盾纠纷排查化解和重信重访问题专项治理工作，着力构筑“大接访、大劝访、大调解”格局，努力从源头上预防和减少社会矛盾的发生。宁波市委、市政府和各级党委、政府紧紧围绕“平安奥运”目标，全力以赴开展“涉奥信访与维稳百日行动”，着力做好“平安奥运”服务保障工作，全市开展全方位防、立体式控的信访“大劝返”，组成驻京涉奥信访劝返工作组开展劝返工作，实现“一少三无”（上访少、无大规模集体上访、无闹访闹事、无恶性上访事件发生）的工作目标。

围绕服务经济发展，针对国际金融危机引发的社会矛盾和信访问题，提前介入，主动研究，及时部署，预防预警，确保大量的企业信访问题解决在始发阶段，维护企业和职工的合法权益。全面落实信访工作责任制，促进信访热点、难点问题有效解决。以纪念毛泽东同志批示“枫桥经验”45周年系列活动为契机，全面开展“基层基础巩固年”活动，大力加强基层信访维稳软、硬件建设，充分发挥基层第一道防线作用，做到“小事不出村、大事不出镇、矛盾不上交”。通过各级各方面的共同努力，全市信访工作呈现出集体访、越级访、非正常访下降，信访秩序进一步好转的良好态势。2008年，市、县（市）区党政信访部门受理群众信访51755件（人）次，同比上升19.2%；集体上访1629批23206人次，批次同比上升25.3%，人次同比下降

13.1%。在全省信访工作目标管理考核中，宁波市连续5年位列全省前三名。

2009年，全面深化“平安宁波”建设，落实维稳工作责任制，深化基层和谐促进工程和基层系列创安工程，制定出台重大事项社会稳定风险评估办法，全面建立涉稳信息分析研判报送机制、稳定预警机制和维稳工作协调联动机制，开展“信访积案化解年”活动，加强医疗、交通、劳动等行业性人民调解组织建设，积极稳妥处置由企业生产经营困难、农村土地征用、城市房屋拆迁、重大项目建设等引发的不稳定因素，启动推进世博会“环沪护城河”工程建设。以深化“基层基础建设年”活动为契机，组织实施基层信访“五个一”活动，基本实现“乡镇（街道）、村（社区）有一个完善的信访工作组织网络、一支健全的信访员队伍、一套完整的信访工作机制、一个固定的办公场所、一笔专门的信访工作经费”的目标。通过各级各部门的共同努力，实现“信访总量全面下降、信访秩序明显好转”的良好局面。

2009年3月，宁波市处理信访突出问题及群体性事件联席会议办公室下发《关于开展“信访积案化解年”活动的通知》，明确“信访积案化解年”活动的主要任务及化解信访积案的责任主体与化解时限。4—9月，按照中央和省委、省政府的统一部署，全市实施“百日攻坚”，扎实开展“信访积案化解年”活动。市委常委会3次专题研究部署信访积案化解工作；市、县（市）区两级建立领导对口包案衔接机制，包案处理分管领域的信访积案；按照“九个一”（一个信访积案、一个包案领导、一个化解工作小组、一次协调会、一套化解方案、一套稳控措施、一个解决期限、一份协调会纪要、与信访人见面一次）的要求，通过挂牌督办、复查复核、公开听证、专业调解、“三堂会审”、媒体曝光、法律援助等多种方式，解决一批案情复杂、久拖不决的信访问题。市、县（市）区两级落实信访积案化解工作专项经费，为化解信访积案提供保障。截至2009年底，宁波市、县（市）区两级摸排出294件信访积案，化解236件，化解率80%；市联席会议立案交办信访案件60件，成功化解57件，化解率95%。

三、开展社会管理创新综合试点（2010—2015年）

随着经济体制深刻变革、社会结构深刻变动、利益格局深刻调整，人们的价值观念趋向多元化，利益诉求呈现多样化，化解社会矛盾、维护和谐稳定的任务十分艰巨。作为我国市场经济的先发地区和对外开放的前沿地带，宁波市更早地遭遇那些伴随经济转型升级而来的社会矛盾和问题。面对新形势，唯有通过创新社会管理来应对这些新矛盾和新问题。2010年9月19日，宁波市委、市政府出台《关于开展社会管理创新综合试点的实施意见》。其中明确，社会管理创新综合试点工作要坚持以发展为主题，以改革为动力，以开展“固本抓源强双基、创新提升促平安”主题实践活动为载体，按照综合性创新试点和工作项目化管理的要求，总结推广成功经验，探索完善体制机制，着力破解重点难点；经过几年探索实践，切实在基本社会保障和81890等公共服务保障、社会矛盾调处、社会治安防控、新型城市管理、综合信息管理、实有人口住房（租赁）服务管理、依法规范管理、社会力量联动等方面取得新突破，进一步夯实社会和谐稳定的思想基础、基层工作基础、法治基础、新老宁波人的群众基础、社区和社会组织基础，率先形成与社会主义市场经济体制、当今时代发展、人民群众期待相适应，科学先进、规范顺畅、严密高效、利民惠民的新型社会服务管理体系。同年9月21日，浙江省委确定宁波市为省社会管理创新综合试点。同年10月，中央政法委、原中央综治委确定宁波为全国社会管理创新综合试点。社会管理创新首先体现在理念更新，政府从有所为走向有所不为，各部门从管理走向服务，参与主体从单一走向多元，从而形成政府、社会和个人的良性互动。

随着国内由重大建设工程、重大决策等重大事项引发的群体性矛盾增多，为将一大批矛盾纠纷和不稳定因素化解在“萌芽”状态，2010年11月3日宁波市社会管理创新综合试点工作领导小组下发《全面推进重大事项信访维稳风险评估工作实施方案》。着重围绕建章立制、规范运作等方面进行探索和实践。先后充实完善风险评估工作实施细则，出台风险评估绩效考核办法及预防化解保障机制等一系列制度。在余姚市及有关县（市）区进行综合试点基础上，2011年3月21日，宁波市委、市政府在余姚市召开全市重大事项社会稳定风险评估工作推进会，对全面推进重大事项社会稳定风险评估工作进行部署。2011年市、县（市）区、乡镇（街道）三级对594项重大事项开展社会稳定风险评估工作，并将风险评估列入市政府重大决策必经程序，22项重大事项经风险评估后暂缓实施或不予实施，既有效防范群体性事件发生，又有力保障重大建设项目顺利推进和重大决策的民主化、科学化。

2011年，宁波实施建立健全社会矛盾联合解决机制项目。探索建立社会矛盾联合调解中心，形成维稳、调解、信访“三位一体”的联合调处体系。探索和推行医患纠纷、交通事故、劳动争议以及物业纠纷多元化调解模式，出台全国首个医疗纠纷预防处置地方性法规。构建网上对话交流平台、网络问政平台、民生咨询网、热线电话等民生服务平台，扩大群众诉求表达和回应渠道。推广“一线工作法”“老何说和”“五常法”等做法，推行民主恳谈、村民说事等制度和基层“法治促进员”制度，就地化解矛盾，维护基层稳定。2010年12月在象山县、原江东区、镇海区、北仑区先行试点，2011年4月28日，宁波市委、市政府在镇海召开全市建立健全社会矛盾联合解决机制项目推进现场会，在全市开展建立健全社会矛盾联合解决机制工作。

宁波实施加强流动人口和特殊人群管理体系项目。按照“属地管理”原则和实有人口管理要求，探索构建流动人口和特殊人群“社区化管理、社会化服务”机制。推进外来务工人员服务管理的教育培训、公共服务、权益保障、安居保障、治安管理、融合发展“六大体系”建设。落实“以证管人、以房管人、以业控人”措施，推进出租房屋服务管理工作，探索出租房屋“村企结对”“旅馆式”管理服务模式。2011年，宁波市的“新老市民共建共享融合模式”项目荣获首届“中国社会创新奖”。

2011年7月15日，宁波市委十一届十二次全体（扩大）会议通过《中共宁波市委关于进一步加强和创新社会管理的决定》。该文件明确率先建立具有宁波特色的社会管理体系的目标，提出建立健全民生保障和改善机制、科学决策和社会稳定风险评估机制、群众利益诉求表达机制、社会矛盾纠纷调解机制等“四项机制”，加强和创新社会治安防控体系、公共安全和应急管理体系、流动人口和特殊人群服务管理体系、非公有制经济组织服务管理体系、社会组织服务管理体系、网络社会服务管理体系、新型城市服务管理体系、基层社会服务管理体系、社会管理综合信息体系、社会管理环境建设体系。

四、完善社会治理体系（2015年以来）

社会治理是国家治理的重要组成部分，推进国家治理体系和治理能力现代化的一项重要工作，就是推进社会治理体系和治理能力的现代化。2015年7月，中共宁波市委十二届九次全会作出《中共宁波市委关于创新社会治理全面加强基层基础建设的决定》，搭建“1+X”政策体系，构筑基层社会治理的“四梁八柱”，着力健全完善基层规范化组织体系、清单化权责体系、法治化城乡社区治理体系、网格化工作体系、信息化支撑体系、社会化服务体系、多元化矛盾调解体系、制度化保障体系等“八大体系”。

2017年，宁波完善社会治理体系。基本完成基层社会治理“四个平台”建设。推动力量下沉，将市场监管、综合执法、规划、国土资源、环保、司法等机构及人员纳入乡镇（街道）日常直接管理与考核，推动基层治理由条块分割、单打独斗向乡镇（街道）统筹领导、相互协同转变。完善全科网格功能，依托全市“一张网”，建立县、乡镇（街道）、村（社区）、网格四级事件流转机制，实现“发现上报—调度分流—处置反馈—任务核查—评价考核—结单归档”全流程网上运行。增强综合指挥能力，率先实现与省基层治理综合信息系统的业务协同和数据交换，形成省、市、县（市）区、乡镇（街道）、村（社区）五级社会治理综合指挥体系。全市154个乡镇（街道）“四个平台”均已实现有效运转，形成乡镇（街道）“四个平台”建设的宁波样板。深化户籍制度改革。实施全市统一的新型居住证制度，出台《宁波市居住证管理暂行规定》，发放IC卡式居住证43万余张。出台《宁波市调整完善户口迁移政策实施细则》。

2019年，宁波改革多元治理制度体系。健全基层社会治理体系。“四个平台+全科网格”平台体系扩能提质。根据机构改革情况优化调整乡镇（街道）“四个平台”功能，建立网格矛盾大数据研判机制，推动乡镇（街道）“四个平台”数据联通和综合分析，有效提升基层矛盾预警处置能级。乡镇（街道）层面91%以上事件已实现系统自动流转、分类处置。开创信访矛盾一体化调处新模式。打造“全科受理、访诉调体、集成联办、一站化解”的“信访超市”，彻底转变过去信访多头跑、事难办的局面，实现信访矛盾化解“只进一扇门、最多跑一地”，群众满意率98.3%。构建“大应急”管控体系。

第二节　“平安宁波”创建的实践成效

一、“平安宁波”创建卓有成效

平安创建屡获荣誉。截至2022年10月，宁波连续16年获评省平安市，10个县（市）区实现“平安金鼎”全覆盖，镇海、北仑、奉化、余姚成功夺取浙江省“一星平安金鼎”。宁波连续12年获评中国最具幸福感城市，创建全国“雪亮工程”示范城市。平安建设指标持续下降。全市实现重特大事件（严重危害国家安全事件、严重影响社会稳定事件、严重刑事治安案事件、严重影响经济秩序案件、严重安全事故、严重公共安全事件）“零发生”，信访走访、刑事案件、生产安全、道路交通、消防安全等平安建设主要指标持续下降，安全生产事故起数、死亡人数连续17年实现“双下降”，人民群众安全感持续上升，台风、洪涝、地震等自然灾害连续3年零死亡，森林火灾连续3年零发生。平安护航行动高质量完成。2004年6月成立市委建设“平安宁波”领导小组，先后出台《中共宁波市委建设“平安宁波”领导小组办公室会议制度》《宁波市平安乡镇（街道）考核办法（试行）》《宁波市平安县（市、区）考核职能分工》等工作规章制度，全域、全面、全量、全程开展平安护航行动，成功打赢G20杭州峰会、庆祝新中国成立70周年、庆祝中国共产党成立100周年等一系列重大会议、重大活动、重大项目维稳安保攻坚战。

二、社会治理实效显著

宁波坚持系统治理、依法治理、综合治理、源头治理，注重激发基层活力，不断推进基层治理创新，被确定为全国社会管理创新综合试点、全国市域社会治理现代化试点。专门召开市委全委会作出《中共宁波市委关于创新社会治理全面加强基层基础建设的决定》等，出台乡镇（街道）社会服务管理中心建设、深化网格化管理、基层服务管理综合信息系统建设、矛盾纠纷多元化解机制建设、乡镇（街道）行政体制改革等文件，形成了基层治理政策体系。基层治理力量持续夯实。坚持党建统领，推动党建网格与治理网格“双网融合”，全市累计设立1.26万个网格、5.71万个微网格，网格均户数由383户降至344户，深入推进“基层治理提升年”行动，积极开展基层管理体制改革、社区“五定”管理体制改革、社工队伍综合改革等，推动76%的执法力量下沉到乡镇（街道）一线，总社工数达8808人，每万名城市社区常住人口拥有专职社工超19.3名。社会治安防控体系“数智”升级。首创“新居民一件事”应用平台，上线“僵尸车综合治理一件事”有效治理“僵尸车”顽疾，“车驾管电子委托”模式获公安部推广，“11087（110帮企）”服务热线获评“全国工商联‘创新中国’区县级最佳案例”并在全省推广。

三、矛盾纠纷化解实现“最多跑一地”

实施人民调解规范化建设，打造示范点，统一调解文书格式。坚持夯实基础，巩固发展基层人民调解组织网络。实现全市村（居、社区）和乡镇（街道）人民调解委员会全覆盖，建立企事业单位人民调解组织236个和区域性人民调解组织66个，全市已形成了横向到边、纵向到底，多层次、立体型的人民调解组织网络。坚持领域拓展，开创“专业化＋社会化”人民调解新模式。在医疗、交通、劳动、知识产权、旅游、商会、金融消费等15个领域建立行业性、专业性人民调解组织119个。坚持整合协调，形成“多元化＋体系化”人民调解新模式。加强人民调解与行政调解、司法调解联动体系建设，健全警调、诉调、检调衔接机制，完善驻公安派出所调解工作室、驻诉调服务中心等人民调解组织建设，开展人民调解参与信访矛盾化解百日攻坚行动。坚持与时俱进，建立“信息化＋智能化”人民调解新模式。试点“网上数据一体化”改革和警调衔接“互联网＋”；指导基层运用微信、互联网等开展人民调解工作；组织人民调解组织参与在线矛盾多元化解工作；开展驻公法网等线上人民调解工作。特别是自2019年以来，在全省率先推行县级社会矛盾纠纷调处化解中心实体化建设并实现全覆盖，推广象山县“大徐经验”，出台《关于进一步加强镇乡（街道）矛盾问题化解处置工作的若干意见》，精心设计“矛盾纠纷三不出，化解最多跑一地”三级协同工作流程，各县（市）区均挂牌成立社会矛盾纠纷调处化解中心，镇级有效衔接“基层治理四平台”，村级综合集成各类经验做法，矛盾纠纷调处化解首道防线进一步夯实。至2022年底，矛盾纠纷“受理—处置—办结—评价”闭环机制进一步完善，实现矛盾纠纷化解“最多跑一地”，全年共调解各类矛盾纠纷11.5万件，其中79.3%化解在镇村层面。社会治理“宁波模式”不断涌现。持续擦亮“村民说事”“小微权力36条”“365工作法”“阿拉一起来”等治理品牌，提炼推广“五小工作法”“阿拉调解”“花季关护”等特色亮点，推行“家人治家”“道德银行”等举措，形成了一批在全国全省有影响力、有宁波辨识度的案例。

四、风险防控有力有效

宁波高度重视社会治安防控体系建设，将其作为一项重要党政工程系统谋划、整体推进。2005年，宁波开始系统谋划社会治安防控体系建设。2012年，宁波市委、市政府将社会治安防控体系建设纳入《宁波市加强和创新社会管理规划纲要（2012—2016年）》，强化防控体系的顶层设计。2014年，“社会治安防控体系”被纳入市领导牵头重点改革发展项目。2015年，《关于进一步加强社会治安防控体系建设的实施意见》发布，明确了全市社会治安防控体系建设具体任务。2022年，组建争创“全市社会治安防控体系建设示范城市”领导小组，形成了党政主导、部门协同的良好局面，初步构建了“数字赋能、整体智治、系统集成、协同高效”的立体化社会治安防控体系工作格局。在全省率先推进基层应急管理体系和能力标准化建设，推进社区应急体系改革，全市2856个社区应急管理领导小组组建率、应急管理员配备率、应急突击队组建率实现“3个100%”。建立“线上巡查+线下处置”实时监测预警机制，强化安全生产风险防范。基本建成涵盖气象灾害、地质灾害、海洋灾害及森林火灾等的监测预警网络，风险监测预警水平明显提升。创新迭代防台清单管控工作法，有效应对“轩岚诺”“梅花”等台风影响。

第三节 “平安宁波”创建的主要经验

一、坚持党的领导，充分发挥组织优势

坚持党的集中统一领导，能够强化平安建设的统筹统揽、资源整合、力量融合，做到统一指挥、统一协调、统一调度，这也是平安建设的巨大政治优势。党的领导核心作用是关键。全市按照“属地管理”和“谁管理谁负责”的原则，在做好统筹规划、顶层设计的基础上，一把手亲自挂帅，在应对各种风险挑战中，地方党委通过自上而下的强大组织网络，形成强大的组织动员能力，确保平安建设工作“一竿子插到底”，把中央的决策部署迅速贯彻落实至最基层。责任传导是保障。通过层层建立领导责任制、部门责任制和单位责任制，将平安建设考核与单位评先、奖惩相挂钩，对平安建设工作不落实或失职渎职引发危害稳定的重大问题的，坚决实行“一票否决”和责任查究，进一步强化平安建设考核“指挥棒”的刚性作用。奖优罚劣是导向。进一步加大平安考评力度，形成争先创优的政策导向，对平安建设问题较多的县（市）区以及乡镇（街道）进行挂牌整治、重点攻坚，推动平安建设相关问题真改实改，取得成效。

二、坚持部门联动，深入推进齐抓共管

全市按照“谁主管、谁负责”的原则，督促指导各部门、各单位把平安建设纳入本部门、本单位、本系统、本行业发展的总体布局，明确专人负责，完善工作机制，确保平安建设的每一项工作任务都有部门管、有专人抓，每一个突出问题都能得到及时有效的解决。突出风险共防。宁波各地各部门聚焦政治安全风险、社会治安风险、金融安全风险、网络安全风险以及公共安全风险，联动开展风险隐患排查化解管控、社会治安重点地区整治等活动，齐心协力抓好风险防控，坚决守住平安稳定的底线。例如，在平安护航党的二十大期间，针对房地产领域问题楼盘、商铺纠纷、重大舆情风险等重点突出涉稳问题，逐一研究对策、推动攻坚化解。突出难题共破。针对社会治安风险，宁波各地各部门加强人员动态管控，及时发现、控制，防止铤而走险。针对防溺水工作，建立市、县（市）区两级防溺水工作领导小组，构建完善政府、学校、家庭、社会“四位一体”防溺水工作体系，实行“督导一月一查一通报、溺亡一事一报一倒查”制度，溺水死亡人数逐年减少。针对非正常死亡案件较多问题，深入开展专项整治，2022年实现非正常死亡案件大幅度减少，有关工作得到公安部第一督导组高度肯定。突出工作共推。健全落实平安办、安委办和国安办等的工作例会、形势分析会、部门联席会等，加强上下左右的沟通联系和协调配合，推动各行业、各领域和各系统的平安创建工作，形成了部门共同推进平安建设的运行机制。建立“除险保安”晾晒工作机制，针对海洋渔业安全、交通安全、消防安全隐患等突出问题开展挂牌督导和专项整治，大力“遏重大”“控较大”，进一步压降刑事案件（命案）、诉讼案件、交通事故（特定车辆亡人事故）、生产安全事故、渔船事故等案事件数量。

三、坚持与时俱进，积极探索改革创新

宁波市坚持高站位统筹平安建设，高质量深化改革创新，打造了一批具有战略性、创造性、引领性的改革举措，在重点领域和关键环节取得新突破。深入推进社会组织服务创新。在全省率先开展社会组织党群服务中心标准化达标建设，加强社会组织孵化培育，建成全省规模最大的社会组织创业创新综合体，涌现"红领之家"助力社区矫正等典型，全市有9家国家级先进社会组织、31家省级品牌社会组织、66名省级社会组织领军人物，推动形成门类齐全、层次有别、覆盖广泛的社会组织体系，成为政府推进平安建设的得力助手。深入推进行业自治创新。发挥市场主体的作用，推进"保险＋服务＋科技"安责险体系建设等，形成全国首创的行业自治新模式，推动职能部门由"指导协调"向"指导监督"转变，得到了中央媒体的报道和社会各界的关注。深入推进矛盾纠纷调解创新。整合各乡镇（街道）人民调解资源，建立多个专职人民调解室，打出"老何说和"等品牌，聘请专职"老娘舅"。完善市、县（市）区、乡镇（街道）三级矛盾调解体系，整合综治、维稳、信访、司法、劳动、卫生等各方矛盾化解资源，形成综合优势和整体效能，以一站式服务来解决问题。"老潘警调中心"被司法部评为坚持发展"枫桥经验"实现矛盾不上交试点工作表现突出集体，中心负责人潘明杰获评全国模范人民调解员、平安中国建设先进个人等。深入推进数字化改革创新。充分体现科技进步革命性，努力实现整体架构变优、场景应用变实、大脑建设变强、综合效益变大。持续推进宁波市智能公共数据平台建设，初步构建集"感、传、知、用"于一体的城市物联感知平台，推进全市物联网设备和数据的统一接入和共享，集约建设政务"一朵云"。推进全域智治应用，打造"浙里甬平安"综合应用、"反电诈全维智控场景应用"等，开

展宁波“公安大脑”建设，广泛运用大数据、云计算，精密智控的实战实效明显。危化品全链条安全风险智控场景应用被评为浙江省首批最佳应用，荣获“浙江省改革突破奖”铜奖；宁波市成为全国第一个实现传染病智能平台直报的城市；深入创建无证件（证明）办事之城，率先在全国创新实践互联网环境下的身份验证新模式，获评全省改革创新优秀实践案例，相关经验做法在全国推广。

四、坚持群众参与，推进共建共治共享

宁波市坚持专群结合、依靠群众，深入开展各种形式的群防群治活动，凝聚整体合力，强化“平安宁波”建设强劲的执行力和持久的生命力。健全群众参与机制。激发共治积极性，动员新社会阶层、社会工作者和志愿者参与社会治理，建立举报奖励、公益反哺、以奖代补等激励机制，在金融风险、消防安全、“五水共治”等领域开展举报奖励活动，依托“民生 e 点通”“e 宁波系统”等载体，鼓励群众、基层社区干部、网格力量“随手拍、随时报”，从而反映自身诉求、报送身边隐患、表达监督意见，推出“开放空间”“圆桌夜谈”“小板凳工作法”“家人治家”等系列创新举措，“村民说事”被写入中央“一号文件”。宁波《关于进一步加强我市平安志愿者队伍建设的通知》中提出，搭建“4+N”平安志愿者队伍，组建30万人以上的平安志愿者队伍，部署开展“护甬平安，志愿有我”志愿服务活动，广泛动员平安志愿者开展治安巡防驻点守护、重点人员帮教、法治宣讲、隐患排查、应急援助、关爱帮扶等活动。深化基层系列平安创建。扎实推进市级27项系列平安创建活动，组织开展基层系列平安创建“双百”标杆选树活动，全市46家二级以上医疗机构全部创建成省级平安医院，宁波市被评为2020—2021年度全国平安医院建设表现突出地区，创新建成“一环四员”校园风险智控平台，食品安全智慧检验体系建

设全省现场会在宁波召开，宁波经验在全省推广。加大平安建设宣传。用好用足线下线上平台载体，深化“平安三率”，广泛开展形式多样、内容丰富的平安宣传活动，持续推进平安宣传“六滚动、六必挂、六必见、六必有”等要求落实。深入开展“平安巡防”等活动，发动社区民警、网格员等力量，入网进户点对点、面对面做好走访宣传工作。组织开展平安建设专题宣讲活动，向全市新老宁波人发放共建“平安宁波”一封信，形成“全民参与、平安有我”的生动局面，让平安创建工作家喻户晓、深入人心。

案例　聚焦“四个注重”推进治理变革

近年来，宁波在践行“八八战略”中，坚持将“智治”作为社会治理创新和市域社会治理现代化的重要方式和科技支撑，勇当数字变革领跑者，加快推进现代科技与市域社会治理深度融合，着力建设全市域覆盖、全层级贯通、全过程流转、全事件闭环的宁波市基层智治平台，不断提升先进性和实用性，为践行“八八战略”提供有力智治支撑。

一、目标成效

截至2022年10月，宁波已建立数据治理体系，累计归集公共数据120亿条，数据共享74亿多条，需求满足率达98.5%，开放数据3.5亿多条，部门间非涉密事项100%线上办理。在智治的有力支撑下，宁波连续16年获省“平安市”称号，夺取省“一星平安金鼎”，民众获得感幸福感安全感认同感“四感”位居全省第二，连续12年获评中国最具幸福感城市。宁波市“智治”经验受到浙江省委多次肯定，并在全国市域社会治理现代化工作经验交流会上被作书面交流。

二、实践做法

1. 注重整体谋划，建立全域统筹的智治推进机制。强化顶层设计、整体推进，把社会治理“智治”深度融入智慧城市格局，建立以治理平台为枢纽、信息系统为主脉、全科网格为底座的智治架构。强化组织领导，市、县（市）区两级高度重视智治，从信息化到数字化再到智能化，持续迭代理念，将推进“智治”写入党代会报告、政府工作报告，推动社会治理机制重塑，列入全面深化改革重点任务和目标管理考核任务，组建专门班子，建立健全规范化工作推进机制。强化推进落地，以社会治理创新、全国市域社会治理现代化试点、数字化改革等为契机，充分发挥党委政法委统筹协调作用，推动社会治理领域各条线全力参与，完善任务清单、职责清单和时间表、路线图，着力破解智治领域瓶颈难题。强化绩效评估，研究出台智治支撑实战实效评价管理办法，围绕“准备、实施、应用、迭代”四个阶段，运用“四色”评价法，从进度、质量、风险、推广四个维度，加强对智治支撑项目绩效的跟踪评估。

2. 注重智能智慧，优化全维融通的智治信息系统。率先建立市域统一的社会治理大数据“云 + 端”的系统架构，形成一条从网格到市五级贯通的“信息高速路”。推进“一张图”统揽，系统建立社会治理人口库、法人库和地址库，推进954万人口、110万法人和438万地址数据动态更新，实现“人、事、物、地、组织”治理全要素“一张图”掌握。推进“一体化”联动，市级层面，基于“城市大脑”“一网统管”等资源，形成“一网一域一中心”三级架构的管理界面；县（市）区层面，打造“智治云图”驾驶舱；乡镇（街道）层面，打造“智治平台”管理界面，做实“要素一张图”；村（社区）层面，打造“智管家”应用；网格层面，持续完善“浙政钉”网格端模块功能。完善从市到网格五级联通的可视化指挥系统，新建城乡社区视联点位2600余个，实现城乡社区全覆盖。推进“一件事”处置，聚焦基层在治理中遇到的复杂、高频疑难问题，开发“治理一件事”集成应用，已上线群租房整治、“僵尸车”管理、消防通道堵塞整治等12个具体场景，流转处置“老大难”问题17857件，群众满意率达97%。

3. 注重贯通联动，打造全面协同的智治共享平台。以基层智治平台为核心，强化任务协同、算法协同、数据协同和资源协同。推进部门数据共享，突破渠道壁垒、信息壁垒、数据壁垒，构建跨部门、跨区域、跨层级的数据协同交换机制，推动治理领域数字赋能、高效协同。经过8年扩展延伸和清洗沉淀，系统数据总量已超过50T，通过五大基础数据库和若干专题库已共享38个部门相关数据，与公安、应急、金融、信用等20个部门实现基础数据和事件信息双向流转，开发了26种分类应用、80多个分析界面，为各级各部门工作开展提供了有力支撑。推进信息快捷报送，全市1万余名专职网格员配备信息终端，走访排查中随时发现上报问题隐患、群众诉求等信息，日均网格事件报送量达1万件。所有网格均建立“一格两群”，各类社会力量积极入格加群，覆盖250万户，为网格员提供了海量线索，成为践行新时代群众路线的新载体。同时，系统整合“12345”“民生e点通”“平安浙江”、网络问政问效平台，并将公众平台信息和网格报送信息进行融合比对，极大地拓宽了信息发现渠道、提升了信息发现实效。2022年以来，线上报送有价值线索153万余条。推进处置全程留痕，网格、村（社区）、乡镇（街道）、县（市）区各类事件的处置在平台全程自然留痕，从事件的上报到职能科室的处置，到最终问题的解决，整个流程脉络清晰，可见、可溯。例如，海曙区网格员发现某小区楼下车库存储疑似危化品，系统根据事件类别分流到街道应急所后，应急所工作人员当日即进行执法并处置完毕，网格确认关闭，系统可以全面还原该事件处置过程的时间线，做到有照片、有数据，可比对、可复核。截至2022年10月，系统流转治理事件有效处置率达99.86%。

4. 注重实战实效，完善全链闭环的智治防控应用。聚焦重点领域风险，建立智能化防控机制，强力整治突出社会问题。完善风险管控智治机制，加强重大问题风险源头防范，开发除险保安“平安一键督”应用并在全市推广，累计排查整治各类风险隐患47万余件，隐患整改率达97%。两级加速构建“1+N+10”塔型晾晒体系，实施“日、周、旬、月、季”晾晒，共梳理晾晒重大风险隐患113个，实施跟踪督办、闭环管控。完善公共安全智治机制，建设全域覆盖的智能防控体系，全市交警卡口、治安卡口、微卡口、道路监控、电子警察以及高空瞭望等2.6万路智能感知设备全整合接入，重点公共区域和重点行业、领域的视频监控覆盖率达100%，大数据中心、全息感知网络扩容升级，静态人脸基础库数据居全国同类城市前列。完善矛盾化解智治机制，做优“全链解纷”，建设“全量矛盾数据库”，完善矛盾纠纷“受理—处置—办结—评价”机制，依托警网融合机制和数字化应用，每年双向流转、闭环处置矛盾纠纷案件5万件以上，有效减少“民转刑”“刑转命”发生。推进“一站式联合接待、一揽子调处纠纷、一条龙服务群众”，2022年以来，全市县级矛调中心共调处矛盾纠纷4万余件，化解率达95%。

三、创新之处

宁波市在践行“八八战略”中，围绕打造市域社会治理现代化样板所构建完善的整体智治体系，有力推动了治理方式、手段、机制系统性重塑，具有较强的先进性和实用性。实现市域全统筹，将推进“智治”列入全面深化改革重点任务和目标管理考核任务，组建专门班子，建立健全规范化工作推进机制，通过多年努力，已将智治系统打造成为治理基础工作平台和实战应用孵化平台。实现纵向全贯通，率先建立市域统一的社会治理大数据“云＋端”的平台架构，纵向构建市级抓统筹、县（市）区负主责、乡镇（街道）

强执行、村社重协同、网格作底盘的体系。实现横向全覆盖，完善风险管控、公共安全、矛盾化解、为民服务等智治机制，推进“一张图”统揽、“一体化”联动、“一件事”办理。实现闭环全智控，推进风险识别管控、群众诉求解决全流程线上线下结合、形成严密闭环，做到部门数据自动共享，诉求信息迅捷报送，研判分流及时推送，处置全程留痕可查。系统贯通量、数据归集量、线上事项数、闭环办结率均全省领先，在除险保安、矛盾化解、防汛抗台、疫情防控等方面发挥重大作用，为打赢平安护航二十大等重大活动、重大项目、重要节点维稳安保攻坚战奠定了坚实基础，成为市域社会治理现代化的重要支撑。

（资料来源：宁波市委政法委）

第十六章

夯实民生保障　推动共同富裕示范先行

宁波力求扎扎实实地帮助群众解决困难，实实在在地为群众谋取利益，切实解决“平均数不是大多数”的问题，聚焦人民群众最关心最直接最现实问题，以夯实民生底线、优化服务供给、促进人口发展等为重点，持续优化完善为民办实事长效机制，确保新增财力主要用于民生，公共服务体系建设投入持续加大，基本公共服务供给能力显著增强，人民群众获得感、幸福感、安全感、认同感不断提升。在2021年度全国公共服务质量监测中，宁波在31个省（区、市）120个城市中位居第8名，到2022年则跃居第2名；多次获评中国最具幸福感城市。

第一节　“八八战略”指引下夯实民生保障

一、就业优先战略有效落实

就业是民生之本，是发展之基，也是财富创造的源头活水。2006年，宁波扎实做好就业再就业工作，制定出台小额贷款、税费减免等7项就业扶持政策，积极开发社区公益性岗位和灵活就业岗位，总结推行分级就业模式，着力帮助失业人员特别是“零就业”家庭人员实现再就业，城镇登记失业率控制在4%以内。2008年，宁波完善城乡劳动力就业培训和服务体系，建立就业登记与社会保险登记联动机制，加大对就业困难人员特别是“零就业”家庭的就业帮扶力度，使城镇登记失业率保持在3.31%的较低水平。

2009年，在国际金融危机冲击下，宁波把保就业作为保民生的头等大事来抓，强化政府就业服务，鼓励企业履行社会责任，制定实施就业援助、创业带动就业、“万名高校毕业生见习计划”和促进大学生基层就业“四个一千”等政策措施。2009年3月，市政府下发《关于切实做好当前经济形势下就业工作的通知》，要求充分发挥企业吸纳就业的主体作用，实施“万名高校毕业生见习计划”，开展特别职业培训，加大对重点困难人员的就业帮扶力度，通过物业公司化服务，开展公益性岗位支持困难对象的就业援助工作。2009年，全市新增就业人员14.2万人，完成年度计划的123.8%。

2010年，全力保障劳动就业，创建国家级创业型城市和充分就业县（市）区，加大用工补助、再就业援助、公益性岗位补贴、创业带动就业等政策实施力度，完善就业创新服务平台建设，继续实施促进大学生基层就业“四个一千”和“万名高校毕业生见习计划”，城镇登记失业率下降到3.03%，城镇“零就业”家庭动态消除。2013年，宁波推进国家级创业型城市和充分就业县（市）区建设，扶持高校毕业生就业创业，职业技能培训21.5万人次，城镇新增就业16.1万人；新增创业实体10.4万家，城镇登记失业率（2.16%）创历史新低。

近年来，随着国内外不稳定、不确定因素增加，宁波市积极贯彻落实中央稳就业决策部署，进一步加大援企稳岗力度，扶持自主创业和灵活就业，保障重点群体就业和基本生活，加强职业技能培训和就业服务。2020年，宁波创新稳就业机制，搭建企业用工余缺调剂服务平台，建立“十省百城千县”专项联动机制、保障就业用工稳定。完善劳动者权益保障机制，出台疫情防控期间劳动关系系列政策指南、稳定劳动关系“十项举措”等政策制度，健全根治欠薪专项行动、“三查两清零”、保障农民工工资支付条例等落实机制。宁波“无欠薪”创建，在全省率先实现市域全覆盖。

二、医疗服务水平显著提升

医疗为民生之需。卫生健康问题是人民群众最关心、最直接、最现实的利益问题。2003年抗击“非典”以后，宁波市建成启用现代化疾病监测信息报告管理系统，完善突发公共卫生事件应急体系。2006年，宁波围绕群众“看病难”“看病贵”问题，健全城乡社区卫生服务网络，抓好十大医疗卫生基础设施建设，深化实施新型农村合作医疗制度。2009年，继续做好城乡居民医疗保障扩面工作，城镇职工、城镇居民、农村居民医疗保险覆盖面均在90%以上。稳步实施医药卫生体制改革，加大城乡公共卫生和医疗服务供给，加快十大医疗卫生基础设施建设，探索推行城镇医保“一卡通”，启动开展与上海、杭州医疗保险异地就医结算工作，做好甲型H1N1流感等传染病防治工作，顺利通过卫生强市考核验收。

2009年10月，宁波召开全市深化医药卫生体制改革会议，贯彻党中央、国务院和浙江省委、省政府决策部署精神，确定深化医药卫生体制改革的目标和重点任务。同年12月，宁波市政府办公厅印发《宁波市深化医药卫生体制改革2009—2011年重点工作任务和2009年重点工作任务》，从加快推进基本医疗保障制度建设、分步实施基本药物制度、健全医疗卫生服务体系、促进基本公共卫生服务均等化、稳妥推进公立医疗机构改革等5个方面明确工作任务。2009年，全市建成社区卫生服务中心145家、社区卫生服务站1188家，城市社区卫生服务覆盖率达100%，农村达95%。新型农村合作医疗制度进一步巩固，参合率达97.05%，筹资与补偿水平稳步提高，全市人均筹资增加到218元。

2012年，宁波全面启动新一轮医改，扩大医疗补助范围和标准，城镇职工和城镇居民政策范围内住院及特殊病种费用报销比例提高到85%和70.4%。推进城镇职工居民医保市级统筹和县级公立医院综合改革，加快建设新十大医疗卫生基础设施。每千人拥有床位数、卫技人员数、医生数和注册护士数分别达4.90张、8.51人、3.30人和3.16人。

2015年，宁波进行医疗卫生体制改革。全面启动全国首家云医院，云诊室增加到13个，注册云医生1000余人。全面推进中心城区区域医联体建设，五大医联体覆盖了市四区28个社区卫生服务中心或乡镇卫生院。推行新型家庭医生制度，并向乡镇、农村拓展，全市148家社区卫生服务中心和城区60家社区医院已实现全覆盖。创新建立医用耗材集中采购机制，耗材采购价格和使用量双双大幅下降。

2016年，宁波推进“三医联动”改革。宁波市人民政府印发《宁波市深化医药卫生体制改革先行先试实施方案》，深化综合医改先行先试。推进区域医联体建设，开展家庭医生签约服务，全市148家社区卫生服务中心（乡镇卫生院）共组建家庭医生签约团队1334个，人均签约200人。创新医用耗材集中采购“三步评审法”——被誉为耗材采购“宁波规则”，采购成本降幅15%~72%。扎实推进云医院建设，建立远程医疗服务中心42家，基层云诊室238家，远程医疗服务体系建设初具规模。

2017年，宁波进行综合医改。全面实施统一的城乡居民医保制度，实现全市范围内职工医保待遇政策统一、城乡居民医保待遇政策统一。出台《宁波市基层医疗机构按人头付费试点方案》，建立以基层签约医生为核心的医保基金和健康管理“双守门人”机制。跨省异地就医住院费用直接结算加速推进，21家省“一卡通”定点医院同步接入国家异地就医结算系统，完成系统切换、正式环境测试、异地就医备案、预付金测算拨付，实现双向结算成功人次、异地备案人次、下发通知调整异地长期居住人员和异地转诊相关政策“三个全省第一”。推进智慧健康保障体系建设。宁波“云医院”初步实现“足不出户看云医、不出社区看名医、医生网上做随访、公共卫生云路径、我的健康我管理”等五大功能，全市共建远程医疗服务中心44个、基层云诊室273家、专病专科云诊室32个。2017年，宁波“云医院”建设获信息社会世界峰会电子卫生类别大奖和浙江省公共管理创新案例十佳创新奖。

三、服务型教育体系加快建设

教育为民生之基。早在1999年9月，宁波市委、市政府在全市科教兴市大会上作出实施科教兴市“一号工程”重要决策，把促进科技教育发展放在各项工作的首位，把建设宁波高教园区作为实施“一号工程”的重中之重。同年10月，《宁波市委市政府关于深化教育改革全面实施素质教育推进宁波教育现代化的决定》颁布，明确要从城市长远发展出发，依托已有高等院校，在科技产业园区、鄞州中心区建设以高等教育为主体的教育功能小区。从1999年至2004年，宁波紧紧抓住国家调整高校设置机遇，推动高等教育实现超常规发展。至2004年，在甬高校发展到15所，其中本科院校5所；全日制在校生9.6万余名，本科生4万余名；高等教育毛入学率升至36%，高出全国17个百分点。

随着经济结构调整和城市功能转换关键期的来临，城市对大学有了新期盼。2005年，宁波市科教大会召开，会议作出构建服务型教育体系的战略决议。宁波引导和推动高等教育逐步建立起比较完善的应用型人才培养体系、产学研结合体系、多样的教育培训服务体系，提升高等教育对区域经济社会的人才支撑和知识贡献能力。宁波逐步形成服务型教育体系，基础教育进行了体制改革，已经下放到区；初升高比例和高等教育毛入学率分别达到96%、44%，分别高于全国24.5

个、23个百分点；职业教育发展规划基本形成，20个职业教育实习实训基地建设顺利推进。为进一步加快服务型教育体系建设，2006年2月，市政府印发《宁波市教育服务经济贡献奖奖励暂行办法》，提出对构建服务型教育体系、促进教育服务经济社会发展作出突出贡献的企业、事业、社会团体、地方政府、党派等单位进行奖励表彰。

2006年10月26日，宁波市政府出台《关于加快构建服务型职业教育体系的若干意见》，对全市职业教育提出了具体的目标，要求建立以德育、技能为主的职教生优势培养体系，以服务于人的发展、服务于学生就业、服务于地方经济等“三个服务”为评估体系，推进职业学校发展。要进一步健全职业教育发展政策体系，保障职业教育做优做强。

2008年10月，宁波市政府出台《关于深化服务型教育体系建设加快培养高素质应用型人才的若干意见》。该文件指出，要按照“创新、开放、合作”的理念，以高素质应用型人才队伍建设为重点，以改革人才培养模式为突破口，加强政策引导，优化发展环境，推进教育与经济社会、学历教育与职业技能教育联动发展，加快构建适应宁波建设长三角南翼经济中心和现代化国际港口城市需要的高素质应用型人才培养培训体系。2008年，500余家企业与在甬高校建立合作关系，十大应用型人才培养基地和实习实训基地加快建设。

2013年，宁波市委、市政府推进教育与产业协同创新发展战略，努力构建开放灵活的高校协同创新体系、高素质应用型创新人才培养体系和协同创新的新模式新机制。同年，宁波获批为国家职业教育与产业协同创新试验区，4所高校入选浙江省首批应用型试点示范建设学校，3所高职院校入选浙江省首批重点（优质）高职院校。2013年，宁波加快推进教育现代化，开展教育国际合作与交流综合改革试验区建设，落实高教协同创新计划，深化招生评价制度和民办教育综合改革，构建现代服务业公共职业培训平台，职业教育“校企通”平台功能更加完善。

2015年，宁波全面深化教育综合改革，加快现代学校制度建设，完成686所公办中小学校章程制定和核准。推动普惠性民办幼儿园建设，完成533家普惠性民办幼儿园认定工作。制定鼓励民间资本进入教育领域实施意见，推进民办教育分类管理改革。推动宁波电商经济创新园区与浙江工商职业技术学院合作共建宁波市电子商务学院，在高职院校建立宁波市新型面料研发与应用协同创新中心、宁波园林绿化产业提升协同创新中心和宁波健康养老协同创新中心等3个高校协同创新中心。南高教园区大学科技创新创业园建设初见成效，入驻科技企业21家，入驻创业团队17个。

2016年，宁波深化职业教育体制改革。加快国家现代职业教育开放示范区建设，组建中罗（德瓦）国际艺术学校——中国首家境外办学的中职学校。建立中非（贝宁）职业技术培训学院，开创浙江省高职院校海外办学先例。加快国际教育标准对接，与美国麻省理工学院合作共建中国首个供应链学院——宁波（中国）供应链创新学院，成功引入英国IMI（Institute of the Motor Industry，汽车工业学会）的教学与认证体系。深化产教融合改革，正式启用宁波市学生职业体验拓展中心，宁波市甬江职业高级中学、宁波经贸学校等入选国家产教融合项目，获国家财政支持4000万元。

2017年，宁波进行教育综合改革。推动高等教育资源布局优化，制定关于支持宁波大学“双一流”大学建设的政策文件，支持、推动宁波大学改革发展。推进浙江大学宁波“五位一体”校区建设，浙江大学宁波研究院正式立项，浙江大学工程师学院宁波分院开始招生。宁波（中国）供应链创新学院开设研究生学位项目。深化产教融合，整合在宁波相关高校、职业院校、行业、企业资源，筹建宁波市智能制造行业指导委员会和宁波市智能制造学院，培养具备应用研发能力的制造业紧缺人才。完善教师管理体制，实行中小学教师资格定期注册制度，全市首次参与注册教师近5万人。在象山县、慈溪市率先开展中小学教师“县管校聘”管理改革试点。

四、社会保障扩面提质

养老保障和医疗保障是确保居民生活质量稳步提高的两大环节。进入21世纪后，在中央大政策框架下，宁波市根据自身发展的实际，加快了社会保险体系全面建成的步伐。宁波相继推出了富有宁波特色的新型社保制度，2000年开始出台并实施城镇职工基本医疗保险制度，此后对该项制度进行了多次完善、调整和补充，使得城镇职工基本医疗保险全面贯彻和实施。为解决失土农民的社会保障问题，2002年，宁波市在全国率先出台被征地人员养老保障办法。2003年1月1日起，宁波市全面实施《宁波市被征地人员养老保障试行办法》。此办法的实施对象为凡经批准“村改居”的原行政村居民，以及经县级以上国土资源管理部门批准，土地全部或大部分被征用的人员（以下将这二者统称为被征地人员）。享受的条件和标准为：按此办法参保并按规定缴费标准缴纳养老保障费的被征地人员，男性在年满60周岁、女性在年满55周岁时，可按月享受规定的养老保障待遇。参保人员享受待遇的档次必须与其缴费的档次相对应。缴费标准分1档、2档、3档。2003年缴费标准为：男不满60周岁、女不满55周岁的人员1档4.6万元、2档3.3万元、3档2万元。

2006年，宁波推进大社保体系建设，扩大社保覆盖面，在全国率先实施“低门槛进入、低标准享受”的社保新政策和城镇老年居民养老保障政策。农村被征地人员养老保障和新型农村合作医疗参保率分别达到80%、94.54%。城镇企业职工“五大保险”实现体制上全覆盖，市六区就业和社保政策实现“同城待遇”。

2007年10月，经市政府常务会议审议通过，宁波市政府出台《宁波市外来务工人员社会保险暂行办法》，以促进外来务工人员参加社会保险，进一步规范企业用工。该文件适用于宁波市行政区域内与企业、个体经济组织、民办非企业单位等组织建立劳动关系的外来务工人员，外来务工人员社会保险包含工伤保险、大病医疗保险、养老保险、失业保险、生育保险等方面。

2009年11月，宁波市政府常务会议审议通过《宁波市城乡居民社会养老保险实施办法》。该文件从基本原则、范围对象、资金筹集、个人账户、待遇享受、制度衔接、基金管理与监督、组织实施和管理服务等方面作出规定。2009年12月，宁波召开全市养老保险工作会议，贯彻中央和浙江省委、省政府关于建设更加完善社会养老保险制度的重大决策部署，总结2004年以来全市社会养老保险制度建设工作。会议提出确保2010年1月基础养老金发放到位和全市在2010年实现制度上全覆盖的目标；要求全面实施城乡居民养老保险制度，进一步完善职工养老保险制度，抓好养老保险的扩面工作，推进基本养老保险省级统筹工作。2009年，全市参加城镇居民医疗保险人数达到67.2万人，参保率90.9%，比2008年提高8.9个百分点；被征地人员养老保障参保人数达到55.6万人，重点对象参保率86.5%。

2010年，加快完善社会保障体系，继续扩大五大保险覆盖面，全面实施城乡居民社会养老保险制度，做好各类养老保险衔接转换工作，参加城乡居民养老保险人数累计109.5万人，其中年满60周岁按月领取养老金人员75.3万人。2011年，围绕实现人群全覆盖目标，巩固扩大社保参保率，稳步提高社保待遇水平。推进各类社会保障制度整合，实现被征地人员养老保障、城乡居民社会养老保险与基本养老保险之间的转换衔接。启动职工医保市级统筹，实现城镇职工医疗保险同城同待遇、结算“一卡通”。

党的十八大以后，中国特色社会主义进入新时代，共享发展理念深入贯彻到社会保险体系建设的各个方面，开启了统筹推进城乡社会保障体系建设、全面建成覆盖全体城乡居民的社会保障体系的新征程。宁波市在全国率先实现社会保险制度全覆盖，2013年出台被征地人员养老保障转职工基本养老保险政策，使被征地人员养老保障向职工基本养老保险并轨；2014年宁波市实施城乡居民大病保险制度，采取政保合作方式，有效减轻了参保城乡居民的大病医疗费用负担。

2015年，宁波改革城乡社保制度。启动机关事业单位养老保险制度改革，实施县（市）区以下机关建立公务员职务与职级并行制度。完善城乡居民基本养老保险制度，参保人群实现全覆盖，全市城乡居民基本养老保险参加人数达到131.9万人，年满60周岁享受养老保险待遇人数达71.96万人，市辖各区城乡居民基本养老保险基础养老金从每月190元提高到每月210元，居全省首位。在市区先行实施城乡居民基本医疗保险办法，出台医保按病种付费办法，首批40个试点病种的付费办法在6家三甲医院开始实施。

2016年，完善社会保险制度。实施内外统一的基本养老保险制度，实现外来务工人员社保政策与当地职工社保政策平稳并轨，全市65.2万名外来务工人员社保并轨到职工基本养老、医疗等五项社会保险。完善大病保险制度，实现职工和城乡居民大病保险政策体系、待遇范围、享受办法“三统一”。调整医疗保险缴费费率。2016年2月起市区单位医疗保险缴费比例降低2个百分点，2016年累计减负13.16亿元。

第二节　夯实民生保障的实践成效

一、民生底线持续夯实

宁波坚决贯彻就业优先战略，将“稳就业”和“保就业”作为头等大事，把解决人民群众就业问题放在突出位置，创新实施“甬上乐业”计划，广泛促进就业、鼓励创业，真情援助失业、服务企业，以更加充分更高质量就业扎实推动共同富裕。2004年以来，累计实现城镇新增就业340余万人。宁波市人社局数据显示，2003年、2013年和2021年，宁波市城镇登记失业率分别为4.02%、2.16%和2.31%。宁波市城镇登记失业率始终维持在较低且稳定的水平，建成“高质量就业社区（村）”600余个，“零就业”家庭实现动态清零。宁波城乡居民收入水平位居第一方阵。2022年，宁波市居民人均可支配收入68348元，继续保持全国城市第8位。其中，城镇和农村居民人均可支配收入分别为76690元、45487元，城乡居民收入倍差不断缩小。年收入6000元以下人群全部消除。社会保障体系从政策性全覆盖落实到人群全覆盖。推动落实企业职工基本养老保险全国统筹，实现基本医疗保险市级统筹，户籍人口养老保险和医疗保险参保率提高到99%以上。率先在省内构建新时代社会救助体系，在全市域统一特困供养和低保标准，2022年达到14172元/年，为全省最高。

二、教育现代化水平持续提升

围绕打造人民满意的高标准育人方式，宁波着力建设与经济社会发展相适应的高质量教育体系，持续深化教育现代化建设。一是基础教育优质均衡。先后实施三轮学前教育三年行动计划，公办和普惠性幼儿园覆盖率高。2014年在全省率先实现基础教育基本现代化县（市）区全覆盖。2022年宁波全市义务教育标准学校达标率98.78%，义务段校际差异系数小学段、初中段均控制在0.3以内，公办学校接纳外来务工人员随迁子女比例提高到84.08%。二是普通高中特色化发展水平全省领先。当前，宁波全市省一级（16所）、省二级（39所）普通高中特色示范学校总数居全省首位，累计开发市级精品选修课程283门，省级精品课程181门，数量和质量都位居全省前列。三是职业教育办学水平国内一流。持续推进“职技融合”“职普融通”“中高职一体化培养”，中职学生升学率超70%，2022年全国职业院校技能大赛（中职组）全国排名第四，计划单列市中位居第一。宁波工程学院于2016年入选首批国家产教融合建设高校，宁波职业技术学院于2019年入选首批国家职业教育“双高计划”学校，公牛集团入选国家产教融合试点企业，宁波职业技术学院、宁波城市职业技术学院、浙江工商职业技术学院获批建立国家级职教联盟。四是高等教育跨越式发展步伐加快。2022年，普通高校招生考试报名录取率达94.26%，全日制在校生、研究生、毕业生人数，分别较2012年增长27%、162%和43%。高校学科布局（158个）较2012年（83个）增长近1倍，专业开设点达到504个。宁波大学2017年入选国家首批“双一流”建设高校，是入选梯队中最年轻的高校；浙江大学宁波“五位一体”校区、中国科学院大学宁波材料工程学院等一批大院大所被成功引进；宁波东方理工大学（暂名）于2023年正式招生。

三、健康宁波建设成效显著

宁波着力破解居民“看病难”“看病贵”等传统问题，大力加强优质公共卫生服务供给，努力缩小优质医疗资源供给区域差距，提升居民健康素养，入选全国健康城市建设样板城市。一是现代化公共卫生体系逐步健全。2002年以来，建成启用现代化疾病监测信息报告管理系统，建立市应急办公室和应急指挥中心、各级疾控中心、卫生监督所，在医疗机构建立相应的突发公共卫生事件应急机动队。二是突发公共卫生事件应急体系不断完善。宁波全市甲乙类传染病的报告发病率153.17人/10万人（2022年），人均期望寿命达到82.4岁（2021年），国民体质合格率达到93.8%（2021年），户籍人口孕产妇死亡率降至3.02人/10万人（2020年），婴儿死亡率降至1.69‰（2020年），在国内同类城市相关数据的优劣排名中，均处于优良位置。三是医疗卫生设施布局建设加快。2005年以来，先后建设完成两个“十大医疗卫生基础设施工程”，宁波明州医院、宁波市妇女儿童医院北部院区、宁波市医疗中心李惠利医院东部院区、宁波市临床病理诊断中心等一大批重大医疗卫生服务设施建成投用。进入“十四五”时期，宁波大学附属第一医院方桥院区建成投用，市疾控中心迁建项目即将完工，进一步扩大宁波市优质医疗资源服务半径。截至2021年底，宁波全市医疗机构总数4787家，执业（助理）医师和注册护士数分别达到3.4万人和3.5万人，每千人医疗机构床位数、执业（助理）医师数和注册护士数分别较2002年增加了2.05张、1.77人和2.63人。四是医学高峰建设成效显现。2016年6月宁波启动省级医改先行先试，2017年受国务院通报表彰，成为全国首批40个公立医院综合改革真抓实干、成效明显城市之一，2019年入选公立医院综合改革国家级首批示范城市。2021年，宁波市医疗中心李惠利医院、宁波大学附属第一医院、中国科学院大学宁波华美医院等3家单位跻身全国三级综合医院百强，宁波获评A等及以上的三级医院数量居全省各地市首位（省级医院除外）。高水平打造宁波大学医学部，省级区域医疗中心建设加快。组建5个城市“1+X”医联体、28个县域医联体、1个远程医疗协作网和9个专科联盟，市级优质医疗资源下沉至县（市）区、乡镇（街道）全覆盖。五是基层卫生服务设施和能力水平显著提升。2004年起启动基层医疗卫生机构标准化建设，2011年起在全省率先开展家庭医生试点工作，至2021年底，共设置社区卫生服务中心和乡镇卫生院154家，设置社区卫生服务站532家、村卫生室1808家，每万名常住人口拥有全科医生4.6名以上，基层就诊率达到65.1%，“城市十分钟、农村二十分钟”健康服务圈基本形成，全市家庭医生重点人群签约服务率达到79.03%，成功创建“全国百强社区卫生服务中心”3家、“全国优质服务示范社区卫生服务中心”7家、“全国百佳乡镇卫生院”1家。

四、“一老一小”服务品质不断提升

围绕打造民生幸福标杆城市，宁波将养老托育服务高质量发展作为重要工作，以政府为主导，充分调动社会力量积极参与，积极构建以家庭为基础、村（社区）为依托、机构为补充的多元化养老托育服务发展格局。一是规划和政策法规体系逐步完善。出台全省首部居家养老服务地方性法规《宁波市居家养老服务条例》，出台综合性文件，创新建立“老年人意外伤害保险”制度，为养老托育服务发展提供政策支持。二是服务体系日趋多元。养老机构服务能力持续提升，2021年宁波全市社会养老床位9.1万张，护理型床位占比达到56%，每万名户籍老年人拥有养老床位5.6张；全市共建有各级各类社区居家养老服务中心（站）2979个，覆盖100%的村（社区），其中A级及以上等级的居家养老服务中心（站）占96.1%，3A级超过10%；养老服务机构医疗卫生服务覆盖率100%；老年助餐服务覆盖全部村（社区），每天有2.3万名老人享受助餐服务。社会化托育服务建设力度逐步加大，宁波全市拥有托育服务总托位18151个，托幼一体化的托位为11443个，其中民办、社会办托育机构提供的托位（6708个）占全部托位的37%，每千人拥有3岁以下幼儿托位2.63个。三是养老托育服务市场培育力度加大。社会力量深度参与养老托育体系建设，至2022年上半年宁波全市建成民办养老机构144家，公建民营养老机构104家，民办（民营）养老机构床位占全部养老机构床位的83%，共有2154个居家养老服务中心（站）通过委托管理、服务项目协议外包等方式引入专业社会服务企业或组织参与运营，居家养老服务中心社会化运营比例达到100%，形成了小柏家护、木木橙、贝儿森林等一批本地养老托育服务品牌。

第三节　夯实民生保障的主要经验

一、始终坚持民生优先发展理念不动摇

民生连着民心，民心凝聚民力。习近平指出，“人民对美好生活的向往就是我们的奋斗目标”①；“我们所做的一切都是为人民谋幸福”②；“要始终把满足人民对美好生活的新期待作为发展的出发点和落脚点”③；“在发展中保障和改善民生，全面推进幼有所育、学有所教、劳有所得、病有所医、老有所养、住有所居、弱有所扶，不断改善人民生活、增进人民福祉”④。这就要求我们要牢牢把握以人为本，把群众利益摆到最高位置，紧紧围绕广大群众对美好生活的新期待，切实做到民生投入优先保障、民生工程优先安排、民生需求优先满足，让全体人民幸福生活更加可见可感。

二、牢牢把握社会事业均衡普惠发展原则

当前社会主要矛盾已经转化为人民日益增长的美好生活需要和不平衡不充分的发展之间的矛盾。习近平指出，“我国发展不平衡不充分问题仍然突出，城乡区域发展和收入分配差距较大”⑤；“必须着力增强发展的全面性、均衡性、协调性，以更大力度统筹城乡区域协调发展，

① 《习近平著作选读》第2卷，人民出版社2023年版，第164页。

② 转引自杨晔：《习近平会见联合国秘书长古特雷斯》，《人民日报》2018年4月9日。

③ 《习近平著作选读》第2卷，人民出版社2023年版，第140页。

④ 习近平：《论中国共产党历史》，中央文献出版社2021年版，第221页。

⑤ 《习近平著作选读》第2卷，人民出版社2023年版，第501页。

走共同富裕之路”①。这就要求我们聚焦解决发展不平衡不充分问题和群众急难愁盼问题，在社会民生领域的重点群体就业帮扶、完善公共服务体系、健全社会保障体系、强化“一老一小”服务等方面，采取更多惠民生、暖民心、解民忧举措，及时为群众解难点、疏堵点、除痛点，以人的全生命周期视角和常住人口全覆盖维度，推进社会事业高质量发展，不断实现人民群众对美好生活的向往。

三、辩证认识实现共同富裕长期发展过程

共同富裕是中国特色社会主义的本质要求，是一个长期的历史过程。习近平多次强调，“共同富裕是一个长远目标，需要一个过程，不可能一蹴而就，对其长期性、艰巨性、复杂性要有充分估计”②；“实现十四亿人共同富裕”“是一个在动态中向前发展的过程，要持续推动，不断取得成效”③；“现在，已经到了扎实推动共同富裕的历史阶段”④。这就要求我们深刻理解实现共同富裕总体安排，全面深化细化不同阶段目标任务，统筹需要和可能、当前和长远，尽力而为、量力而行，脚踏实地、久久为功，因地制宜、蹄疾步稳探索促进共同富裕的有效路径。

案例　打造现代职业教育高质量发展样板

习近平一直高度重视职业教育工作，并指出职业教育与经济社会发展紧密相连，对促进就业创业、助力经济社会发展、增进人民

---

① 转引自《共同富裕看浙江》，https：//baijiahao.baidu.com/s?id=1702186822692082084&wfr=spider&for=pc，访问日期：2023年10月19日。

② 《习近平著作选读》第2卷，人民出版社2023年版，第502页。

③ 《习近平著作选读》第2卷，人民出版社2023年版，第506页。

④ 《习近平著作选读》第2卷，人民出版社2023年版，第500页。

福祉具有重要意义。宁波深入贯彻落实习近平总书记关于职业教育工作的重要指示精神，依托制造业发展优势，大力发展职业教育，努力打造现代职业教育高质量发展样板。

一、目标成效

宁波市高度重视职业教育工作，强化制度供给，提升技术技能人才培养质量，支撑制造业高质量发展。先后制定5项职业教育地方性法规，完成40多项改革事项，构建职业教育领域的学校布局、专业设置、教师培养、学生发展、督导评估五大类制度，为全国推进现代职教体系建设提供“宁波样本”。近10年累计培养技术技能人才达40万人，其中高技能人才占比超过25%。基本建成面向全体人民、贯穿全生命周期、服务全产业链的服务型职业教育体系，打造制造业高质量发展的金名片。获批为国家级开展地方政府促进高等职业教育发展综合改革试点城市、教育部首个教育国际合作与交流改革试验区、国家职业教育与产业协同创新试验区、全国职业教育先进单位、国家现代职业教育开放示范区、首批国家产教融合建设试点城市。

二、实践做法

1. 强化政府统筹制度供给，破体制机制之壁。一是狠抓政策统筹。制定了一系列职业教育地方性法规，如《宁波市中等职业教育条例》《宁波市职工教育条例》《宁波市职业教育校企合作促进条例》《宁波市终身教育促进条例》《宁波市职业技能培训条例》等，其中《宁波市职业教育校企合作促进条例》为全国首部校企合作条例。二是狠抓规划统筹。2002年，率先在全国建立职业教育联席会议制度，建立健全技能人才联动培养机制，搭建职业学校与技工学校统一招生平台。三是狠抓经费统筹。率先在全国实施中职免学费教育政策，探索绩效改革，激发教师为社会服务的积极性，较早建立了中职生均公用经费制度，中职生均公用经费达到普高生均公用经费的1.5倍，高职院校年生均财政拨款水平不低于1.2万元。

2. 强化校企协同政策供给，破产教融合之冰。一是产教融合助推区域产业转型。推动产业规划、职业教育布局规划和产业人才规划“三规”同步建设，优化布局统筹，推进职业学校布局、专业结构调整与产业需求深度对接。2022年，全市中职（技工）学校开设专业230个，高职院校开设专业点206个，其中80%的专业紧密对接先进制造业和现代服务业，35%专业精准衔接战略性新兴产业，实现高等职业院校布点县（市）区全覆盖。二是校企合作助推专业产业联动。充分发挥宁波作为全国重要先进制造业基地的优势，围绕智能制造、集成电路等新兴产业，组建9个行业指导委员会、55个校企合作共同体、10个工程研发中心，全力培养高素质应用型、复合型、创新型技能技术人才；与306家省级专精特新中小企业建立紧密合作，新增1个首批国家级现代产业学院，13个省级实习实训基地，3个省级产教融合联盟；7个案例入选教育部产教融合校企合作典型案例；34个案例获评浙江省现代学徒制优秀典型案例。三是产教携手助推“一带一路”延伸。启动“一带一路”国家职业教育合作发展行动计划，与16个中东欧国家90余所院校建立合作关系或姊妹学校，合作项目总数100余项；引进宁波TAFE[①]学院、中英时尚设计学院等项目，为“走出去”的中资企业培训了亚非115个发展中国家近2500余名产业界领导和员工。

3. 强化服务民生制度供给，破发展结构之茧。一是促进普职协调发展。推进职业教育与普通教育融通，畅通学籍互转、学分互认，至2020年11月有14所中职学校25个专业与21所普通高中合作开展普职融通试点；一体化推进中职、高职、本科职业教育体系建设，2022年，中职吸引力继续增强，城区545分普高录取分数线

① TAFE，全称是Technical and Further Education，中文意思是职业技术教育。

以上中职录取生超过35%，中职学生升学比例超过70%。二是促进职技融通衔接。整合资源，推动宁波职业技术学院与宁波技师学院采取“高职教育牵手技工教育”的职技融通模式，通过实施联合招生、联合办学、建立学历互通机制等措施，积极搭建职业院校与技工院校之间的“立交桥”，积极推动技能竞赛互相开放、内涵建设互相促进、师资队伍互助提升。三是服务乡村振兴建设。宁波市职业学校有乡村振兴项目80余个，组织市“职成协同服务乡村振兴”集中签约，职校出点子、成校搭台子、乡村撸袖子，三方协同助力乡村振兴发展。四是促进东西协同合作。通过“协助援教”“定点支教”“联合办学”等形式，为新疆库车、西藏拉萨、吉林延边、贵州黔西南等地培养了大批学生，职教精准扶贫强力推进。

4. 强化人才培养制度供给，破质量提升之垒。一是德育为先，大力培养“工匠精神”。围绕立德树人根本任务，相继出台《宁波市职业教育“工匠精神”培育提升工程实施方案》《新时代宁波市中等职业学校德育创新三年行动计划》等文件，把“修匠心，炼匠技，铸匠品，育匠才”作为职业院校办学思想。二是技能为重，大力培养适用人才。将“工匠精神”渗透到学校日常教学，2022年，在全国中职院校各项比赛中共获得16金16银，金牌数位列全国第四，连续15年位列全国职业院校技能大赛第一方阵；5个基地入选第46届世界技能大赛中国集训基地。三是“三创”为本，大力传承商帮文化。将创意、创新、创业教育作为提升学生精气神，促进专业学习的重要载体，2021年有10.5万人次取得职业登记证书；全市80%的职业院校搭建了创新创业孵化平台，近10%的毕业生成功自主创业，中职、高职毕业生分别达2.9万人、1.3万人，本地就业率分别达92.6%、42.7%。

三、创新之处

一是机制体制改革实现“三个率先”。率先在全国出台职业教育校企合作促进条例；率先在全国建立职业教育联席会议制度；率先实现中职教育免学费，中职生均公用经费达到普高生均公用经费的1.5倍。二是资源结构布局实现“三个全覆盖”。高等职业教育资源布局实现各县（市）区全覆盖；中高职院校专业学科服务产业行业全覆盖；现代学徒制培养机制学校全覆盖。三是技能人才培养实现“三个领先”。中职本科升学人数连续3年全省领先；中职连续15年在全国职业院校技能大赛中处于领先地位，稳居全国职业院校技能大赛第一方阵；探索“职普融通”“职技融合”“职特融汇”协调发展，全省领先。四是职业教育国际合作实现“三个突破”。建立商务部“中国职业技术教育援外培训基地”；成立金砖国家职业教育联盟和中国—中东欧国家职业院校产教联盟；设立中罗（德瓦）国际艺术学校和中非（贝宁）职业技术教育学院。

（资料来源：宁波市教育局）

第十七章

全面加强党的建设 协同推进伟大工程和伟大事业

2003年1月29—30日，习近平在余姚四明山革命老区学习考察，强调发扬老区优良传统，加快老区开发建设。这让宁波广大党员干部群众深刻感受到革命传统教育这一精神财富的重要性，为宁波在高质量发展中加快建设现代化滨海大都市提供了精神动力。2004年6月25日，浙江省委常委会会议在宁波召开，由习近平主持。会议指出，切实加强党的建设，全面推进党的建设新的伟大工程。[①] 2006年9月13—15日，习近平在宁波市调研，在会上他指出，加强党的领导是构建和谐社会的根本保证。[②] 习近平在庆祝中国共产党成立95周年大会上明确强调，“党和人民事业发展到什么阶段，党的建设就要推进到什么阶段”[③]，指明了伟大事业与伟大工程要协同推进、相得益彰。

当前，现代化滨海大都市建设是宁波着力推进的伟大事业，全面推进党的建设是新的伟大工程。宁波坚持不懈把全面从严治党向纵深推进，全面提升党的建设质量，就是“把抓好党建作为最大的政绩”来贯彻落实，其目的就是为现代化建设事业提供坚强政治保证。

---

① 参见《积极推进宁波现代化建设新跨越：省委常委会专题研究宁波市工作》，《宁波日报》2004年6月26日。

② 参见《大力推动经济发展　努力促进社会和谐》，《宁波日报》2006年9月16日。

③ 习近平：《在庆祝中国共产党成立95周年大会上的讲话》，人民出版社2016年版，第22页。

第一节　以政治建设为统领　持续推进党的建设

一、加强党的执政能力建设（2002—2008年）

中共宁波市第十次党代会提出，要突出党的执政能力这个重点，把各级党组织建设成为改革开放和现代化建设的坚强领导核心。2004年中共宁波市委十届三次全体（扩大）会议审议通过了《中共宁波市委关于加强党的执政能力建设的实施意见》，以提高执政能力为重点，全面加强和改进党的思想、组织、作风和制度建设。加强党的基层组织建设，深入实施农村基层组织“先锋工程”，深化“三级联创”活动，积极推进“四型”基层党组织建设，开展固本强基活动。加强企业党建工作，积极探索非公有制企业党建工作新办法。

2006年，宁波认真抓好保持共产党员先进性教育活动和集中换届工作，全面加强党的建设。扎实推进以农村、城市社区、“两新”组织、高等院校、机关事业单位为重点的基层组织建设，大力实施“三级联创”和“先锋工程”，坚持和完善农村工作指导员和农技特派员制度，着力抓好党内信息管理网、党员服务中心、干部党员学习网、农村党员干部现代远程教育网“四大平台”建设，努力提升基层党建工作水平。2006年，宁波在全省率先实施基层廉洁工程，制定出台《基层廉洁工程建设实施意见》及8个配套文件。实施“阳光工程”，办好“阳光热线”，切实解决损害群众利益的突出问题，坚决纠正部门和行业不正之风。

二、着力提升党建科学化水平（2009—2011年）

宁波围绕中心、服务大局、拓展领域、强化功能，不断探索基层党建新路子，全面加强以村党组织为核心的村级组织建设。从2009年开始，宁波市在县（市）区、乡镇（街道）推行党委书记履行基层党建工作责任制专项述职制度。2009年11月27日，中共宁波市委十一届九次全体（扩大）会议通过《中共宁波市委关于深入贯彻〈中共中央关于加强和改进新形势下党的建设若干重大问题的决定〉的实施意见》。其中指出，要全面贯彻党的十七大关于党的建设总体部署、党的十七届四中全会和浙江省委十二届六次全体（扩大）会议精神，紧紧围绕推动科学发展、促进社会和谐，坚持把推进党的建设伟大工程同推进党领导的伟大事业紧密结合起来，以提高党的执政能力、保持和发展党的先进性为主线，以增强全市党员为党和人民事业不懈奋斗的使命感和责任感为根本，以保持党同人民群众的血肉联系为核心，着力加强战略谋划、破解党建难题，创新体制机制、增强生机活力，在建设马克思主义学习型党组织、发展党内民主、造就高素质干部和人才队伍、构建城乡统筹的基层党建新格局、弘扬党的优良作风、推进惩防体系建设上取得新进展，全面推进党的思想建设、组织建设、作风建设、制度建设和反腐倡廉建设，在创新实践中提高党的建设科学化水平，走出一条符合执政规律、体现时代特征、具有宁波特点的党建工作新路子。

2010年，宁波切实抓好党的建设，着力提升党建科学化水平。扎实开展基层党组织和党员创先争优活动，总结学习实践科学发展观活动，建立7项长效机制。统筹推进城乡基层党建工作，重视抓好基层组织建设，建立城乡统筹基层党建六大工作体系，加大后进村帮扶整转力度，开展非公有制企业“双强争先、示范创建”活动，部署党建带工建、带团建、带妇建工作。加强党内民主建设，健全党员民主权利保障机制，推行农村重大事项“四议两公开”工作机制。深入推进反腐倡廉建设，严格落实党风廉政建设责任制，推动惩防体系构建向重点行业、重点领域和农村基层拓展，开展以“六个一”为主要内容的反腐倡廉专题教育，加强对重大决策部署贯彻落实情况的检查，强化反腐倡廉重点制度执行，开展工程建设领域突出问题专项整治，严肃查处各类腐败案件。

三、围绕全面从严治党加强和改进党的建设（2012年以来）

党的十八大以来，以习近平同志为核心的党中央以强烈的历史担当和顽强的意志品质，坚定不移推进全面从严治党，党风政风和社会风气发生了全面深刻、影响深远、鼓舞人心的变化。2012年，宁波深入开展创先争优活动，把“三思三创”活动作为创先争优的实践载体，围绕“争双先、破三难、创四优”，开展重大项目“双百”突破等11个专项行动，全面推行难题破解绩效对账、主要指标完成情况公示排序、“机关效能建设八项制度”履诺制等做法和制度，推动创先争优和“三思三创”活动常态化长效化。加强廉洁政治建设，开展领导干部从政道德教育，加强重点岗位、重点领域、重点环节廉政风险防控，配合省纪委开展乡科级干部财产申报试点工作，统筹抓好基层廉洁工程建设，基本完成惩防体系阶段性建设任务。

2013年，宁波提高党建科学化水平，把握加强党的执政能力建设、先进性和纯洁性建设这条主线，结合正在开展的党的群众路线教育实践活动，落实从严治党举措，增强党的自我净化、自我完善、自我革新、自我提高能力。严格落实党风廉政建设责任制，创新廉政风险防控机制，强化巡视监督和审计监督，开展工程建设领域中介机构、中介事项、中介收费、中介流程“四清理”，狠刹公款吃喝风、过节送礼风、铺张浪费风等不良风气。

2014年，在党的建设和纪检体制改革领域，宁波深化干部政绩考核评价制度改革，改进考评方式，全面推广公务员“岗位对责、绩效对账”考核机制。健全党风廉政建设“两个责任”机制，落实党风廉政建设主体责任报告工作制度。改革完善纪检监察派驻（出）体制机制、改进巡视工作，强化纪委监督实效。

2020年，宁波开展党的建设和领导制度改革，党的集中统一领导体系更加完善。出台党政领导班子建设规划纲要实施细则，制定加强各级领导班子政治建设若干意见。完善领导干部考核制度体系，制定领导班子、领导干部年度考核和专项考核实施细则。出台深化“两个担当”良性互动激励干部若干举措，推进干部心理健康服务体系建设，激励干部担当作为。健全村（社区）书记县级备案管理、“三级过堂”制度、信访快查快办、村干部“规矩指数”管理等“一肩挑”干部全链条管理机制，制定基层党务工作者资质认定办法。打造“全域建强”基层党建新格局，出台支部规范化建设标准，建立“两新”组织、机关等领域党建考核评价制度，推进宁波社会组织党建指导中心建设，区域党建联合体经验得到中央组织部、中央全面深化改革委员会办公室肯定。

持续深化纪检监察体制改革。推动政治监督具体化常态化，创新实施年度政治监督任务单、专项整治监督任务交办单、落实情况反馈单“三单”机制，建立宁波政治生态建设档案，形成系统作战、一体推进的政治监督格局。落实全面从严治党制度，实行“三书三查两报告”制度，深化“三交底”廉政谈话制度，管党治党“四责协同”机制更加完善。全面推动派驻机构履职尽责，健全派驻机构工作办法、考核办法、干部管理、经费统一保障等制度。深入推进市属高校和企业纪检监察体制改革，理顺权责关系，探索建立常态化工作交流、信息查询协调、片区协作监督审查等机制，全面提升履职能力和监督质效。巩固上下协同联动的巡察工作格局，制定交叉巡察试行办法，破解“熟人社会”监督难问题。推进乡镇（街道）纪检监察工作规范化建设，提升基层监督水平。健全完善纪法贯通、法法衔接制度机制，提升反腐败工作合力。

第二节　全面加强党的建设的实践成效

一、党的政治建设全面加强

党的领导全面加强。健全完善保障“两个维护”的制度机制，建立并落实党委（党组）理论学习中心组首要内容和党委（党组）会议第一议题制度，健全完善习近平总书记重要指示批示精神学习贯彻和中央、省委重大决策部署闭环落实机制，迭代升级“八八战略”抓落实目标体系、工作体系和评价体系，切实做到“总书记有号令、中央有部署、省委有要求，宁波见行动、走在前”。

党的理论武装走深走实。党的十八大以来，宁波高质量开展党的群众路线教育实践活动、“三严三实”专题教育、“两学一做”学习教育、“不忘初心、牢记使命”主题教育、党史学习教育、学习贯彻习近平新时代中国特色社会主义思想主题教育，深化习近平总书记对宁波工作重要指示的研究、阐释和宣传，开展“学回信、悟初心、践使命”“温故知新、知行合一”和“深入学习贯彻总书记考察浙江、宁波时重要讲话精神”“重温习近平同志在浙江”等特色实践活动，推动党员干部做习近平新时代中国特色社会主义思想的坚定信仰者。

领导班子政治素养持续增强。2010年构建领导干部德的考核评价办法。2012年底以来，先后建立健全领导班子思想政治建设定期分析制度、个人事项报告抽查和核实制度，完善“四位一体”干部综合举报平台。2019年出台政治素质考察实施细则，围绕“六争攻坚”等开展四轮政治素质调研。2020年制定市管领导班子政治建设和“六稳”“六保”专项考察实施方案，明确领导干部要述德、述责、述法、述廉，并形成领导干部十方面政治表现负面清单。

二、“红色根脉强基工程”深入实施

“红色根脉”赓续传承。深挖本地红色资源“富矿”，着力打造横坎头村、张人亚党章学堂等近400个红色示范基地，串点连线拓面建成3000余个基层远程教育站点和党群服务中心，形成覆盖全域的红色教育初心图谱。发挥“红色根脉”资源优势，成立红色智库联盟、红色文化研究中心，在全国首创“宁波红”新媒体党员教育平台，深入实施“铸魂、溯源、走心”工程、“在宁波，感悟真理伟力”实践解码工程。

基层党建不断加强。2002年以来，宁波先后部署开展“基层党建全面提质年”行动、“党建争强”三年行动，被中央组织部列为全国城市基层党建示范市。持续深化“锋领港城”建设，2018年以来，出台《关于提升基层党组织组织力聚力打造基层党建“锋领港城”的实施意见》，以及关于加强新时代城市基层党建工作、深化行业系统党建、加强公立医院党建等政策文件，全面推进党员“锋领指数”考评，推动基层党组织的政治优势转化为治理效能。

全面推行区域化党建。科学划分区域，因地制宜推进“1+N”的区域性党组织体系建设，创新成立片区联合党组织、“两新”组织、“协会 + 党组织”等区域性党组织，同时在不具备建立区域性党组织条件的区域，依托社区、中心村和影响较大的企事业单位等党组织，建立区域党建工作联席会议。

三、高素质专业化干部队伍加速打造

全力锻造“四铁”干部队伍。积极探索契合宁波实际的干部工作制度体系，先后出台《关于建设有担当有作为有口碑好干部队伍的若干意见》《中共宁波市委关于认真学习贯彻党的十八届六中全会精神从严锻造“四铁”干部队伍的决定》，制定《关于贯彻〈2019—2023年全国党政领导班子建设规划纲要〉的实施意见》。持续推进“好班长、好班子、好干部、好梯队”建设，大力培养选拔“狮子型”干部，实施“培鹰计划”提升干部专业化能力，推出“优苗选育工程”培养储备年轻干部，深化“三重三跨”锻炼干部实战本领，实施“六争攻坚”一线建功行动，推动干部队伍能力素质整体提升。

健全完善干部考核体系。2013年以来，面向公务员和县局级干部开展“岗位对责、绩效对账”考核，2016年实施县（市）区党政领导班子和领导干部实绩考评，2018年以来深入开展干部一线调研，2020年制定实施领导班子和领导干部年度考核办法，以及县（市）区、市属企业领导班子和领导干部（人员）两个绩效考核实施办法。由此，加强锤炼全面过硬能力作风，打造一流干部队伍。

大力推进干部队伍组织工作系统性重塑。2019—2021年，宁波选人用人好评率分别为98.62%、98.72%、99.43%。2021年换届后，县（市）区党政班子中40岁左右年轻干部占25.9%，全日制大学以上学历的占72.8%，新提拔县（市）区市管干部中由乡镇（街道）党政正职直接提任的占35.8%，专业性较强的市直单位领导班子中专业化干部占60%以上。推进一流作风建设，深入开展“树六心提六气”、勇立潮头大比拼、“锻造一流作风、营造一流环境”和“五问五破、五比五先”作风建设专项行动，实施引领带动和专业化能力“双提升”计划。

四、清廉宁波建设纵深推进

全面从严治党主体责任压紧压实。宁波严格落实党委主体责任和纪委监督责任，形成市委主抓直管、市委书记挂帅出征、市委班子成员齐抓共管、纪检监察机关专责监督和组织部门职能监督的良好局面。2021年以来，出台《加强对“一把手”和领导班子监督配套“21项制度”》

《关于落实全面从严治党“五张责任清单”的若干措施》等政策文件，督促各责任主体照单履责，同时将“三交底”廉政谈话作为落实21项制度和全面从严治党“五张责任清单”的重要抓手全面推行，制定《关于深化“三交底”廉政谈话制度的实施办法》，压实领导干部监督责任。

清廉单元建设扎实推进。根据宁波市委十三届四次全会作出的推进清廉宁波建设决定，部署推进清廉机关、清廉村居、清廉医院、清廉学校等清廉单元建设。2021年宁波市委出台《中共宁波市委关于纵深推进清廉宁波建设的意见》，要求深入推进八大重点清廉单元建设。中共宁波市第十四次党代会和中共宁波市委十四届三次全体（扩大）会议对清廉单元建设进行再强调再部署，要求推动清廉单元向社会组织、市场主体等领域拓展。积极发挥清廉单元的示范引领作用，在全省率先实施基层廉洁工程建设，建立社区廉政工作室制度，相关做法得到中央纪委、省委、省纪委领导的高度认可，初步形成了清廉建设点面结合、全域推进的良好态势。

作风建设常态化长效化推进。积极构建惩治和预防腐败体系，制定出台《宁波市建立健全惩治和预防腐败体系2013—2017年实施细则》，率先推进廉政文化、“三重一大”保廉制度、基层廉洁工程和廉情预警机制建设，加大纠风治乱和案件查处力度，反腐倡廉工作取得明显成效。制定实施关于精准施治纠树并举打造作风建设“宁波范例”的若干措施，以钉钉子精神纠“四风”、树新风，筑牢中央八项规定精神的堤坝。

第三节　全面加强党的建设的主要经验

一、始终把党的政治建设摆在首位

从四明山革命老区振兴发展到全域走向共同富裕，回望宁波发展路，“红色根脉”不断滋养着这方土地，党的政治建设引领各项事业高质量发展。党的政治建设是中国共产党的根本性建设，蕴含着党的初心使命，是在新征程上奋力推进“两个先行”的信仰之魂、信念之基、力量之源。宁波始终把党的政治建设摆在首位，按照省委、市委部署要求，弘扬老区精神，强化守好“红色根脉”的政治担当，以坚定清醒的态度做“两个确立”忠诚拥护者、“两个维护”示范引领者。宁波始终把党的政治建设摆在首位是对新时代全面加强党的建设的最好把握。理想信念是中国共产党人的精神支柱和政治灵魂，政治上的坚定源于理论上的清醒，通过深入开展革命传统教育，当好“红色根脉”传承人、守护者，让广大党员干部从革命老区优良传统中汲取丰厚的滋养、体验真理的味道，进而启迪政治智慧、启发实践思考、激发奋进力量。发扬革命老区优良传统，当好“红色根脉”传承人，从党的辉煌成就、艰辛历程、历史经验、优良传统中深刻领悟中国共产党为什么能、马克思主义为什么行、中国特色社会主义为什么好，是党员领导干部筑牢信仰之基、补足精神之钙的重要源泉，是坚定不移加强党的政治建设的根本途径。

二、坚决服务保障发展大局

宁波始终牢记“国之大者”，把各项工作放在党和国家事业全局、经济社会发展大局中去研究思考谋划，“下落一层”找准切口，以强有力的政治监督，确保党中央重大决策部署贯彻落实到位。党的十八大之前，坚持服从、服务于经济建设中心，紧贴党委、政府中心工作，主动深入经济发展的第一线，开展对党的路线、方针、政策贯彻情况的监督检查，对促进经济和社会发展发挥了积极作用。特别是在2002—2006年，认真贯彻落实省委、省政府的决策部署，发挥行政监察职能，加强对落实国家宏观调控措施情况专项检查，积极参与整顿和规范市场经济秩序；大力支持和保护勇于开拓、敢于创新的改革者；加大效能监察力度，严肃查纠损害经济发展环境的各种行为，不断优化发展环境。党的十八大以来，坚决扛起“两个维护”政治责任，全面强化政治监督，严明政治纪律和政治规矩，围绕贯彻落实习近平总书记重要讲话精神和对浙江、宁波工作的重要指示精神，紧扣“三大攻坚战”、“三新一高”、“六稳”“六保”、长三角一体化、共同富裕等重大决策部署细化监督保障措施，制定政治监督实施办法，常态化运用“1+1+11”专项监督机制和“两化一跨”远程视频监督平台督促逐项落地落实，推动全市各级党组织和党员干部坚决做到“总书记有号令、中央有部署、省委有要求，宁波见行动、走在前”。

三、推动清廉建设整体提升

注重发挥示范标杆作用，通过典型引领、辐射带动，有序推进清廉建设“地方版”“行业版”，形成清廉宁波建设全域推进、全面共进的良好态势。党的十八大之前，尤其是从2004年开始，积极探索廉政文化进机关、社区、学校、企业、农村、家庭工作，形成廉政文化“六进”工作格局，通过打造一批各具特色的示范点，推动廉政文化工作逐步从示范点的创建向示范圈带拓展；同时以基层廉洁工程建设为主要载体，坚持面上拓展，在农村、国有企业、高校、城市社区开展“维权”“攻坚”“治贪”“阳光”“创建”五大行动，打造一批社区廉政工作站、廉政风险防控联系点，进一步深化基层廉洁工程建设领域和内涵。党的十八大以来，建立健全清廉建设各级党委（党组）主抓直管机制，以清廉机关、清廉村居、清廉医院、清廉学校、清廉国企、清廉民企、清廉交通等为牵引，打造了一批可复制、可推广的清廉单元建设示范点，带动清廉建设向开发区（园区）、粮食等领域延伸，9家单位获评全省清廉建设成绩突出单位，有力推动清廉建设更好融入区域治理、部门治理、行业治理、基层治理、单位治理。

四、不断巩固作风建设成效

始终保持恒心韧劲，一年接着一年抓，一锤接着一锤敲，以钉钉子精神持续抓好作风建设。党的十八大之前，深入开展纠风治乱工作，每年一个主题，着力查纠教育收费、医药购销和医疗服务等重点领域的不正之风，切实推进机关和党员干部改进作风；健全群众诉求机制和对话机制，2004年后成立96178效能（廉政）投诉中心，完善《阳光热线》节目，进一步加大效能责任追究力度；全面推行限时办结制、“一线工作法”和“绩效对账”制度，提高工作效率；积极推行公务卡结算制度，率先实行工作日午餐饮酒备案制，运用科技手段监控市级各部门违规上网行为。党的十八大之后，坚持严的基调，持续深化落实中央八项规定及其实施细则精神，推动化风成俗、形成习惯。严肃整治享乐主义、奢靡之风，通过“联督联查联防”工作机制、“五查”工作法、“6个+”方式，对顶风违纪行为露头就打、隐蔽隐性问题深挖细查；从严整治形式主义、官僚主义，创新实施“基层点、上级改”工作机制，深入查纠贯彻落实重大决策部署中的慢半拍、不担当、不作为，以及基层减负“走形变样”问题。2013—2022年，共查处违反中央八项规定精神问题3101起，批评教育帮助和处理3818人，其中党纪政务处分1780人。构建完善作风建设长效机制，督促相关职能部门完善津补贴发放、公务接待、督查考核等制度规定，建立节前提醒、节中检查、节点曝光、节后整改机制，每月公布查处违反中央八项规定精神问题情况。

五、坚持伟大工程和伟大事业协同推进

习近平在党的十九大报告中强调，“伟大的事业必须有坚强的党来领导”[①]。这充分论证了办好中国的事情，关键在党。为此，宁波始终牢记遵循，使命越光荣、任务越艰巨，党的领导、党的建设越要不断加强。因为，伟大工程起着决定性作用。中共宁波市第十四次党代会明确提出加快建设现代化滨海大都市，这一伟大事业的推进，离不开党的建设伟大工程提供坚强政治保证。事实证明，宁波始终坚持将党的建设伟大工程融入经济建设来开展工作的原则要求，坚持党建工作和中心工作一同谋划、一同部署、一同考核，把每条战线、每个领域、每个环节的党建工作抓具体、抓深入。越是贴近经济建设中心工作，党建工作越能够真正落到实处、避免流于形式，而越是发虚，越需要有更加坚强有力的党来领导，这是党建工作所处的时代语境和历史方位。

六、推动全面从严治党向纵深发展

必须坚定不移用习近平新时代中国特色社会主义思想凝心铸魂，坚持学思用贯通、知信行统一，不断提高政治判断力、政治领悟力、政治执行力，坚定捍卫“两个确立”，坚决做到“两个维护”，始终沿着习近平总书记指引的路子走下去。必须坚定不移大抓基层、重抓基础，构建上下贯通、执行有力的组织体系，增强党组织政治功能和组织功能，把基层党组织建设成为有效实现党的领导的坚强战斗堡垒。必须坚定不移锻造担当过硬的铁军队伍，树牢选人用人“风向标”，

---

① 习近平：《决胜全面建成小康社会　夺取新时代中国特色社会主义伟大胜利——在中国共产党第十九次全国代表大会上的报告》，人民出版社2017年版，第69页。

以战略眼光抓储备，以实战赋能增本领，以有效监督促勤廉，以严管厚爱励担当，不断推动干部能力素质与驾驭现代化建设要求高度匹配。

案例　村级小微权力清单三十六条　推动基层公权力在阳光下运行

习近平总书记始终从夯实党的执政基础的高度，重视加强和改进乡村治理，强调乡村是我们党执政大厦的地基，治理有效是乡村振兴的重要保障。2006年9月14日，时任浙江省委书记习近平到宁波市宁海县前童镇大郑村调研，指出“现在时代不同了，村干部肩上的担子更重了。但是不管什么时候、什么年代，你为老百姓踏踏实实做点好事，老百姓都会记得你”[①]。宁海县深刻学习领会习近平总书记重要讲话精神，在全国首创推行村级小微权力清单“36条”，通过科学确权、阳光晒权、规范用权、严格控权，从源头上将基层公权力关进制度的笼子。

一、目标成效

围绕推动基层公权力在阳光下运行，宁海县标本兼治推进乡村依法治理，探索构建乡村反腐新机制。2014年，在全国首创村级权力清单制度，通过建立清单化、规范化、制度化的权力运行机制，扎紧村级权力运行的篱笆。2018年，创新打造小微权力智慧运行系统，构建全方位全周期基层公权力监管体系，走出了一条基层治理数字化改革和理论制度标准建设相互促进的新路径。相关经验被写入中央一号文件，入选《乡村治理标准化实践与探索》，获评首届“中国廉洁创新奖”、“首批全国乡村治理典型案例”。参与建设的“基层公权力大数据监督应用”获评浙江省改革突破奖（金奖），主导制订的《村务管理　事项运行流程编制指南》《村务管理　村

① 转引自方秀英：《打造艺术振兴乡村大郑模式》，http：//nh.cnnb.com.cn/system/2021/11/04/012281500.shtml，访问日期：2023年10月20日。

务流程化管理实施指南》《村务管理 基础术语与事项分类》3项国家标准于2022年3月正式颁布实施。目前，该模式已被复制推广到广东、贵州、河南、四川等地。

二、实践做法

1. 清单厘权，划定权力“边界线”。致力于破解既往村级权力“干部不清楚、群众不明白”问题，结合农村实际，梳理出台《宁海县村级小微权力清单三十六条》，涵盖重大事项决策、项目招投标管理、资产资源处置等19项村级公共权力事项和村民宅基地、计划生育服务、困难补助申请等17项便民服务事项，基本实现对村级组织和村干部小微权力内容的全覆盖，厘清了村级事务“可为”范畴和“不可为”边界。同时，通过建立清单动态调整机制，持续迭代完善清单内容，及时新增15条惠农补贴清单和2项村务监督规范内容，取消归并计划生育、户口迁移等权力事项11项，修改完善宅基地审批、低保申请等流程64项，确保制度始终紧贴农村实际、跟上时代步伐。目前，清单已先后更新9版，累计印发7.2万余册。

2. 精简示权，明晰办事“流程图”。在明确权力边界基础上，围绕每项权力行使的关键节点，绘制权力行使流程图，重点明确事项名称、责任主体、来源依据、操作流程、公开公示、责任追究等六方面内容。除大中型工程招投标等重大事项外，大部分村级事务办理流程控制在5个环节左右，实现权力运行轨迹“一图归纳”“一目了然”，既能使村干部对照办事，又方便群众对应监督，确保小微权力运行一切有据、一切有序。例如，临时用工事项，需走分管村干部提议、村务联席会议决议、结果公告等三步程序。

3. 智慧用权，确保运行“高效率”。以小微权力清单制度为基础，按照村务管理地方标准以及“一件事”理念，持续迭代小微权力清单智慧运行系统，着力打造“县级监管平台、乡镇基础平台、触控交互平台、数据大屏平台”四大功能平台，集成留痕、协同、预警、分析等多种功能，实现对可疑线索实时跟踪核实取证，2021年成为基层小微权力“监督一点通”平台建设试点和浙江省纪检监察基层监督数字化改革试点。推动小微权力清单智慧运行系统纵向贯通县、乡镇（街道）、村（社区）三级，横向联通纪委、组织、政法、农业农村、民政、政务、残联等7个部门，涵盖“重大决策、招标决策、三务公开”等36项协同业务，形成多跨协同、集成高效的基层智治新模式。党政部门和乡镇（街道）在各自的职责范围内完成在线审批，建立工程项目、劳务用工、资产资源、村级采购、用章管理、三务公开等大数据“一本账”，形成“部门在线联动、项目全程跟踪、数据实时共享”的村级小微权力动态监管闭环。根据线上预警及时处置问题，如针对宁海县村级资产闲置率高达21.3%的线上预警，县纪委向9个乡镇（街道）发出纪检监察建议书，使闲置率已下降至5%左右。在处置店前王村海塘资产闲置过程中，因海塘重新招标，每年可为村集体增收105万元，得到了群众的广泛好评。县纪委在此基础上“举一反三”，督促相关部门出台《宁海县养殖塘承包经营管理办法》，推动海塘养殖智治应用上线，线下线上共促海塘承包经营规范运行。

4. 制度监权，强化落实“严保障”。县级层面，建立农村干部“五险一金”廉政风险干预、重大事务民主决策、村干部队伍建设等24项配套机制，从严推广党员“六严禁”“十八不准”和干部“五禁止”“十八不得”负面清单，制定出台《36条负面清单及“第一种形态”处置建议》《宁海县农村党员和农村干部负面清单制度实施意见》等，在制度层面确保权力清单得到刚性落实。村级层面，将村级小微权力清单纳入村规民约，并对村监会履职实行流程再造，变村务办理事后监督为全过程监督，已累计开展专项督查86次，纠正违规村务行为251件次，责任追究373人次。以示范创建为抓手，累计创评“36条”示范村43个、达标村202个，其中12个“36条”示范村被纳入“精品示范村”培育范围。严格执行退出机制，对“36条”执行不规范的示范村，第一时间预警并降格；对3年内仍未创成达标村的，在项目安排或评优评先时“一票否决”，倒逼形成严抓共管的良好氛围。群众层面，通过设立广告牌、绘制墙体漫画、制作“36条”微电影、动漫，创作“36条”马灯调、道情说唱等形式，广泛宣传“36条”的内容。依托县技工学校、农民学校、乡镇（街道）成人学校等教学阵地，对各行政村村民代表和党员进行轮训，确保“36条”入脑入心、见行见效。联动县融媒体中心，搭建数字电视公开平台，推动基层小微权力“监督一点通”平台同步在“浙里办”和微信小程序上线，方便老百姓实时跟踪村务运行，真正做到“让群众明白，还干部清白”。

三、创新之处

1. 成为村务管理领域的典型示范。首创村级小微权力清单36条，并将县域基层经验提炼转化为标准，首次确定村务管理理论体系和方法体系，填补了全国相关领域的标准空白，为全国村务管理工作提供了理论依据和实操指导，并获国家市场监管总局等重点推介。

2. 形成治权迭代升级的良性循环。将全面深化村级小微权力清单36条制度作为“一把手”工程，构建“理论付诸实践、实践上升到理论、再付诸实践”的工作体系，持续推动村级小微权力清单36条革新，实现制度建设与制度执行相融共促，确保“36条”规范基层治理的作用得到充分发挥，让制度持续彰显旺盛的生命力。

3. 开辟化解基层矛盾的有效路径。做深做实“36条”智慧化建设，实现村级事项全程在线审批、全程公示公开，从源头上压缩权力暗箱操作空间，有效提升群众满意度和政府公信力。2022年1—9月，共收到各类信访举报106件次，同比下降49%。其中检举控告70件次，同比下降37.5%；反映农村党员干部检举控告48件次，同比下降45.5%；信访总量、检举控告量同比均创5年新低。

（资料来源：宁海县委政研室）

第四篇

展望篇

“八八战略”是习近平留给浙江取之不尽、用之不竭的宝贵财富，忠实践行“八八战略”是浙江不断进步发展壮大的制胜法宝，为宁波再创改革开放新优势提供思想源泉和重要动力。总体来看，宁波市在贯彻落实“八八战略”的过程中取得了可喜的成效，但还存在一些需要关注的问题。针对这些问题，要找准改革创新发展的突破口，推进“八八战略”在宁波实践的再深化。

“八八战略”为浙江长远发展提供了根本遵循。浙江自2003年以来取得了辉煌发展成就，关键在于习近平的关心和“八八战略”的指导。“八八战略”体现了战略性、系统性、长远性、协调性，与不同城市的实际相结合，就形成了不同城市发展的战略。习近平对宁波一直关怀备至、寄予厚望。在浙江工作期间，他曾先后34次到宁波视察，结合“八八战略”，勉励宁波要以更高的标准、更大的气魄、更宽的视野、更高的品位，建设现代化大都市。2020年3月，习近平总书记到浙江考察，提出宁波要锻造硬核力量，为国家发展作出更大贡献。习近平对宁波的政治站位、发展定位、港产城文融合、开放的优势和特质等所作的深入思考和系统谋划，是宁波发展的根本遵循。对宁波来说，落实“八八战略”，就在于发挥独特优势，为浙江和全国的发展作出更大贡献。

第十八章
纲领与方略：对“八八战略”认识再深化

“八八战略”，不是管一地一域的，不是管五年十年的，而是管全局、管长远的，是我们必须长期坚持的指导思想、工作总纲和总方略。我们要把深入学习贯彻习近平新时代中国特色社会主义思想和深入学习贯彻习近平总书记对浙江、宁波工作的重要指示精神结合起来，深刻领悟和践行习近平总书记对浙江、宁波提出的新希望新要求新使命，以“干在实处永无止境，走在前列要谋新篇，勇立潮头方显担当”的精神，坚定不移地把“八八战略”这篇大文章续写下去，使“八八战略”在新的发展中更显生机，使中国特色社会主义在宁波的实践更加生动。

第一节 “八八战略”再深化的时代背景和重大意义

“八八战略”不是凭空产生的，而是在大量调查研究的基础上提出来的发展战略，有着深刻的历史背景和时代意义。2003年7月，习近平在谋划提出“八八战略”时，就深刻分析了“三个基于”的时代背景，即基于对21世纪浙江面临的重要战略机遇期宏观背景的正确认识和把握；基于对浙江经济社会发展现实基础的正确认识和把握；基于对浙江加快全面建设小康社会、提前基本实现现代化战略目标的正确认识和把握。党的二十大立足新时代中国特色社会主义伟大实践，吹响了实现第二个百年奋斗目标的进军号角，在以“两个先行”引领现代化滨海大都市建设，奋力打造中国式现代化市域样板的新征程上，“八八战略”再深化，改革再出发，又有着新的时代背景和重大意义。

一、深入学习贯彻习近平新时代中国特色社会主义思想和习近平总书记对浙江工作重要指示精神的要求

“八八战略”是马克思主义中国化时代化在省域层面探索创新的理论成果，是习近平新时代中国特色社会主义思想在浙江萌发与实践的集中体现和重要标志，两者之间具有一脉相承、相通相续的内在逻辑。“八八战略”蕴含着一系列极具开创性、前瞻性、洞察力的发展理念、战略思路和思想论断，并随着时代前进、实践深入而不断丰富发展，越来越焕发出璀璨的马克思主义真理光芒，越来越彰显出超越时空、历久弥新的时代价值，是我们应变局开新局创胜局的“金钥匙”、引领共同富裕和中国式现代化先行的“总纲领”。新征程上，我们要用好“八八战略”这一取之不尽、用之不竭的思想宝库，更好掌握“两个结合”“六个必须坚持”等精髓要义，在守牢魂脉和根脉的基础上积极探索创新，为及时科学解答时代新课题、推进党的创新理论体系化和学理化贡献更多鲜活素材。

习近平在浙江工作期间和到中央工作后，对宁波工作作出一系列重要指示，这是“八八战略”的重要组成部分，也是推动“八八战略”在市域层面创造性实践的根本指引。多年来，“八八战略”引领宁波经济、政治、文化、社会、生态文明等各项事业发展取得巨大成就，实现了从资源小市到经济大市、从区域开放门户到国内国际双循环枢纽城市、从总体小康到高水平全面小康的精彩蝶变，迎来了从建设港口城市到打造现代化滨海大都市的重大跨越。“八八战略”指引宁波砥砺

忠诚大德，以中国式现代化市域实践有力印证“两个确立”的决定性意义；指引宁波奋进康庄大道，以创新改革开放不断打开高质量发展的广阔空间；指引宁波把握变革大势，以市域治理现代化充分展示中国特色社会主义制度的显著优势；指引宁波聚力惠民大事，以共富先行全面彰显人民至上的宗旨情怀；指引宁波紧抓树人大计，以港城文化大发展大繁荣持续激发自信自强的精神力量；指引宁波树牢兴党大志，以坚持不懈的自我革命全面塑造优良政治生态。

二、深入学习贯彻浙江省第十五次党代会精神和落实浙江省委相关部署的要求

浙江省第十五次党代会强调，浙江要勇扛使命、心怀“国之大者”，必须深刻理解把握“五大战略指引”，在“五大战略指引”中，“八八战略”是管总的。“八八战略”是全面系统开放的理论体系，是浙江全面推进习近平新时代中国特色社会主义思想省域生动实践的总抓手，是引领浙江共同富裕和现代化的总纲领。习近平赋予浙江在推进共同富裕和中国式现代化建设中发挥示范引领作用的重大使命。这一重大使命，把浙江工作提升到前所未有的新高度，实质上是要求浙江成为新时代中国特色社会主义的展示窗口、共同富裕的探路先锋、中国式现代化的实践范例。浙江省委对标习近平总书记重要指示，明确提出以创新深化、改革攻坚、开放提升推进共同富裕和中国式现代化省域实践的战略路径，构建以三个“一号工程”①突破带动的战略格局，形成忠实践行“八八战略”的新体系、新机制、新举措，必将引领浙江各项事业发展“百尺竿头更进一步”。宁波作为服务国家战略的“硬核力量”，作为浙江省“双城记”发展格局的重要一极，理

① 三个“一号工程”是指数字经济创新提质“一号发展工程”，营商环境优化提升“一号改革工程”，“地瓜经济”提能升级“一号开放工程”。

应在担当“示范引领”重大使命中走在前、当标兵、挑大梁。推动“八八战略”走深走实的宁波实践，必须坚持一流标准、树立更高目标，奋力争创共同富裕和中国式现代化示范引领的市域样板。这一目标，承载着习近平总书记的殷切嘱托、中央和省委的明确要求、宁波发展的远大追求，是新时代深入践行“八八战略”、以“两个先行”打造“重要窗口”的宁波方位，是对宁波推进共同富裕和中国式现代化建设各项目标任务的集成迭代，要求宁波既要走在前列创样板，又要创造经验强引领，以现代化滨海大都市建设的“宁波之为”擦亮“浙江之窗”、彰显“中国之治”。

三、准确认识把握当前国内外经济形势和推动经济高质量发展的要求

习近平明确提出：“当前，我国处于近代以来最好的发展时期，世界处于百年未有之大变局，两者同步交织、相互激荡。”[①] 习近平总书记关于当今世界百年未有之大变局的论断，内涵丰富，思想深刻，说明当今世界正处在一个大变局时代，包括世界经济重心、世界政治格局、经济全球化进程、科技与产业、全球治理、世界秩序等，都在经历前所未有的大变革，面临新兴大国与守成大国的博弈等。这里，机遇与挑战并存，危中有机，需要我们正确认识和把握，跨越所谓“修昔底德陷阱”。同时，中国全面建成小康社会，已完成工业化和城市化初中期阶段的任务，进入了工业化和城市化的后期阶段，迈进了世界中等收入国家行列，相应的社会主要矛盾、发展目标任务、经济发展方式等都发生了深刻变化，面临着按照“五大发展理念”、“五位一体”总体布局和“四个全面”战略布局的新要求，推动高质量发

① 转引自中共中央党史和文献研究院：《党的十九大以来大事记》，《人民日报》2022年10月14日。

展的问题，同时也面临着跨越“中等收入陷阱”和“塔西佗陷阱”的问题。宁波作为改革开放和经济发展的排头兵，正处在厚积薄发的战略机遇期、干事创业的发展黄金期、不进则退的转型关键期，必须审时度势，善于从“八八战略”再深化中汲取智慧，创新实践载体，率先走上高质量发展道路，努力在“两个大局”中谋得浙江发展的新优势。

四、积极呼应企业、群众、基层诉求和满足人民群众新期待的要求

习近平指出，“我们追求的发展是造福人民的发展，我们追求的富裕是全体人民共同富裕”[①]。他还曾提出，我们要充分认识到，先发地区必然遭遇先发问题，某些方面走在前列并不意味着所有问题都能迎刃而解。习近平在浙江工作期间，立足“让群众过上好日子”，围绕社会民生建设进行了前瞻性的理论思考。习近平要求，通过“千村示范、万村整治”工程让越来越多的农民从村庄整治中得到实惠。这体现了以人民为中心的发展思想，具有强烈的问题意识和问题导向，赋予了生态文明建设新的时代内涵，蕴含着马克思主义的价值追求。“八八战略”产生于大量的调查研究，代表了浙江广大党员干部群众的共同意愿。“八八战略”再深化，也必须听取广大党员干部群众、基层和企业的诉求呼声和意见建议。要深入企业切实帮助解决生产经营困难，深入群众切实解决群众反映强烈的问题，深入基层切实帮助解决发展经济和社会事业面临的困难，以实实在在的政策举措，减负于企业，取信于群众，服务于基层，推动宁波各方面工作继续走在全国前列。

① 《习近平关于社会主义社会建设论述摘编》，中央文献出版社2017年版，第35页。

第二节 “八八战略”蕴含的立场观点方法

一、准确把握“八八战略”蕴含的价值观，坚持以人民为中心的发展思想

实施“八八战略”最根本的目的就是让人民过上更加美好的生活。坚持以人民为中心的发展思想，把人民群众对美好生活的向往作为我们的奋斗目标。“八八战略”是解决2003年以来浙江人民日益增长的物质精神需要与生产力欠发达之间矛盾的根本抓手，也是在新时代解决宁波人民日益增长的美好生活需要和不平衡不充分的发展之间矛盾的根本抓手。坚持以“八八战略”为指引，就是要把人民群众日益增长的美好生活需要放在工作的第一位置，把富民、安民和维护人民群众的尊严作为各级党组织和干部的政治责任，贯穿于经济社会发展的各个环节，做到始终与人民群众想在一起、干在一起，巩固和发展富民成果，增进人民群众的福祉，确保社会安定，不断增进人民群众当家作主的尊严，不断增强人民群众物质和精神两个方面的获得感。

二、准确把握“八八战略”蕴含的实践观，坚持一切从实际出发

在“八八战略”实施过程中，习近平特别强调，“只有干在实处，才能走在前列”①，“抓而不紧，等于不抓；抓而不实，等于白抓”②。坚持实事求是思想路线，坚持中央精神与宁波实际的统一，从宁波实际出发谋划宁波发展。党的十六大之后，习近平以高度自觉的政治意识

---

① 《习近平谈治国理政》第1卷，外文出版社2018年版，第436页。

② 习近平：《之江新语》，浙江人民出版社2007年版，第32页。

和坚定的实事求是精神，将中央精神和浙江实际有机地结合起来，创造性地制定和实施引领浙江科学发展的“八八战略”顶层设计。在新时代，以“八八战略”为指引，就是要坚持遵循习近平新时代中国特色社会主义思想，依据宁波广大人民群众日益增长的美好生活需要，依据宁波生产力发展、经济和社会发展新的实际情况，发扬斗争精神，敢于迎难而上、攻坚突破、解决问题，坚决打赢化危为机、化险为夷的主动仗。坚定不移地续写好“八八战略”这篇大文章，不断深化“八八战略”，不断创新“八八战略”的具体实践。

三、准确把握“八八战略”蕴含的辩证观，善于把握优势、努力补齐短板

善于历史地全面地辩证地思考问题，深入挖掘优势、尽快让劣势转化为优势，把先发优势变成可持续的优势。坚持“优势论”的矛盾分析法，进一步发现、发挥宁波的各种优势，将“八八战略”蓝图绘到底。“八八战略”的一个核心要义就是充分发现和把握浙江的自身优势，强化现有优势，发掘潜在优势，努力创造条件把原有的劣势转化为新的优势。以“八八战略”为指引，就是要坚持“优势论”的矛盾分析法，根据国内外、省内外形势发展趋势，探索创新“八八战略”的实践载体，进一步发现、发挥优势，集中优势力量、集聚优势资源、集成优势政策，努力形成未来发展的新优势，进而推动宁波现代化发展再上新台阶。

四、准确把握“八八战略”蕴含的整体观，坚持全面协调可持续发展

“八八战略”不是单打独斗，而是涉及经济社会各个领域，进行

系统的全方位的综合思考与全面部署，是全面协调可持续发展的典范。坚持从战略的高度筹划发展蓝图，用战略的方法推动经济社会发展。有没有战略眼光、战略思维、战略高度，能不能制定科学的发展战略，是检验领导者执政能力执政水平高低的试金石，也是一个地方或单位能否实现高质量发展的关键所在。“八八战略”是战略大师的战略杰作，它具有战略主题的鲜明性、战略起点的现实性、战略目标的崇高性、战略方法的科学性、战略思维的开放性等优越性。以“八八战略”为指引，就是要不断扩展战略眼光、提升战略思维的能力，学会从战略的高度筹划发展蓝图，用战略的方法推动高质量发展。

第三节 “八八战略”再深化的新期望

一、深入践行“干在实处永无止境”

“干在实处永无止境”是方法、是路径，强调的是要在新起点上自我加压、砥砺奋进，真抓实干、埋头苦干、拼命快干。“干在实处，走在前列”，是习近平主政浙江期间提出的工作总要求，也是对浙江一以贯之的要求，强调实干兴邦，只有干在实处，才能走在前列。要保持战略定力。对习近平当年定下来的事情，对中央作出决策部署的事情，对广大干部群众普遍认同的事情，对那些打基础、利长远的事情，要有“功成不必在我”的境界和“功成必定有我”的担当，发扬钉钉子精神，不折不扣地落实下去。要保持谦虚谨慎、戒骄戒躁的优良作风。要对照习近平总书记的重要指示，全面审视正在做的各项工作，虚心向兄弟城市学习，好好找一找工作的薄弱处、谋一谋工作的提高点，努力加快补齐短板、扩大优势。要增强不进则退、小进也是退的竞争意识。弘扬红船精神，秉持浙江精神，坚决摒弃小打小闹、小富即安的思想，对标一流、提升标杆、奋勇争先，确保继续走在前列。要弘扬精益求精、一丝不苟的工匠精神，树立“没有最好，只有更好”的工作理念，以极端负责、极端严谨、极端细致的态度对待岗位职责，把每一个细节想周到、做扎实，不断提高工作的质量和效益，要以钉钉子精神实施利长远、见长效的“栽树工程”，步步为营、一抓到底，久久为功、善始善终，为宁波未来发展打下坚实基础。

二、深入践行“走在前列要谋新篇”

“走在前列要谋新篇”是目标、是追求，强调的是开拓创新、革故鼎新、改中求新。要把深入落实习近平总书记对浙江工作提出的一贯要求和重点任务，作为学习贯彻习近平总书记最新重要指示精神的主抓手，作为当前和今后一个时期宁波推进“八八战略”再深化、改革开放再出发的着力点，不断开拓进取，努力谋好新篇。要保持勇攀高峰的宏大追求，不沉溺于过去的发展成就，不满足于现在的工作成绩，以“二次创业”的激情推动各项工作争先进位、走在前列。要认真找一找薄弱处，用心谋一谋提高点，自我加压，迎头赶上，把工作做得更实更好，把短板补得更快更齐。要大胆解放思想，用创新的思路、改革的办法突破瓶颈制约，变“事事循惯例”为“大胆创先例”，走出几条别人没有走过的新路子。要主动熟悉新事物、了解新情况、学习新知识，不断提高专业素养、专业能力，坚决克服思路不清、对策不准、措施不实、成效不好的问题。

三、深入践行“勇立潮头方显担当”

“勇立潮头方显担当”是状态、是境界，强调的是在新起点上扛起使命和责任，敢于担当、乐于担当、善于担当。担当是一种精神，是指敢于坚持原则、认真负责，面对大是大非敢于亮剑，面对矛盾敢于迎难而上，面对危机敢于挺身而出，面对失误敢于承担责任，面对歪风邪气敢于坚决斗争的精神。新时代呼唤新担当，新期望要求新作为。只有把应担的责任担起来，才能立于时代的潮头、发展的潮头。要有大担当的格局。要搞好中央赋予宁波的系列改革发展试点，为实现东部地区优化发展作出应有贡献；同时要主动对接和服务国家战略，积极参加和推动长三角一体化、粤港澳大湾区、京津冀协同发展、“一带一路”等建设，拓展更大的发展空间。要有大担当的作为。要以习近平的勉励和鞭策为动力，始终保持一往无前、永不懈怠的奋斗姿态，勇当改革开放道路上的探索者、创新者、闯关者。要有大担当的干部。各级各部门要把担当作为鲜明导向，作为选人用人标准，引导党员、干部自觉增强政治担当、历史担当、责任担当。要褒奖重用敢担当、善担当、能担当的干部，严肃问责慢作为、不作为、乱作为的干部。由敢于担当的组织支持敢于担当的领导，率领敢于担当的干部，带领敢于担当的群众，不负期望，不辱使命，率先实现高质量发展，奋力推进习近平新时代中国特色社会主义思想在浙江的生动实践。

第四节　全面贯彻“八八战略”的重要经验

一、旗帜鲜明讲政治，做到“总书记有号令、中央有部署，浙江见行动”

习近平在浙江工作时指出，浙江作出的这一系列决策部署，是党中央推进中国特色社会主义的总体部署在浙江的生动实践。党的十八大以来，习近平强调，“所有共产党员都要牢记‘国之大者’，永远对党忠诚、为党分忧、为党尽责、为党奉献，旗帜鲜明讲政治，提高政治判断力、政治领悟力、政治执行力，自觉在思想上政治上行动上同党中央保持高度一致”[①]。“八八战略”展现出鲜明的真理性和旺盛的生命力，深层次的原因就在于不折不扣贯彻党中央决策部署，并紧密结合浙江实际抓好落实。“八八战略”体现出中央精神与浙江实际的结合，确保党中央权威和集中统一领导，确保党发挥总揽全局、协调各方的领导核心作用，确保把地区工作融入党和国家事业发展大局。

“八八战略”实施以来，浙江坚决贯彻落实党中央决策部署，加强党的全面领导，从坚持走新型工业化道路到打造三大科创高地，从山海联动、城乡统筹到全面落实长三角一体化、积极参与共建“一带一路”，从干在实处、走在前列到勇立潮头、“两个先行”，不折不扣做到了“总书记有号令、中央有部署，浙江见行动”，不断书写中央精神在浙江生动实践的新篇章。这一经验启示我们，要自觉在思想上政治上行动上同以习近平同志为核心的党中央保持高度一致，把中央精神落实到谋划战略、制定政策、部署任务、推进工作中，做到为一域争光、为全局添彩。

二、保持战略定力，坚持一张蓝图绘到底、一任接着一任干

习近平在浙江工作时鲜明指出，成功之道在于锲而不舍，要像接力赛跑那样一棒一棒地接下去。党的十八大以来，习近平强调，“对长期任务，要保持战略定力和耐心，坚持一张蓝图绘到底，滴水穿石，久久为功”[②]。“八八战略”历久弥新、持续引领发展的关键，就在于锲

① 习近平：《在党的十九届七中全会第二次全体会议上的讲话》，https：//www.12371.cn/2022/11/30/ARTI1669793271241267.shtml，访问日期：2023年10月15日。

② 《习近平在中央党校（国家行政学院）中青年干部培训班开班式上发表重要讲话强调 筑牢理想信念根基树立践行正确政绩观 在新时代新征程上留下无悔的奋斗足迹 王沪宁出席》，https：//www.ccps.gov.cn/xxsxk/xldxgz/202203/t20220327_153435.shtml，访问日期：2023年10月15日。

而不舍地接力赛跑、一以贯之。“八八战略”在继承中创新、在创新中发展，既坚守真理、坚守正道，又勇于探索、开辟新境，体现了守正与创新相辅相成、原则性与创造性辩证统一的理论品格。

“八八战略”实施以来，浙江坚决按照习近平作出的全面规划和顶层设计，将“八八战略”作为推进经济社会发展的总抓手，从“腾笼换鸟、凤凰涅槃”到三个“一号工程”，从“千村示范、万村整治”到乡村振兴，从城乡区域协调发展到共同富裕示范区，始终以钉钉子精神、拧螺丝精神，一锤一锤往前钉、一环一环往里拧，一步一步地展开，一项一项地分解，一件一件地落实，一年一年地见效，不断根据环境和形势变化进行迭代升级。这一经验启示我们，要持续深入学习贯彻习近平新时代中国特色社会主义思想，对已有的部署和规划，只要是科学的、切合新的实践要求的、符合人民群众愿望的，就要坚持，发扬“功成不必在我、功成必定有我”[①]的精神，坚持一张蓝图绘到底、一茬接着一茬干，在守正中创新、在创新中发展。

三、改革开路、开拓创新，牢固树立“没有走在前列也是一种风险”的意识

习近平在浙江工作期间明确提出要增强前列意识，强调要历史地辩证地全面地认识把握走在前列的要求，做到走在前列就要干在实处，做好再创浙江体制机制新优势的大文章，并前瞻性作出了建设数字浙江、加快创新型省份和科技强省建设等重大决策部署。党的十八大以来，习近平强调，我们要加快推进中国式现代化建设，团结奋斗，开拓创新，在新征程上作出无负时代、无负历史、无负人民的业绩，为推进强国建设、民族复兴作出我们这一代人应有的贡献。广大党员干

① 习近平：《在学习贯彻习近平新时代中国特色社会主义思想主题教育工作会议上的讲话》，人民出版社2023年版，第15页。

部表示，要更加紧密地团结在以习近平同志为核心的党中央周围，踔厉奋发、勇毅前行，为强国建设、民族复兴作出更大贡献。

“八八战略”实施以来，浙江坚持国家所需、浙江所能、群众所盼、未来所向，准确识变、科学应变、主动求变，率先开启数字化改革探索数字文明新形态，实施人才强省、创新强省首位战略，全力推进三大科创高地建设，以“一带一路”统领构建全面开放新格局，加快打造国内大循环的战略支点、国内国际双循环的战略枢纽，集聚全球高端要素资源，掌握主动权、抢占新赛道，掀起了改革闯关、开放探路、创新赋能的滚滚浪潮。特别是率先启动应对新冠疫情重大公共突发卫生事件一级响应，率先探索高质量发展建设共同富裕示范区的有效路径，打造新时代全面展示中国特色社会主义制度优越性的重要窗口，打造了“最多跑一次”改革、构建风险闭环管控大平安机制等一系列改革金名片，形成了城市大脑、健康码等一系列标志性成果，对内出经验、出成果、树标杆，对外多发声、争一流、展形象，努力以“浙江之窗”全面展示中国特色社会主义根本制度、基本制度、重要制度的执行成果。

四、发展社会主义民主政治，不断激发社会活力、促进社会公平正义

习近平在浙江工作时强调，畅通民主渠道，反映人民意愿，汇聚人民智慧，把最广大人民群众的切身利益实现好、维护好、发展好，把他们的积极性引导好、保护好、发挥好；树立法律的权威和尊严，保障法律的有效实施。党的十八大以来，习近平强调，发展全过程人民民主，坚定不移走中国特色社会主义法治道路。“八八战略”拥有可靠的群众基础和不竭的动力源泉，引导形成积极的社会预期和稳定的社会环境，靠的是社会主义民主法治建设。“八八战略”与“平安浙江”“法治浙江”建设是相辅相成的，为浙江凝聚团结向上的强大力量提供了重要保障。

“八八战略”实施以来，宁波着力打通“以民主促团结、以团结促奋斗、以奋斗促发展、以发展促民主”的良性循环。从武义后陈村选举产生全国第一个村务监督委员会到“后陈经验”写入国家法规，从诸暨枫桥镇依靠群众就地化解矛盾到“枫桥经验”在全国推广并被赋予崭新时代内涵，浙江的“治村之计”不断上升为“治国之策”。这一经验启示我们，要积极发展全过程人民民主，坚持党的领导、人民当家作主、依法治国有机统一，充分发挥顶层设计和基层探索的两个积极性，不断形成广大干部群众团结奋斗的强大合力。

五、立足浙江特色优势，持续放大政府有为、市场有效、社会有序、治理有方的叠加效应

习近平在浙江工作时深刻指出，浙江的活力之源就在于改革，就在于率先建立了能够调动千百万人积极性的、激发千百万人创造力的体制机制。党的十八大以来，习近平反复强调，“改革开放是决定当代中国命运的关键一招”①，“新时代坚持和发展中国特色社会主义，根本动力仍然是全面深化改革”②，“开放带来进步，封闭必然落后”③，“使市场在资源配置中起决定性作用和更好发挥政府作用”④。“八八战略”在持续迭代升级中不断开辟新境界、在持续拓宽路径中不断取得新成就，成功的密码就在于改革开放这个活力之源，就在于源源不断调动激发政府、市场、社会的积极性和创造力。“八八战略”以不断完善社会主义市场经济体制、不断提高对内对外开放水平破题开局，以一以贯之

① 《习近平著作选读》第1卷，人民出版社2023年版，第65页。

② 《习近平新时代中国特色社会主义思想学习纲要》，学习出版社、人民出版社2019年版，第83页。

③ 《习近平新时代中国特色社会主义思想学习纲要》，学习出版社、人民出版社2019年版，第93页。

④ 《习近平谈治国理政》第1卷，外文出版社2018年版，第117页。

的实际行动，生动诠释了“改革不停顿，开放不止步”的坚定信念。

“八八战略”实施以来，浙江持续推进市场化改革和对内对外开放，从义乌到龙港的县市扩权，从先进制造业到数字经济的转型升级，从商品和要素流动型开放到制度型开放，从接轨上海、融入长三角到更好融入国内外经济大循环，以确保“两个毫不动摇”、促进“两个健康”来发挥市场在资源配置中的决定性作用，以商事制度改革作为先手棋、不断迭代“人人都是投资环境”的“效能革命”来更好发挥政府作用，真正实现改革开放只有进行时、没有完成时。这一经验启示我们，要坚定不移吃改革饭、走开放路，持之以恒塑造体制机制和区位新优势，推动有效市场和有为政府更好结合，构建高水平社会主义市场经济体制，推进高水平对外开放，增强国内外大循环的动力和活力。

六、坚持以百姓之心为心，尊重和发挥基层首创精神

习近平在浙江工作时指出，要始终把最广大人民的根本利益放在首位；做到凡是为民造福的事就一定要千方百计办好；树政绩的根本目的是为人民谋利益。党的十八大以来，习近平强调，“坚持以人民为中心的发展思想”[①]，“人民对美好生活的向往就是我们的奋斗目标”[②]，“江山就是人民，人民就是江山”[③]。“八八战略”在实施中牢牢扭住为人民群众办实事这个出发点和落脚点，在全国率先形成了长效机制，体现了尽力而为与量力而行相统一。“八八战略”持续推动浙江民生保障事业高质量发展，让“十大民生实事”成为温暖浙江人民心田的高频热词，为高质量发展建设共同富裕示范区提供了重要实践基础。

“八八战略”实施以来，浙江坚持“群众想什么、我们就干什

① 《习近平著作选读》第2卷，人民出版社2023年版，第407页。
② 《习近平著作选读》第2卷，人民出版社2023年版，第63页。
③ 《习近平著作选读》第2卷，人民出版社2023年版，第421页。

么”，强化问题导向、需求导向、满意导向，主动顺应人民群众期待，聚焦民生热点难点问题，在“七有”“两保障”等重点领域持续发力，把保障改善民生建立在经济发展和财力可持续的基础之上，牢牢把握“办实每件事、赢得万人心”的要求，实打实地一件事一件事办好，形成人民安居乐业良好局面。这一经验启示我们，要牢记让人民生活幸福是“国之大者”，把惠民生、暖民心、顺民意的工作做到群众心坎上，尽力而为、量力而行，重点加强基础性、普惠性、兜底性民生保障建设，不断把人民对美好生活的向往变为现实。

七、重视发挥精神文化的激励作用，大力弘扬红船精神、浙江精神

习近平在浙江工作时指出，要坚持和发展“自强不息、坚韧不拔、勇于创新、讲求实效”的浙江精神，与时俱进地培育和弘扬“求真务实、诚信和谐、开放图强”的精神。党的十八大以来，习近平提出“秉持浙江精神，干在实处、走在前列、勇立潮头”[①]的新要求，强调弘扬以伟大建党精神为源头的中国共产党人精神谱系，更好凝聚团结奋斗的精神力量。“八八战略”形成于求真务实的调查研究，发展于诚信和谐的环境营造和开放图强的主动作为，并以敢为天下先的精神力量鼓舞广大干部群众奋发向上。“八八战略”以浙江精神为“根”和“魂”，蕴含着浙江人民追求美好生活、建设美好家园的初心愿望，为推动浙江发展进步提供了强大动力和坚实支柱。

“八八战略”实施以来，浙江广大干部群众不断从浙江精神中汲取养分。经过深入调研提出并一以贯之践行“八八战略”，本身就是求真务实精神的典范；广大浙商坚持“义在利先”理念，把小商品做

① 本书编写组编著：《干在实处　勇立潮头——习近平浙江足迹》，人民出版社、浙江人民出版社2022年版，第218页。

成全球大产业，加快推动“信用浙江”建设，充分彰显诚信精神；山海协作、城乡一体化发展、践行“两山”理念，充分彰显和谐精神；“跳出浙江发展浙江”，充分彰显开放图强精神；与此同时，坚持传承弘扬以红船精神为源头的革命精神，促进“四千”精神、“三板”精神、新“四千”精神、新时代浙商精神等相融相通，形成支撑发展的强大力量。这一经验启示我们，要坚持不懈用习近平新时代中国特色社会主义思想凝心铸魂，更有效地推动中华优秀传统文化创造性转化、创新性发展，促进物质文明和精神文明相协调，为打开事业发展新天地提供更为主动的精神力量。

八、坚持伟大工程和伟大事业协同推进，以党的自我革命引领社会革命

习近平在浙江工作时指出，我们党是执政党，是对经济、政治、文化和社会生活各方面实施全面领导的党，要正确认识伟大工程和伟大事业的关系，切实抓住根本，加强党的建设，为现代化事业提供坚强有力的保证，并提出了“巩固八个基础、增强八种本领”的要求。党的十八大以来全面从严治党、全面加强党的领导的一系列部署，与习近平在浙江的实践密切相关，为全国提供了有力启示和帮助。这一部署，为浙江现代化建设提供了有力政治引领和坚强政治保障，确保了浙江省委、省政府锚定奋斗目标行稳致远，激发了广大党员干部咬定青山不放松的干劲韧劲，凝聚了浙江人民建设中国式现代化的磅礴力量。

“八八战略”实施以来，浙江全面落实新时代党的建设总要求，发扬自我革命精神，部署推进清廉浙江建设，突出抓好党的政治建设这个根本性建设，纵深推进全面从严治党，坚定不移推进党风廉政建设和反腐败斗争，做到思想从严、监督从严、执纪从严、治吏从严、

作风从严、反腐从严，有力遏制腐败滋生蔓延势头，反腐败斗争取得压倒性胜利并全面巩固，推动自我革命不断向纵深发展，全面从严治党的政治引领和政治保障作用充分发挥。深入开展党内集中教育，常态化开展领导干部政治素质考察，全面构建党建统领的整体智治体系，抓牢抓实“七张问题清单”，扎实推进“红色根脉强基工程”，建设变革型组织、提高领导干部塑造变革能力，建立容错机制、澄清正名机制，推动党的全面领导在“制度”“治理”“智慧”三个维度上持续提升，不断发挥党总揽全局、协调各方的领导核心作用，不断增强党的政治领导力、思想引领力、群众组织力、社会号召力。这一经验启示我们，要认真学习领会和深入贯彻落实党中央精神，就要着眼于伟大工程与伟大事业相互融合、相互促进，推动全面从严治党向纵深推进、向基层延伸、向每个党支部和每名党员覆盖，为坚定不移沿着“八八战略”指引的路子走下去，高水平谱写实现第二个百年奋斗目标的浙江篇章提供坚强保证。

第十九章

方向与趋势：坚定不移沿着“八八战略”指引的路子奋勇前进

面对国际国内环境的复杂变化、区域竞合格局发展的深刻调整，必须充分运用“八八战略”蕴含的优势论、系统论的观点和方法，准确识变、科学应变、主动求变，沉着应对各种风险挑战。

第一节　国际国内形势变化

一、从全球视角看，世界之变、时代之变、历史之变正以前所未有的方式展开，外部环境不稳定、不确定、难预料成为常态

当今世界正经历百年未有之大变局，世界之变、时代之变、历史之变正以前所未有的方式展开。面对波谲云诡的国际形势、复杂敏感的周边环境、艰巨繁重的改革发展稳定任务，我们要准确认识世界发展大势，科学把握中国发展新的历史方位。

大国关系深入调整，但世界多极化的趋势没有改变。近年来，世界格局特别是大国关系深刻演变。个别大国打着多边主义旗号搞新的阵营对抗，多边主义和单边主义之争更加尖锐。但世界多极化仍在深入发展。中国致力于推动构建总体稳定、均衡发展的大国关系框

架，俄罗斯和许多欧洲国家明确反对单极世界和集团对抗。新兴市场国家和发展中国家面临的困难增多，但整体实力增强的大趋势没有改变。新兴市场国家和发展中国家过去20年对世界经济增长的贡献率高达80%，过去40年国内生产总值在全球的占比从24%增至40%以上。金砖国家、上海合作组织等迈出扩员步伐，非洲联盟加入二十国集团。全球南方国家团结合作不断加强，在开展国家建设、实现自主发展、推动国际关系民主化的奋斗中携手前行。

世界经济格局深刻演变，但经济全球化持续发展的大势不可逆转。近年来，经济全球化遭遇逆风，保护主义明显上升。个别国家泛化国家安全，把经贸科技交流政治化、武器化，筑起“小院高墙”，鼓动“脱钩断链”，加之受地区冲突影响，世界产业链供应链稳定性受到冲击。在信息技术创新日新月异的今天，人类交往的世界性比过去任何时候都更深入、更广泛，各国各地区相互联系和彼此依存比过去任何时候都更频繁、更紧密。经济全球化不是选择，而是现实，甚至成为一种生活方式。世界经济的大海不可能退回到一个一个孤立的小湖泊、小河流。经济全球化在形式和内容上面临新的调整，但经济全球化的潮流不可逆转。新一轮科技革命和产业变革深入发展，5G、人工智能、量子信息、生物科技等新技术簇群涌现、交叉融合、加速迭代，大数据、工业互联网、智能装备、医疗健康、新能源等新兴领域快速发展以及新型基础设施建设提速推进，将为未来投资拓展新空间。

国际安全挑战错综复杂，但国际社会对维护和平稳定的追求没有改变。乌克兰危机延宕，巴以冲突战火又起，地区安全热点问题此起彼伏。恐怖主义、网络攻击、跨国犯罪、生物安全等非传统安全挑战持续上升。在各国各地区相互依存的今天，追求“绝对安全”行不通，你输我赢的冷战思维已经过时。乌克兰危机让全世界人民更加看清了战乱冲突的巨大外溢效应。国际社会的主流民意是通过谈判消弭冲突，通过协商化解争端，通过国际合作应对非传统安全威胁。各国各地区对和平与发展的呼声更加强烈，对公平与正义的企盼更加坚定。

不同思想文化相互激荡，但文明交流互鉴的大势没有改变。当今世界，个别国家固守“非此即彼”“非黑即白”思维，鼓吹“文明冲突论”“文明优越论”等论调，搞意识形态对抗。但文明多样性是人类社会的基本特征，每种文明都有其独特魅力，都是人类的精神瑰宝。人类发展史就是多元文明共生并进的历史，文明对话交流比较顺畅的时期，往往是冲突、战乱得到有效抑制的时期。国际社会越来越意识到，价值观差异和制度差异不应成为对立对抗的理由，文明交流互鉴可以增进相互了解、激励共同进步，是维护世界和平与地区稳定的重要途径。

二、从国家全局看，长期向好的基本面没有改变，经济运行有望总体回升，任何困难挑战都不能阻挡强国复兴的脚步

综合国力显著增强。截至2022年底，我国国内生产总值121万多亿元，人均国内生产总值8.6万元，财政收入超20万亿元，外汇储备超3万亿美元，建成世界规模最大的教育体系、社会保障体系、医疗卫生体系。我国将继续成为世界经济迈向复苏的“稳定器”和实现增长的“发动机”。

发展动能加速释放。超大市场优势加速显现，14亿多人口规模和超4亿中等收入群体为我国经济持续稳定发展注入源源不断动力。科技革命深入推进，以人工智能、量子信息、物联网、区块链为代表的新一代信息技术加速突破应用，以合成生物学、基因编辑、脑科学等为代表的生命科学领域孕育新的变革。产业变革迭代演变，融合机器人、数字化、新材料的先进制造技术正在加速推进制造业向智能化、服务化、绿色化转型，清洁能源技术加速发展引发全球能源变革。

制度保证更趋完善。党中央权威和集中统一领导得到有力保证，全党思想上更加统一、政治上更加团结、行动上更加一致，“两个确立”“两个维护”成为全党共同遵循。各领域基础性制度框架基本确立，党的领导、人民当家作主、依法治国有机统一的制度建设全面加强，中国特色社会主义制度更加成熟更加定型。法治国家、法治政府、法治社会建设一体推进，国家治理体系和治理能力现代化水平明显提高，为全面建设社会主义现代化国家提供了坚强制度保证。

国际地位显著提升。我国经济总量占世界总量的比重超过18%，稳居世界第二大经济体，已成为全球制造业第一大国、货物贸易第一大国、商品消费第二大国、外资流入第二大国，外汇储备连续多年位居世界第一。深度参与全球治理体系改革和建设，积极推动经济全球化朝着更加开放、包容、普惠、平衡、共赢的方向发展，在气候变化、减贫、反恐、网络安全和维护地区安全等领域发挥重要作用，全面开展抗击疫情国际合作。

研判今天中国发展的历史方位以及中国与外部世界的关系，需要全面、辩证地理解“三个前所未有”和“两个没有变”。中国特色社会主义进入新时代，近代以来久经磨难的中华民族迎来了从站起来、富起来到强起来的伟大飞跃。我们前所未有地靠近世界舞台中心，前所未有地接近实现中华民族伟大复兴的目标，前所未有地具有实现这个目标的能力和信心。但也要看到，我国仍处于并将长期处于社会主义初级阶段的基本国情没有变，我国是世界最大发展中国家的国际地位没有变。

三、从省域层面看，浙江经济社会发展站在新的更高起点上，面临难得的历史机遇

重大使命释放叠加红利。“八八战略”实施以来，长三角一体化、

长江经济带发展、“一带一路”建设等国家战略一体落实，共同富裕示范区、自由贸易试验区、自主创新示范区等重大试点深入推进，杭州亚运会亚残运会成功举办，将为新发展阶段浙江高质量发展、竞争力提升和现代化先行注入更强劲动力，释放更大的杠杆撬动效应、雪球放大效应、链条联动效应，推动浙江走在全国高质量发展前列。

发展动能变革加速推进。三大科创高地建设取得重大突破，区域创新能力上升到全国第4位，国家实验室、大科学装置实现零的突破，科技进步贡献率达68%，全社会研发投入强度达3%，顶尖人才引进培育实现新突破，教育、科技、人才积蓄的动能逐步释放，全域创新体系加快构建，产业基础再造和产业链提升取得重大进展，新经济新产业新业态逐步成型，呈现出优势先发、厚积薄发、蓄势待发相生相成的生动格局。

美好生活向往加快实现。浙江高质量发展建设共同富裕示范区扎实推进，城乡居民人均可支配收入继续稳居各省区市第1位，城乡居民收入倍差从2.04缩小到1.94以内，15年基础教育普及率超过99%，医疗卫生机构每千人床位数提高到5.65张，人均预期寿命达82.3岁，平安中国建设考核连续3年获优秀等次，人民群众获得感、幸福感、安全感、认同感不断增强，共富美好蓝图不断变为现实。①

省域治理体系更加健全。“最多跑一次”改革、政府数字化转型、数字化改革等重大改革迭代推进，“大综合一体化”行政执法改革试点落地见效，科学立法、严格执法、公正司法、全民守法全面加强，社会主义民主政治优势充分展示，社会主义核心价值观引领地位稳固提升，在省域治理上积累形成了一整套更加完善的制度体系。

2023年9月21日，习近平在浙江考察时强调，要完整准确全面贯彻新发展理念，围绕构建新发展格局、推动高质量发展，聚焦建设共

---

① 参见王浩：《政府工作报告　2023年1月12日在浙江省第十四届人民代表大会第一次会议上》，https：//www.zj.gov.cn/art/2023/1/17/art_1229019379_5056991.html，访问日期：2023年10月17日。

同富裕示范区、打造新时代全面展示中国特色社会主义制度优越性的重要窗口，坚持一张蓝图绘到底，持续推动“八八战略”走深走实，始终干在实处、走在前列、勇立潮头，奋力谱写中国式现代化浙江新篇章。[①]习近平在浙江考察时的重要讲话，赋予浙江“中国式现代化的先行者”新定位、“奋力谱写中国式现代化浙江新篇章”新使命，充分体现了对浙江大地念兹在兹的倾情牵挂、对浙江工作一以贯之的高度重视、对浙江人民情深似海的关心关怀，具有重大政治意义、战略意义、时代意义，为浙江做好各项工作指明了前进方向、提供了根本遵循。

习近平指出，浙江要在以科技创新塑造发展新优势上走在前列，要在推进共同富裕中先行示范，要在建设中华民族现代文明上积极探索、要坚持和加强党的全面领导、加强和改进党的建设。[②]

第二节　国家和省市新部署

一、展望未来，全国上下为全面建成社会主义现代化强国、实现第二个百年奋斗目标而努力奋斗，以中国式现代化全面推进中华民族伟大复兴

党的二十大对全面建成社会主义现代化强国作出“两步走”战略部署：从2020年到2035年基本实现社会主义现代化；从2035年到21世纪中叶把我国建成富强民主文明和谐美丽的社会主义现代化强国。

① 参见《习近平在浙江考察时强调　始终干在实处走在前列勇立潮头　奋力谱写中国式现代化浙江新篇章　返京途中在山东枣庄考察》，https://www.gov.cn/yaowen/liebiao/202309/content_6906217.htm，访问日期：2023年9月25日。

② 参见《习近平在浙江考察时强调　始终干在实处走在前列勇立潮头　奋力谱写中国式现代化浙江新篇章　返京途中在山东枣庄考察》，https://www.gov.cn/yaowen/liebiao/202309/content_6906217.htm，访问日期：2023年9月25日。

党的二十大报告指出，未来5年是全面建设社会主义现代化国家开局起步的关键时期，主要目标任务是：经济高质量发展取得新突破，科技自立自强能力显著提升，构建新发展格局和建设现代化经济体系取得重大进展；改革开放迈出新步伐，国家治理体系和治理能力现代化深入推进，社会主义市场经济体制更加完善，更高水平开放型经济新体制基本形成；全过程人民民主制度化、规范化、程序化水平进一步提高，中国特色社会主义法治体系更加完善；人民精神文化生活更加丰富，中华民族凝聚力和中华文化影响力不断增强；居民收入增长和经济增长基本同步，劳动报酬提高与劳动生产率提高基本同步，基本公共服务均等化水平明显提升，多层次社会保障体系更加健全；城乡人居环境明显改善，美丽中国建设成效显著；国家安全更为巩固，建军一百年奋斗目标如期实现，平安中国建设扎实推进；中国国际地位和影响力进一步提高，在全球治理中发挥更大作用。

二、展望未来，浙江将一以贯之忠实践行“八八战略”，坚决扛起浙江使命、浙江担当，奋力打造中国式现代化省域范例

中共浙江省委十五届二次全体（扩大）会议作出决议，浙江现代化建设分两步走：从2020年到2035年，在高质量发展中实现中国特色社会主义共同富裕先行和省域现代化先行，高水平完成基本实现社会主义现代化的目标，基本实现共同富裕；从2035年到21世纪中叶，全面建成社会主义现代化强省，全面建设共同富裕美好社会。

浙江省第十五次党代会提出未来5年奋斗目标，就是在高质量发展中实现中国特色社会主义共同富裕先行和省域现代化先行，抓手是推动“八个高地”建设。浙江省委全会和省委经济工作会议又对全面学习贯彻党的二十大精神、奋力谱写中国式现代化浙江篇章作出系统

部署，明确了以忠实践行“八八战略”、努力打造“重要窗口”为主题主线，以推进“两个先行”为目标任务，以推动创新发展、转型升级和改革攻坚、开放提升为基本路径，以干在实处、走在前列、勇立潮头为精神动力，以全面从严治党和高素质干部队伍建设为根本保障。

2023年新春第一会，浙江省委部署了三个“一号工程”，强调要牢牢把握深入实施“八八战略”、以“两个先行”打造“重要窗口”的大逻辑，更大力度实施数字经济创新提质“一号发展工程”，实现营商环境优化提升“一号改革工程”大突破，实施“地瓜经济”提升能级“一号开放工程”，在中国式现代化新征程上干在实处、走在前列、勇立潮头。

2023年底，浙江省委十五届四次全会审议通过《中共浙江省委关于深入学习贯彻习近平总书记考察浙江重要讲话精神　在奋力推进中国式现代化新征程上勇当先行者谱写新篇章的决定》，会议强调要恪守政治坐标，以捍卫者的绝对忠诚坚定拥护“两个确立”、坚决做到“两个维护”，做到表里如一地拥戴、不离不弃地追随、时时处处地护卫、不折不扣地执行、创新创造地实践、合规担责地尽忠，奋进新征程、建功新时代；要坚定战略坐标，始终坚持“八八战略”管根本、管全局、管长远的统领地位，坚持创造性贯彻落实、创新性转化发展，以传承者的战略定力跑好坚持一张蓝图绘到底、推动“八八战略”走深走实的“接力赛”；要抬高发展坐标，坚持创新破难、改革破题、开放破局，以闯关者的无畏勇气在推动高质量发展上勇挑大梁、破难开新；要明晰世界坐标，在打造“重要窗口”上取得更大突破性进展、形成更多标志性成果，全面充分地展示中国特色社会主义制度的巨大优越性和中国式现代化的生动图景，展示当代中国马克思主义、二十一世纪马克思主义强大的真理力量，以展示者的自信担当让浙江之窗更好地呈现中国之道、中国之美、中国之治；要锁定价值坐标，用好“两个结合”的法宝，在推进共同富裕上找到更多规律性、普遍性、贯通性的解决办法，传承中华文明基因，彰显浙江底蕴优势，努力创造属于我们这个时代的新文化，精彩演绎中国式现代化的本质要求和无穷魅力，以探路者的胆识气魄积极探索共同富裕之路和中华民族现代文明建设之路；要升华精神坐标，永不懈怠、永不满足、永葆锐气，拒绝守摊、敢涉险滩、主动抢滩，敢当“弄潮儿”、敢闯“新蓝海”，以奋进者的昂扬姿态在新起点上勇敢立潮头、永远立潮头。

三、展望未来，宁波坚决扛起锻造硬核力量、唱好“双城记”、建好示范区、当好模范生、共同富裕示范先行的使命担当，奋力打造中国式现代化市域样板

中共宁波市委十四届三次全体（扩大）会议全面贯彻落实党的二十大精神，迭代完善现代化滨海大都市建设的目标体系、工作体系、政策体系、评价体系，作出了打造中国式现代化市域样板的决策部署。战略安排上分两步走：到2035年，总的是要做到“六个率先”，即率先建成科技强市、人才强市、教育强市，世界重要人才中心和创新高地战略支点城市基本建成；率先建成制造强市、贸易强市、开放强市、农业强市、海洋强市，成为全球领先的先进制造业基地；率先建成文化强市、网络强市、体育强市，文明典范成为金名片；率先建成共同富裕示范先行市，形成以中等收入群体为主体的橄榄型社会结构；率先建成大美宁波，全面形成绿色低碳生产生活方式；率先实现市域社会治理现代化，建成更高水平的法治宁波、“平安宁波”、数字宁波。从2035年到21世纪中叶，要高水平建成社会主义现代化强市和共同富裕美好社会。

未来5年是宁波市打造中国式现代化市域样板的第一程，宁波总的要在八个方面展现样板风采：一是在坚定捍卫“两个确立”、坚决做到“两个维护”上彰显样板风采。二是在提升创新驱动力、锻造产业硬实

力上彰显样板风采。三是在推进改革先行、提高开放水平上彰显样板风采。四是在推动城乡区域均衡协调发展、促进人与自然和谐共生上彰显样板风采。五是在推进文化自信自强、塑造文明典范上彰显样板风采。六是在推动共富示范先行、提高人民生活品质上彰显样板风采。七是在创新市域社会治理、服务构建新安全格局上彰显样板风采。八是在纵深推进全面从严治党、持续深化自我革命上彰显样板风采。

2023年宁波的“新春第一会”，市委作出了“打造一流城市、跻身第一方阵”的决策部署，把“三大先行路径”蕴含的新理念新要求贯穿到推进“六大变革”、打造“六个之都”的实践当中，打造一流城市、跻身第一方阵，努力在中国式现代化新征程上干在实处、走在前列、勇立潮头。

早在2004年6月25日，浙江省委常委会就曾在宁波召开会议，时任浙江省委书记习近平主持会议，专题听取宁波工作汇报，研究宁波发展思路，协调解决重大问题。时隔20年，2024年4月11日，浙江省委常委会再次在宁波市召开会议，专题研究推动宁波高质量发展。此次会议强调，唱好杭州、宁波“双城记”，是习近平总书记赋予浙江的重大使命，也是勇当先行者、谱写新篇章必须答好的重大课题。为深入学习贯彻习近平总书记考察浙江重要讲话精神和关于宁波工作重要指示精神，宁波要立实干争先之志，牢牢把握中国式现代化新征程的目标任务，做好“错位＋协同”的文章，利用好杭州的平台经济和数字经济优势、宁波的制造业和港口优势，推动两地人流、物流、资金流、信息流、技术流深度融合，形成高效分工、竞合共赢的良好态势；做好“港＋城”的文章，以宁波舟山港为核心，大力发展临港工业、高端港航服务业，吸引更多高端人才、先进产业、优质项目落户；做好“陆＋海”的文章，向海图强、逐梦深蓝，加强陆海资源要素统筹利用和高效对接，构建陆海空间良性互动、陆海经济一体化发展新格局。

第三节　宁波自身现状基础

经过20多年的快速发展，宁波综合实力得到显著增强，续写“八八战略”精彩篇章、打造中国式现代化市域样板具有坚实基础，但对标“两个先行”要求和一流城市标杆，还存在短板和不足。

一、城市化进入提质深化期，面临核心功能再提升问题

城市面积、人口规模偏小：在中国26个GDP超万亿元城市中，宁波建成区面积、城区常住人口数量均排名靠后，人口密度不到杭州的三成。城市辐射带动力偏弱：总部经济、高端服务、创意创新、金融服务等高端城市功能培育不足，世界500强企业数量、外资金融机构数、年度国际会展举办次数等指标处于计划单列市末位，国内外游客数量落后于同类城市。根据GaWC 2020年全球城市功能等级排名，宁波被划入全球四线城市，落后于青岛、苏州、合肥、厦门、大连等城市。市域统筹水平偏低：长期以来形成县域经济发达、市级层面统筹偏弱的格局，县（市）区同质竞争问题突出，协同发展、规模效应不足。

二、发展引擎进入加速换挡期，面临新兴动能再培植问题

科技创新能力不足：缺乏具有强引领作用的高水平研究型大学、国家实验室和创新领军人才，人才总量和研发经费支出大大低于同类城市。2021年度浙江省创造力百强企业中，杭州上榜企业54家，而宁波只有17家。制造业发展质效有待提升：2021年规上工业亩均增加值195.8万元/亩，低于杭州（218.8万元/亩）、温州（199.5万元/亩），

全省排名第3位，增速全省排名第7位。新兴产业、现代服务业发展滞后：2021年战略性新兴产业、高新技术产业增加值占比分别为27.9%和58.8%，分别低于杭州17.2个、10.2个百分点。高端生产性服务业发展滞后，贸易、保险、信息、咨询等高端港航服务业增加值占比不足20%。领军型平台型大企业少：截至2022年底，没有世界500强企业，中国企业500强、中国制造业企业500强和中国服务业企业500强分别只有9家、17家和15家。

三、双向开放进入规则重塑期，面临制度创新再深化问题

外贸价值链不够高端：高新技术产品出口占比仅为7.2%，外贸单箱货值仅为深圳的1/5，服务贸易和数字服务贸易规模仅分别相当于杭州的12.6%、30%，大宗商品话语权、定价权和资源配置权较为薄弱。内外两个市场统筹不充分：高端服务、创意创新、金融服务等高端城市功能培育不足，外资金融机构数、年度国际会展举办次数等指标均处于计划单列市末位。对外交通链接相对薄弱：铁路末梢状况尚未得到根本改变，南北向、西南向均缺少对外铁路通道；海港与内陆腹地衔接不够，辐射地区以浙江、江西、福建为主，距离多为300~500公里；机场旅客和货邮吞吐量分别位列全国第32位、第26位，航线密度、通达口岸和航班低于或少于同类城市。周边城市竞争激烈：相比上海、深圳、海南等国内先进地区，对外开放先发优势有所弱化，贸易结构、开放主体、枢纽经济等存在明显短板。

四、城市空间进入聚合重构期，面临布局形态再优化问题

滨海空间通达性有待加强：镇海区域100% 的岸线、北仑区域

80% 以上的大陆岸线资源被港口、临港工业占据，梅山新区、象山港等新建滨海区域与中心城区的车程超过1小时，四类和劣四类的海域面积占比超过65%。空间功能布局散乱：港产城功能区块交叉混杂，70% 的腹地集装箱通过公路集疏运，部分路段与城市交通道路重合，堆场、集卡停车场等布局不合理，物流动线杂乱低效。建设空间碎片化问题突出，全市重点开发区现状工业用地图斑数量1.7万余个，单一图斑用地面积平均0.91公顷。总规生态带范围内现状建设用地占比达24%。城市风貌特色不够鲜明：建筑设计、风貌管理相对粗糙，三江口、老外滩、东钱湖等公共空间缺少亮点与兴奋点，天一阁、它山堰、河姆渡等文化地标缺少高质量整体保护与开发，知名度和影响力不足。

五、社会需求进入升级分化期，面临治理体系再完善问题

标志性影响力载体缺乏：缺少像中国—中东欧博览会一样有国际影响力的活动展会、体育赛事、艺术表演、文化活动，缺乏类似于“东方明珠”“小蛮腰”“天津之眼”等代表城市形象的标志性建筑。优质公共服务供给不足：中心城区幼儿园和中小学学位缺口大；本专科院校只有14所，在全国城市中居第38位，没有“985”“211”工程建设高校，仅有1所“双一流”高校；三甲医院仅有9家，与杭州（26家）、青岛（16家）、深圳（15家）差距较大，市民赴沪杭求医现象较为普遍。数字赋能有待提升：数据整合和治理联动不够，全市共有1700多个信息系统，散落在100多个党政机关、企事业单位和县（市）区，存在数据“孤岛”、数据“烟囱”等现象。

综合判断，“十四五”及今后一个时期，中华民族伟大复兴战略全局和世界百年未有之大变局相互交织，危机并存、危中有机、危可转机，宁波处于发展动能转换的关键期、城市能级提升的突破期、综合

竞争优势的重塑期和城市治理效能的提升期，承担当好浙江建设“重要窗口”模范生的重大使命，必须深刻认识新发展阶段的新变化新要求，着眼世界大变局、国内新格局、区域一体化，保持战略定力，坚持底线思维，顺应发展大势，办好自己的事，以确定性的工作应对不确定性的局势，努力在危机中育先机、于变局中开新局。

第二十章
战略与路径：以“八八战略”为指引 谱写中国式现代化市域样板新篇章

作为实体经济“重镇”、对外开放“前沿”、国家战略“枢纽”，宁波要坚定不移地沿着“八八战略”指引的路子走下去，忠实践行“八八战略”、奋力打造“重要窗口”，展勇立潮头之姿，坚决扛起唱好“双城记”使命担当，树立打造一流城市、跻身第一方阵的雄心壮志，以更大力度的强基提质、更高能级的辐射效应、更大力度的担当作为，勇当引领全省新质生产力发展排头兵、服务构建新发展格局主力军、中国式现代化先行领跑者，为浙江省勇当先行者、谱写新篇章挑大梁、作贡献。

第一节　加快建设现代化滨海大都市：谱写宁波发展新篇章

一、新的城市愿景：现代化滨海大都市

新发展阶段呼唤新城市愿景，新城市愿景体现新发展阶段要求。建设现代化滨海大都市既是贯彻习近平总书记“宁波要以更高的标准、更大的气魄、更宽的视野、更高的品位，建设现代化大都市”重要指示精神的政治担当，也是对历届宁波市委提出的“以港兴市、以

市促港”以及建设现代化国际港口城市、国际港口名城等目标举措的赓续传承、深化拓展，还是全面建设社会主义现代化的宁波路径和宁波实践。“现代化”体现了城市品质、发展质量，“滨海”体现了城市特色、发展格局，“大都市”体现了城市规模、发展能级。宁波所要建设的现代化滨海大都市，应该是率先探索中国式现代化建设路径，全面展现共同富裕美好图景，充分彰显硬核力量、极核功能、滨海形态、优良生态、文明典范、国际风范的大都市。建设现代化滨海大都市，是新时代宁波的总体定位和愿景目标。必须全面准确把握其丰富内涵，系统深入研究其功能支撑，凝聚社会共识，统一各方思想，明确战略方向，确定突破重点，从而引领城市转型和产业转型，为实现五大战略使命、建设社会主义现代化先行市奠定基础。现代化滨海大都市的内涵需要着重把握三个方面。一是发展目标需要全面升级。现代化国际港口城市已基本建成，在新阶段需要拉高标杆、争先进位，面向世界城市体系确立新的发展目标。二是发展路径需要突破创新。在高质量发展新阶段，需要尽快破除路径依赖，实现创新驱动发展，再塑发展格局和优势特色，推动经济社会发展迈上新台阶。三是城市竞争需要优化综合环境。当前全球产业链和城市格局深度调整，只有宜居宜业、具有较高承载力和可持续发展能力的城市，才能在激烈的竞争中脱颖而出。笔者认为，现代化滨海大都市建设的内涵目标为：到2025年，城市功能能级跃上新台阶，重要发展指标位居全国前列，初步建设成为创新活力之城、生态宜居之城、人文共富之城，形成一批现代化滨海大都市建设标志性成果。到2035年，基本建成现代化滨海大都市，创新活力、生态宜居、人文共富的城市品质形象得到公众认可，在高水平社会主义现代化建设中始终走在前列，成为浙江建设新时代全面展示中国特色社会主义制度优越性“重要窗口”的模范生。

二、建设现代化滨海大都市需要加强功能支撑

（一）城市愿景目标必须有主导功能作为具体支撑和实现路径

相同发展阶段的城市，其愿景目标也大体相同。现阶段我国大多数城市的愿景目标围绕着国际化、宜居、以人为本、韧性等关键词展开，但不同城市由于资源禀赋不同，主导功能呈现明显差异，如有全球城市、区域性城市之分，有制造中心、消费中心之分，有经济中心、文化中心之分等。在城市的主导功能方面，其核心问题是要确定在特定区域、国家或全球范围内，一个城市在政治、经济、文化、创新、交通等方面所扮演的角色。科学合理、明确清晰、富有远见的城市功能定位，对城市发展有着直接、深远的促进作用，有利于突出城市特色、发挥主导优势，有利于明确战略方向、聚焦发展资源，有利于提升城市核心竞争力、获得最佳综合效益。

（二）建设现代化滨海大都市的新愿景目标需要拓展提升宁波传统功能、拓展培育新功能

港口、制造、开放、贸易等是改革开放以来宁波的主导产业，以及上一个万亿元 GDP 的主要支撑。近年来，传统功能的优势相对减弱，与上海之金融、深圳之创新、杭州之信息经济相比，传统功能对宁波经济较快增长、产业创新转型、城市争先进位的支撑带动作用明显乏力，难以支撑下一个万亿元 GDP 目标的早日实现。与此同时，近年来宁波在多层面多领域提出了诸多功能定位，这些功能定位数量多、关系不清晰、层次不分明、执行不一贯，以致何为主导功能在研究上不深入、认识上不统一、提法上不明确。因此，宁波发展新愿景呼唤新的功能定位。

（三）现代化滨海大都市主导功能的确定需要综合考虑资源禀赋、产业基础、战略地位等多方面因素

具体来说，要遵循三大原则。一是延续性。城市主导功能要经历一个逐步形成与完善的过程，需要一以贯之地坚持推进。例如，港口、工业、贸易物流等一直是中央和浙江省对宁波功能定位的关键词，也是宁波历次党代会和中长期规划发展目标、战略任务的核心内容，有着良好的发展基础、广泛的社会共识和一贯的政策导向，需要继续坚持并进一步拓展提升这些功能。二是前瞻性。要把握当前全球产业链深度调整契机，培育有基础、有优势、有潜力、有前景的新功能，支撑宁波在国家重大战略部署中有更大担当和作为。例如，创新、先进制造等功能在全球城市体系分工中具有相对较高的地位和竞争力，最能抵御市场风险、经受市场波动；又如，海洋经济前景广阔，在宁波具有突出优势和发展潜力，可以作为重点培育功能。三是开放性。专家预测，到2050年，世界前50个大城市中至少有10个来自中国，一批国内城市将成为“全球城市”“区域性全球城市”“功能性国际城市”。现代化滨海大都市主导功能的选择，必须紧跟和适应这一态势，以国际视野、开放思维在全球城市体系中寻求宁波的功能坐标，推动宁波深度嵌入全球经济体系和创新体系，并以此引领发展战略。

第二节 “六个之都”：描绘宁波发展新蓝图

“六个之都”是建设现代化滨海大都市的全景画像：全球智造创新之都、国际开放枢纽之都、东方滨海时尚之都、全国文明典范之都、城乡幸福共富之都、一流智慧善治之都。建设现代化滨海大都市，目标宏大，内涵丰富，如何做到行稳致远？推进功能布局、发展动能、要素配置、城乡品质、治理模式、干部能力等“六大变革”是答好这

张时代考卷的方法路径。

现代化滨海大都市应该是率先探索中国式现代化建设路径、全面展现共同富裕美好图景的大都市，应该是国际大港转化为国际强港、硬核力量充分显现、增长极功能充分发挥的大都市，应该是陆海联动、滨海形态充分展示、人和自然和谐、生态优良的大都市，应该是文化繁荣、社会文明、海纳百川、包容开放的大都市。不但经济发展水平要进一步提升，而且科技、文化、生态、教育、医疗卫生等要全面提升，人民的获得感、幸福感全面提升，真正实现发展高质量、人民高素质。

现代化滨海大都市建设目标具体体现为“六个之都”：一是全球智造创新之都。实现产业和科技创新协同，战略性新兴产业和现代服务业协调发展，数字技术全面渗透、传统产业转型升级，龙头企业和知名品牌带动作用突出，高端人才加速集聚，甬江科创区成为重要的创新策源中心，三大科创高地初步建成。二是国际开放枢纽之都。在构建国内国际双循环的新发展格局中，港口和开放优势全面发挥，资源配置枢纽地位基本形成，中国—中东欧国家经贸合作示范区、浙江自贸试验区宁波片区引领的高水平开放格局形成，宁波国际消费中心城市建设取得重大进展，海陆空交通一体、港区和城区融合发展的格局形成。三是东方滨海时尚之都。着眼于全域空间布局的优化，充分发挥宁波江海相通、山海相映、湾区环抱的优势，把产业、生态、科创落实到空间上，滨海产业大平台、沿湾活力大动脉、四明生态大屏障、甬江科创大走廊有序布局，体现简约海派的城市形象，形成绿色低碳的生活方式，天蓝、地绿、水清、海碧的大美宁波新图景得到展现。四是全国文明典范之都。文化是城市的灵魂，现代化滨海大都市要有丰富的文化内涵，既包括文化精神、文明习俗等软件，也需要文化地标、文化标识等硬件，同时还要有先进的文化传播能力和文化品牌。“在宁波，看见文明中国”成为叫得响的品牌，百里三江文化长廊、千里滨海生态走廊成为文化地标。五是城乡幸福共富之都。滨海大都市是人人享受良好的公共服务、三大差距明显缩小、社会结构持续优化、宜居宜业富裕富足的大都市。六是一流智慧善治之都。现代化滨海大都市需要有相适应的治理体系和治理能力。要适应信息时代和数字化改革的要求，形成党建统领、整体智治的格局，德治、法治、自治和智治融合；建立上下贯通、高效协同的五级管理体系，提升治理的社会化、法治化、精细化、智能化、专业化水平。

打造“六个之都”是系统性的，需要更新观念，创新理念，以系统性思维塑造变革，以创造性张力推动变革，主要是功能布局变革、发展动能变革、要素配置变革、城乡品质变革、治理模式变革、干部能力变革。“六大变革”是路径，也是目标，回答了打造现代化滨海大都市的空间优化、功能提升、发展动力、要素保障、城乡风貌、治理模式、组织保证等重大问题，强调港产城文要融合，以创新为第一动力，以规划为引领，产业、城市和乡村发展共同谋划，人才、土地、资金、数据等资源集中优化配置，治理效能和干部素质共同提升。

第三节　实践路径：奋力争创共同富裕和中国式现代化示范引领的市域样板

宁波作为服务国家战略的“硬核力量”，作为浙江省“双城记”发展格局的重要一极，理应在担当“示范引领”重大使命中走在前、当标兵、挑大梁。推动“八八战略”走深走实的宁波实践，必须坚持一流标准、树立更高目标，奋力争创共同富裕和中国式现代化示范引领的市域样板。这一目标，承载着习近平总书记的殷切嘱托、中央和省委的明确要求、宁波发展的远大追求，是新时代深入践行“八八战略”、以“两个先行”打造“重要窗口”的宁波方位，是对宁波推进共同富裕和中国式现代化建设各项目标任务的集成迭代，要求宁波既走在前列创样板，又创造经验强引领，以现代化滨海大都市建设的

“宁波之为”擦亮“浙江之窗”、彰显“中国之治”。

争创共同富裕和中国式现代化示范引领的市域样板，必须运用好“八八战略”蕴含的系统论、优势论、重点论等科学立场观点方法，运用好宁波多年来深入实施“八八战略”的规律性认识，保持战略定力、聚力扬长补短、主动变革创新、突出问题导向、坚持系统集成、始终一致同功，一张蓝图绘到底，与时俱进开新局，不断开创“八八战略”宁波实践的新境界。要锚定三大“先行路径”，以推进三个“一号工程”为牵引，打造示范引领的标志性成果。宁波要以更高标准厚植现代产业实力，以科技创新为根本引领产业创新，以数智低碳为方向赋能制造蝶变，以做强链主为关键提升产业链掌控能力，以海洋经济为重点拓展发展空间，大力发展新质生产力；要以更大气魄深化对外开放，深入实施“地瓜经济”提能升级“一号开放工程”，以一流强港为龙头建设全球物流体系，以外贸外资为基本盘提升开放型经济质效，以自贸试验区为引领扩大制度型开放，以国际先进为标杆优化营商环境，全力擦亮“浙江开放看宁波”金名片；要以更高品质推动港城融合，彰显“城”的风采，突出“海”的韵味，放大“文”的魅力，全域推进高水平大美宁波建设；要以更实举措推动均衡发展，持续缩小“三大差距”，建好美丽乡村，创新社会治理，让城乡居民共享现代化都市圈幸福生活；要以更宽视野提升区域合作水平，健全都市圈同城化发展机制，加快推进甬舟一体化，携手杭州唱好“双城记”，全面提升宁波都市圈发展能级。

一、在学习宣传践行习近平新时代中国特色社会主义思想上作示范强引领

习近平强调，旗帜鲜明讲政治，既是马克思主义政党的鲜明特征，也是我们党一以贯之的政治优势。我们要从信仰追求最高点、思想灵魂最

深处、知行合一最实处，坚决拥护“两个确立”，坚决做到“两个维护”。

一是永葆政治忠诚。坚持把政治忠诚作为政治建设的首要之义，用制度进行全维度淬炼、多角度检视，深刻领会“两个确立”的历史必然性、时代必然性、现实必然性和制度必然性，发自内心、坚定自觉地忠诚核心、拥戴核心、维护核心、紧跟核心。要时刻关注习近平总书记和党中央关心什么、强调什么，健全落实习近平总书记重要指示批示精神和中央、省委重大决策部署的量化闭环，切实做到“总书记有号令、中央有部署、省委有要求，宁波见行动、走在前”。

二是筑牢政治信仰。一以贯之学懂弄通做实习近平新时代中国特色社会主义思想，严格落实市委常委会会议“第一议题”、市委理论学习中心组专题学习会“首要内容”制度，坚持研究问题、作出决策前首先学习对标，切实做到学深悟透、融会贯通、真信笃行。以“八八战略”实施为契机，用好党史学习教育常态化长效化机制，实施铸魂溯源走心工程、“在宁波，感悟真理伟力”实践解码工程，深入研究阐释习近平总书记对宁波工作重要指示精神，打造学、训、研、宣全周期一体化载体平台，推动党员干部做习近平新时代中国特色社会主义思想的坚定信仰者、忠实实践者。

三是严守政治纪律。强化党章党规党纪教育，严格执行民主集中制、请示报告制度、党内组织生活制度，常态化开展政治素质考察和政治监督，着力发现和纠治“四个意识”不牢固、“四个自信”不坚定、“两个维护”不坚决问题，督促广大党员干部始终牢记“五个必须”、杜绝“七个有之”，做政治上知行合一的明白人、表里如一的老实人。

二、在推进新时代党的建设新的伟大工程上作示范强引领

一是纵深推进政治建设筑牢忠诚担当思想根基。把学深悟透党的

二十大精神作为当前最重要的政治任务，持续深入实施党的创新理论立根铸魂行动，引导广大党员坚定捍卫“两个确立”，坚决做到“两个维护”。深入开展主题教育让政治站位更坚定。按照中央和省委、市委统一部署，深入开展学习贯彻习近平新时代中国特色社会主义思想主题教育，并与学习贯彻习近平总书记对宁波的重要指示批示精神有机结合起来，以沉浸式学习推动入脑入心，以直抵灵魂的党性体检严格对标对表，以全链条闭环机制确保落细落实，教育党员干部在对标看齐中提高格局站位，在坚定践行中彰显忠诚担当。抓好理论武装让政治能力过硬。坚持把学习贯彻新思想和党的二十大精神作为教育培训主课必修课，全覆盖开展培训。将党的创新理论体系与助力深化“八八战略”、助推打造“六个之都”全面贯通起来，构建富有时代感、彰显宁波味的党性教育实践体系。以习近平视察指导过的基层党建点为主阵地，依托市、县（市）区两级红色教育示范基地，串点成链打造“追寻领袖足迹、感悟真理伟力”党性教育特色品牌，让党员干部在传承红色基因中铸牢忠诚之魂。抓深立体甄别让政治底色更鲜明。深入实施政治能力提升计划，完善领导干部政治素质考察、政治建设量化评价体系，探索建立查用人看原则、查用心看担当、查用情看宗旨、查用权看清廉的“四查四看”政治素质考察机制，强化党委（党组）推荐人选首报、研判动议首问、推荐考察首看、任前监督首核、讨论决定首议的全流程管理。更加突出大战大考中的“实战化考验、近距离观察、全过程跟踪”，完善“一人一档”“一班子一档”，探索建立政治建设负面清单，持续擦亮党员干部绝对忠诚政治底色。

二是按照“四个坚持、八个不”锻造堪当重任攻坚铁军。对标一流定位、样板标杆，推动班子结构功能、干部能力素质与驾驭现代化建设要求高度匹配。突出“后继有人”夯实战略储备。实施“薪火接力计划”，加大“80后”市管副职、“85后”正处、“90后”副处整体布局，抓好“95后”“00后”梯队培养。深入实施新一轮“5年500

名”选调生计划，探索公务员专业化招录和聘任制改革，确保梯队建设启动赶早、培养趁早、发现及早。完善年轻干部市、县（市）区、乡镇（街道）三级联动工作机制，完善年轻干部优进绌退、动态调整工作机制，深化实施“三跨”制度性交流，完善年轻骨干竞相涌现培养链。聚焦“事业为上”持续压担历练。迭代升级干部教育培训五年规划，围绕抢占数字经济新赛道、优化营商环境、升级“地瓜经济”等办好专题培训，赋能提升国际化视野、现代化能力和专业化素养。注重分类施策，针对“一把手”深化实施班长工程，针对年轻干部升级打造“赋能成长、奋进先行”周末知行课堂，精准提升干事本领。强化实战历练，深入开展一线建功行动，推动干部在创新深化、改革攻坚、开放提升中经风雨、见世面、长才干。围绕“干事担事”深化严爱相济。健全完善立体监督体系，督促各级党组织落实中央、省委和市委有关加强对“一把手”和领导班子监督的制度规定，推动形成制度落实情况定期报告、督促检查、考核评价的监督全链；完善日常监督机制，围绕政策制定、决策程序、审批监管、执法司法、选人用人等风险点加强监督检查，推动严格落实重大事项请示报告、请托登记报告等制度，探索政治家访，改进政治生态分析研判、政治画像及成果运用，让领导干部习惯在受监督和约束的环境中工作生活。认真落实“三个区分开来”，深化推进“失实必澄清、澄清必回访”工作，严厉打击诬告陷害行为。出台相关政策文件激励干部奋进担当、奋发有为并且推进领导干部能上能下，打好职级倾斜、考核推动、典型引领等组合拳，加大公务员及时奖励力度，组织开展担当作为好干部、最美公务员选树宣传，全面实施“赋能强心”干部心理素质提升专项行动，积极营造“让干部敢为、地方敢闯、企业敢干、群众敢首创”的干事创业氛围。

三是以零容忍的警醒和力度坚决打好反腐败斗争攻坚战持久战。强化肃贪惩腐，坚决惩治不收敛不收手、胆大妄为者，坚决防止破坏政治生态和经济发展环境问题，严查权力集中、资金密集、资源富集领域的腐败问题，坚决查处新型腐败和隐性腐败，深入治理贪腐“低龄化”问题，严厉惩治群众身边的“蝇贪”。做深做实以案促改促治，针对重点领域发现的典型问题、查处的典型案件，强化纪检监察建议运用，建立典型案例通报机制，推动类案同查，分析系统性体制性漏洞，促进重点领域和行业的治理；加快构建行贿人联合惩戒机制，让“围猎者”付出应有代价；充分发挥党委反腐败协调小组的组织优势，建立腐败预警惩治联动机制。常态长效开展警示教育，聚焦领导干部、年轻干部和关键岗位人员，分层分类开展“日常＋集中”警示教育；创新警示教育方式，持续增强警示教育的针对性、穿透力。

四是以严的基调持之以恒深化作风建设。持续纠治享乐主义、奢靡之风，紧盯“四风”突出问题开展专项治理，对陋习不改、无视禁令快查严处，点名道姓通报曝光典型案例；严查隐形变异、花样翻新，深化运用“三公”、国企领域等大数据监督平台，加强预警纠治，提高发现问题灵敏度、处置问题精准度。把纠治形式主义、官僚主义摆在更加突出位置，紧盯贯彻重大决策部署不担当不用力、玩忽职守不作为、机械执行装样子等问题，敢于动真碰硬、严肃执纪问责。优化提升“基层点＋上级改”，组织开展整改情况“回头看”，让基层干部群众切实感受到减负的成效。推进作风建设常态化长效化，深入分析地区性、行业性、阶段性特点，督促相关部门把“当下改”与“长久治”结合起来。健全风腐同查工作机制，时刻警惕由风变腐、风腐一体的危害性，在监督检查、审查调查工作中对“四风”问题深挖细查、严肃处置。

五是突出“两大功能”推动基层党建全域提质跃迁。聚焦增强党组织政治功能和组织功能，深入实施“红色根脉强基工程”，着力打造“锋领港城”升级版。着力提升党建助跑共富融合度。以全省现场推进会为契机，总结经验成果，谋划布局实施一批抱团联建“消薄”

项目，全力以赴推动党建优势转化为发展优势、共富优势。着力提升党建引领基层治理辨识度。大力推动现代社区建设从系统性推进向实效性落地深化，深化党建统领网格智治行动，迭代“村民说事”“365社区服务工作法”等经验做法，促进共建共治共享。着力提升重点领域党建均衡度。统筹推进机关、国企、学校、公立医院党的建设，持续放大“锋领国企”“锋领甬教”“锋领甬医”等品牌效应，全面强化党在四大领域的领导。着力提升新时代党员队伍先锋度。深入实施领头雁工程，深化推行导师帮带制，大力开展党员队伍“源头、清流、塑形、淬炼、暖心”工程，持续深化流动党员核查纳管专项行动，锻造能挑重担、善打硬仗、充满活力的新时代先锋战士。

三、在落实高质量发展首要任务上作示范强引领

一是建设对外开放大通道，服务构建新发展格局。建设世界一流硬核强港。修订实施新一轮宁波舟山港总体规划，新增杭州湾港区作为宁波舟山港第20个港区。建设世界级港口泊位群，推进梅山重大基础设施重点项目、宁波舟山LNG登陆中心、精混项目等建设，形成宁波港域穿山、梅山、北仑—大榭3个千万标箱级港区。加快打造内贸集装箱中转枢纽和国际中转集拼枢纽。提升陆路综合交通枢纽地位。加速推进宁波西枢纽项目建设，构建“空铁一体”综合交通枢纽。积极参与义甬舟开放大通道建设，推进通苏嘉甬、甬台温、甬舟、甬台温福、沪甬、甬金等高铁项目建设，打通长三角至粤港澳大湾区第二高铁通道，打造线路辐射全国、服务覆盖华东的重要铁路门户枢纽。打造国家海铁联运高质量发展示范区，推进双层集装箱海铁联运创新交通强国试点建设。提升空港服务能级。深化临空经济示范区建设，完成1号航站楼改造，建成栎社国际机场四期，开拓与东南亚、非洲及“一带一路”沿线国家和地区的国际客运货运航线。培育壮大本土

航空货代企业，引进国内外知名航空货代和货运航空公司。推动航运管理制度和航空运输业务开放发展，推动第五航权落地，持续推进“空空”中转业务。做大港航物流服务功能。深化港口型国家物流枢纽建设，加快谋划北部生产服务型国家物流枢纽，争创国家物流枢纽经济示范区。加强与上海保险交易所等合作，发展船舶融资租赁、债券融资等特色航运金融业务。争取国际登记船舶开放入级检验在宁波开展试点。加大国际航运、物流和代理企业总部的招引力度，建设航运总部基地，持续提升东部新城国际航运服务中心能级。打造国际一流口岸。优化口岸对外开放布局，实现海空邮口岸全面开放和协同发展。加快口岸数字化转型，深入推进“甬e通”和“单一窗口”建设，有序推进智慧海关建设。深化通关模式改革，推进与杭州、舟山、合肥等腹地城市的通关协作，增强宁波口岸辐射力和影响力。

二是提升贸易发展质量效益，重塑开放经济新优势。加快建设外贸强市。加快发展数字贸易，积极争取国家数字服务出口政策优先落地。推动跨境电商创新发展，加快“两仓一站”等新型外贸基础设施建设，做大跨境电商出口海外仓、网购保税进口。创新发展服务贸易，深化服务外包示范城市建设，争创国家服务贸易创新发展试点。加快外贸优化升级，实施新一轮外贸实力效益工程。深化国家级进口贸易促进创新示范区等载体建设，做大做强消费品、机电产品、新能源、再生资源等重点商品进口。支持外贸综合服务企业健康发展，争创离岸贸易中心城市，鼓励企业拓展联合国等国际组织大宗采购业务。推动优质内外资集聚。大力引进来自世界500强、行业龙头、隐形冠军、顶尖团队等的高质量外资，鼓励存量再投资。招引汽车及零部件、绿色石化等“强链型”项目，电子信息制造、生物医药等“补链型”项目，以及人工智能、深海空天信息等“建链型”项目。深化与有市场化招商经验的专业招商机构、知名中介机构、行业协会合作，实施全球招商合作伙伴计划，探索“行政化＋市场化”招商模式，加强资本招商、资本引才双向联动。积极扩大有效投资。编制市重点建设工程、市重大前期项目、省市县长工程、市本级政府投资项目计划，统筹做好省“千项万亿”工程项目推进。组织实施优结构扩投资“1+5+N”攻坚行动，开展招大引强、工业投资、重大交通项目攻坚、城市有机更新和保障房建设、优质公共服务五大专项行动。争取更多项目列入国家规划、纳入国家102项重大工程项目清单。建设国际消费中心城市。实施“双促双旺”促消费稳增长专项行动，打造各类消费新场景、新业态。完善“2815”商业体系，高品质打造东部新城商圈和“泛三江口”商圈，通过中山路串联形成哑铃型城市商圈布局。加快创建老外滩国家级示范步行街，打造一批省级高品质步行街。优化夜间经济产品和服务供给，丰富夜间经济消费模式，打造一批夜间经济地标。初步建成区域性国际消费中心城市。促进内外贸一体化发展。实施内外贸一体化国家试点，推动适销对路的出口产品开拓国内市场。推动内外贸融合发展，持续孵化面向国内国际市场的本地优质品牌，探索建设宁波优品体验店，培育提升一批“新国货”。鼓励企业通过进电商平台、进大型超市、进特色街区、进夜市、进展会、进政府采购目录等“六进”渠道拓展国内市场。支持规模企业自建内外贸一体化数字平台。

三是建设高能级开放平台，打造制度型开放新高地。提升枢纽自贸区核心竞争力。加快大宗商品自由贸易港建设，推进梅山港口基础设施重点项目建设，争取保税混矿业务改革试点，打造国家重要大宗商品配置中心。深化贸易投资高水平开放试点，提高国际贸易投资结算便利化水平。推动数字化服务平台应用，加快传统优势产业数字化转型，打造特色鲜明的数字化应用示范高地。扩大中东欧示范区全球影响力。深入推进与中东欧国家经贸促进、航运物流、科技创新、人文交流等领域务实合作，推动宁波成为中国—中东欧国家双边贸易首选之地、双向投资首选之地和人文交流首选之地。高水平办好中国—

中东欧国家博览会，争取承办中国—中东欧国家领导人峰会。扩大中东欧商品进口，争取在波兰建立中国—中东欧国家农产品批发市场。推进开发区高质量发展。深化开发区体制机制改革，争创省高能级战略平台。开展开发区主导产业补链强链行动，加快创新资源和人才集中集聚，提升产业创新能力。围绕“五大中心”功能定位，提升发展综保区等海关特殊监管区。加快提升东南亚、中东欧等区域境外经贸合作区经营水平，争创国家级、省级境外园区。加快推动制度型开放。对标《区域全面经济伙伴关系协定》（RCEP）、《全面与进步跨太平洋伙伴关系协定》（CPTPP）、《数字经济伙伴关系协定》（DEPA）等高标准国际经贸规则和上海、海南等国内先进自贸区，在数字经济、知识产权、竞争中立等方面开展压力测试，推动从商品、要素流动型开放向规则等制度型开放转型。推动服务业重点行业扩大开放，放宽科技服务、专业服务、商务服务等重点领域准入准营限制，争取国家服务业扩大开放综合试点。

四是主动融入重大战略，打造区域开放新门户。推进“一带一路”枢纽城市建设。推进港航物流、新型贸易、产业合作、金融服务、人文交流、规则衔接“六大枢纽”建设，打造“一带一路”枢纽城市。加强同沿线国家和地区贸易合作，拓展沿线国家和地区新兴市场，扩大优质商品和服务进口。强化同沿线国家和地区在文化、科技、旅游、教育等领域交流与合作。融入长三角一体化协同发展。深化沪甬专项协议，协同规划建设前湾沪浙合作发展区、沪甬人才合作先锋区等一批标志性大平台，推进建设通苏嘉甬高铁，加快规划建设沪甬跨海通道。深化与南京、杭州等地产业链合作，加大链主企业培育，共建沪杭甬长三角创新创业生态建设实践区。深化沪甬、杭绍甬等区域公共服务跨区合作。加快推进杭甬、宁波都市圈合作。突出唱好杭甬“双城记”，深入落实两市合作框架协议，共同打造长三角金南翼。推进杭州湾南岸货运铁路、杭甬城际和杭绍甬智慧高速公路建设，提升环杭州湾综合运输通道功能。推进甬舟、甬绍、甬台等一体化合作先行区建设，不断推动都市圈同城化发展。打造东西部协作、对口合作样板。深化东西部协作，以“宁波总部 + 凉山基地”等模式，共同推进产业园区建设、特色产业培育和生态旅游开发。围绕智力支援、产业发展、民生改善、交流交往、文化教育“五大任务”，打造对口支援升级版。高质量实施产业深度合作、平台载体共建、乡村全面振兴、民生服务共享、老区振兴发展等五大工程，放大产业飞地、“消薄飞地”、乡村振兴示范点建设的带动效应，推动山海协作走深走实。

五是聚焦“大优强、绿新高”，构建现代化产业体系。大力推进数字经济创新提质。深入实施数字经济创新提质“一号发展工程”，锚定“一城四地”发展目标，全力打造数字经济发展先行城市。实施数字经济投资“三年双倍增”计划，聚焦数字经济重点招引项目、“增资扩产”项目、园区项目、企业数字化改造项目、基础设施建设项目等五大类项目进行重点投资。全面实施规上企业数字化改造、重点（细分）行业数字化改造和企业上云上平台“三个全覆盖”计划。推动数据要素市场化改革，制定国家要素市场化配置综合改革试点建设方案和重点任务清单。推进产业数据价值化试点。开展“十景百品千项”行动。推动5G在工业互联网、智慧港口、车联网等多领域的创新示范应用，加快5G全连接工厂建设。大力推进产业链群跨越提级。以打造“361绿新高”万千亿级产业集群行动为引领，聚力打造世界级先进制造业集群，筑牢宁波建设全球智造创新之都的“关键立柱”。提升发展绿色石化、磁性材料等国家先进制造业集群，推进优势产业集群积极争创省先进制造业集群。加快打造新能源汽车之城，做大新能源汽车整车规模，推进传统汽车零部件向智能化、轻量化转型。优化完善新一轮新兴产业政策，培育工业互联网、集成电路等一批数字产业集群。编制完善未来产业及氢能、元宇宙等细分领域方案，争创国家未来产业先导区。深化产业基础再造工程，支持一批产业基础高级化、产业链“强补延”等标志性项目。实施整零协同计划，加强产业基础领域“一条龙”应用示范，积极承接国家工业强基工程项目。大力推进市场主体活力提强。制定制造业“大优强、绿新高”企业培育实施方案，建立分层分级培育体系，迭代升级扶持政策，建立健全企业评价体系，推动企业规模化、品牌化、平台化、总部型发展。全力打造单项冠军之城，鼓励单项冠军、专精特新“小巨人”企业做大做强，持续提升市场占有率，积极承担国家关键领域补短板、产业链关键环节强链（补链）项目、强基工程项目等，培育具有区域特色的产业链。加快后备梯队建设，健全培育机制、完善服务生态。大力推进产业平台能级提档。积极推进产业集群质效提升，加快统筹打造一批高能级产业发展平台。深化“2070”产业空间布局，编制战略产业园和优势产业社区建设导则。围绕20个战略产业园，加快编制产业规划；选好70个工业社区，推动工业“上楼增容”。推进全域国土空间综合整治，在国土空间规划“一张图”引领下，挖掘存量用地空间，为园区的发展做好用地规划保障。深化“亩均论英雄”改革，深入推进“腾笼换鸟、凤凰涅槃”攻坚行动，推动低效用地再开发，促进土地集约高效利用。实施工业领域碳达峰方案，推进石化、钢铁等重点行业低碳化改造。建立工业企业碳效综合评价体系，探索开展“零碳工厂”创建。持续推进绿色制造创建工程，构建覆盖全产业链和产品全生命周期的绿色制造体系，创建一批国家级绿色工厂、绿色设计产品、绿色工业园区、绿色供应链管理企业。大力推进两业融合模式提优。加快构筑两业融合先行优势，为丰富两业融合发展场景提供“宁波经验”。打造由先进制造业群、现代服务业群和产业协同创新机构群构成的“三大群”支撑，探索组建“企业＋联盟”产业创新中心、中小企业公共技术服务平台、网上技术需求及技术创新供给市场服务平台、工业设计公共服务平台等，为两业深度融合提供强有力支撑。以现有国家级两业融合试点区域、企业为基础，充分发挥试点地区和试点企业的示范和带动作用，在全市范围内培育形成一批两业深度融合促进产业转型升级的示范项目、标杆企业和领先地区。扶持一批新兴软件和新型信息技术服务企业，给予相关企业最大优惠的“招、引、孵、培”政策。加快新型基础设施建设，鼓励高新区等地打造“5G+工业互联网”典型工业应用场景，为两业深度融合提供技术支撑。

四、在推进科技高水平自立自强上作示范强引领

一是实施全域科创深化提升工程，提升城市创新能级。唱好杭甬“双城记”，争创国家区域科技创新中心，加快宁波国家自主创新示范区建设。以世界一流标准打造甬江科创区，推动甬江科创区与杭州城西、温州环大罗山、嘉兴G60科创走廊等紧密互动，与宁波国家自主创新示范区、浙江自由贸易试验区宁波片区政策联动，打造立足宁波、服务浙江、辐射全国的科创策源地。打造多节点县域科技创新高地，加快县域科创载体建设，打造十大区域创新极。

二是实施战略科技力量起势工程，夯实创新策源基础。高标准建设甬江实验室，打造新材料领域具有国际影响力的创新源头和人才高地。以甬江科创区建设为引领，统筹推进实验室体系、技术创新中心体系建设，支持甬江实验室、中科院宁波材料所、宁波大学、宁波东方理工大学（暂名）发展，争取用5年时间建成一批服务“国之大者”、服务全省发展的战略科技力量。

三是实施创新链产业链深度融合工程，激发产业发展动能。加快构建科技型中小企业—高新技术企业—重点高新技术企业—科技“小巨人”企业—科技创新领军企业发展梯队，营造有利于科技型企业成长的良好环境。深化关键核心技术攻关，聚焦“前沿引领技术—关键共性技术—重大场景应用”全链条，加快突破重点领域的关键核心技术，力争解决一批产业链卡点技术问题。着力培育和壮大新兴产

业，大力发展医疗健康、工业互联网、“5G+”、数字经济、智能物流等重点领域，为全市高质量发展注入新动能。

四是实施开放创新网络拓展工程，深化跨区域科技合作。推进全球创新合作，加快建设中国—中东欧国家创新合作研究中心，谋划建设中东欧离岸科创特区，推进中芬、中乌等科技合作平台扩容提升。深度融入长三角科技创新共同体，谋划建设科技合作战略平台。推进创新主体合作，围绕重点学科建设、人才培养、科研仪器设备共享，引导创新主体加强互惠合作，协同攻克产业链共性难题。深化国家科技成果转移转化示范区建设，推动技术要素市场化改革，构建“政府 + 龙头企业 + 中小微企业 + 科研院所 + 科技金融 + 科技中介 + 应用场景”的“政产学研金介用”产业协同创新机制和长效合作机制。

五是实施创新人才集聚赋能工程，打造科技创新样板。聚焦重点领域，系统重塑“通则 + 专项 + 定制”人才政策体系，完善市人才战略咨询委员会运行机制，建好全球科技人才云图，推动人才精准识别、举荐、遴选。推进科产教深入融合，探索建立“技术高管”“产业教授”制度，支持在甬高校、产业技术研究院、企业等协同培养复合型人才。深入推进人才评价制度改革，赋予重点平台人才“引育留用管”更大改革自主权。聚力打响“宁波五优、人才无忧”服务品牌，加快构建涵盖“全谱系人才招引 + 全周期人才管理”的人才综合服务管理体系。

六是实施改革创新提质增效工程，释放科技创新活力。建立完善以信任为前提的科研管理机制，全面落实“三评”改革。完善“科技大脑 +”运行模式，推广“不见面评审”等试点。打造“研值在线”应用场景，系统重塑研发创新管理体系，建立“研值指数”与资源配置挂钩机制。加快“科创中国”试点城市建设，推进科学文化设施全面覆盖，做优国家文化和科技融合基地。建立弘扬科学家精神常态化工作机制，强化科技伦理和科研诚信建设，营造崇尚诚信、宽容失败的科研生态。

五、在建设中国特色社会主义民主政治上作示范强引领

一是深化构建“四大体系”，打造人大践行全过程人民民主市域典范。围绕构建目标体系、工作体系、政策体系、评价体系，不断丰富全过程人民民主市域实践。健全民意表达平台民主参与机制。建立健全“浙里甬人大”等民主民意表达平台和载体，建设完善汇总梳理、分析研判、交办督办、反馈评价等闭环工作机制，推进立法选题公开征集、法规草案开门协商、立法审议全程公开、立法评估凝聚共识，提高人大立法透明度。探索运用“直播＋云视察”、公开征求履职评议意见等形式，邀请更多市民和各级人大代表参与人大监督，构建全链条民主监督路径。建设全过程人民民主基层单元。积极发展基层民主，优化基层单元组织架构，迭代升级代表联络站功能，全面推进人大核心业务、工作力量“双下沉”，深化人大代表和国家机关负责人进站接待活动，推行代表“亮码、亮身份”，推动人大代表进网络全覆盖，加强和规范街道居民议事会建设，深化代表督事，不断放大基层单元优势、功效，打造人大行权履职的基础平台、民意底座。完善人民当家作主制度保障。全面梳理相关法规制度，及时开展修改修订、创新制定等工作，推动法治保障系统全面、支撑有力。完善民主选举、开门立法、公开监督等方面制度，固化立法全生命周期管理等创新做法，保障人民有序政治参与，使人大工作各环节都能听到来自人民的声音。完善保障人大代表参与民生实事和政府重大投资建设项目票决制、列席有关会议、密切“两个联系”、学习培训等制度，支持和保障代表充分发挥作用。深化人大数字化智治运行，推动人大工作架构、方式流程、手段工具全面优化升级。

二是扎实推进“六个政协”建设，发挥专门协商机构作用。持续

以建设“六个政协”为抓手，促进协商助推更加有力，凝聚共识更加有效，民主监督更加有为。建设书香政协。深入学习贯彻习近平总书记重要讲话、重要指示批示精神，持续擦亮“初心讲堂”学习品牌，广泛阅读思想之书、历史之书、政协之书、专业之书、人民之书，在读书中明方向，在思辨中聚共识。建设一线政协。紧扣锻造港口硬核力量、加快推进“两区”建设、全市域融入长三角一体化、实施三个“一号工程”、全域国土空间综合整治等重大战略部署、改革试点，找准履职切口，精准建言资政，切实以主动作为服务“国之大者”。建设为民政协。组织委员深入基层一线，开展视察监督、专题调研，依托民生议事堂、民情联络站，精心组织“三服务”“界别服务周”“六送下乡”等活动，听民声、访民情、解民忧，努力让老百姓在推进共同富裕示范先行中得到更多实惠、收获更多幸福。建设和合政协。落实落细“甬聚”系列凝聚共识工程，把团结合作、平等相待、兼容并蓄、求同存异、体谅包容等理念融入政协制度建设和运行之中，构建“有事好商量”的常态化协商议政机制。建设品质政协。加强品牌化建设，衍生丰富“请你来协商”、委员会客厅（工作室）等平台载体的内涵和功能，深化拓展专家协商会、界别协商会、远程协商会等形式，打造“建言直通车”“甬上智库”等有口皆碑新平台新载体。建设活力政协。筑牢“党建就是凝聚力”的信念，构建落实党对政协工作全面领导组织体系、工作体系和方法体系，积极打造“同心向党”党建工作品牌，推动人民政协更好成为坚持和加强党对各项工作全面领导的重要阵地。

三是完善大统战工作格局，形成“甬同心、跟党走”磅礴力量。在新时代多党合作、铸牢中华民族共同体意识、宗教中国化和宗教事务治理现代化、党外知识分子和新的社会阶层人士统战工作、促进民营经济“两个健康”、港澳台海外统战和侨务工作等领域推动先行示范，实施统战各领域14项工程，为建设现代化滨海大都市、打造中国式现代化市域样板凝聚人心、汇聚力量。筑牢统一战线思想政治根基。坚持以“甬同心·跟党走”品牌为统领，以思想政治引领为核心，统揽统一战线组织体系、阵地建设、活动开展、工作机制等各项工作，建设“甬同心”系列“1+N”工作矩阵，开展“同心”系列活动，建设同心阵地，实现统一战线各领域工作整体发力、协同跃升。发挥统一战线重要法宝作用。完善政党协商工作机制，健全完善知情明政、考察调研、成果反馈等参政议政工作体系，深化拓展“一次建言、一键直达”的宁波实践。推进各民族交往交流交融示范区建设，实施全域宗教文化提升工程，打造中国化宁波品牌。加强党外知识分子思想政治工作，实施“新力甬动”实践创新基地扩面提质行动，持续推动新的社会阶层人士统战工作走在全国前列。迭代升级亲清政商关系“1+3+1”宁波模式，建立服务民营企业长效机制，深化“品质甬商提升工程”“甬商青蓝接力工程”。提升世界“宁波帮·帮宁波”发展大会、甬港经济合作论坛、中东欧国家华商合作宁波峰会、宁波“侨梦苑”等平台集聚效能，引导港澳台海外资金、人才积极参与宁波经济社会发展。增强适应现代化能力水平。强化网络统战思维，将“统战+互联网”赋能各领域统战工作，推动统一战线工作与互联网融合发展，构建统战工作新形态新格局。全面贯通党外代表人士全链条服务管理应用，推动党外代表人士发现、培养、使用、管理、评价等工作系统性重塑。坚持把基层统战工作融入基层党建和社会治理体系，积极推进“1+10+N”基层统战工作标准化体系建设，因地制宜建设共享式、社会化基层统战阵地。构建完善大统战工作格局。切实发挥党委统一战线工作领导小组职能，加强对统战工作的研究部署、协调指导和督促检查。深化统战工作责任制，全面落实市、县（市）区、乡镇（街道）三级书记统战工作第一责任人清单，做到“四个带头”“六个纳入”，将统战工作落实纳入领导班子、领导干部目标管理和考核体系，纳入政治巡察、监督执纪问责范围，加强督促检查。

六、在推进文化自信自强上作示范强引领

一是坚持以文铸魂，推动文化引领力实现新提升。坚持马克思主义在意识形态领域的指导地位，打造学习宣传实践习近平新时代中国特色社会主义思想的重要阵地，进一步夯实全市人民团结奋斗的共同思想基础。学习宣传党的创新理论。深入实施“在宁波·感悟真理伟力”实践解码工程，健全完善党委（党组）理论学习中心组学习成效评价机制，全面推进“后浪”青年理论培塑工程，办好“我最喜爱的习总书记的一句话”等品牌活动，建强市级重大理论发声平台。繁荣发展哲学社会科学。构建具有鲜明地域风格的“宁波学”研究体系，巩固提升一批省重点优势学科、扶持发展一批特色学科、保护发展一批具有重要地域文化价值和传承意义的冷门学科，打造全市社科理论界工作联盟，构建新型智库矩阵。切实维护意识形态安全。组织开展市委巡察中意识形态工作责任制落实情况专项检查，进一步强化对教育、宗教等重点领域、重点群体的防控管控，加强对讲座论坛、报告会、研讨会等活动的报备预审，深入推进“扫黄打非”工作。

二是坚持以文培元，推动文化凝聚力实现新提升。坚持以人的现代化为核心深化精神文明建设，高标准抓好文明典范城市创建，加快形成适应新时代要求的思想观念、精神面貌、文明风尚、行为规范。深入推进文明创建。全面实施“遇见文明典范、雕刻文明典范、礼敬文明典范、数智文明典范”系列项目，聚焦“七个周边”、村镇（城乡接合部）等区域开展专项整治，深化最干净城市建设和文明宁波系列活动，力争创成首届全国文明典范城市。精心组织文明培育。健全“道德模范”“最美人物”“身边好人”“文明有礼宁波人”四级道德荣誉体系和褒奖激励机制，加强家庭家教家风建设和社会诚信建设，推进“新时代好少年”学习宣传。持续深化文明实践。深化拓展新时代

文明实践中心建设，持续开展全国“四个100”、全省“五个20”和宁波“六个10”等志愿服务典型选树活动，开展“扣好人生第一粒扣子”主题教育实践。

三是坚持以文惠民，推动文化服务力实现新提升。坚持文化为民、文化惠民、文化乐民，推进城乡公共文化服务体系一体化建设，更好满足人民群众美好生活需要。赓续历史文化根脉。统筹实施文化基因解码工程、中华海洋文明探源工程和世界文化遗产群落打造工程，传承发展戏曲曲艺、民间艺术、传统医药、手工技艺等非物质文化遗产，坚持走活态传承、科技赋能、品牌塑造的传统文化保护传承之路。推进文化精品创作。建立“悦动港城”文化精品库，创新文艺创作选题策划机制、精品工程扶持奖励机制，探索签约创作、招标创作、跨界创作、联合创作等制度，办好“甬悦四季”市民文化艺术节、海丝之路文博会等重点文化活动。健全现代公共文化服务体系。实施“悦享美好”文化新空间“十百千”工程和“浙文惠享”工程，推进艺术振兴乡村“五百”计划，推动大运河（宁波段）国家文化公园建设，加快天一阁博物院南馆、河海博物馆等重点项目建设进度，推进河姆渡国家考古遗址公园创建。

四是坚持以文兴业，推动文化竞争力实现新提升。培育领军型企业。大力实施文化领军企业培育工程，支持龙头骨干企业建设国家文化和科技融合示范基地，支持掌握核心技术、拥有原创品牌、具有较强市场竞争力的小微文化企业上规上限，加大对文化领域独角兽企业的发掘和支持。加快数字化布局。实施文化产业强基提升行动，深化文化领域的数字化建设、数字化应用和数字化转型，重点培育发展在线演播、数字创意、数字新媒体、数字艺术展示等新模式。推进文化内容企业上市工作，建设全国数字文化产业新兴集聚区。推进大融合发展。持续深化文化和旅游、文化和金融的深度融合，推动文化与传统制造、服务业等领域的跨界融合，大力拓展研学旅行、工业旅游、中医康养旅游等文旅新业态，擦亮“顺着运河来看海，闻着书香游宁波”城市旅游品牌。

五是坚持以文弘声，推动文化传播力实现新提升。打造全媒体传播体系，构建网上网下一体、内宣外宣联动的主流舆论格局，不断提高城市形象对外宣传的体系化、组织化、专业化、精准化程度，全面展现现代化滨海大都市的美好图景。加强城市形象宣传。推动宁波各地各部门资源共享、信息共用、渠道互通，实施“感知宁波”精准传播工程，强化同中央和省级主流媒体、全国性重点媒体、长三角主要新闻媒体的协同合作，做大做强索非亚中国文化中心、市级外宣平台和“Insight Ningbo”海外社交媒体矩阵。扩大对外文化交流。借助中国—中东欧国家博览会、海丝之路文化和旅游博览会等载体加强对外人文交流与合作，用好海外“宁波帮”资源，发展海外传播团、代言人，主动承接国家、省级对外文化交流项目，支持文化企业参加国际展会。提升融合传播能力。加快推进传统媒体和新兴媒体在体制机制、政策措施、流程管理、人才技术等方面深度融合步伐，做大做强“甬派”“宁聚”客户端和官方微信微博，推动县级融媒体中心建设提质增效，形成集约高效的内容生产体系和全媒体传播链条。

七、在建设共同富裕美好社会上作示范强引领

一是打造高质量充分就业之城。促进就业创业提质扩容。创新构建“就业优先”统筹工作机制，优化更加充分更高质量就业考核评价体系，创新“政府引导、企业主导、机构协同”的岗位供给模式，不断增强宁波市就业吸纳能力。建立促进多渠道灵活就业机制，深化“灵活就业在线”数字化改革，全面普及“灵活保”政策红利。优化升级“四有”创业服务品牌，构建众创空间、孵化器、加速器、产业园相互接续的创业平台支持链条，落实创业担保贷款及贴息政策，提高贷款便利度和政策获得感。化解结构性就业矛盾。构建培训、评价、

竞赛、平台、奖励等全链条发展体系。创新实施“一人一技”终身职业技能培训，覆盖高校大学生、企业职工、来甬务工人员、农村转移劳动力等各类群体，依托技工院校、“155+X”实训模式、技能培训机构、企业等，开展“金蓝领”技能提升、“一老一小”照护技能培训、“万名优师育高徒”等系列行动。制定出台宁波市高质量发展技工教育实施意见，重点支持宁波技师学院打造省一流技师学院。健全暖心就业服务链。精准帮扶高校毕业生、就业困难人员、失业人员等各类重点群体，突出做好高校毕业生就业工作，开展更高质量“一人一档、一人一策”精准帮扶。创新打造“奔‘甬’而来”招才品牌，实施宁波亲家园行动，办好“人才日”“高洽会”“留创行”“毕洽会”等系列活动。全域打造老百姓身边的零工市场（驿站），依托灵活就业在线和银行网点、超市、集贸市场等线上线下平台，构建“24小时不打烊”的服务体系。提升权益保障水平。加强企业用工指导和服务，开展新时代和谐劳动关系创建活动；完善工资指导价位、企业薪酬调查和信息发布制度，健全最低工资标准调整机制。积极探索基层人社治理能力现代化建设，健全“三位一体”“三支队伍”“三级预警”制度机制，深入推进“宁波无欠薪”行动，狠抓农民工工资专用账户和工资保证金管理，打造欠薪治理宁波模式。加强数字化仲裁庭建设，探索劳动争议简易速裁机制。

二是打造教育青睐瞩目之城。扩大学前教育普及普惠。深化宁波市学前教育发展行动计划，落实学前教育以县为主管理体制，完善经费投入和分担机制，探索建立财政投入和学费动态调整机制。推进学前教育优质普惠建设，深化托幼一体化建设。加大等级幼儿园建设力度，完善市、县（市）区、园三级学前教育质量监测体系。开展幼儿园品牌课程建设行动，打造宁波学前教育“行为课程”品牌。促进义务教育优质均衡。推进小学强基工程，系统规划素养导向的学段有机衔接、学科横向配合的基础教育课程体系，强化“幼小衔接”“小初衔接”一体化课程设计与实施。实施初中强校工程，深化基础性课程分层走班教学与管理，落实“一校一案”。实施“双减”深化行动，探索基于“核心素养本位”的课堂范式，推进建设“学为中心”“轻负高质”教学体系，全面提高教学的综合育人价值。推进县域教共体向融合型、共建型转型，开展同步课堂、互通教研等活动，促进城乡、校际资源流动互享。推进高中教育特色多样。稳慎推进中考中招改革，提升优质资源配置水平。深化普通高中育人方式改革，全面实施新课程、采用新教材，构建多样化、有特色、可选择的学校课程体系和育人机制。深化宁波市普通高中优质特色发展行动计划，构建普通高中学校分层与分类相结合发展格局，探索拔尖创新人才早期培养机制。实施直属普通高中学科支持计划，重点支持五大学科竞赛基地建设。深化校际协同工程，推进校际协作体建设。深化普通高中质量监测，精准推进学情教情常态化分析。推动职业教育提质培优。推进职业教育一体化长学制人才培养，扩大中高职“3+2”专业规模，支持试办初中起点的五年制专业，鼓励高职院校创设附属职业中学，探索在中职学校设置高职专业分院。深化职普融通，扩大职普融通班规模，探索校内职普融通新模式。加快职技教育融通，推行“1+X”证书制度试点项目，扩大长学制技师培养规模。促进高等教育内涵提升。优化布局结构，扩大办学规模，大力推进新型研究型大学建设。支持宁波大学“双一流”建设，推进宁波诺丁汉大学高水平中外合作大学建设，推动宁波工程学院等校建设高水平应用型大学，推动宁波大学科学技术学院转设为独立设置高校。推进国家、省职业教育“双高”建设，支持宁波职业技术学院等校升格为职业本科。优化调整学科专业结构，推动学科交叉融合，形成一批优势突出、特色鲜明的学科专业。

三是打造高水平健康之城。率先推进市域卫生健康现代化。积极构建以人民至上、健康优先、高质高效、公益公平、共建共享为导向的全民健康促进政策体系，全力打造“甬有健康”“甬有善育”“甬有颐养”标志性成果。围绕卫生健康现代化建设优化完善健康宁波考核指标体系，加强健康城市建设推动健康中国行动创新模式宫颈癌综合防治和公共政策健康影响评价评估等国家、省级试点建设工作，高水平打造全国健康城市建设样板市。大力推进医学高峰建设。推进“医学高峰”计划，加快公立医院高质量发展，推进三甲医院数量质量双提升，支持宁波大学附属第一医院高标准创建省级区域医疗中心。推进高水平县级医院建设，巩固县级三级医院医疗服务能力水平，支持县级二甲医院争创三级医院。深化省中医药综合改革先行市建设。构建完善数字医疗服务体系，在智慧医疗、健康管理、智慧公卫、行业治理、健康产业等领域打造更多好用、管用、实用的场景应用，加快建设卫生健康数字化生态。加快形成强大的公共卫生体系，加强疫情防控和重大传染病防治，建强慢性病早筛早诊早治制度。推进全民健身行动。推进全民健身设施建设，加大公共体育设施免费或低收费向社会开放力度，提高体育场地设施全民共享水平。积极创建浙江省体育现代化县（市）区，广泛开展全民运动会、社区运动会、三江六岸健步走等全民健身活动。建立全民健身指导和健康评价指标体系，积极开展科学健身知识宣讲、运动技能传授、健身锻炼指导等活动。

四是打造社会保障全覆盖之城。扩大社会保险覆盖面。以稳定劳动关系人员、高校毕业生为主，推进新业态、灵活就业人员参保缴费；巩固全民参保计划实施成果，确保本市户籍人员养老保险、医疗保险参保率稳定在99%以上；实施社会保险费“统模式”改革试点；推动新业态从业人员等未建立劳动关系特定人员参加工伤保险，全面普及“灵活保”政策红利，化解劳动者职业伤害风险。推进社会保险统筹发展。落实落细职工养老保险全国统筹，失业保险、工伤保险省级统筹，贯彻养老金调整机制，稳步提高城乡居民养老保险待遇水平。开展个人养老金制度国家试点，推动个人养老金制度覆盖人群应知尽知、愿保尽保；加强政策宣传引导，鼓励促进企业年金发展，完善惠民型商业补充医疗保险。加强社保基金管理提升，保障社保基金安全可持续运行。提升社会救助优抚保障。完善“1+8+X”大救助机制，健全以基本生活救助为主体、专项救助为支撑、急难救助为辅助，社会力量参与为补充的社会救助新格局，深化智慧救助。完善社会救助标准和居民生活消费支出相挂钩的动态调整机制，适当提高医疗、教育、住房、就业等专项救助水平。高质量完成转业安置和无军籍职工移交安置任务，全面落实优抚优待帮困措施，及时稳慎调整优抚对象抚恤和生活补助标准。完善住房保障体系。健全完善以公租房、保障性租赁住房、共有产权住房为主体的住房保障体系，将符合条件的非本市城镇户籍住房困难家庭纳入保障范围。完善公租房管理办法，对符合条件的环卫工人等重点群体实施精准保障，提高公租房分配使用效率，切实解决新市民、青年人阶段性住房问题。深化共有产权住房建设试点，着力打造宁波安居样本。

五是打造全龄域友好之城。强化生育环境优化行动建设。进一步完善按政策生育的制度体系和社会环境，增强生育政策包容性。加强统筹规划、政策协调和工作落实，依法组织实施三孩生育政策，促进生育政策和相关经济社会政策配套衔接，健全重大经济社会政策人口影响评估机制，加强生育力保护和不孕不育防治工作，提升育龄妇女生育水平，促进人口长期均衡发展。深入开展关爱女孩行动，加强出生人口性别比综合治理，出生人口性别比控制在110以下。构建生育友好型社会。加强多层次覆盖城乡的婴幼儿照护服务体系建设，发展普惠托育服务，推进托育服务高质量发展。强化妇幼健康促进行动建设。开展“母婴优质服务示范单位”创建活动。打造生育全程医疗保健服务链，构建涵盖婚前、孕前、孕期、新生儿各阶段的疾病筛查、监测和防治网络。建立完善危重孕产妇和新生儿急救绿色通道，提升孕产妇和新生儿危急重症救治能力。推广实施免费婚（孕）前优生健康检查。优化儿科医疗服务资源布局，提升儿科服务能力。强化出生缺陷综合防治，有效降低严重多发致残出生缺陷的发生率，不断提升生殖健康服务能力。强化健康老龄化行动建设。建立健全老年健康服务体系，优先支持老年医疗、康复、护理等机构建设和床位资源配置，加强二级以上综合医院老年医学科规范化建设，提高基层医疗机构康复护理床位占比。实施老年健康促进三年行动计划，加强老年失智症防治和防跌倒综合干预措施建设。推进医养康养联合体建设，提升基层医疗卫生机构医养结合服务能力。推进老年友好社区和老年友善医疗机构建设。发展智慧老年健康服务。

六是打造科学发展的现代城市。全面推进空间格局优化。坚持以生态基底为约束，以重要的交通廊道为骨架，以城镇组团促进城乡统筹，有机疏朗、集约紧凑，加快形成“一体两翼多组团、三江三湾大花园”的市域总体空间结构。加强余慈地区统筹发展、推进翠屏山片区开发建设，完善规划体系和计划衔接，深入统筹体制机制，创新融合发展模式，优化区域基础设施、公共服务布局。高质高效推进现代化港区、宁波西枢纽、甬江科创区等重大平台建设，形成增强城市发展能级、优化城市空间格局的强劲引擎。全面深化城市有机更新。紧密融合全域国土空间综合整治，加力推进国家更新试点相关工作，优化全域美丽城乡环境，推进城市空间治理现代化。统筹实施六大更新行动，推进庆丰区块、秀水街、丁家湾、庄市老街、庐山路南、锦凤、新城河等48个重点片区更新，探索形成宁波特色城乡更新路径和标志性成果，为国家更新试点提供“宁波样板”。全面迭代美丽城镇建设。加快建设一批现代化美丽城镇样板，推进美丽乡村、数字乡村、艺术乡村多村融合，打造具有地域辨识度的和美乡村。推进村庄有机更新，推进农房整治、管线序化、村道提升、降围透绿、庭院美化。开展和美乡村创建，紧密对接“精特亮”工程，跨县域打造“一环十线”11条美丽乡村风景线。打造生态绿色乡村。实现农村生活污水治理行政村覆盖率、出水水质达标率均在98%以上，农村公厕标准化运维率达

100%。全面推进未来社区建设。践行“一统三化九场景”理念，突出未来社区的宁波味、更新味、共富味，推动城镇社区公共服务集成改革落地，扩大优质服务设施供给范围，推进全生命周期公共服务优质共享，建成一批具有归属感、舒适感、未来感、幸福感的共同富裕现代化基本单元。

八、在促进人与自然和谐共生上作示范强引领

一是以更实的举措和行动推进环境污染防治。以减污降碳协同增效为总抓手，深入推进污染防治攻坚行动。深入打好蓝天保卫战。坚持 $PM_{2.5}$ 和臭氧“双控双减”，开展化工、涂装等重点行业 VOCs（Volatile Organic Compounds，挥发性有机物）深度治理和区域协同治理。深入打好碧水保卫战。纵深推进“甬有碧水”攻坚行动，搭建智能精准治水平台，统筹实施生态引调水、截污纳管、清洁排放等八大专项行动。陆海统筹加强近岸海域综合治理和美丽海湾建设，实施“两湾一港”及近邻海域污染防治行动，实行主要入海河流（溪闸）“一河一策”治理，努力实现入海排污口分类监管全覆盖、全面消除入海河流断面Ⅴ类水。深入打好净土保卫战。统筹强化土壤污染防治，全域推进“无废城市”建设，创成省级四星级“无废城市”，探索一般工业固体废物、生活垃圾和再生资源收运“三网融合”，加快建设以废弃电子产品、报废汽车和新能源汽车动力电池等为重点的废旧产品回收体系。完善声环境监管体系，提升声环境防治能力。

二是以更大的决心和力度加强生态保护修复。坚持山水林田湖海一体化保护和系统治理，以全域国土空间综合整治为牵引，实施生态保护修复行动，不断提升生态系统质量和稳定性。加强山地森林保护修复。推进天然林与公益林并轨管理，开展绿色矿山质量再提升工程和智能化绿色矿山试点建设工程。加强湿地生态保护修复。加强海

洋生态保护修复。推进石浦港、梅山湾、西沪港等重点海域综合治理及毗邻岸线的整治修复，扎实推进“生态护岛”“旅游兴岛”“绿色用岛”，高标准建设象山花岙岛国家级海洋公园。加强生物多样性保护。制订实施生物多样性战略行动计划，建设市级及以上生物多样性体验地，建设体现宁波山、海、湿地特色的生物多样性综合观测站，打造生物多样性友好城市。

三是以更优的机制和路径推动绿色低碳发展。深化“以条为主、条块结合”的碳达峰工作机制，稳步有序实施碳达峰碳中和行动，全面实施碳达峰十大行动，促进经济社会绿色低碳发展。大力推进绿色循环改造。推广北仑“绿岛”集成环境治理模式，形成绿色低碳循环发展经济体系，全市制造业类省级以上园区全部实施循环化改造提升。加快推进绿色港口建设。完善港口低硫燃料油和 LNG 加注、充电桩、岸电标准规范和供应服务体系，扩大 LNG 设备和船舶应用规模，加大对岸电使用支持力度。积极推广绿色低碳建筑。加快推进高星级绿色建筑、超低能耗、近零能耗、低碳建筑的发展。促进农业绿色低碳转型。高水平建设现代化养殖场，推动畜禽养殖低投入、低排放、高效益集约转型升级，推进规模养殖场提质增效；推动农业设施电气化改造，发展农光互补、“光伏 + 设施农业”等低碳农业模式，在有条件的地区率先实现农业园区零碳排放。

四是以更高的标准和站位加快能源结构转型。加快能源绿色低碳转型步伐，不断推进能源结构趋绿。推进重大项目建设。加快发展风能、太阳能等可再生能源，探索氢能、海洋能等新型能源利用开发。推动象山 1# 海上风电（二期）、象山涂茨等海上风电项目建设；实施“光伏 +”工程，推进海曙、北仑、奉化、余姚、宁海等地分布式光伏规模化开发。健全能效管理体系。加快推进能源管理数字化转型，强化能源监测预警和运行分析。构建新能源占比逐渐提高的新型电力系统，积极推动新型电力市场机制在宁波的先行先试，开展绿色电力交易。推进能源高质发展。围绕能源技术创新、低碳高效、产业发展等领域，重点研究推进对能源产业发展和应用的支持，加大对清洁低碳能源项目发展的要素保障。

五是以更深的探索和实践拓宽生态共富路径。牢固树立“绿水青山就是金山银山”理念，着力拓宽生态富民路径。建好大平台。把实施EOD项目作为生态价值转化、推动生态富民的突破性抓手，复制推广全市首个获批的象山环石浦港EOD项目包装策划模式，持续谋划推动“四明山绿色共富”“港产城融合”等重点领域以及翠屏山都市公园、宁波西枢纽综合地块等重点区域EOD项目23个，并按项目成熟度分步报批实施，将生态环境治理与经营性产业项目一体平衡建设，走出一条生态优先绿色发展新路子。创好生态牌。“精特亮”工程，重点以现有规划建设的80条“精品线”为主载体，打造极具“生态味”“美丽范”的最美风景线，同时集成宁波拥江揽湖滨海等独特资源，按“一县一区一品”理念打造多彩四明、鹤鸣杭湾、和美海岸、零碳大堰等一批美丽嬗变的样板展示区，让人民群众获得更多“大美宁波”新场景新体验。拓展新路径。全面构建以先导服务、数智预警、科技监管为核心的预防式监管执法服务体系，助力经济稳进提质绿色发展。推动生物资源价值增值转化，形成一批以生物多样性保护为载体的绿色共富重点示范和标志性成果。

九、在推动市域治理现代化上作示范强引领

一是健全平安建设体系，坚持和发展新时代“枫桥经验”。深入践行“浦江经验”，高水平打造“平安宁波”、法治宁波升级版。构建总体安全格局，完善“大平安”建设机制。加强党委对“平安宁波”建设和市域社会治理的组织领导、统筹协调，坚持“两张报表”一起抓，坚持和完善各级党委社会形势定期分析制度，充分发挥市、县

（市）区两级平安建设领导小组职能作用，进一步构建完善党政主要领导负总责，分管领导直接负责、相关领导齐抓共管的工作机制。完善相关部门各司其职的专项工作机制，按照“谁主管谁负责”的原则，明确各部门各单位在平安建设中的职责任务，完善专项组制度，合力解决平安重点问题。推进系列平安建设。落实属地责任和行业、部门在系统（行业）平安创建中的主体责任，推进“强基安民”活动，开展形式多样的地区平安建设、系统（行业）平安建设和单位平安建设，深入推进平安小区、平安乡村等基层平安建设活动，层层压实平安建设责任，开展“双百创建”，总结推广一批经验做法，培育创建一批优秀单位。推进平安考评工作。以高水平建设平安中国示范区、为“重要窗口”护航添彩的标准，坚持重结果、动态性、群众评的原则，深化对市级部门和乡镇（街道）的平安建设考核，坚持和完善月报月评、明察暗访、领导带队抽查考核等制度，切实发挥考核的指挥棒作用。优化平安建设队伍。发展壮大各类平安志愿者队伍，加强网格员队伍建设，推动平安建设和市域社会治理力量下沉到基层。健全律师、公证员、司法鉴定人、仲裁员等法律服务工作者职业道德和行风建设政策，强化城乡社区工作者职业保障，探索开展社会工作职业分类分级管理，完善社会治理领域专门人才培养机制。

二是防范化解各类风险，确保全市平安稳定。推动构建全量、全域、全时、全程的大平安机制，深化除险保安工作，增强预警风险的敏感性、处置风险的执行力。防范化解政治安全风险。坚持把维护政治安全放在首位，坚决消除市域内影响政治安全的苗头隐患。增强全民国家安全意识和素养，筑牢国家安全人民防线。防范化解经济金融风险。全面构建管理科学、部门协同、风险可控的监管体系，确保经济金融领域安全。统一步调加强困企帮扶，常态化建立“两链”风险管控清单，加大司法重整、债务重组等处置力度，推进风险企业“排雷”。强化经济金融乱象整治。严厉打击非法集资犯罪，稳妥推进非法金融活动专项整治。防范化解社会治安风险。强化社会治安立体化防控体系建设，坚持“打防管控”一体化，有力防范打击各类违法犯罪。深化“情指行”一体化实战化改革，严厉打击电信网络诈骗、养老诈骗、黄赌毒、盗抢骗等违法犯罪和食品、药品、生态环境等领域的突出违法犯罪，以及损害群众切身利益的新型犯罪。健全政府、社会、家庭三位一体的关怀帮扶体系，加强对新宁波人等的服务管理。防范化解社会矛盾风险。进一步提高防范化解各种社会矛盾的能力，最大限度将矛盾吸附在市域、化解在萌芽、解决在基层。完善重大决策社会风险评估工作机制，推进涉重大工程项目补偿安置协议司法确认试点工作。构建排查梳理、纠纷化解、应急处置的社会矛盾综合治理机制，健全社会矛盾滚动式排查预警、定期分析研判、清单式交办、督促检查等机制。坚持和发展新时代“枫桥经验”，大力推进新时代“枫桥式派出所”“枫桥式司法所”“枫桥式人民法庭”建设；推广“大徐经验”“老潘警调（联调）中心”“e 起调”[①]等，大力加强乡镇（街道）、村（社区）两级调委会建设，加强各类行业性专业性调解组织、个人调解室建设，配齐配强调解员，建立健全调解专家库，深化全量社会矛盾纠纷风险数据库建设，建强县（市）区、乡镇（街道）、村（社区）三级矛调体系，完善各类调解联动工作机制，多元化解各类风险矛盾纠纷。防范化解公共安全风险。坚决扛起防范化解市域公共安全风险的责任，切实保障人民群众生命财产安全。构建城市安全风险常态化监测预警体系。深入推进城市安全风险辨识、评估，完善城市安全风险监测预警多跨协同处置机制，形成“1+1+4+N”城市安全风险常态化监测预警体系，推动公共安全治理模式向事前预防转型。强化安全生产综合治理，紧盯危险化学品、建筑施工和城市运行等重

① “e 起调”缘起于2021年12月底宁波市鄞州区人民检察院上线运行的“e 起调”轻刑案件数字化调处平台，是指基层各司法机关在办理轻微刑事案件时，对符合条件的案件开展调解工作，由办案部门委托、社会治理中心承接、检察机关监督、多部门流转的一体化集成应用体系。

点行业领域，开展突出安全生产风险专项整治，防止群死群伤事件发生。推进道路交通事故"减量控大"，深化"两客一危"整治，开展道路交通事故多发路段排查整治专项行动，系统治理电动自行车乱象、工程运输车野蛮驾驶等。深化消防安全隐患整治，完善消防安全责任体系，探索完善乡镇（街道）消防监管机制，加强对小微企业、生产加工作坊等小场所、小单位的末端监管，加大对城乡村（社区）消防设施的配备力度。提升涉海涉渔安全整治效能，实行安全风险和事故隐患清单式管理，重拳治理"三无船舶"和"两船"等影响海上交通安全的顽疾，提升涉海活动本质安全水平。防范化解公共卫生风险隐患，深化重大公共卫生事件防范处置，抓好常态化疫情防控，不断优化调整疫情防控措施。维护国家粮食安全，全面落实粮食安全党政同责，加快推进粮食仓储设施建设，深化粮食产销合作，健全粮食应急保障体系。全力打好耕地保卫战、攻坚战和持久战，完善农村承包地整村、整镇流转机制，加大对高标准农田和粮食生产功能区种粮扶持力度。加强城乡防灾减灾救灾工作。提高防灾减灾救灾和重大突发事件处置保障能力，扎实开展自然灾害和极端天气防范工作，全面落实防汛防台抢险救灾措施。深化基层应急管理体制改革，加快推动应急救援指挥平台在乡镇（街道）落地，实现应急指挥"一张图"、应急联动"一张网"、应急处置"一手册"。防范化解网络安全风险。统筹网上网下两个战场，加快构建网络安全保障格局，完善"369"宁波特色网络安全工作体系。加强关键信息基础设施安全防护，探索建立公共数据安全和个人信息保护等联动工作机制。深入实施网络生态"东海净网"、互联网企业党建"东海红网"、网络文明素养"东海绿网"等工程，持续推进网络生态治理行动常态化、长效化。

三是推进市域社会治理，提升平安建设效能。深化市域社会治理现代化。按照"市级抓统筹、县级负主责、基层强执行"的要求，深化市域社会治理现代化工作，聚焦治理体制性机制性难题、基层基础工作短板、影响市域安全突出问题，全面构建“一中心四平台一网格”上下联动、左右协调的县域社会治理现代化体系，积极探索具有宁波特色、时代特征的市域社会治理模式，努力打造新时代“枫桥经验”市域版，形成一批具有都市、山区、海岛等不同特色的县域社会治理样板。深化“党建＋基层社会治理”。发挥各级党委总揽全局、协调各方的领导核心作用，构建权责明晰、高效联动、上下贯通、运转灵活的社会治理指挥体系，全面推动党建工作与基层社会治理深度融合；坚持党领导下的城乡社区治理体制创新实践，完善城乡社区治理规则体系、标准体系和评价体系，加强社区工作者队伍建设，建立健全社区工作与物业管理融合发展机制，分层分级推进基层社会治理工作。深化“基层治理四平台迭代”。进一步完善“基层治理四平台”，加强城乡社区治理和服务体系建设，构建网格化管理、精细化服务、信息化支撑、开放共享的基层管理服务平台。推广“县乡一体、条抓块统”基层管理模式，落实“镇乡吹哨、部门报到”，深入推进行政执法权限和力量向基层延伸和下沉。深化网格体系建设。严格执行入格事项“三不可”原则、“五同步”要求，全面推行网格事务准入机制和网格责任捆绑制度，深化标准地址库建设和人、房、企、事件等要素关联及落图工作，从源头提升基础数据的质量和获取率，进一步提升全科网格工作实效。加强“红色网格”建设，发挥党员网格员的先锋模范作用，加大对网格员的培训力度，打通优秀网格员上升通道、拓展发展空间。深化“四治融合”模式。健全党组织领导的自治、法治、德治、智治相结合的城乡基层治理体系。完善基层民主协商制度，实现政府治理同社会调节、居民自治良性互动，健全村民会议、村民代表会议、村民说事平台等机制，完善共建理事会、民情恳谈会、民主议事会、社区论坛、居民自治互助站等形式，大力推广“365社区治理工作规程”“开放空间”“家人治家”等模式，形成多层次基层协商格局。推动法治工作重心下移、力量下沉，深入推进法治乡村建设，加强“微法庭”建设工作；发挥农村文化礼堂作用，大力弘扬社会主义核心价值观，强化道德教化力、实践力、约束力，建成一大批“四治融合”示范村（社区），更好地发挥自治基础作用、法治保障作用、德治引领作用、智治支撑作用，进一步提升基层社会治理水平。

第四节　三大机制：完善“八八战略”抓落实机制

一、完善学习贯彻习近平总书记重要指示精神长效机制

以制度化、常态化、规范化为标准，构建完善职责清晰、任务明确、环环相扣、运行有效的制度机制和工作链条，推动各级党组织和广大党员干部学懂弄通做实习近平总书记系列重要指示精神，为深入践行“八八战略”提供不竭力量源泉。

一是聚焦学深悟透，完善学习制度。坚持和落实“第一议题”制度，将专题学习习近平总书记重要指示精神作为各级党委（党组）理论学习中心组学习会和各级各类会议的首要内容，纳入党政机关党员干部理论学习必学主题、必修课程、必知内容，推动各类学习载体线上线下全覆盖，确保学习贯彻常态长效。

二是聚焦融会贯通，完善调研制度。围绕习近平总书记重要指示精神特别是对宁波的指示精神，健全专项课题研究制度和调研成果转化机制，由市领导牵头开展研究，定期形成高质量、可操作、指导性强的调研成果，并转化成为推动实际工作、解决实际问题的行动方案和工作举措。

三是聚焦真抓实干，完善落实制度。定期梳理习近平总书记重要指示及有关调研成果，明确贯彻落实目标任务、工作举措、责任分工、完成时限，构建工作项目化、项目清单化、清单责任化抓落实机制，由牵头市领导及责任单位对标对表推进工作落实。

四是聚焦实绩实效，完善督查制度。将贯彻落实习近平总书记重要指示精神情况督查列为全市督查检查考核年度计划的第一事项，作为市委、市政府每年的重点督查内容。整合市和县（市）区两级党委、政府督查力量，不定期采取“四不两直”方式进行实地抽查核查，将发现的重点难点问题纳入市级“七张问题清单”，对账销号抓好整改提升。

五是聚焦争先进位，完善考评制度。将贯彻落实习近平总书记重要指示精神情况列为全市绩效考评重点内容，作为政治建设报表的第一考评项目。对于每年年初市委确定的贯彻落实习近平总书记重要指示精神的重点工作及任务分工，设置考评“综合报表”；把市委根据习近平总书记最新重要讲话和重要指示确定的重点工作纳入考评“临时任务清单”；把贯彻落实习近平总书记对宁波工作重要指示精神情况列为考评重点，构建体现差异特色、内容系统全面的考评机制。

二、完善“八八战略”走深走实推进机制

深入实施“八八战略”，强力推进创新深化、改革攻坚、开放提升，是浙江省委着眼谱写中国式现代化浙江篇章作出的重大部署；是宁波推进高质量发展首要任务的必然要求，落实一体化国家战略体系和能力建设的题中应有之义，推动“八八战略”再深化再落实的重要抓手，“争创市域样板、打造一流城市、跻身第一方阵”的关键实招。要深刻把握其中蕴含的政治逻辑、历史逻辑、理论逻辑、实践逻辑，努力交出高分答卷。

要把“强力推进”要求贯穿到创新深化、改革攻坚、开放提升三大领域的全方位，贯彻到三个“一号工程”的全过程，谋深做实工作路线图，真正做到守正创新、与时俱进、一体贯通。要坚决扛起新发展阶段历史使命，坚持“立足宁波发展宁波、跳出宁波发展宁波”，

放大既有优势，挖掘潜在优势，增创新的优势，把服务“国之大者”的硬核力量锻造得更强。

一要用好港口这个最大资源。紧扣建设世界一流强港目标，高水平打造现代化港区，构建系统完备的港口基础设施体系、集疏运体系、多式联运体系和智慧管理体系，优化“两场一仓”布局，加快建设国家初级产品配置中心和储运基地，培育壮大高端港航服务业，全面提升港口辐射带动和物流保供能力。与舟山共建海洋中心城市，加快构建现代海洋经济体系、重大功能平台、滨海文化地标和“一岛一功能”海岛特色发展机制，打造国家经略海洋实践先行区。

二要发挥开放这个最大优势。积极服务构建新发展格局，深度融入全国统一大市场，加快建设市场强市，着力打造国内国际双循环枢纽城市。联动推进中国—中东欧国家经贸合作示范区和浙江自贸试验区宁波片区建设，积极争创大宗商品特色自由贸易港。深化内外贸一体化发展，进一步打通生产端、贸易端、消费端和科技侧，积极培育数字贸易、服务贸易、跨境电商等外贸新增长点，加快打造新型国际贸易中心。统筹高质量“引进来”和高水平“走出去”，完善海外利益保护和风险预警防范机制，培育一批有国际话语权的本土跨国企业。深入实施扩大内需战略，建立健全高标准市场体系，超前布局抓好重大项目建设，城乡一体打造消费型社会。

三要激活创新这个最大增量。坚持创新在现代化建设全局中的核心地位，全面实施科技创新和人才强市首位战略，全域建设高水平创新型城市，推动发展全面转入创新驱动模式。以世界一流标准建设甬江科创区，支持甬江实验室争创国家实验室，推动高等院校、科研院所、创新企业提升能级，在“卡脖子”技术和前沿技术攻关上取得重大突破，打造三大科创高地的重大标志性成果。迭代升级甬江人才工程，推动人才发展体制机制变革重塑，做实“宁波五优、人才无忧”服务品牌，努力成为世界重要人才中心和创新高地战略支点城市。

四要筑牢实体经济这个最大根基。加快制造业“大优强、绿新高”发展，聚力打造三大万亿级产业集群，持续壮大数字经济、战略性新兴产业和未来产业。深入实施企业“上规上市上云上榜”行动，形成以百强企业为引领、单项冠军和专精特新企业为骨干、创新型中小企业为基础的企业梯队。坚持“两个毫不动摇”，完善促进“两个健康”的政策体系，让宁波民营经济有更大活力、更广舞台，实现更快发展。推动先进制造业与现代服务业深度融合，做强做优生产性服务业，提升发展生活性服务业，培育服务业新业态，创建“宁波服务”品牌。大力发展高效生态农业，坚决遏制耕地“非农化”、防止基本农田“非粮化”，牢牢守住粮食安全底线。打好助企纾困组合拳，健全减负降本长效机制，夯实经济稳进提质的基石。

三、建立健全现代化滨海大都市落实机制

贯彻落实中共宁波市第十四次党代会决策部署，构建全面立体的现代化滨海大都市落实机制，推动城市能级从区域中心城市向国际大都市跃升，为深入践行“八八战略”打造坚实行动载体。

一是系统构建重点工作清单化机制。对照“六个之都”目标要求、“六大变革”实现路径、“十个聚力”具体任务，按照标志性成果、重大平台载体、重大改革举措、重大工程项目四个类别，梳理形成能落实、可操作、具体化的贯彻落实清单，明确各项工作任务的目标举措、牵头市领导、责任单位和完成时限，依托智慧督查系统建立全过程数字化监管模式，通过项目化推进、清单式管理，推动中共宁波市第十四次党代会各项部署要求得到全面贯彻、有效落实。

二是系统优化国土空间规划实施机制。健全国土空间规划委员会工作制度，强化全市域规划“一支笔”统筹，高标准推进市、县（市）

区两级国土空间总体规划编制工作，有序推进交通、水利、养老、教育、医疗和生态修复等重点基础设施、公共服务设施专项规划编制实施。建立覆盖全域、分级管控的城市设计风貌编制体系，启动实施甬江两岸、象山港、翠屏山、宁波西枢纽等重大片区规划，进一步完善城市设计管控要素详细规划、规划条件、项目实施的分层传导机制，打造彰显滨海大都市特色的城乡品质新标杆。

三是系统完善重大项目推进机制。强化综合协调保障力度，在用好市重点工程、省市县长项目工程机制基础上，分层分级建立综合协调机制，创新并联审批、模拟审批、容缺审批等模式，强化土地、能耗、排放市级统筹，全面落实重大项目全要素精准直达，推动重大项目提前开工、建设提速、建成达产。

四是系统打造港城文化传播体系。深化成就宣传、典型宣传、形势政策宣传、历史文化宣传，组建重大主题报道媒体资源库，策划组织关于现代化滨海大都市、共同富裕先行市、亚运会等的主题报道，提升海丝文化、阳明文化、藏书文化、商帮文化等优秀浙东地域文化品牌影响力，全面彰显滨海大都市文化新气象。

后　记

在宁波市社会科学院（宁波市社会科学界联合会）的统一部署下，"'八八战略'在宁波的实践研究"被列为宁波市文化研究工程重大项目予以立项推进。课题组认真搜集自"八八战略"实施以来的材料、资料，认真开展相关调研工作，多次召开课题组协调会和讨论会，多次向宁波市社会科学院（宁波市社会科学界联合会）相关领导汇报，按时完成了稿件的编写工作。在此期间，宁波市社会科学院（宁波市社会科学界联合会）高度重视本课题研究工作，傅晓院长（主席）多次听取研究进展汇报，为课题研究的推进提供了极大帮助。在此，课题组致以衷心的感谢。

本书由浙江省"之江青年社科学者行动计划"入选者、宁波市哲学社会科学学科带头人培育对象钟春洋领衔，负责课题研究框架搭建、人员分工、提纲设计、调研开展、书稿修改等工作，并负责专业篇共计11章的撰写工作。在书稿撰写和修改校对阶段，中共宁波市委党校（宁波行政学院　宁波市社会主义学院　浙江四明山干部学院　宁波中华文化学院）副校（院）长孙琼欢教授负责第一章和第二章的撰写工作，《中共宁波市委党校学报》编辑部范瑞光老师负责第三章、第五章、第六章的撰写工作，中共宁波市委党校

（宁波行政学院　宁波市社会主义学院　浙江四明山干部学院　宁波中华文化学院）市情研究所王子豪老师负责第四章的撰写工作，中共宁波市委党校（宁波行政学院　宁波市社会主义学院　浙江四明山干部学院　宁波中华文化学院）公共管理教研部胡楠博士负责第十八章、第十九章、第二十章的撰写工作。此外，中共宁波市委党校（宁波行政学院　宁波市社会主义学院　浙江四明山干部学院　宁波中华文化学院）科研处梁亮博士也参与了部分工作。本书在撰写过程中，得到了中共中央党校（国家行政学院）马克思主义学院、中共浙江省委党校（浙江行政学院）领导专家、宁波市级有关部门和专家学者的大力支持。由于时间仓促、水平有限，书中难免存在疏漏和不足，恳请广大读者批评指正。

钟春洋

2024年1月